溥心畬傳

王家誠 著

增訂新版

拈毫揮灑中的溥心畬／安和提供

上・溥心畬與元配羅清媛／北京中國書法雜誌社提供
下・溥心畬隱居多年的戒壇寺牡丹院正門／作者攝

溥心畬絕筆〈孤松〉／安和提供

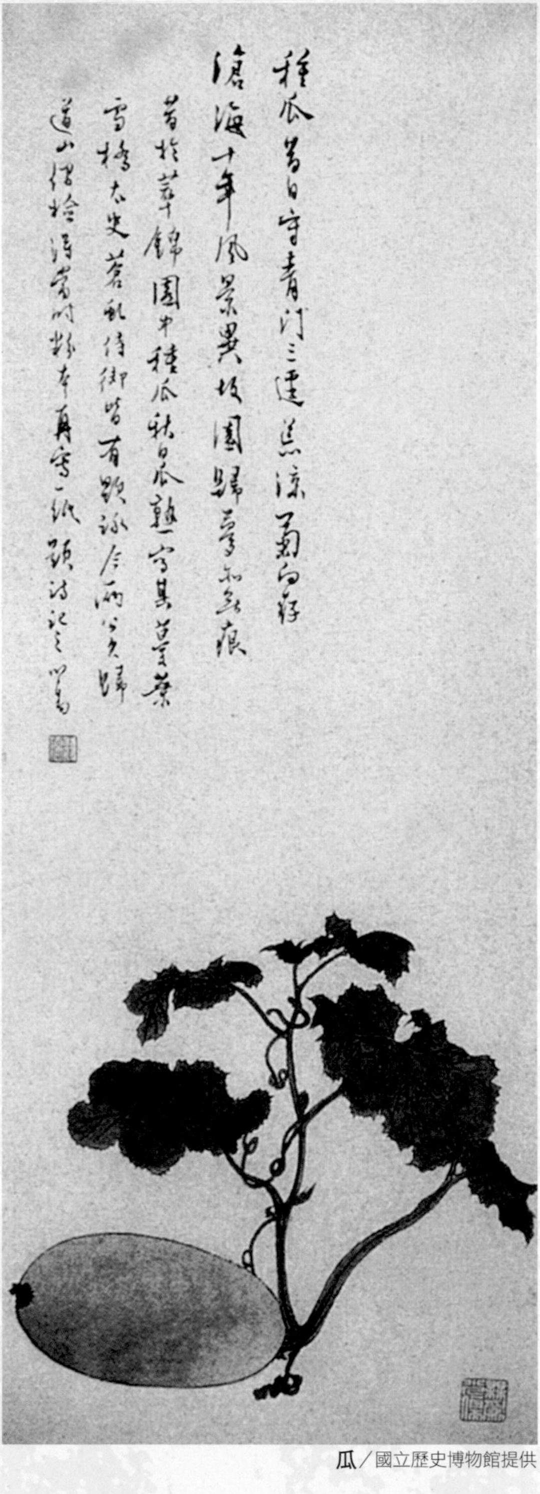

瓜／國立歷史博物館提供

十猿圖（局部）／國立歷史博物館提供

松虎／國立歷史博物館提供

秋荷白鷺圖／國立歷史博物館提供

水月觀音／國立歷史博物館提供

晚涼道上／國立歷史博物館提供

左・鬅君嫁妹圖／國立歷史博物館提供

右・鍾馗／國立歷史博物館提供

設色山水／國立歷史博物館提供

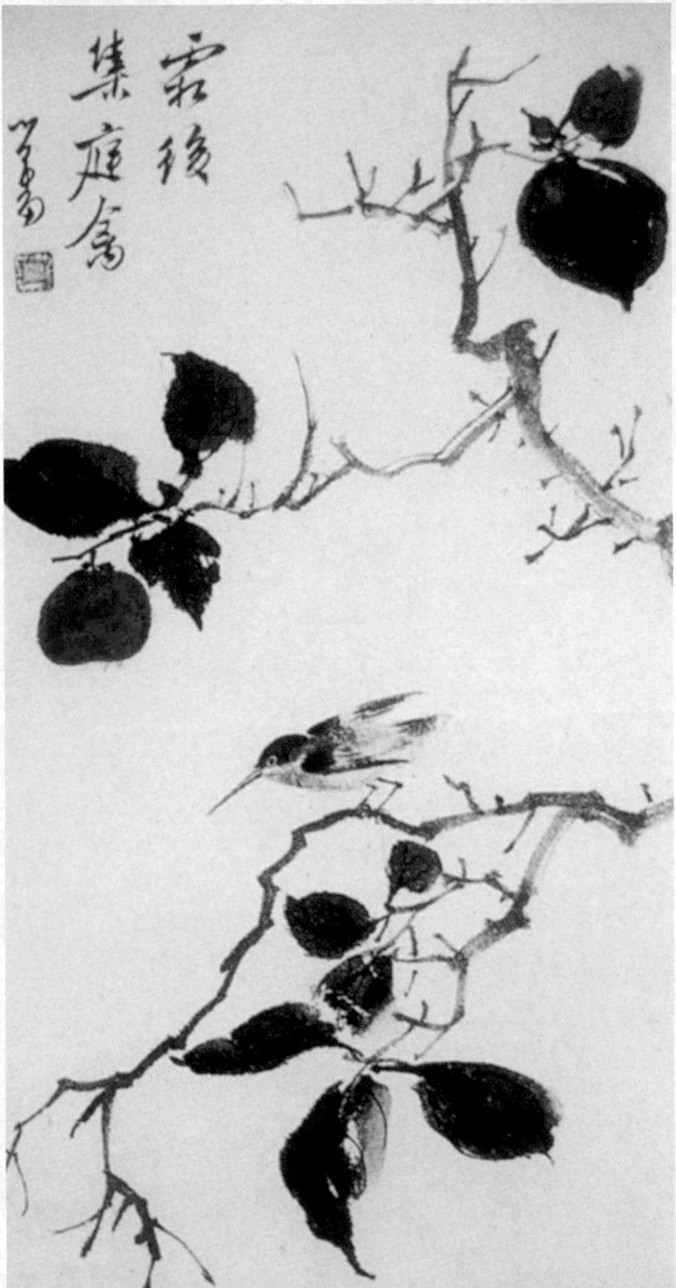

花卉／安和提供

江上夕陽山／國立歷史博物館提供

恭王府北的萃錦園門／作者攝

日據時期溥心畬隱居北京頤和園佛香閣下的介壽堂／作者攝

目　錄

融合史實與藝術之美

——序《溥心畬傳》

秦孝儀心波

元明以降，往往萃詩詞書法金石於一畫，郁郁乎文，於斯為盛。入民國以來，則溥以舊王孫、張以大布衣，睥睨一世，南北竝美。曩予主故宮院事，曾精印溥心畬、張大千兩先生詩文集，亦嘗主持南張北溥書畫聯展及兩先生詩書畫學術討論會，其時《張大千傳》已一再流布，予因顧王家誠教授託傳溥心畬氏生平，荏苒數寒暑，王氏來告，《溥傳》行且問世，仍以弁言相委，儀雖垂老塵冗，顧予一念在先，又何可辭？矧予三十八年自南京、重慶、廣州、海口隨行在所徙台，即託足「凱歌歸」，其時溥先生亦同寓於此，敬慕至今，蓋五十三星霜矣。溥氏出遜清恭親王府，入民國後，自號舊王孫，而自隱於詩書畫金石之間，特以書畫盛稱於時。曩予始主故宮，即曾專款購藏恭王府紫檀陳設王榻王座三十三事，而徇物主胡惠春氏昆仲雅意以款資東吳大學興學，甚盛事也。又嘗徇其收藏書畫親故求託，以溥氏書畫寄存故宮，且以其義子溥毓岐留院董理。予主故宮院事垂十八年，去歲休致，因於秋間得暇，于去國懷鄉五十三年之後，重履故土，遊於北京，過視恭王府，略識溥氏兒時竹馬之地，曾占絕句云「遙定危疑奠兩宮，東西猜狠自雍容……」以見乃祖奕訢篤躬之「恭」也。王家誠教授，著作不只等身，《故宮文物》月刊，即曾窮年屢歲連載王氏述作，《明四家傳》其尤著者也。王氏每一傳記，無不旁徵博引，考證詳確，清言娓娓，刻露深秀，令人讀之忘倦。實開歷史以科學與藝術二者融和之新境界。其文既和諧、一致如串珠，亦乃所謂移情、想像、易地則皆然之眾妙。此諸大家數，詩書畫金石固自長留天地，然亦待王教授之述作，美而益彰，傳而益盛也。溥傳既成，輒記其概略於此。

（本文作者秦孝儀先生，爲前任故宮博物院院長）

從皇宮出生的詩書畫大師（代序）

王家誠

民國四十到五十年左右，台灣師大藝術系學生，一進學校就好奇地打聽，有位差一點當上皇帝的國畫老師溥心畬，擔任那一年級學生的課？知道要等到三、四年級才排得到溥心畬的課時，臉上都有些失望的表情。有的設法混到高年級教室，先睹爲快地瞻仰末代王孫的丰采。

到了溥氏授課那天，光線暗淡的教室中，擠滿了學生，有些還邀了朋友同來。時間一到，大家向教室外引領而望。過了好一陣子，仍不見大師踪影。

再問女助教，才知道他有時會迷路，坐著三輪車在校內兜圈子卻找不到教室。有時丟了課表，自然也就弄不清開學和上課的時間。那時電話還不普遍，過了一個小時左右，騎單車到臨沂街寓所探視的助教回來說，果然是老師忘了此事，下週定然準時授課。

次週，助教僱車前往迎駕，依然空勞往返；原因是老師已換妥衣服，拿了摺扇準備出門之際，師母發話說：「怎著，您不說要陪我聽戲嗎？」

老師當場吩咐：「聽到沒有？今兒個陪師母看戲，下禮拜準到。」

大師終於來了，但因想看熱鬧的學生不能一再蹺課，前兩週擠得水洩不通的教室，倒是冷清不少。

年逾半百，身著綢長衫的溥心畬，在助教、班長及其入室女弟子的簇擁下，步入教室。略顯矮胖的身材，方面大耳，鼻如懸膽，在學生的感覺中，果眞帶有龍相。

畫桌前所擺的，雖然是張普通椅子，但他習慣性地盤腿而坐。由於助教事先的指點，女生輪流爲他搥背，男生把準備好的香菸，爲他一根接一根的點燃。手揮摺扇，啜著香茗的他，抱怨學校太不懂事，每週一個時辰工夫的課，豈能學畫；學畫要先讀四書五經，練好書法，人品端正而後不學自能。

這一點，學生早有耳聞，所以有些學長賣掉單車、手錶，行跪拜大禮，請客拜師習畫；溥氏門牆中，拜師和拜壽，均行跪拜大禮，十分隆重。但見他私人畫室內，中外老少學生都有，一律要聆聽四書五經。幾位子女在國外的老人，或外交官的眷屬，急切想學幾筆國畫，一方面使心靈有所寄託，出國定居，或在友邦人士面前也能表現一下中國文化特色。但急驚風遇到慢郎中，聽了一陣之後，不免沉沉欲睡。

抱怨過課程不合理，話題不知怎樣，由他國大代表的身分轉到總統身上，聽皇帝數落總統，在威權時代，自也聞所未聞：「蔣介石也莫名其妙，他作他的總統，我作我的百姓，請我吃飯作什麼？我不去！」這句話，還眞有點皇帝氣派。

乍聽之下，以爲國民革命，推翻帝制，使他心懷忿憤，事後始知這中間有場絕大的誤會，多年之後眞相大白，但溥氏已歸道山。

不知是誰提到了京戲，觸動溥心畬雅好粉墨登場；在北京恭王府大戲樓中票戲玩的往事。一次，由太監扮楊四郎，他扮楊六郎，弟弟溥僡（叔明）扮鐵鏡公主。但靴子只有一雙，便由四郎、六郎輪流穿著上場。至於民國二十六年，溥氏兄弟為慶祝母親項太夫人七十大壽所開的堂會，北京名角、名票齊集大戲樓中，更是他津津樂道的盛事。溥心畬邊講邊比劃，唱做俱佳，師生距離頓時拉近了不少。

學生居然也像行家聽戲那樣，爆出一片「好！」聲。接著他又談到自小練過的騎射功夫。但見他挽起衣袖，稍一運力作彎弓射箭的姿式，左臂內側的肌肉，竟能轉向小臂上方，他告訴學生，如此可以避免為弓弦刮傷。

三小時課過了一半的光景，有位機靈的男生，遞上紙筆，請教台灣少見的驢子形狀，溥心畬則畫興勃發地點染出山徑、蹇驢和一株孤松。下筆迅邁，思路有如閃電一般，點苔剛完，筆桿輕揮，一首雋永的五絕，已經題在畫上，學生才看出老師的眞正才華。在學生要求下，溥心畬隨即在畫上落了下款，請求畫驢的學生喜出望外地把畫收到一旁，別的學生也紛紛拿紙請畫。

了解內情的學生透露，如果想在畫上蓋章，改日得另備束脩給師母，恭請用印。

不僅在學生眼中，溥心畬在一般人的心目中，他的一生也是多采多姿，撲朔迷離。

●

民國八十二年六月廿一至六月廿三日，台北國立故宮博物院舉辦「張大千溥心畬詩書畫學術討論會」，來自世界各地的學者專家，討論「南張北溥」的生平和藝術。

故宮展覽室內，專設張溥二氏書畫展覽室，同時展出者，尚有所藏溥氏故居北京恭王府紫檀木家具一批，精美古雅，展現出中國工藝的特殊面貌。

這時離溥氏逝世已三十年，據展覽會場管理人員透露，已再婚的溥夫人（李淑貞，又名翠屏、雀屏、綺紅、墨雲）曾到展覽場內，揚言溥氏這些作品都是假的。所幸未找到主管人士，也未進入學術討論會場，否則不免騰笑中外。

溥氏逝世後，爲她所有的大批書畫精品，傳已爲某畫商及出版商騙去一空。聞者莫不爲溥王孫精心遺作遭劫而惋惜，也爲其潦倒和遭遇而嘆息。

六月廿三日，最後一場綜合討論中，發言者頗多溥心畬的門生故舊，話題除溥氏書畫造詣外，多半環繞著他的生平和家庭生活。

討論溥心畬到底有無像他學歷自述文中所說的，留學德國，獲天文學和生物學雙博士學位時，一位先生確證其有。指青年時期的溥心畬，隱居北京西山戒壇寺，他在山後發現一隻三十六隻腳的蜘蛛，長期觀察此一蜘蛛的生態變化，記述成文，因而獲得生物學博士。與會人士聽了，不禁莞爾，覺得有些不可思議。

談及其生平軼聞趣事，往往使人發出會心的微笑。

至於溥心畬家庭與婚姻生活，有人義憤填胸，有人欲言又止，情緒頗爲激動。紛紛爲這位落魄王孫，藝術宗師作不平之鳴。然而，由於時間所限，與會者多未能暢所欲言，或沒有機會發言。

從藝術家傳記作者的觀察來看，覺得這些來自海內外的溥氏弟子親舊，多爲溥氏生命史的目擊者，所言不乏第一手資料，錯失可惜，機會難再，遂藉綜合討論的尾聲，我建議故宮博物院另闢時間，召開座談會，使溥氏親友弟子知無不言，言無不盡。經過分析整理之後，爲這位近代北宗國畫大師，留下文獻史料。

當晚主辦單位在圓山飯店宴請全體與會人士，席間仍以溥心畬家世和生活爲中心話題。秦孝儀院長表示，此次討論主題中的張大千，業已有人出版傳記，溥心畬傳尙付闕如；因而邀我執筆。

●

八十二年十一月二十五、六兩日，故宮博物院舉辦「溥心畬先生傳記資料座談會」，由秦孝儀院長和兩位副院長親自主持。受邀者有書畫界名流、溥心畬親友和溥氏的弟子。討論要點包括早期的王府生活，渡海來台的經過，海外遊踪及家居授徒等行誼。

兩天座談會的熱烈發言之外，與會者並出示所珍藏的溥氏書畫；贈送溥氏照片及相關的文稿、剪報資料，熱情感人。籌備座談會的書畫處長林柏亭先生、溥心畬晚年弟子胡賽蘭女士，整理全部錄音帶相贈，不勝感激。

爲進一步了解溥心畬早年生活環境，在趙雲陪同下，抱病往訪北京。嚮往已久的恭王府花園——萃錦園，由於封閉日久，到處打聽，都得不到明確的訊息。偶然到北海公園的「仿膳」用餐，服務生熱心的告知，氣勢莊嚴的恭王府和列爲清代王府園林之冠的萃錦園，就在附近。從北海公園北門出去，沿著什刹海轉進垂柳夾道的柳蔭街即可看到。恭王府現已爲中國音樂學院和某治安機關分別佔用；巧的是正在整修的花園，剛好在日前才開放參觀，對遠道而來的我們，不能不說是一種緣份。

民國十三年，年近而立的溥心畬從隱居多年的西山戒壇寺重返恭王府，海棠花開時，曾與張大千、張善子兄弟及北京的詩畫名流，在花樹下飲酒賦詩，即席揮毫的豪情雅致，一直在我腦中迴旋。如今即將身臨其境，憑弔書中所描繪的勝地，我們心中十分激動。走近一看，柳蔭之下園門緊閉。門邊海報上所宣傳的王室書畫展，標示「暫停開放」。

展出作品中，包括中華民國行政院前參議，卻被中共稱爲「國特」的萬公潛（大鋐），捐贈給恭王府的六十九幅溥心畬書畫；自然也緣慳一面了。在台灣，萬氏自稱是溥心畬摯友，相交多年。溥氏逝世後，萬大鋐也退休定居美國。民國七十八年秋，他以所收藏溥心畬書畫精品，攜至上海展覽，後捐贈給恭王府。

失望中看到「花園整建，入園請走小門」的告示。好不容易，找到了一個很不起眼的小門，門內窄巷有幾戶破破爛爛的人家，售票處就在其中。穿過窄巷，眼前豁然開朗，萃錦園廿景中的方塘水榭，靜靜地進入眼簾。著名的玉泉水，自塘邊石獸口中汩汩流出。西山玉泉是皇家苑池專用水源，除恭王府外，其他諸王均不得引用玉泉水。但歷經滄桑，方塘中的池水瀕臨乾涸而混濁。

幾個衣冠不整的釣客，懶洋洋地在池畔垂釣，或把釣竿擱在一旁，索性到水榭中沉沉大睡。園中假山、亭臺、曲徑等景物，依稀猶可看出往昔風貌，但處處顯得破敗與荒涼。當年每逢慶典，例如前文提及溥心畬母親歡度七十大壽之類，即有盛大演出的大戲樓，正在鳩工裝修，內外一片凌亂。

可以想像到如在月暗星稀的夜晚，荒草沒徑的花園，如同電影「夜半歌聲」歌詞中所描述的：「空庭飛著流螢，高台走著狸鼪」的森森鬼氣。據說曹雪芹《紅樓夢》裡的大觀園，是以恭王府爲藍本。而此刻卻是紅樓夢醒，我們所感到的是滿目蒼涼。

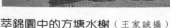

萃錦園中的方塘水榭（王家誠攝）

悵然離開花園，轉到王府正門時，日影漸斜。遙望中院，先前經過時所見幾位正在釘木器的公安同志，已無踪影。據附近的居民說，恭王府以前曾被許多單位分佔，甚至有人在院中牧羊，現在已經單純多了。

兩隻石獅雄踞的王府門前廣場，曾是少年溥心畬試騎哈密王驃騎所獻寶馬的地方。我拍了一張幻燈片之後，對標示著「遊人止步」的公安機構，心中頗有顧忌，但想到此行的使命，只好貿然闖進恭王府內，想找位公安同志，報備一番，或者可獲通融允予拍照。怎知一路進去，由二進而後院，東、中、西三路府院都拍攝完畢，也沒有遇到一位公安同志。出門後看到焦急等待的趙雲，告訴她：「放心！看樣子是不必報備了。」

這些年來，頤和園一直是開放觀光的熱門旅遊點，遊人絡繹不絕。溥心畬童年，曾在園中排雲殿、樂壽堂等處叩見慈禧太后。七七事變，日軍佔領北京後，溥心畬偕妻子隱居於頤和園的介壽堂。

北京近郊的西山戒壇寺，內有恭親王奕訢的別館，是他賦閒清修之處，所藏古書字畫異常豐富。清廷遜位後，項太夫人攜心畬兄弟避居寺中。昔日溥心畬吟詠描繪的古松，蒼勁如故，他所居的牡丹院門前，荒草萋萋，院門前也樹立著「遊人止步」的牌子。

正對著門廊張望時，一位少女探首外視，我立即把握機會說明來意，問她是否可以進去拍些幻燈片，她點頭應允。牡丹院牆外古木蒼蒼，裡面重重院落，假山、花圃，幽深寧靜。拍完幻燈片後，少女說起此院現為法院佔用。我心中慶幸這次可說是不虛此行，索性連溥氏詩中常提到的潭柘寺，以及香山碧雲寺、臥佛寺等地，都作了走馬觀花式的探訪。到北京追尋溥心畬早年生活的痕跡，尚稱順利，也算是有緣。

在文獻資料方面，故宮博物院出版組組長宋龍飛兄，贈我溥心畬詩文集和書畫册多種，又代借各種貴重畫册，幫忙收集剪報資料，給我很大的幫助。東海大學詹前裕教授，曾爲台灣省立美術館撰寫《溥心畬繪畫藝術之研究》，除惠贈論著之外，並把他以前到北京訪問溥心畬侄兒，身兼國樂家和畫家的毓峘訪問錄音，返台後毓峘和毓崟的來信，拷貝提供給我參考。毓峘是其四弟——人稱「三爺」溥僡之子，毓崟則爲其三弟——人稱「大三爺」溥佑之子。毓崟不僅是心畬早期的北宗山水畫傳人，他到藝專上課時也隨侍在側，爲他整理畫稿和學生作業。毓崟在給詹教授的信中，對溥氏任教藝專時的教學思想和教法，有眞切的叙述，是很難得的資料。歷史小說家林佩芬小姐，熱心地爲我提供滿清皇朝的史料，使我對溥心畬早期的皇族生涯，有更深入的了解。

至於口述歷史部分，現任職於故宮博物院書畫處的溥毓岐先生，是溥心畬從住在頤和園時期，就帶在身邊親自教養的義子，耳濡目染，對義父心畬的生平、交遊、創作思想和過程，都有深入的了解。其後受聘於故宮，協助整理研究心畬遺作。這次《溥心畬傳》之寫作，蒙毓岐提供珍貴的第一手資料，等於口述歷史，不但使寫作過程順利，內容也更充實，在此深表謝意。

安和女士、劉河北教授兩位心畬的入室女弟子，曾在臨沂街寒玉堂，與心畬一家共同生活兩年。她們在台灣分別接受我的訪談。在國外，也時常寄信回答有關的問題。並且寄贈所藏心畬作品的畫册、幻燈片，和心畬手札影本，對傳記的完成，助益非淺。

許許多多熱忱的幫助與回憶，使我能按部就班地建構這繁複的「工程」，在此，我謹表示內心深深的謝意。

1・龍的傳人

光緒二十二年七月二十五日，貝勒愛新覺羅載灃的次子誕生。由於這天是咸豐皇帝的忌辰，所以把他的生日改爲七月二十四日。從咸豐即位後便在政壇上扮演重要角色的恭親王奕訢，是他的祖父。他的誕生，對此際政壇失意，奉旨「養病」的恭親王，是一件大喜之事。出生第三日，光緒皇帝賜名爲「溥儒」。「心畬」是他後來所取的字（因心畬較爲人知，故本傳以溥心畬稱之）。

清室姓氏之說，相當複雜。有些說法是，本姓「愛新覺羅」，後人除實質上保有此姓之外，受漢人影響，簡化姓名。就以譜系中所排輩分爲姓。如溥心畬的祖父輩，輩分爲「奕」，名有「言」字邊，奕詝（咸豐）、奕訢、奕譞……是道光皇帝諸子的姓名。

他父親輩，以輩分姓載，名以「水」爲偏旁，載淳（同治）、載湉、載灃……是道光皇帝孫子輩的姓名。再下一輩姓「溥」，名字有「人」字偏旁，溥儀（宣統）、溥儒、溥傑、溥佑即是。溥儒子侄輩姓「毓」，名有「山」字偏旁。溥儒之子名「溥毓岦」，義子名「溥毓岐」，「毓」上冠以溥姓，是個例外。溥儒的獨女，名「韜華」未冠父姓。

在溥心畬的詩文中，很少提到他父親載瀅，但津津樂道他祖父恭親王的兩件軼事：

咸豐十年秋，第二次鴉片戰爭戰況失利，英法聯軍漸漸逼近北京。咸豐皇帝不顧群臣諫阻，倉皇出奔熱河。行前，恭親王臨危授命，爲欽差便宜行事全權大臣，負責與英法兩國議和，安定民心。咸豐並以硃筆上諭一道授予恭親王：

「如有意外事件發生，你即可自登大位，諸事當以社稷爲重。」

溥心畬說這道聖諭，一直保存在恭親王手中，其後傳給長孫小恭親王溥偉，溥偉則呈獻給宣統皇帝溥儀。此事儘管有學者提出懷疑，但溥心畬似乎深信不疑。巧的是，次年，咸豐十一年七月二十五日，咸豐皇帝就以三十幾歲的壯年，病逝熱河；如眞有此一硃諭，可謂一語成讖了。

另一則他愛說的恭親王軼事是：

沖齡的同治皇帝即位後，爲了國事，恭親王常與垂簾聽政的慈禧太后激烈爭辯。一次慈禧怒極，責問他：「汝係何人！」

恭親王當即不甘示弱地回敬一句：「宣宗之子，仁宗之孫，今上之叔也！」

慈禧太后爲之氣沮，乃改容致歉。

在外患頻仍，內爭不斷的政壇中，屢起屢伏的恭親王，除留給子孫輝煌的家世外，尙有三寶：

第一寶是金桃皮鞘的「白虹刀」。此刀傳到溥偉手中後，壯志凌雲地想內誅權臣，外抗推翻愛新覺羅王朝的革命黨，怎奈時代在變，雖然寶刀在手，不過如蚍蜉之撼大樹，徒增舊王孫的悲涼之感。

清宣宗道光皇帝生有九子，有的早殤，有的生母地位低微，兒子也不爲道光喜愛。最得寵的是四子奕詝和六子奕訢。兩位少年皇子在上書房讀書之外，也尊祖制勤習馬、步功夫，以便培植成文武兼備的統治者。

兩兄弟共同創出槍法二十八式，刀法十八式，道光皇帝看到他們演練後十分欣慰。槍法賜名為「棣華協力」，刀法名「寶鍔宣威」。並以宮廷寶刀「銳捷刀」賜奕詝，「白虹刀」賜奕訢。

道光二十六年夏天，六五高齡的皇帝，經過多年的考慮，決定立奕詝為皇太子（四年後即位為咸豐皇帝），封奕訢為親王；餘子為郡王。立儲君的上諭，採康熙皇帝留下的方式，密藏於金匱中，藏在乾清宮「正大光明」的匾後；另一密旨則交內務府收存。在選擇儲君的過程，兩位皇子的生母和師傅，少不了明爭暗鬥，出謀劃策，但總算大勢已定，親王之封，也足見道光皇帝對六皇子的恩寵，僅次於四皇太子而已。

咸豐即位後，遵照大行皇帝遺詔，封奕訢為「恭親王」，封其他諸弟為郡王。咸豐元年恭親王分府，分到的是乾隆年間大學士和珅的宅第；此為恭親王遺留子孫的第二寶。

由於和珅恃寵而驕，獨攬大權，賄賂公行，極盡豪奢之能事，因而也就成了新君——嘉慶皇帝整肅的對象。嘉慶指斥和珅罪狀共二十款，第十三款為：「昨和珅家產查鈔，所蓋楠木房屋，僭侈逾制，隔斷式樣，皆倣寧壽宮制度，其園寓點綴，與圓明園蓬島瑤台無異，不知是何肺腸！」（註一）賜令和珅自盡。

由此可見府第的宏偉瑰麗。

當年不滿二十歲的恭親王得此名冠京城，僅次於皇家園林的巨宅，諸王無不稱羨。他更將此歷史勝蹟大加整修，分為王府和花園前後兩大部分，前部為辦公居家之處。花園名「萃錦園」，取集眾芳精英，成一代名園之意。尤其當恭親王失勢閒居之際，多在園中吟詠嘯傲。所集唐詩，名「萃錦吟」，用以寄寓懷抱，傳誦一時。此外，他又在萃錦園北，另闢一座「鑑園」，規模自不能與萃錦園相比。萃錦園中景觀，可分廿景，載瀅一一詠之於詩，收於《雲林書屋詩集》中。

民國十幾年，恭親王爵位繼承人溥偉，將王府抵押給天主教會。其後輔仁大學代償鉅債，取得產權，王府就此易手。但溥心畬兄弟依然租賃萃錦園多年，埋首著作，對客揮毫，奠定在藝術界的地位。暇時，常在大戲樓中粉墨登場，自娛娛客，寄託舊王孫和遺老們的幽懷。

溥心畬出生前十年左右，一再被慈禧太后排擠的恭親王，多半避居在西山戒壇寺牡丹院中，他捐款修廟，虔信佛教之外，也廣蓄詩書和古代字畫以銷磨歲月。再加上王府收藏，數量更爲可觀，如陸機「平復帖」、易元吉「聚猿圖」等名蹟，比內府所藏書畫珍品有過之而無不及。這些文化遺產，日後溥心畬兄弟避居戒壇寺時，成爲心靈的滋養。清朝亡後，溥心畬雖淪爲一介平民，卻不失爲精神貴族，卒成名揚國際的經學家、詩人和書畫大師。由此看來，恭親王收藏的古籍書畫，可稱第三寶。

●

五個月大的溥心畬，蒙恩賜以頭品頂戴，恭親王抱他入朝謝恩。這是他首蒙光緒皇帝召見。

光緒二十四年四月十日入夜後，恭親王離開了擾攘的人世，享年六十七歲。病重時，光緒皇帝奉慈禧太后命三度蒞臨探視。想到三十餘年間，朝廷每遇艱難危險。慈禧便請這位勇於任事的親王出山，攜手共事。一旦意見相左，利益衝突，則藉帝旨加以罷黜，恐怕兩人心中都不勝感慨吧。而當日母以子貴的西宮太后——慈禧，已是六十四、五歲的老婦，眞是歲月不饒人。恭親王逝世後，光緒與太后親臨致奠，光緒輟朝五日，持服十五日，諡爲「恭忠親王」，配享太廟。並諭：

「王忠誠匡弼，悉協機宜，諸臣當以王爲法。」這也是他憂勤半生的一種哀榮。恭親王有四子，長、三、四子均早卒，以次子載瀅的長子溥偉過繼爲長子載澂之後，也承襲了恭親王的爵位。被恭親王視爲掌珠的獨女，爲慈禧收養於宮中，封榮壽公主，很少與家人團聚。公主婚後不久即孀居，但依舊隨侍慈禧左右，加封爲「固倫」公主。

恭親王喪事完畢之後，三歲的溥心畬隨父兄到頤和園的排雲殿謝恩，光緒皇帝賜以金帛，他後來在〈感興〉詩中寫：「我生之初蒙召見，拜舞曾上排雲殿。」指的便是出生五個月和三歲時的兩次晉見。看著方面大耳聰明伶俐的溥心畬，光緒皇帝想起爲他命名之事說：「汝名儒；汝爲君子儒，無爲小人儒！」

光緒皇帝語出《論語》〈雍也第六〉章，是孔子對子夏所說的一段話。朱熹註爲：

「君子儒爲己，小人儒爲人。」注得似乎比原文更爲費解。論語課本中別有一注是：

「君子儒能識大，而可大受。小人儒則但務卑近而已。」

看來是指儒者器識與擔當大小的分別。

《三國演義》雖屬小說者流，但「諸葛亮舌戰群儒」時，論君子儒小人儒的分別，更爲透徹：

「儒有君子小人之別。君子之儒，忠君愛國，守正惡邪，務使澤及當時，名留後世。若夫小人之儒，惟務雕蟲，專工翰墨，青春作賦，皓首窮經；筆下雖有千言，胸中實無一策。且如揚雄以文章名世，而屈身事莽，不免投閣而死，此所謂小人之儒也。雖日賦萬言，亦何取哉！」

不僅光緒皇帝以君子儒期盼這位恭忠親王的裔孫，溥心畬生平也以經學家和碩儒自許。若以小說中諸葛亮的尺度來衡量溥心畬一生的行誼和事業成就，恐怕也是見仁見智，難有定論。

●

光緒二十五年，四歲的溥心畬開始讀《三字經》、《百家姓》、《千字文》等蒙經，並習書法。依自傳的說法，先學篆書和隸書，次為北碑和右軍楷法，十二歲之前，連行書草書，也有相當的基礎。

四歲這年，他的弟弟溥佑誕生。但新生嬰兒帶給家庭的不是喜悅，而是困擾。國殤或守父母喪期間妊娠所生的子女，為禮所不容。溥佑誕生，正值恭忠親王的喪期，依法不得報宗人府享受皇族封賜和一切應享的權利，遂成了恭王府的「黑人」。變通的辦法，是過繼給孤零無後的族人，為其宗祧。這事一直拖延到溥佑十歲左右，才過繼給清太祖後裔饒余敏親王為後。家中僅有一位孤零的老婦，因之，溥佑少年時代，可能並無幸福可言。直到民國二十六年生母項夫人過世時，他才認祖歸宗。

貝勒載瀅，除嫡福晉（元配夫人）外，有六房側室。據說嫡福晉脾氣不好，又好妒，使側室感到壓力，對於未來地位和生活也缺乏保障，紛紛向載瀅爭取名分。其時清室已經不行側福晉之封。在嫡、庶交攻下左右為難的載瀅，只好請慈禧太后定奪；結果把六位側室，一律封為「太太」。

過繼給伯父載澂，襲恭親王爵位的溥偉，為嫡福晉所生，無論在恭親王府或朝廷中，他都有相當的權勢。溥心畬和溥佑的生母項夫人，為第一側室，人稱「大太太」，餘者依次稱「二太太」、「三太太」……幾位側室分居各自的公館內，並不時常見面，也許這就是溥心畬和父親、五位庶母比較生疏的原因之一。

項夫人是廣東南海人，為書香世家，屬廣東駐防旗。父親在北京太醫院，作一名小官。項夫人自幼飽讀經書，對家中僕婦慈和，對溥心畬則督教甚嚴，在爾後避難和隱居生活中，更親自教導讀經。溥心畬認為其一生造詣與節操，得之於母教；即使晚年，在友人和學生面前，言必稱「先母」，孺慕之情，見於顏色。

光緒二十六年，義和團起事，導致八國聯軍之役。七月二十日北京城陷，慈禧太后與光緒皇帝倉皇西行。八月至太原，九月到達西安。命李鴻章、慶親王奕劻與各國公使議和。聯軍所提的先決條件是加重懲治罪魁。但，眞正慫恿義和團，導致八國聯軍之役的禍首是慈禧太后，太后不得已，只有找些親王、大臣作為代罪羔羊。於二十六年十一月下詔將端郡王載漪等革職、監禁或充軍、降調不一而足。貝勒載瀅也在其中，判交宗人府圈禁。至此，載瀅更加消沉，以酒澆愁、寄情於園林、輸銀建廟；這也許是幼年溥心畬對父親比較生疏的另一原因。

光緒二十七年，六歲的溥心畬，開始在私塾讀書，塾師為宛平名士陳應榮。所讀《論語》、《孟子》等，以背誦為主，每日由兩三行漸能背到十餘行，同時也要能夠默寫。據他說，當時無論貴冑子弟和一般讀書人，十六七歲前，必須把十三經讀畢。以後他時常勉勵子侄和後進，幼年背誦之書，終生不忘，受益無窮。

他記得，作詩是由七歲開始，五言絕句、七言絕句、律詩，至五七言古詩；再往後就開始學策論、經史一類的作文了。他始終認為圈點句讀，是讀書的要領，使人深入咀嚼，不致粗心浮氣。江西永新的龍子恕，宜春的歐陽鏡溪，也陸續成為他的嚴師。私塾中只有年節、父母壽誕和本人生日才得放假。雖然母親和蒙師督教嚴格，但童年的溥心畬，依然活潑好動，有一次便淘氣得幾乎失掉性命。

萃錦園中的「流杯亭」，又稱「沁秋亭」，是一個八角形的小亭，在假山的北側，奇形怪石，環繞在亭的四周，極爲幽雅。假山與亭，暗通水道，流過亭內時，蜿蜒曲折，非常別致。流杯亭的設計是受王羲之〈蘭亭集序〉中所描寫曲水流觴的影響。王府主人春秋宴客於亭中，假山古井中汲出涼沁心肺的泉水，從水道中流出，客人只見涓涓清流，浮觴其中，一觴一詠，十分優雅。

溥心畬在亭畔石上，攀登騎坐，大概是練習騎馬動作，搖搖撼撼，一塊巨碑似的湖石，突然壓在身上，使他動彈不得。十幾個太監僕夫，跑來救援，卻無法把石頭挪開，據說後來項夫人跪地默禱，才得抬開大石。出人意外的，除了嘴角右上方留下一點疤痕外，其餘竟毫髮無傷，童年軼事，雖說是破了龍相，不能不說是奇蹟。

八歲那一年，正在學作七言絕句詩的溥心畬晉見慈禧太后。當天，是慈禧太后壽誕之日，頤和園中，滿是祝嘏的王親貴冑。她的興致很好。竟把這聰明俊秀的王孫抱在膝上問：「聽說你會作對聯？」

溥心畬好像未加思索似的，順口作出一副五言聯祝壽。聯句文雅得體，典也用得妥貼，太后稱之爲「本朝神童」，賞給他文房四寶。溥心畬神童之名不脛而走。

曹子建七步成詩，但溥心畬生平，詩思敏捷，成詩似乎不需七步。有些弟子請他題畫，三十幾幅，每張畫剛舖平，他已經落墨紙上，頃刻之間，全數題完。有的弟子在一旁筆錄，竟然跟不上他作詩的速度。因此每當有學畫者臨門，他開頭便問「你有沒有作詩？」他認爲只要詩好、字好、人品好，再加上飽讀經書，畫不學也能畫好。

光緒三十一年，他已十歲。由於學習騎射和太極拳，使他的面容，俊秀中透著幾分精壯。七月二十四日他生日那天，由嫡母赫舍里氏帶領前往頤和園晉見慈禧太后。年逾古稀的太后，依然很有威儀。

她所統治的中國雖然備遭屈辱，國土幾被列強瓜分；據溥心畬說，許多外國使臣在初次晉見時，依然會怕得發抖。有的朝臣、命婦，在她面前更不知所措。但這一天慈禧太后所顯露的卻是慈祥的一面。

頤和園萬壽山的樂壽堂中，榮壽長公主和幾位溥心畬的姑姑姊姊侍立在側。榮壽公主是溥心畬的親姑姑，五十左右年紀。有她在旁使溥心畬心裡安定不少。太后親切地拉著心畬的手，問他在讀什麼書？他說在讀《詩經》。

太后命他賦萬壽山詩，他想到殿外碧波蕩漾的昆明湖，很快地便吟出：

「彩雲生鳳闕，佳氣滿龍池。」詩句中對仗工整，氣象寬宏，使太后大為讚賞。勉勵他好好讀書，將來作一番事業。除了賜他福壽字外，並叫宮女捧出四盤生日禮物：一柄玲瓏的玉如意、十錠一兩重的金元寶、十錠一兩重的銀元寶，此外，還有珍珠瑪瑙各若干。這些賞賜，溥心畬一直珍藏著，可惜民國三十六年南遊之際未能攜在身邊，就此永別故都。

當時他更意想不到的是，三十餘年後，他失去了成長、嬉戲、讀書的恭王府花園，卻賃住在萬壽山樂壽堂緊鄰的介壽堂，可以隨意到清澈廣闊的「龍池」中，獵野鴨和垂釣。

文註：

一、《恭王府花園》頁二，單嘉筠編，恭王府花園管理處版。

2・選皇帝

愛新覺羅氏從馬上得天下，入關後，更注意文治，所以後代子孫必須尊祖制，練武習文，以爲長久統治中國之計。恭忠親王和咸豐皇帝年輕時合創槍法與刀法就是一例；到了溥心畬這一代，依舊遵守先制。溥心畬在自傳中寫：「余幼年遵先朝之制，讀書必以理學入手，故先學庸，講求性理，然後及爾雅、說文，至漢儒訓詁之學，旁及諸子百家書以至詩古文辭。」（註一）

此外，爲了承襲滿洲傳統文化和日益繁複的洋務，自十歲這年，他也開始學習滿文、英文和數學。

至於武功一道，他自幼便學習太極拳，騎馬射箭則自十歲開始。據溥心畬晚年回憶，要練到「一馬射三箭」才算畢業；在飛馳的馬背上，直向箭垛奔去，彎弓搭箭，射中紅心。馬至箭垛的側面時，轉身側射靶心。待跑過垛子背面不遠處，再迴身反射另一面的靶心。

宣統二年，十五歲的溥心畬，騎射功夫已有了相當的基礎，到處徵求良馬，未有所獲。適值哈密王到中土朝貢，隨行一位驃騎勇士，面見恭王府長史；表示他有匹邊陲產的良馬，想要獻給世子。不

過，知道世子年幼，要先看看溥心畬的馬術，如果能控制得了就獻上。

這時，溥心畬正在王府門外練馬。騎上這匹寬膊高蹺、性烈難羈的栗色馬後，馬踔立不能止，抓緊韁繩，卻又掉了馬鞭。這種手忙腳亂的光景看在驃騎眼裡，便說：

「世子果不能控臣馬也，請俟來年。」（註二）

第二年春天，驃騎依言前來獻馬，溥心畬形容那馬：「鷄立而鹿聽，千里馬也。」那位哈密王部屬，驃騎勇士，卻堅辭任何報酬：「臣在西陲，用此馬躡盜則獲，博較則勝，以斯擢驃騎而多金。從吾王修職貢，獻馬世子，寵莫厚焉。若利其貨也，孰與博金。」

溥心畬年幼腿短，騎到馬背上還踏不到腳鐙，只好縮短腳鐙，以待一試身手。次日平明，便到郊外校軍場縱轡飛馳。一群待命操演的禁衛軍，忽然見一位少年騎著栗色馬絕塵奔騰，嘖嘖稱奇。幾位騎兵一時好勝心起，一面大聲喧叫，一面策馬猛追，環教場追了三轉，又跑過黃寺、土城，無論如何也追趕不上。溥心畬暗喜自己眞的得到了寶馬良駒。

以後，數次與京中少年較勝於白雲觀的西坡，竟沒有人能跑過他的，見者無不讚嘆：

「此驃騎馬也。」

辛亥事變那年八月，宣統皇帝遜位詔書頒布，溥心畬知道徒有千里馬，已無用武之地，只好依依不捨地把馬退還驃騎。自此驃騎與馬，跟隨哈密王出玉門關而去。民國四十八年，高齡六十四歲的溥心畬，追憶前塵，猶感慨無限的，畫驃騎馬圖，書〈驃騎馬記〉於其上。

在其後隱居戒壇寺和頤和園的日子，他唯一展現功夫的是山間射雉和水上獵鳧。這種英雄無用武之地的境況，反而使溥心畬的武功，蒙上一絲神秘的色彩。

抗戰勝利之後，李宗仁北上故都，有一次在宴請北京名流之際，畫家于非闇當面稱讚溥心畬的輕功，說他即使背向牆壁，也能縱身而上。李宗仁注視溥心畬，溥氏笑而不答，就更予人一種高深莫測的感覺。

渡海來台之後，溥心畬偶爾在學生和友人面前談起練武之事，聽者疑信參半。

●

文事方面，溥心畬學習的路程不但漫長，且終身行之不輟。至於是否如諸葛亮所說的儒者「務使澤及當時，名留後世」；溥心畬在自傳中自謙地說：「余嘗讀書京西馬鞍山十三年未出，故號『西山逸士』。樂志琴書，心懷遐舉，與世無競，與人無爭，如是而已矣。學貴濟物以利人，今思獨善其身，學又無成，深負母教……」兼善天下或獨善其身，對文武兼備的溥心畬而言，恐怕有些身不由己，只能暗自長嘆「時耶?命耶?」

光緒三十二年，溥心畬三弟溥僡誕生，使恭忠親王之後，又多了位男丁，府中充溢著喜氣。十一歲的溥心畬，在學業進程上則由吟詩作對，開始了作論文。

學寫篆隸、北碑、王羲之正楷及行草有些基礎後，十二歲起，塾師使習大字，以增加腕力。隨後教他雙鉤古帖，以鍛鍊提筆。恭王府中所藏晉唐宋元古帖甚多，他可以就一家家法書，朝夕揣摩練習。

十三歲時，私塾中的幾件小事，使他永記不忘：

有一次，經史之外，他偷看袁枚的《子不語》一書。子不語者，怪力亂神也，是類似聊齋類的稗官野史。塾師責備他不當讀這類閒書，浪費光陰和精力。叫他立賦一詩，詩好的話才得免罰。溥心畬再次展現他七步成詩的聰慧：

子不語名篇，隨園旨已愆；書原同稗史，義顯背尼宣。誌怪頤堪解，搜奇手自編；莫教評筆墨，終遜蒲留仙。

由於詩中論調頗爲得體，塾師轉怒爲喜，自然免罰。

又一次，塾師命作〈燭之武退秦師論〉。

魯僖公三十年，晉文公與秦穆公聯合討伐鄭國。危急中，鄭伯請大夫燭之武冒險縋城，往見秦穆公說以利害，請其退兵以孤立晉軍。素不得志的燭之武，推辭說：

「臣之壯也，猶不如人。今老矣，無能爲也已。」

想到沒有及早重用燭之武，如今臨危授命，鄭伯帶著歉意說：

「吾不能早用子，今急而求子，是寡人之過也；然鄭亡，子亦有不利焉。」燭之武聽了，方才應命前往。

這二千多年前發生在鄭國君臣間的故事，倒很像慈禧太后和奕訢間的情況；每當危機臨頭，才起用恭親王出來支撐大局，承平時則加以罷黜，任其閒散，灌園自遣。不知塾師是否有意考驗一下溥心畬的思想智慧？但少年溥心畬直覺到燭之武那段推辭的言語，有違臣下的器度，乃論燭之武爲人：

「謂之忠也可，謂之能也可；謂之有純臣之度則不可。」

他的見地，使塾師大爲讚許。

那年代北京有個「正風文社」，由老儒耆宿公推社長主持，爲世家子弟會文之所。凡有詩文書法，都可以送到文社，請求批改。其中佳作，還可以得到文房用品作爲獎勵。心畬作品時獲好評，上述一詩一文，得獎獨多，計有松得齋五色信箋兩匣、賀蓮青七紫羊毫筆四管、試闈所用雲頭艷墨汁一瓶；寫字會泛藍光。溥心畬狂喜之餘，夜課時在塾師面前自我炫耀起來。口誦詩文，以手擊節，不愼拍到硯上，頓時墨汁四濺，連老師鬍子上也受到墨污；自然，惹來一頓好罵。

●

有些溥心畬年譜中，十三歲這年有：「受命入宮甄選皇帝，未中選。」的記載。

但溥心畬入宮甄選皇帝的事，說法紛紜，讓人莫衷一是。

據溥心畬友人黃金鰲說，心畬三歲那年，慈禧太后命太監把他抱到面前，想選爲儲君，但好端端的孩子抱到慈禧面前，竟放聲大哭，老太后心中不悅，揮令趕快抱走。奇怪的是出了宮殿，他就不哭不鬧。項夫人得知後，大爲欣慰地說，我兒雖然哭失了皇帝，卻撿回了性命。

溥心畬三弟溥僡之子毓岠，在訪問錄音中，說得更爲生動。

他說溥心畬屬猴，溥儀屬馬，二人相差十歲。選皇帝那年溥心畬十四歲，溥儀四歲，連大阿哥等，一共四個人膺選。四人站在慈禧太后面前，慈禧一一細看，溥心畬爲太后威儀所懾，突然大哭起來。太后問他何故？心畬說：「我想家了。」

太后連說。「去！去！」

家人都怕溥心畬選上皇帝，自其進宮之後，舉家坐臥不寧，翹首以待，知道心畬落選，欣喜若狂，吃麵慶賀。恐懼的原因是，據說同治和光緒兩位皇帝，都是被慈禧太后所害死的。

溥心畬十五六歲時的塾師龍學泰（子恕）之子龍季輝，在〈今之古人溥心畬〉文中說：

「彼時心畬與胞兄溥偉（即小恭親王，在廢大阿哥時，慈禧一度擬議，令其入承大統）同受業於先君門下，歷時數載，備受恭王府禮遇。」

龍季輝這段文字，有三點含意：其一，溥偉和溥心畬同時受業於龍學泰門下，長達數年之久。其二，慈禧為光緒皇帝甄選繼承者的時間，為廢大阿哥時——光緒二十七年冬十月，地點在開封；帝奉慈禧太后回鑾途中。第三點是，太后擬議令溥偉入承大統而非溥心畬。

綜據《清鑑》、《清宮遺聞》、《近代名人小傳》、《溥儀自傳》等資料，慈禧太后主持選帝事件，有下列各端：

㈠同治十三年十二月五日，同治皇帝已崩逝，但慈禧太后假稱皇帝病重，詢問集合在養心殿中的王公大臣，萬一皇帝駕崩，誰可入承大統。當時雖有大臣提出人選，但慈禧堅持立醇親王奕譞的長子載湉為嗣君——即光緒皇帝。

分析原因，不外是奕譞的嫡福晉葉赫那拉氏是慈禧的妹妹，而且載湉只有四歲，易於控制。加以載湉和同治皇帝載淳是同輩兄弟，由載湉繼承帝位，慈禧可以以太后名義，繼續垂簾聽政，統治這個古老而日漸衰弱的國家。

但是，作為新君生父的奕譞，聞到慈禧太后懿旨後，卻驚懼失措，伏地大哭，太后讓他退下也不退。最後是恭親王奕訢命太監扶掖而出，才結束了這番失態的表現。奕譞上疏解釋，他是乍聞同治皇帝駕崩而悲痛，觸發宿疾，步履維艱。實則是慈禧當政多年，陰毒狠辣的聲名素著，雖然選中奕譞長子為帝，奕譞非但不喜，反怕災禍上門。毓峘所說溥心畬入宮選帝時舉家惶恐，坐臥不寧，得到落選消息後才轉悲為喜，說得也算合情合理。

㈡光緒皇帝年齡漸長，在師傅教導、開明之士薰陶下，很想親掌政權，振作圖強。在婚姻選擇上，也與慈禧太后意見相牴觸，摩擦時起，最後不但爆發戊戌政變，光緒被囚瀛台，八國聯軍進北京時，慈禧攜光緒皇帝及少數宮眷西行前，並著太監將光緒皇帝寵愛的珍妃投於井中。

慈禧選立大阿哥的時間，即在光緒二十四年八月戊戌政變失敗之後，二十六年八國聯軍進北京之前。目的則是一旦廢立光緒皇帝，即以大阿哥繼承大統；並使新君聽命於慈禧。

光緒二十五年十二月廿四日，慈禧太后集王公大臣於儀鑾殿，立端郡王載漪十五歲兒子溥儁為大阿哥。《清宮遺聞》中記：

「溥儁者，宣廟（按，道光皇帝）之曾孫，惇愼王之孫，父為端郡王載漪。」（註二）

接著又特別說明：

「其時恭親王溥偉、貝子溥倫，次皆可當選；而載漪平日得太后歡心，故立其子……」

兩年後，又廢立大阿哥溥儁，原因有二，其一是八國聯軍要求嚴懲引起義和團之亂的禍首；否則往上追究戰爭責任，慈禧太后恐怕也難倖免。慈禧不得不採取「棄車保帥」策略，找些代罪的王公大臣，以平息八國的憤怒。載漪、載瀅等均在廢爵懲治之列，其子如果即位為帝，似乎有所不宜。其二則是十七歲的儲君溥儁，隨同逃難西安，一路上行為不檢，毫無禮法，使光緒皇帝和慈禧太后無法忍受。例如，強迫太監帶他去聲色場所。乘皇后用膳時，拔皇后簪珥以為戲樂。事為光緒皇帝所見，稟明太后，太后杖責溥儁，溥儁則遷怒皇帝，當面反唇相稽：

「汝知帝位之將屬於我耶？而猶岸然自大若此！」（註四）

此外，溥儁在宮內宮外不法之事，多得不可勝數，騰笑於人，激怒太后，遂降旨廢立。

按前立大阿哥時擬議，依次應由溥偉遞補；所以龍季輝的說法應屬可信。然而慈禧太后卻另有顧慮，在廢立懿旨後面說：

「至承嗣一節，關係甚重，應候選擇元良，再降懿旨。」（同註四）溥偉遞補繼嗣，也就此擱置。推測主要的考慮，似乎不在選賢舉能，而在能便於太后控馭與否。

㈢清朝末代皇帝溥儀自傳中，談到當時二歲的他被指定爲光緒皇帝繼嗣時，也附帶說到大阿哥被廢後的儲君問題：

「庚子後，載漪被列爲禍首之一，發配新疆充軍，他的兒子也失去了大阿哥的名號。此後七年間，沒有公開提起過廢立的事。光緒三十四年（一九〇八）十月，西太后在頤和園度過了七十四歲生日，患了痢疾，臥病的第十天，突然作出了立嗣的決定。跟著，光緒和慈禧就在兩天中相繼去世。」（註五）

由此可見，沉寂七年的選嗣君之議，卻在極爲倉卒中作了決定。即由病危的慈禧太后直截指定由已薨醇賢親王奕譞之孫，襲醇親王載灃的兒子溥儀爲嗣君，並即刻抱入宮中，交皇后教養。

這是慈禧最後一次爲大清國挑選皇帝，其時慈禧的妹妹，老醇親王嫡福晉葉赫那拉氏早已離開人世。對溥儀寵愛無微不至的庶祖母，側福晉劉佳氏聽到消息大哭失聲說：

「既殺我子，復殺我孫，雖擁皇帝虛名，實等終身圈禁耳！」（註六）她抱著溥儀不放的昏了過去。

當時盛傳春秋三十九歲的光緒皇帝爲慈禧所害，劉佳氏的「既殺我子，復殺我孫」，即指四歲被迫入宮，一生受盡屈辱凌虐的光緒，和即將被奪離開家庭的溥儀。受命而來的王公大臣在一片慌亂中把溥儀抱到慈禧太后榻前。溥儀追憶稚齡往事：

「我記得那時自己忽然處在許多陌生人中間，在我面前有一個陰森森的幃帳，裡面露出一張醜得要命的瘦臉；這就是慈禧。據說我一看見慈禧，立刻嚎啕大哭，渾身哆嗦不住。慈禧叫人拿冰糖葫蘆給我，被我一把摔到地下，連聲哭喊著：『要嬤嬤！要嬤嬤！』弄得慈禧很不痛快說：『這孩子眞憋扭；抱到哪兒去玩玩吧！』」（註七）

再就有關溥心畬資料中，探索他到底有沒有參加過皇帝的甄選盛事：

溥心畬有一篇自傳，從文字上推測，可能作於其母項夫人逝世之後，居住在頤和園時期（民國二十八年至三十六年）。文中多談童年及青年時期受教育的過程，和他自己在文學、經學、書畫方面所下的功夫。並強調曾在京西馬鞍山讀書十三年，樂志琴書，與世無爭，故號「羲皇上人」和「西山逸士」。

這可能是對當時佔領華北日人的一種「堅臥不出」、「無意仕宦」的表態。但其中對選皇帝的事，隻字未提。

旅台後，溥心畬有篇〈學歷自述〉，及一篇由門人陳雋甫筆錄的〈溥心畬先生自述〉（註八），前者以學歷爲主題，另一篇敘述自幼學習過程，內容較自傳尤爲詳細。這兩篇自述也未提及選帝之事。李猷是溥心畬在台灣的好友，容天圻爲溥氏的世交晚輩，兩人所著的〈溥心畬傳稿〉中，也未見有關選皇帝的記述。

溥心畬在台弟子劉河北，曾聽溥心畬說過：「我爲庶出，不可能候選皇帝。」

從種種跡象看來，除非有其他文獻資料發現，否則很難確證他曾奉召參加甄選清朝末代皇帝。不過，在朝中有袁世凱專權，國內民主革命風起雲湧，國際間列強環伺的情況下，無論他未曾參選，或參選而落選，對他而言均屬幸事；使溥心畬沒有像宋徽宗那樣背負沉重的時代包袱，而成爲一位單純的經學家和藝術宗師。

文註：

一、《溥心畬先生哀思錄》卷首。
二、《寒玉堂詩文集》之《寒玉堂文集》卷上頁八二〈驃騎馬記〉，溥心畬著，國立故宮博物院版。
三、《清朝野史大觀》《清宮遺聞》卷上頁一〇五〈溥儁之立〉，台灣中華書局版。
四、《清鑑》卷下頁八七八，啓明書局版。
五、《溥儀自傳》頁十四，金山出版社版。
六、《清鑑》卷下頁九三〇。
七、《溥儀自傳》頁三五。
八、《舊王孫溥心畬》頁一二二、一二六，浪淘出版社版。

3．西山逸士

無論王孫溥心畬曾否參選過皇帝，或選而未中，但仍舊有些傳說，認爲他並非凡人。

他出生不久，家人請來一位瞽者算命。據瞽者說溥心畬原本是天上的星宿，不願投胎人世，被兩位金甲神用力一推才墜落凡塵；因此臀部留有胎記，也就是金甲神的手印。衆人聽了，打開襁褓一看，果然臀部有兩片紫黑色的胎記，形狀略似兩隻掌印。

童年被巨石壓倒在流杯亭畔，項夫人跪禱之後，移開巨石他竟然無恙，也增加了些神秘意味。

年長後，有一方書畫中常用的白文「溥儒」印，邊刻白文三靈圖飾，俗稱「龍印」。有些買他書畫的人，認爲龍印可辟邪，指定要蓋龍印才行。

時日一久，鈐蓋越多，白文龍印，筆畫變得越來越細，三靈圖案失去了原有的神韻，只有請人再刻。由於篆刻家不一，龍印的大小風格不一樣，甚至圖飾中三靈也變成了倣漢印中的「四靈印」。究竟那方辟邪的法力比較大，恐怕溥心畬自己也不甚了然。

宣統元年，載灃與世長辭，教育溥心畬兄弟的責任落在項夫人身上。那年，他十四歲。繼啓蒙師陳應榮之後，已由歐陽鏡溪和龍子恕兩位老師教導。歐陽鏡溪下榻於萃錦園後的鑑園，每日黎明，溥心畬便開始掌燈讀書，日出後赴學校就讀，放學歸家，再於燈下讀到半夜。無分寒暑，終年如此。宣統三年九月十五日，十五歲的溥心畬被送入新設立的貴胄法政學堂讀書，日出後赴學校就讀，即指此而言。

歐陽鏡溪教導溥偉和心畬讀書的同時，江西永新的龍子恕也任塾師於恭王府中。

龍子恕是光緒二十四年進士，康有爲想援引他共創新局，但他恐康有爲銳進將敗，乃自行上書，洋洋九萬言，條陳時事，凡吏治、軍事、教育、實業各端，言無不盡。雖然奉旨留中，他卻免於捲進戊戌政變的漩渦。光緒末年，宣統即位，龍氏累官爲度支部（現在財政部的前身）秘書。

龍子恕規定溥氏兄弟，當日指定的功課，必須當天作完，絕不准延至次日。如果作到深夜，老師就督促到深夜。龍子恕很注意學生作文，他的名言是文要貫氣：

「所謂氣者，水也。言者，浮物也。氣盛，則聲之高下，與言之長短，無不咸宜。亦即『發乎其所不能不發，止乎其所不能不止』。」（註一）換句話說，就是言爲心聲，言必有物，文章形式隨內容而定，溥心畬認爲他一生的文學成就，奠基於此。

龍子恕也很注意生活教育；這時的恭親王府權勢雖然大不如前，但僕從依然很多。龍子恕如有所需，像斟茶、點菸、取物之類工作，從不假手奉命在書房侍候的僕人，必吩咐溥心畬兄弟親自爲之。最初溥心畬深感不解，後來領悟出老師的心意，無非讓他們養成勤勞服務和尊師重道的精神。

自從光緒二十七年李鴻章逝世之後，清朝軍政大權漸入袁世凱之手。宣統繼位後，攝政王載灃以戊戌政變時袁世凱出賣了光緒皇帝，使皇帝被幽，幾遭廢立，加以許多王公大臣也不欲軍權掌握在漢人手中，紛紛主張罷黜袁氏，甚至除之而後快。袁世凱知道情勢不利，便自稱足疾，行動不便，呈請辭職，回籍養痾。

武昌革命之後，清廷見情勢危急，不得不電召袁世凱進京，組織完全內閣。袁世凱爲了鞏固自己的權力，採取了兩面手法。其一是以南方革命勢力難以抵敵，威嚇清廷讓步；另外一面挾軍政大權、北方勢力和革命黨討價還價。

宗社黨則想以日益衰竭的清廷力量，藉日德等國的外援，同時對抗燎原的革命力量和專橫的袁世凱，維護清祚於不墜。溥偉就是這樣一位少壯派的宗社黨成員。

武昌起義，革命政府成立，清朝政權岌岌可危之際，溥偉和朝中親貴如載濤、載洵、載澤、耆善、鐵良、良弼等，組成宗社黨，以維護滿清政權爲己任。溥偉稟明嫡母擬毀家以紓國難，乃變賣府中的書畫古玩。陝甘總督升允爲軍事上的外應；其後在溥偉主持下，升允成了溥心畬的岳父，使這種同志關係更爲密切。

《溥儀自傳》中說，溥偉向溥儀生父——攝政王載灃獻計，採用康熙皇帝十五歲時，計除權相鰲拜的故事作藍本，以除去袁世凱這個心腹大患。

據溥儀所記溥偉除鰲拜的說法爲：康熙皇帝以鰲拜專權跋扈，爲了收回政權，乃設下一計。一日，鰲拜進宮，但座椅卻先被動了手腳，一腿不牢。皇帝賜坐時，鰲拜冷不防一個閃失，康熙即以「君前失禮」之罪，誅殺鰲拜。溥偉認爲歷史可以重演，此計可行；且自告奮勇，願以道光皇帝所賜白虹刀，權充上方寶劍，負起誅殺袁世凱的使命。

但就《清鑑》所記，卻大不相同，親政前的康熙皇帝，惡鰲拜專橫無狀，便欲除之。親政後，與已故輔政大臣索尼之子索額圖謀，選八旗子弟，年甫成童而孔武有力者入內苑，練習角觝、貫跤。鰲拜只以爲是兒戲，不加戒備。一日，康熙皇帝獨召鰲拜入見，剛跨過門限，所伏諸童驟出狙擊，擒住鰲拜。經審訊後，列罪三十款，斬其同黨多人，康熙皇帝因他爲顧命輔政大臣，又立過戰功，不忍加誅，革職及籍沒家產，並禁錮終生。

據溥儀表示，溥偉欲在座椅上動手腳擒袁世凱的計策，爲張之洞勸阻，並未付諸實施。當時宗社黨乃至攝政王載灃要除去袁世凱的計劃和傳言很多，不知是否探聽到風聲，宣統三年秋天，袁世凱遂先下手爲強的派兵夜圍有意排斥他的親貴府邸；名爲「保護」，實際上藉以監視府中動靜。恭王府也在其中。推測此一兵圍府邸事件，可能威嚇的成份比較重，因而恭王府的家人，得以平安逃離；宗社黨的另一活躍份子耆善，也逃往旅順，尋求日本人的庇護。

溥偉奉嫡母福晉先到西山戒壇寺暫避，隨後遠赴膠州德國租界，一方面得其庇護，一方面想轉道德國，效申包胥哭秦廷故事，尋求對清廷的援助；但爲德方所阻未能航海赴德。因當時英德等國多認爲袁世凱可組成一個有力的政府，公平地處理對外關係，維持國內秩序，及革命後他們在華貿易的有利環境。因此不願捲入中國內部的紛爭。

困處膠州的溥偉，賦〈觀海〉詩以言志，並表現家國之思：

白雲不在天，青山不在地；中有神龍游，蕩漾起空際。（註二）

未久之後，宣統皇帝遜位詔下，中華民國建立，同時也頒佈了「優待皇室」、「待遇清皇族」及「待遇滿蒙回藏」的條件。宣統皇帝尊號得以保存，清宗廟陵寢受到保護並修建德宗光緒皇帝的崇陵，使作爲宗社黨忠實黨員的溥偉，稍感安慰。對皇族而言，王公世爵一仍其舊——也就是說他的恭親王位不變，而且皇族私產也可以繼續保有。依此條例，他一方面受到德國租界的庇護，一方面變賣家產珍寶，購買軍械，籌備軍餉，等待復辟的時機。

有關袁世凱兵圍恭王府戟門事件，溥心畬在他所著《慈訓纂證》序中，記述十分簡略：

「辛亥武昌之變，朝廷方召袁世凱決大計，袁氏疾諸王之異己者，臨之以兵，夜圍戟門。護衛故吏恐不利於孺子，奉太夫人攜儒兄弟避難清河故吏家。」（註三）

「清河故吏家」，位於北京城北方清河縣的二旗村。

逃難中的項夫人，在王府中的財物可能像府中所藏書畫一樣，所存無幾。宣統遜位後，貴族側室的身分，對她已不再是什麼保障，只能把全部希望寄託在兩個兒子身上。那時，溥僡年僅六歲，長他十歲的溥心畬，所讀貴冑法政學堂，即將裁併到清河大學。一切過渡時期的混亂無緒，激發她教子與自力謀生的信念。她淚流滿面的訓勉溥心畬：「汝祖恭王，以周公之親，輔翊中興，澤及於民，子孫必昌；汝其畜德修業，無墜厥緒。」（同註二）

又一次，她略帶沮喪的哽咽：「汝弟更幼，吾惟望汝，汝學不成，吾將何望，不如死。」一時學未盡力的溥心畬，深感愧對母親，不由得悚懼哭泣，勵志向學。

江山易幟之後，袁世凱爲臨時總統。歐陽鏡溪和龍子恕二位嚴師，均南歸故里。溥心畬檢點身邊餘書，只有倉皇攜出的數卷，外有閣帖一部，唐宋元明書畫數件而已。在沒有塾師教導的情況下，項夫人盡典簪珥，向書肆租書，讓他抄寫背誦，訓練成良好的記誦能力，使其終生不忘。項夫人親自教他寫字，並教他周易及春秋三傳。課業餘暇，也教兄弟二人學習一些農事，養成勤勞的習慣。

項氏的仁厚、慈祥，以及來自皇族之家的母慈子孝，使鄰家婦女大爲感動，相互勉勵效法的結果，鄉中風俗頗爲改變，號爲義鄉。

在清苦簡陋的鄉居生活中，有件小小趣事，也使溥心畬畢生難忘；所著《華林雲葉》中記：「余十七歲，奉母居二旗村，有賣蜀黍者，以舊紙包之，觀其紙，乃宋槧《册府元龜》半頁。」（註四）亂世中，文物委棄、散失，令人慨嘆；珍貴無比的宋槧本書頁，竟淪爲小販包食物的廢紙。唯溥記中所指的「蜀黍」，可能是「玉蜀黍」，於抄寫時誤漏所致。蜀黍一名「高粱」，可釀酒，也是北方人主要的雜糧之一，很少用紙包來零賣。玉蜀黍又稱「玉米」、「包穀」或「棒子」，雖爲雜糧的一種，但可煮可烤，由小販沿街叫賣作爲零食，用散頁紙包的可能性較大。

溥心畬母子在二旗村居住一個時期，就遷到北京西南方馬鞍山的戒壇寺（一稱戒台寺），在「牡丹院」中過著隱居的生活。時當民國二年春天左右。這時溥心畬就讀的清河大學發生了變動，溥心畬依志願分發到北京城內的法政大學讀書。

太行山的支脈，環繞在北京西面，統稱「西山」，其實包含很多名山古刹。一北一南相距十八里的潭柘寺和戒壇寺，是著名的古刹。但地處永定河西三十里的崇山峻嶺之間，離北京遠達八九十里，交通不便，所以香客遊人遠不如香山、臥佛寺等西山八大處之盛。

隱居戒壇寺的溥心畬，在學歷自述中，說他十八歲畢業於北京市內的法政大學。由戒壇寺至北京，即使已通火車，除了走二十里左右山路外，更要從長辛店乘六七十里路的火車才能到達。可見到的資料中，亦無溥心畬當時寄宿北京的記載，因此，他如何完成大學最後一年學業，多少有些令人費解。

戒壇寺建於唐高祖李淵時代，時名「慧聚寺」，有一千三百多年的歷史。據傳宋英宗在位前後，時為遼道宗咸雍年間，普賢菩薩化名法均禪師，在廟中建戒壇弘揚佛法。以白石砌造的戒壇，高約丈餘，分三層，四周站列戒神，神祕肅穆，廟僧為了保護這九百餘年的古蹟，建造一座雄偉的大殿把戒壇保護起來；所以是先有戒壇後有殿，作為新僧受戒之處。

恭忠親王奕訢父子居山時專用的牡丹院，雖不比恭王府、萃錦園宏麗豪華，但一重重院落，花圃假山俱全，院外崖松伸展覆蓋，姿態萬千，暮鼓晨鐘聲中，彷彿住在仙界。變革的亂局稍微安定之後，老恭親王所遺下的土地和財產，又可供他們使用，生活不再似倉皇逃難，居住在二旗村時那般清苦。山居清閒，溥心畬有時與弟弟爬樹捕蜯首蛾眉；那是一種綠色比蟬略小的昆蟲，鳴聲疏而長，《爾雅》中稱之為「蚻蜻蜻」。

秋天的馬鞍山，山路兩旁盡是金黃色的柿子和紅色的山楂。附近秋坡村一帶，則結滿了野柿，村民採來釀酒，酒味雖薄，但甘芳可口。溥心畬祖墳就在秋坡村附近，春秋祭掃，村民對這位舊王孫也就熟識起來。冬天大雪漫山，溥心畬一時技癢，挾著弓箭到山中射獵。當他把所獵雉雞獻給母親的時候，項夫人大不以為然的訓誨他：

「孔子弋不射宿。襲而取之，非仁也。是雉方寒求食，奈何射之。」（註四）

項氏不但不准他冬天射雉，連一位郜姓村民贈所獵雉、兔給溥心畬，也不願他收受：

「庖廚自有鷄黍，安用雉兔？彼獵而汝受之，是獎獵也；不受其餉，其獵將止。」（同註四）溥心畬依言送還雉與兔，郜氏果然不再獵殺。

住錫禪堂的濬海禪師，是溥心畬隱居戒壇寺的好友，時常結伴遊山，爲濬海禪師鈔經，寫千字文。十三年後他下山定居北京萃錦園時，濬海也離山作北京圓廣寺住持。

一次，他在戒壇寺鐘樓對面，見到一群僧、俗，圍觀巡山僧悟圓練武。這位高大努目的滄洲僧，拳腳和刀法都很了得，曲踊橫躍，舞得一柄刀呼呼風響，觀者紛紛向後閃避。性情一向樸訥寡言的監院和尚徵源經過，對著刀影用袍袖一拂，悟圓鋼刀竟脫手而飛，扎入牆磚好幾寸深，徵源喝道：「汝不修正法，此何爲者？」（註五）悟圓大爲惶恐，伏地請罪，終於一心向佛，成爲戒僧。

據說，徵源曾習藝於嵩山少林寺。爲禪堂維那十餘年，卻是身懷絕技，深藏不露。這件事情也使溥心畬感到，武功一道眞是天外有天，人外有人。

戒壇寺和尚口中的種種神奇傳說，也引起溥心畬濃厚的興趣：

有位僧人前往西山白石坡，一隻老虎隨行，人虎之間各不相擾。走過一石洞，老虎入洞伏臥，好像回到了虎窩似的，和尚舉袖道別，連說：「別矣！別矣！」（註六）後人把此洞稱爲「別虎洞」。

禪寺中有隻白蜘蛛，每當一位高僧誦經，便伏在案上聆聽，晝夜來往五次。高僧爲牠說過「三歸戒」後，這隻通靈的蜘蛛，便不再結網捕蟲，只吃蔬米之類素食。一日，誦經之後，蜘蛛一反往常的伏案不去，高僧一看，白蜘蛛已經蛻化。事情傳開，村民爲此建了座蜘蛛塔。（註七）

據說，戒壇寺山下有株松樹，枝葉已枯，寺僧正要砍來作薪，豈知枯松竟像通靈一般，一夜之間恢復成枝榮葉茂。漫山的奇花異樹、不知名的禽鳥昆蟲，以及種種神奇傳說，溥心畬有的牢記心中，有的作成筆記。他想到將來也許會把這些所見所聞，寫成像《聊齋》、《子不語》或歷代筆記小說那樣的書籍，也給未來留下無窮的回憶。

從書中，他知道有不少世間失傳的文章和書册，不經意得之於佛龕之中，想不到他也在戒壇寺比丘壇佛龕中，見到宋李唐所畫菩薩像和乾隆年間內閣學士，翁方綱（覃溪）所書小楷《金剛經》等不世之珍。

恭忠親王奕訢、貝勒載瀅在牡丹院中所收藏和佛龕中所見的古代書畫，戒壇寺中莊嚴雄偉的殿閣，以及千姿百態的古松，使溥心畬書畫吟詠的興致，油然而生。

文註：

一、《溥心畬先生詩文集——華林雲葉》卷上頁五九。

二、《慈訓纂證》序，溥心畬遺屬出版。

三、《溥心畬先生詩文集——華林雲葉》卷上頁一一七。

四、《溥心畬先生詩文集——華林雲葉》卷下頁四二。

五、《溥心畬先生詩文集——華林雲葉》卷上頁四三。

六、《溥心畬先生詩文集——華林雲葉》卷下頁五〇。

七、《溥心畬先生詩文集——華林雲葉》卷下頁五二。

4・詩與畫

僕自弱冠讀書西山，日與松居，時陳弢庵太傅、陳仁先侍御皆能寫松，得盤屈蚴蟉之勢。

——溥心畬題畫松卷（註一）

「松之寺」，簡直可以作爲戒壇寺的代稱。松風、松濤、松蔭、松影……，溥心畬的「日與松居」，說得再恰當不過。

戒壇寺聞名遐邇的有四大古松，溥心畬居山時，則僅存其三。

遊人最爲好奇的是「活動松」，只要牽動一枝，連老幹都隨著搖動，有人把這種神奇，比作含羞草。乾隆皇帝遊山時最愛此樹，曾賦詩勒石。可惜此樹已無，空留石碑，溥心畬憑弔之餘，記下碑上之詩：

牽動旁枝老幹隨，山僧持以示人奇，一聲空谷千聲應，借問神通孰所為。

不過雅好登山玩水的溥心畬，在戒壇寺東澗和衛公山，分別見到這種活動松，他認為這是松的一種，並非僅此一株。「九龍松」在戒壇殿前遼塔的側面，主幹不高，但上分九根支幹氣勢磅礴，纏來繞去，看來彷彿龐大無比的巨靈。主幹則有十數人合抱粗細。「臥龍松」和「自在松」，均離牡丹院不遠，枝幹橫伸，狀似臥龍，又像酒後東倒西歪，步履踉蹌的仙人。溥心畬推測原因：

「余昔讀書馬鞍山慧聚寺（戒壇寺），寺為唐武德中建，古松數株，皆千餘年樹，鑿巖築寺，阤石巉嶔，松為石偃，鬱不得伸，為偃蹇輪囷，龍蟠蛟舉之狀。」（註二）

四松之外，尚有「抱塔松」、「松抱榆」等奇姿異態。各式各樣的白虎皮松，也遍佈寺內。讀書作字餘暇，溥心畬開始描繪這些松樹。他想畫出那種屈曲迴抱偃蹇之態，結果卻畫得頗為零亂。到了苦思不解時，溥心畬便找出所藏唐宋元明的古畫來揣摩比較，甚至臨摹一陣，然後再重行對樹寫生。

當他對墨畫較滿意的時候，又發覺自己設色太差。何以古人設色畫便沉穩，而無浮躁之感？他再一次沉浸於古畫裡面。終於悟出：

「原來是自己用的顏色濾重，就不好看，用顏色要從淡一遍一遍的重染；如果一次染深，就不好看。用顏色要勻，怎樣能夠勻呢？水多顏色少就勻，水少顏色多就不勻；這些都是體驗出來的，就像科學研究試驗，要慢慢的把這道理尋出來。」（註三）

此後，溥心畬始終把一幅畫的賦色，看成是十分重要的事，在這種揣摩和體驗中，也逐漸形成他傳色的理論。他首先著重於色與墨的關係：

「孫子曰：色不過五。五色之變，不可勝窮也。寫山川草木晦明燥濕，雲煙離合，與墨色渾然無跡者，上也。色與墨相違，紛雜而不合者，下也。夫西施之姣，不假鉛華；南風之聲，無煩絃管。畫以墨法爲宗，傅色次之。」（註四）

其中有兩則論傅色與用筆的關係，更見微妙：

「傅色時行筆欲疾，不可停留，宜水多色少，則勻淨無跡；色多水少，則凝滯不勻。」（註五）

「落筆頃刻而成，傅色數日始就。頃刻而成者，氣勢也；數日而就者，經營也。」（同註五）

這種慢工出細活的傅色方式，有時一幅畫染了待乾，乾了再染，總共染上十幾遍才告完成。後來他雖然常常以此教導學生，但眞正能夠把他一幅畫漫長的染色過程，仔細地從頭看到尾的，只有少數入室弟子而已。

另外一種少爲人知的處理色彩方式是，一幅絹畫染色之後，先在水裡浸上一二天，讓浮在上面的色彩漂去，晾乾後再塗上一層石英粉，這時畫面即顯得安靜而不刺眼。

在弟子陳雋甫所錄的溥心畬自述和溥心畬早年的自傳中，都談到他學畫的過程與無師自學的甘苦。他說於治經之外，兼學古文和駢儷文，駢儷文近畫，是他學習繪畫的原因之一。又因書畫筆法相通，無論行草篆籀，以書法之筆入畫，比較容易得心應手。古人所說的「行萬里路，讀萬卷書，下筆如有神」，所以廣讀書和遊山玩水，是使他步上藝術生涯另一主要原素。六法十二忌及各種繪畫理論，使他於古畫和自然之間，得以反覆印證。他自述：

「時山居與世若隔，故無師承，亦無畫友，習之甚久，進境極遲。漸通其道，悟其理蘊，遂覺信筆所及，無往不可。初學四王，後知四王少含蓄，筆多偏鋒，遂學董巨劉松年馬夏，用篆籀之筆。始

習南宗，後習北宗，然後始畫人物鞍馬翎毛花竹之類。」（註六）

溥心畬在自傳中寫：

「蓋有師之畫易，無師之畫難；無師必自悟而後得，由悟而得往往工妙，惟始學時難耳。」（註七）

談到他習畫的時間，自述中說二十七歲從德國回來，奉母隱居馬鞍山，開始習畫；接著便是前面引錄的學畫原因和進程。自傳中稱三十左右始習畫，因此，有人說他二十七八歲始學畫，有人說是三十歲。事實上有些成名畫家所稱的「始學畫」，往往並非「初習」，而是已經表現出獨特風格的成熟期，可以獨樹一幟於畫壇之上。

溥心畬早期遺作中，有年款的有〈白描大士像〉，作於民國五年農曆元旦，時年二十一歲。〈舟上捕魚圖〉扇面，上雖無年款，但有前翰林編修，海上畫家高振霄於民國四年寫的跋，可證是溥心畬二十歲以前的作品。〈蜂猴圖〉，竹為白描，爬到斷竹頂上的猴和空中的二隻遊蜂，筆法工細。畫未署年，溥心畬在補題七絕後面有「西山舊作」四字。另有份資料裡面，說是作於民國二年——那年他十八歲。溥心畬侄兒毓岠，在訪問中說：

「我二大爺到西山前已經在畫畫，非一九二四（民國十三）年，他和我父親（按，溥僡）二人六七歲開始畫，八九歲詩作得不錯了，詩思快。我父親住戒壇寺時，畫各式山景，畫我二大爺站在松下、騎馬、射槍之類的速寫。其後我父親專心於文學，就不再畫畫了。」

中國傳統讀書人，為了陶冶性情，書畫琴棋，往往都會涉獵。溥心畬很早便開始習畫，應屬可信。讀書西山時，環境優美，生活單純，加以二三遺老，擅於此道，可能是促使溥心畬進一步從事揮灑的主因。

勤於丹青之外，生活在戒壇寺中的溥心畬，詩文和書法風格，也都有了變化。

溥心畬曾自述西山時期學詩的過程：

「古風三百篇之外，惟喜唐詩，居山十五年，日夕吟誦，自課四百餘首。古風習漢魏六朝，近體則師唐人。陳弢庵太傅與余忘年交也。見余詩，以爲學唐易失於空泛，華而無實，勸習宋詩，余不能從也。」接著，他敘述鍾情唐詩的理由：

「唐出於三百篇，下逮漢魏，比興之義，敦厚之道，豈華而無實哉。」（註八）

溥心畬對唐詩的喜愛至老不衰，不過陳弢庵太傅去華務實的建議，他也並未去懷，時刻用以自我檢討和勉勵。

晚年，詩人周棄子知道他雅好唐詩，故意在他面前痛詆唐詩的空泛，言外之意，指他的詩是隔靴搔癢搭空架子的假唐詩。溥心畬不以爲忤，笑說：

「我唸兩句好詩給你聽。早年在北平，有一天幾隻老鴉抵著窗戶叫，趕牠不走，越叫越起勁。當時我作了一首七絕，末兩句是：『告凶今日渾閒事，已是曾經十死餘』！」說到這裡，溥心畬把桌子一拍。大聲說：「這兩句你該說好吧！」

棄子表示：

「從那一次我才知道，這位老先生的『眞詩』也是了不起的。」（註九）

溥心畬隱居戒壇寺的歲月，和一位方外友張永光法師（字海印）交往密切。依照同屬宗室，並與溥心畬有親戚關係的啓功研究，溥心畬無論文學和書法，都受到海印和尚的影響。

心畬與海印在戒壇寺邂逅時，海印已年近花甲，他乃湖南人士，據說是名士王闓運（湘綺）的門生，專作六朝體詩，有《碧湖集》詩稿留給溥心畬兄弟。海印的書法像明朝的王寵（雅宜），啓功稱爲「和尚書體」。啓功曾聽他的老師說，和尚穿的是寬袍大袖，寫字時用右手執筆，左手攏著右手的袍袖；他表示：

「所以寫出的字，絕無扶牆摸壁的死點畫，而多具有疏散的風格。和尚又無須應科舉考試，不用練習規規矩矩的小楷。如果寫出自成格局的字，必然常常具有出人意表的藝術效果。」（註十）

啓功認爲溥心畬早年手寫石印的《西山集》，正可以見出受海印影響的和尚書體。

戒壇寺西，高峰聳立如屏，名極樂峰，溥心畬和海印登眺尋詩，他對海印「一水分還合，千峰斷復連」句，大爲讚賞，認爲不減大歷十子的功力。

海印曾爲心畬誦其居山詩：

首陽山下幽棲在，芳草春深蕨菜肥。

對山中植物觀察入微的溥心畬，立刻就發現詩中問題所在，他說：

「師志則善矣，句或未妥。」溥心畬接著解釋，依《齊民要術》所釋，春天二月中，蕨菜只有八九寸高，滑美如葵，但一到暮春三月，則散爲三枝，又長又硬，形同蒿草，根本不能下嚥。海印大爲折服，立刻改作。

海印南歸，往往使山中寂寞的溥心畬，感到空虛而惆悵，他在〈懷海印上人〉詩中寫：

自我遯空谷，俯仰無四鄰，倚杖嘯孤木，邈若羲皇人。與君一爲別，索居常苦辛，冥冥高飛

蔿，眇眇潛淵鱗，心知不相見，永言安能申。（註十一）

海印上人之外，溥心畬在西山時期的方外友人，尚有光緒年間到北京，曾蒙皇帝召見，賜紫衣的天目山能和上人，極樂寺的凌雲上人及延壽寺的性眞上人。和他來往的遺民，則有前述題〈畫松卷〉中所指的陳弢庵、陳仁先和另一位遺民詩人章一山中丞。

陳弢庵名寶琛，號伯潛，福建閩縣人，同治進士，歷官內閣學士和禮部侍郎，敢於向慈禧太后進諫。光緒十七年因故遭降級處分，索性返家，居鄉長達二十年，辛亥前夕始被起用，作宣統皇帝師傅。陳弢庵時已坐六望七高齡，故溥心畬稱之爲忘年交。「國變」後，他像溥偉一樣，是位忠實的復辟派，不但求神籤，向關帝爺卜問宣統皇帝的未來，並常捋著稀疏的白鬚對年幼的溥儀唸叨，革命、民國、共和，是一切災難的根源，他譏諷那些新派人物說：

「非聖人者無法，非孝者無親；此大亂之道也。」（註十二）

陳氏能詩，擅畫松，他在北京永定門外見一株古松，姿態奇異，橫偃道旁，一種孤忠而又無奈的感覺，引起他的共鳴，乃停車而畫之，題詩畫上：

不惜道途老，終傷氣類孤。年來兵馬過，天幸免樵蘇。（註十三）

陳仁先，名曾壽，字仁先，湖北蘄水人，光緒二十九年進士，授御史，歷官侍郎。家藏元代大畫家吳鎭所作古松一幅，題爲「蒼虬」二字，陳仁先因以「蒼虬」自號。他跟溥心畬往來密切，尤其民國二十二年溥心畬重回萃錦園後，詩酒唱酬，異常頻繁。

某日，溥心畬夢到一句詩：

「修竹一亭春雨餘」；陳蒼虬大為讚賞，並依詩意為作水墨小景橫卷，題詩句於其上。從溥心畬〈訴衷情（寄蒼虬侍郎）〉詞中，可見出二人情誼之篤：

鷗波亭外小池塘，寒食好風光。望中連天芳草，雲路雁聲長　桃欲綻，柳纔黃，莫相忘。新詩遠寄，十二樓中一片斜陽。（註十四）

章一山名梫，字一山，是名經學家俞樾（曲園）的學生。寧海人，進士出身，官郵傳部丞參工行走。溥心畬佩服他「國變」後對遜帝溥儀的一片忠忱，更欽佩他為人的耿介。溥心畬在〈清平樂〉中，表現他對章一山的思念之情：

故人歸來，獨濺花時淚。舊館日長生暗翠，戀盡明光花明媚。　晚芳搖落空枝，可憐春盡無詩。珍重寄君雙鯉，夜窗零雨相思。（註十五）

●

民國三年，自述已從法政大學畢業的溥心畬，年已十九，開始接受委託，撰寫墓誌銘一類文章，這意味著他已開始有潤筆收入。委託者多半是清朝遺民，溥心畬像許多遺民那樣，對遜帝復辟仍抱有希望；溥偉、陳弢庵對他，自然也有相當的影響。在所作墓誌銘、行狀、傳記之類文章中，溥心畬極力表彰在「國變」前後為清朝殉節、伺機反抗民軍及革命黨的兵將，乃至深隱不出者的忠忱義行。用以證明人心不死，復國有望。

溥心畬的嫡母赫舍里益齡（字菊農）率恭親王溥偉居住在青島匯泉山（馬場前面），溥心畬曾前往省親。到青島後並在禮賢書院補習德文。

溥偉的德國朋友亨利親王，是德皇威廉二世之弟，時任德國海軍大臣，居青島德國的租界地。溥心畬稱亨利親王是他留學德國的橋樑。然而，他的留德之說，卻引發了很大的爭論。直到他逝世三十餘年，仍然不時有人提出爭辯，說不定會成爲千古懸案。

爲了解爭論的梗概，本文從三種不同的觀點分別探討：一、溥心畬自己的說法。二、否定他說法的論辯和佐證。三、肯定他說法的論辯和佐證。

溥心畬早年自傳中，對留學事只簡單的提到一句：「及十九歲大學畢業後，留學海上。」說得相當籠統，對留學國家、時間長短、所得到的學位等，均未提及。

把留學過程說得最詳細的是他的〈學歷自述〉，大意是：

十九歲，由亨利親王之介紹，遊歷德國，考入柏林大學。

二十二歲，柏林大學畢業，農曆五月回青島完婚，六月二十四日攜妻子回戒壇寺拜見生母。

二十三歲秋天八月。再往青島省親，乘輪前往德國，入柏林研究院，三年半後，獲博士學位歸國。先在青島祝嫡母六十正壽，然後回戒壇寺，重過隱居生活。

由陳雋甫筆錄的〈溥心畬先生自述〉中，說得則很簡略：

「余十九歲，奉母命留德求學，二十二歲柏林大學畢業後，返家省親，完婚後二年，再度留德，入研究院，歸家後奉母隱居馬鞍山（時年二十七歲）。」（註十六）

溥心畬晚年在香港開畫展及演講時，曾說過：

「十九歲從大學跑出來，再研習一年德文，二十七歲便帶了德國天文學博士及生物學博士兩個學位回國。」（註十七）

「我小時候，老師不許我畫畫。在留學時，所學的是天文、生物一類的科學，與藝術相去很遠。直到二十八歲回國，才開始學畫，有時在家中寫生，有時遊歷山川。……」（同註十七）

上舉溥心畬〈學歷自述〉撰寫的過程也很曲折；據民國二十三四年便與溥氏交往的張目寒說，在台灣，有次遇到溥心畬，見他心緒不佳，動問之下，溥心畬表示：有人認爲他沒有進過學校，留學德國也是假的，對他的人格，實在是一大侮辱，所以多日心情不快。並說，他將口述學歷，請人油印分送，以資澄清。

但後來張目寒過訪溥氏，溥氏卻交給他一份學歷自述手稿，請其保存。

溥心畬在文末，也特別表明寫這篇文章的動機：「今序學歷，並非欲藉此宣傳，所以不憚詳明陳述者，欲使對余學歷懷疑者，明瞭而已。」（註十八）

由此不難看出，某些人對他學歷懷疑所帶給他的困惱。

文註：

一、《寒玉堂畫論》卷首王壯爲題詩序，溥心畬著，學海出版社。

二、《溥心畬書畫文物圖錄》頁二五六圖十、頁三八一題跋釋文。
三、《溥心畬傳稿》，容天圻撰。
四、《寒玉堂畫論》頁六九。
五、《寒玉堂畫論》頁七四。
六、《舊王孫溥心畬》頁一二六。
七、《溥心畬先生哀思錄》卷首。
八、《舊王孫溥心畬》頁二八。
九、《舊王孫溥心畬》頁一一八〈中國文人畫最後的一筆〉，周棄子撰。
十、〈溥心畬先生南渡前的藝術生涯〉，啓功撰，國立故宮博物院「張大千．溥心畬詩書畫學術討論會」論文：本文以後簡稱「故宮討論會」。
十一、《寒玉堂詩集》手寫本頁五，溥孝華印。
十二、《溥儀自傳》頁六四。
十三、《溥心畬先生詩文集——華林雲葉》卷上頁九四。
十四、《凝碧餘音詞》手寫本頁十四，溥心畬著，溥孝華印。
十五、《溥心畬先生詩文集——凝碧餘音詞》民國三十三年排印本頁十一。
十六、《舊王孫溥心畬》頁一二六。
十七、《中國書畫》期十五頁九，〈溥心畬爲何要冒充「雙料博士」？〉，漱明撰。
十八、《舊王孫溥心畬》卷首〈心畬學歷自述〉手稿、頁一二二〈溥心畬先生學歷自述手稿的發現及收藏〉，奇石撰。

5・懸案

溥心畬留德往事，除了文字上的自述之外，也在授課或閒談時，吐露點點滴滴。

提及天文博士學位時，溥心畬表示他家中有架天文望遠鏡，比國家天文臺所擁有的還要大。不過，他並未進一步說明「家」是指台北寓所，或故都北京的萃錦園。

在他畫室學畫的學生，曾耳聞他閒話留德的一些瑣事：

由於不慣穿西裝、打領帶，他特別找個僕人伺候他這些生活瑣事。拿起掃地的掃帚，他把回憶的焦點轉到在德國所受的軍訓，連作幾個操槍動作，讓入室弟子開開眼界。

六十七歲那年，所著《華林雲葉》出版前夕，一位記者往訪雖罹重病卻仍著作不輟的溥心畬時，溥心畬彈奏三弦又吹了一下口琴。記者描述當時情形：

「他說（按，指溥氏），一吹口琴，就使他想起早年留德的生活。他很愛音樂的，他在德國曾學過小提琴及鋼琴，雖然他得到的是柏林大學的天文及生物兩項博士學位。」（註一）

從資料推測，溥心畬曾否留德，獲雙博士學位的爭論。似乎由來已久。

民國四十七、八年，溥心畬先後兩次到香港開畫展及演講，在記者訪問和講詞中，談及前文所引留德及取得博士學位的事。當時有位二十多年前在北平藝專任職員的「漱明」，見報後即聯絡在港的藝專校友，相互探詢曾任教北平藝專多年的溥心畬，曾否留德並獲得雙博士學位。漱明表示，不但沒得到肯定的答覆，甚至對溥氏就讀清河大學、法政大學等學歷也懷疑起來。可能因此港台兩地傳言紛紛，〈心畬學歷自述〉，並未署年，推測可能作於四十九年左右。文中：

「……遊歷德國，考入柏林大學」之後，特別加註：「在今，東德因校址已毀，西德今又成立名民主自由大學」，推測，意在提醒讀者，查證可能已非易事。

民國五十三年，萬大鋐在《傳記文學》第五卷第五期發表〈西山逸士的幾段逸事〉，開頭便談到溥心畬的家世和學經歷，因此引起漱明考訂溥氏學歷的興趣，於五十九年日報上發表〈溥心畬爲何要冒充「雙料博士」？〉時溥氏已逝世六年之久。

民國五十九年七月，《中國書畫》第十三期，刊出容天圻的〈溥心畬傳稿〉，文中採納了溥心畬自述的學歷，據編者表示，該文引起了讀者對溥心畬生平事蹟研究的興趣，也有讀者對他的學歷提出質疑。於是波瀾再起，編者訪問與溥氏交往密切的藝術名流後，於五十九年九月第十五期中轉載了漱明的文章，同時也轉載了龍季輝的〈今之古人溥心畬〉及容天圻的〈溥心畬是否冒充博士？〉供讀者參考比較。

民國八十一年，台灣省立美術館出版《「溥心畬繪畫藝術之研究」研究報告展覽專輯彙編》，研究主持人詹前裕的報告第三章第二節中，除引用漱明論據之外，又加上他自己訪問所得，對溥心畬學歷所採取的懷疑觀點，可說是所見略同。

〈心畬學歷自述〉中，離開戒壇寺、準備留德、留德及返回戒壇寺；再留德後重返戒壇寺，共分為兩個階段，分別為：

民國二年秋或冬，至民國六年秋天。

民國七年秋天，至民國十一年夏。

綜合漱明與詹前裕文中要點為：

從溥氏有年款的詩文書畫、或友人詩中，找出這兩個時段內，溥氏在戒壇寺與友人唱酬、登眺的證據。例如：陳弢庵民國七年有一首戒壇寺中訪心畬的詩，有「邂逅松下風，王孫皎如玉，七年不入城，飲澗飫山綠……」詩句。「七年不入城」，包含民國元年至七年，此期間既在戒壇寺，他又何時到德國留學？

民國九年，歲在庚申，恭王府舊藏〈揭砵圖〉，有他的題籤，上書「揭砵圖宣和御府藏本」，下署「庚申仲秋心畬題於西山別墅」。

民國九年秋天，海印上人到戒壇寺訪問，重九那天，與心畬同登極樂峰。溥心畬《西山集》中，不僅有〈庚申秋九月海印上人入山見訪〉、〈九日與海印上人登西山懷湘中遺民〉等詩，也附有海印和詩及詩序；海印在戒壇寺和北京，一直盤桓到次年二月才返回湖南潙山。

溥心畬詞中，有署「辛酉秋日戒台寺作」的〈望江南〉；辛酉為民國十年，也在他自述留德修博士的時段內。心畬無論燕居、赴韓日、遊港，均有詩作，何以獨缺德國風物之描寫？再者，題〈揭砵圖〉何以不寫「庚申秋題於柏林之西山別墅」？或寫「題於德國」？

漱明從民國三十七年上海出版的《中國美術年鑑》，詹前裕從溥心畬三十八年任教師大的履歷表和四十三年《教育與文化》上，查證溥心畬學歷的記載。發現《美術年鑑》中沒有留德學歷，來臺後才有記載。《教育與文化》中有說他「專攻生物、天文」，而以「中國化學」的論文取得學位的矛盾。

漱明文中，除顯示他和溥心畬係舊識外，民國二十四年，在北京第一個拜溥氏為師，學畫三年的「某君」，是他的好友；某君拜師請客時他也在座。溥心畬四十大壽，在恭王府擺酒唱戲，他和某君都是賀客。但在香港言及溥氏得博士事，某君卻訝異地表示，三年學藝期間，幾乎日日見面，未曾聽過溥氏得博士的事。漱明更引述溥心畬拜門弟子高伯雨的文章：

「將來如果有人替這位大畫家寫傳記或年譜之類，也許誤引香港某些報紙說他是雙料博士，以譌傳譌，采入書中，那就貽禍無窮了。」漱明還引述香港大學一位饒教授的話：溥心畬在港大自稱是留德博士後，便有一位外國教授和他講德語，溥先生不知所答，人以為怪。

詹前裕撰寫溥心畬研究報告前，曾走訪北京，訪問溥心畬堂兄弟和侄兒，他在台北故宮舉行的溥心畬史料座談會中表示，他訪問到溥心畬親友，都不相信他去過德國。他又引述〈溥心畬的傳記與藝術〉作者朱靜華博士的話，說她曾寫信向德國科隆大學一位研究滿洲史的權威 MarTin Gimm 教授求助，這位教授回信表示，查證過德國各大學，找不到溥氏學籍資料，並指出，一九八四年溥儀的弟弟溥傑也曾向他確證心畬先生絕未到過德國。

漱明文末，引述萬大鋐文中，溥心畬留德歸國後，項夫人命他不要自滿，閉門下苦功讀書的訓誡。

漱明認爲溥氏既未留德，其母又何從訓誡，所以他爲這篇考證溥心畬學歷的文章，作個結尾：「所謂『太夫人告誡』云云，也可斷定並無其事，因爲他根本就未到過德國，自然就沒有拿到兩個博士回來。如果溥心畬對人說他的母親這樣的教訓他，也是自欺欺人之詞，令人覺得肉麻當有趣而已。」

詹前裕論文中這一節的結論，和漱明大同小異，他的看法是：溥心畬到各大專院校演講與任教，處處要塡寫學歷，可能因此玩世不恭的編造學歷，或經別人指點而爲。

至於對溥心畬留德持正面看法的資料，散見於報章雜誌之中。

李猷，是溥心畬的契友，他爲國史館所擬的溥氏傳稿中，不但肯定溥氏爲留德博士，並指出他的博士論文性質是：「儒於達爾文之進化論，頗有異說。復從中國史書對天之觀念，闡明天道，遂授生物、天文兩博士學位。」（註二）

容天圻〈溥心畬傳稿〉，也採信了溥心畬留德自述，針對漱明文章，他在〈溥心畬是否冒充博士？〉文中，爲溥氏多所辯解，如：

《中央日報》和《教育與文化》中，對溥氏學歷都曾報導過，而溥氏弟子某君竟稱「前所未聞」，容氏指某君之言，難以令人相信。容氏認爲陳弢庵民國七年到西山訪溥心畬那首詩，並不能作爲溥氏未留德的證據，容天圻說：「因爲溥心畬在廿二歲至廿四歲（即民國五年至七年）這段時間，曾由德國返國省親並完婚，陳寶琛的詩，正是這段時間寫的。」

關於某外籍教授以德語和溥心畬交談，溥氏竟不知所答一點，容天圻認爲溥氏是「非不能也」，「是不爲也」；容天圻反問：「他在未留德之前，曾在青島德國人辦的學校讀過書，說他連普通的社交應對都不會，可能嗎？他連一句德語都不會，他敢到處『冒充』德國博士，天下有這種儍瓜嗎？」

容天圻對題〈揭砵圖〉一事也提出反駁：「……這句話實在太牽強了，因爲畫家題畫，往往隨興之所至而題的，至於時間、地點，倒不一定要題，尤其是喜歡題些外國國名地名的畫家，多少都有點賣弄的意思，像這樣的事，溥先生是最反對的，他怎肯在一張古畫上題這樣不三不四的句子。」

容氏的結論是，漱明自稱考訂溥氏生平，然對當代學者名人如張目寒、彭醇士、沈剛伯，記者郎玉衡等所述溥心畬生平均不採信，「卻去相信一個僅跟溥心畬學過三年畫，既不尊重老師，又對老師缺乏了解的學生的話，其考訂結論錯誤乃是必然的。」

吳語亭刊在民國五十七年《傳記文學》十三卷第三期的〈溥儒先生傳〉中，記溥氏留德事：

「先生在青島學習德文。後由德國亨利親王介紹留學柏林大學研讀生物學。對於達爾文天演論，先生立論攻之不遺餘力。爲教授讚賞，授以生物學博士學位；復從中國歷史對天道之觀念，說明天道亦具有見解，又得天文學博士。」

龍學泰五十五年五月七日發表於《台灣新聞報》的〈今之古人溥心畬〉；後爲《中國書畫》轉載。談到乃父龍子恕與溥心畬師生間的來往：「……旋心畬放洋德國留學，在出國前，渠曾專函報告先君。（原函前存舍間，筆者親見，後舍間被匪共所燬，所有各項文物，均付之一炬）」

第一屆福建省國大代表陳頤，六十二年十二月十日在《台灣新聞報》刊出〈懷念溥儒大師〉一文。他說：民國十二年夏天，往訪陳弢庵，溥心畬也在座，陳弢庵爲他介紹：

「這位是溥心畬君，爲恭親王奕訢的令孫，他不僅通文史，擅藝事，對科學亦索微探頤，得其三昧，獲德國科學博士學位，方回國不久，今天你們相會，算是機緣。」

談話中，溥心畬又提及在德國留學情形，並邀陳頤往遊馬鞍山戒壇寺。

綜合而言，溥心畬曾否留德及獲雙博士等往事，是爭論達數十年之久的懸案，由於說法不一，又缺乏直接證據，所以無法下一定論。看來此懸案除非將來有確鑿資料方能解開謎底。在此先就溥心畬豐盛的文藝果實，探索他那時期的心靈軌跡。

●

在戒壇寺中，讀書、寫字、畫畫、彈琴和攀山涉水，優雅閒適的生活，使溥心畬感到充實，但有時也會感到單調和寂寞。尤其到了秋天，草木衰歇，遍山黃葉，冒著寒露，在空闊的山中步月，聽澗中流水的聲音，他以歌聲相和，自覺眞像生於羲皇之世，所以他自號「西山逸士」之外，也自稱「羲皇上人」，並刻章鈐於書畫之上。到了深夜，靜坐寺中，別有一種況味，他在詩中寫：

黃菊花稀橡葉乾，寺門幽邃鎖空壇，夜深趺坐無言說，謖謖松風月滿闌。（註二）

他這時所養成的打坐功夫，至老不衰，成了每日必作的功課。

岑寂中，故國、故園、故人，不停的在他腦海中縈繞。

對隱居西山的溥心畬而言，表面上超脫世外，過著悠遊的歲月。但每當有人提到故國、故園和遺民的境況，平靜的心靈，便不免翻起波瀾。一次，陳弢庵來訪，話及同治光緒年間的遺事，溥心畬在嘆息聲中，賦五律一首：

興廢同光事，傷心話未休。筆門憐我隱，破帽對君愁。白髮悲長夜，殘年入暮秋。無情故鄉

水，終古向南流。（註四）

聽說恭王府、萃錦園乏人照料，舊日花木漸漸枯萎荒蕪，溥心畬一陣默然，在〈擬古〉詩中賦：

自我抱幽寂，足不踐城市。今聞故園木，萋萋不復榮。三徑亦已荒，深草沒前楹。人生貴適志，胡爲愛榮名。願言盡樽酒，常醉無時醒。（註五）

思念故園情切，一次他連賦〈憶故園（幷序）〉（註六）七絕六首；憶寫園中景物，也寫出發自心靈深處的哽咽：

雲殿垂簾玉璧橫，野塘煙樹帶愁生。王孫一去空秋草，暮雨傷心聽渭城。（六首之四）

東望迢迢繫所思，林園景物怨歸遲。空庭明月涼如水，山鬼秋風夜唱詩。（六首之六）

閒時，故人的影像，一一浮上他的心田。

太史李瑞清（梅庵），「國變」後，束髮佯狂，自稱「清道人」，在上海賣畫。龍子恕和歐陽鏡溪兩位夫子，分別隱居在永新與分宜。聽說龍子恕于幽棲賦詩之外，由於盜賊興起，被鄉里推舉而成立清鄉局，策劃禦寇事宜。他同時也建書院、立宗祠，提倡人倫孝道。甚至連修橋築路等事，也靠這位年逾耳順的老人操持規劃。溥心畬經常爲與巨寇周旋的龍子恕安全，及他所主持的各種繁重事務而懸念。歐陽鏡溪南歸前所賦的明志詩，常在溥心畬口中吟誦：

休言報國酬微願，聊許還山理舊書。

他也聯想到一心致力於復辟大業的長兄。遠居青島的溥偉，他自視為田橫，寧可死於海島之上，絕不與袁世凱政府妥協。但是，這一在山東、一在西山的異母兄弟，思念故園的愁緒，卻絕無二致。溥偉在所寄〈秋日感懷〉詩中寫：

嵐光水態喜新晴，拍岸驚濤霹靂鳴。樓閣近山多雨氣，海天無日不秋聲。西風雁唳田橫島，夕照雲迷樂毅城。一片鄉心千里月，故園回首不勝情。（註七）

文註：

一、民國五十一年《中央日報》剪報。
二、〈國史擬傳『溥儒傳』〉手稿影本，李猷撰。
三、《溥心畬先生詩文集》冊上，民國十四年自寫本《西山集》卷一頁二〇。
四、《溥心畬先生詩文集》冊上，民國十四年自寫本《西山集》卷一頁二一。
五、《溥心畬先生詩文集》冊上，民國十四年自寫本《西山集》卷一頁三。
六、《溥心畬先生詩文集》冊上，民國十四年自寫本《西山集》卷一頁一七。
七、《靈光集》手寫本。

6・王孫皎如玉

隱居西山的溥心畬，思念故園，思念舊友，情見於詩詞之中，但對影響他詩和書法至鉅的海印上人，思念尤深。海印於民國四年稍早，初訪戒壇寺。未久南歸，溥心畬賦詩贈行，此後郵寄詩簡，時有往來。溥心畬往山東遊歷、省親之前，還有詩留贈海印上人：

> 楚客怨香草，遠懷江渚春，悠悠隔湘水，卻憶湘中人。浮雲有時盡，行人殊未已，木葉零陵秋，天寒楚江水。（註一）

民國九年九月，想念多年的海印再次造訪西山，時年六十七歲。西山林木，葉已飄落，充滿了涼意。一看海印已白髮，想孤獨歲月，心畬情緒激動，在〈庚申秋九月海印上人入山見訪〉五律中寫：

> ……青山誰共隱，白髮爾何心，況復傷離亂，低徊動苦吟。（註二）

海印也無限感慨的在和詩詩序中寫：「余自乙卯還山，忽忽六年，人世滄桑，不可言說。庚申九月，杖錫來京，重見故人，不禁悽愴。敬和此詩，藉瀘蘊結：『自與西山別，長懷祇樹林，藤瓢雙鬢老，風露一燈深。劫濁悲吾道，塵沙累汝心，六年無限意，趺坐起哀吟。』」（同註二）

重九那天，他們相偕登極樂峰，論詩，談到湖南一些遺民的事蹟和動態。有時在寒月下漫步於山徑之上，山溪和邊雁之聲，引起一陣陣悲涼愁緒。

溥心畬對海印詩才評價極高：

楚酒芳清湛玉尊，長江才調更無論，蕭蕭古木斜陽影，短鬢西風過薊門。（海印上人）（註三）

湖南遺民中最爲海印所稱道的是前長沙訓導劉善澤（腴深）。辛亥後他不但澹泊不仕，更與湘中遺民結碧湖詩社，以弔屈原和賈誼。劉氏詩風近於中唐，上溯漢魏，溥心畬認爲他的詩悱惻抑塞，多風雅正始之音，希望有一天能與劉氏把臂聯吟，以遂平生之願。

民國九年深秋。海印離開西山，欲走訪薊門，再南下沅江。溥心畬依依不捨，賦詩爲別，相約建「龍泉精舍」於戒壇寺中，專待海印來時清修參禪。海印在北方停留到次年二月南歸楚江。一天夜裡，溥心畬夢到要寄詩給海印，只吟一句「書寄草堂深」，就再也接不下去。醒後反復思索詩意，終於完成五律一首：

高風動北户，寂寂夜橫琴，況聽峰前雨，彌傷江上心。詩成山鬼泣，書寄草堂深，落葉飛何晚，清霜已滿林。（註四）

這首詩，既可看出心畬思念海印的深切，也可見他作詩不僅敏捷，更有專注執著的一面。從溥心畬〈和海印上人除夕寫懷（六首）〉詩中，可見龍泉精舍空自懸榻以待，但海印踪跡則杳如黃鶴：

亭角幽蘭繞屋栽，冷絃聲裡落疏梅。三年已負山中約（余為上人治龍泉精舍，上人歸楚，不果來也），**九日相思月下杯。**（六首之四，註五）

溥心畬和詩，作於民國十一年，海印六十八歲，心畬年已二十七歲。

民國三十三年，北平管翼賢出版溥心畬詞集《凝碧餘音》，從編排順序推測，溥心畬的〈清平樂（寄海印上人）〉，可能作於民國十二年左右，也就是他跟海印交往最後一段時期的作品，表現出岑寂中對海印這位方外友人的苦思渴盼：

門前行跡，芳草無人碧。夢遠天涯風雨夕，木葉江南隔。洞庭歸雁無憑，年年杖錫飄蓬。望斷迢迢湘水，故人應在零陵。（註六）

溥心畬的忘年交海印上人，民國十三年於沅江圓寂，臨終時，囑咐溥心畬神交已久的劉善澤，寫信告知心畬，這時溥劉二人首次通信，所傳達的不是相互景仰之情，而是海印上人的噩耗。他們始終無緣相見，劉善澤卒於民國二十四年乙亥正月，溥心畬在嘆息中為作〈清長沙訓導君墓志銘〉（註七）。

●

按溥心畬學歷自述和陳雋甫筆錄的自述，他前往青島省親、結婚、祝嫡母六十正壽的時間，為民國三年至十一年；他十九歲與二十七歲之間。

在他民國十四年自書本的詩集《西山集》卷一中，有數首遊歷山東濟南大明湖、歷山千佛山和舜祠，及青島匯泉山等詩篇，顯示他在這一個時期的遊踪。

民國六年五月，二十二歲，奉嫡母命與前陝甘總督多羅特升允的女兒羅淑嘉（清媛）在青島完婚。六月二十四日攜新婦回西山戒壇寺拜見生母。

這門婚事，全由嫡母和溥偉作主，項夫人對心畬的終身大事聘娶草率，婚禮不夠隆重，不免有些失望。對羅清媛而言，想到青島歸寧或到陝西看看兄弟，竟如溥心畬形容的「歸寧父母，青天蜀道之難，遠其兄弟，白雪秦關之阻」，突然置身於深山古寺中，自然也有人地生疏之感。好在不久後，她就對牡丹院中的花草樹木發生興趣，對溥心畬筆下的山水花鳥感到好奇。花前小立，或偶爾利用硯中餘墨，試行塗抹，看在溥心畬眼裡，別有一番情韻。他賦〈擣練子〉題在羅清媛立在花下的畫像上：

庭院靜，晚風和，乳燕鳴鳩處處過。一晌杏花窗下立，不知吹上鬢邊多。（註八）

溥心畬又倩人刻〈顛倒鴛鴦〉、〈等閒妨了繡工夫〉兩方閒章，贈與妻子，助她挽袖揮毫的雅興。某年升允移家天津，更接近被逐出故宮，住在日本租界的遜帝溥儀。羅清媛歸寧，已不再難如青天蜀道。歸寧的日子雖不久，但溥心畬卻頓感孤獨，賦〈誤佳期（清媛夫人歸寧天津）〉以寄相思：

梅雨暗穿簾幕，柳沼菱塘蕭索。籬邊紅豆已相思，莫負花時約。錦字望佳期，怨煞南風惡，天津朝暮起秋聲，翠袖應愁薄。（註九）

羅清媛。小溥心畬一歲，矮胖的身材，面貌不算姣好。由於生長於陝甘，滿口陝西腔，聽慣了京片子的溥心畬，乍聽之下，難謂婉轉悅耳。但是她頗明大義，有時三言兩語或以兒歌故事加以譬喻，溥心畬往往爲之折服。這樁婚姻，初時不無政治色彩。短短二十幾年，羅氏便病逝於相偕隱居的昆明湖畔。晚年溥心畬家庭生活甚不如意，回首前塵，才體驗到夫妻之情歷久彌芳。

此外，他對終生奔走，以維護清朝皇統爲職志的岳父升允，則充滿了崇敬和感激之情。

多羅特氏，名升允字吉甫，疆陰人，是蒙古世族，於光緒十八年中舉人。光緒二十六年八國聯軍之役，升允爲山西按察使，聞報後立刻統率陝軍，冒暑前往北京勤王。途中知道聯軍已陷天津，光緒皇帝奉慈禧太后西幸，則迂迴轉道，護衛車駕前往西安。光緒三十一年，由陝西巡撫晉升陝甘總督。

辛亥革命之後，升允一面反抗袁世凱，一面與革命軍、民軍對抗。袁世凱對他則威逼利誘，到處搜捕，屢遣刺客。不得已升允乃東渡日本，在東京住了一陣之後，返回中國，在青島與復辟派的中堅份子溥偉相會合。民國六年，張勳復辟，升允官拜大學士，但尚未到北京赴任，宣統復辟的浪花，就因段祺瑞馬廠誓師反對而煙消雲散，只是升允尚未死心。

溥、羅聯姻時，升允已六三高齡，溥心畬在詩中抒寫升允的忠忱與孤獨：

渭水東流入亂山，秦兵捲甲一時還，灞陵夜宿無人識，木落秋高出武關。

——贈外舅吉甫總督（註十）

溥心畬婚後第二年長女韜華生，第八、九年，連生長子毓岦和次子毓岑。這時，溥心畬亦年近而立，頭上已見星星白髮，攬鏡自照。心下浮起一絲悲涼：「玉屑丹砂未易逢，霜華上鬢漸蒙茸，彫零杜老杯中酒，憔悴潘郎鏡裡容。梁苑雪深堪作賦，郢門斜日悵扶筇，功名此日浮雲薄，愁絕江南阮嗣宗。」（註十一）入山時，溥僡年僅六七歲，此際亦年近弱冠，兄弟之間，詩酒唱和幾無虛日。

溥心畬學歷自述中說，二十九歲那年，適逢其姑母榮壽公主七十正壽，爲了祝壽，乃奉項夫人之命，遷居北京城內。又在自傳中說：「余嘗讀書京西馬鞍山，十三年未出山。」十三年，恰是民國元年到民國十三年期間。但他又在所畫古松圖上題：「辛亥之變，儒奉母讀書寺中十五年，日與松居。」

此外，他有時說十七歲居西山，有時又說是十八歲。

因此，到底那一年遷離戒壇寺返回萃錦園。就成了疑問，而他如何取得萃錦園的使用權，說法也並不一致。所以，只能從他的詩和友人憶述中，找出一鱗半爪，難得窺其全豹。另一方面，從這些記述中，也可以看出溥心畬年輕時的風貌。

民國十一年，溥心畬到青島，祝嫡母六十正壽。

上海遺老畫家高振霄所編《靈光集》中，收溥偉一首〈送二弟北還即用留別詩韻〉七律一首。詩中表示，他和戰國時代魏公子無忌一樣，心中永存舊魏，更有魯連義不帝「秦」的風骨。此詩，若非作於民國六年心畬攜新婦回西山時，便是作於民國十一年，爲嫡母祝壽後獨返西山的時候。從詩中「莫更蹉跎消歲月，分陰珍重古何人」的勉勵話來看，兄弟二人可能就未來出路作過長談和檢討，以賦於民國十一年可能性較大。

民國四年袁世凱稱帝，五年六月，由於衆叛親離，各省反對，即位未久，便愧憤而死。復經多年紛爭後，民國十一年在北京主政的是黎元洪總統，以奉軍張作霖和直軍吳佩孚爲主角的軍隊，正在北京附近展開一場惡戰。此時溥偉詩中所指的「秦」，已並非他恨之入骨的袁世凱，而是泛指北伐軍尚無法順利北進的混亂局面。

民國三年第一次世界大戰爆發時，日本趁機侵入山東，攻占膠濟鐵路，十二月攻占青島，逐出德國勢力。溥偉已失去舊日的憑倚，改寄日本人的簷下。並與投奔大連的宗社黨有所聯絡。

溥心畬《西山集》中，民國十三年秋，曾以五律一首，答覆溥偉的來信：

把袂一爲別，飄零積歲年，衣冠散兵火，兄弟隔風煙。雁去秋霜外，書來暮雨前，離心與歸夢，日夜海雲邊。（註十二）

民國十一年溥心畬賦於青島的留別詩和這首民國十三年秋懷念長兄詩之間，文中表示和溥心畬在西山見過面的有二人；陳頤和龍季輝。

民國十二年夏天，陳頤和溥心畬邂逅於北京陳弢庵的座間。幾天後，陳頤應邀走訪戒壇寺。陳頤讚嘆戒壇寺氣象森嚴，環境清靜，是讀書的勝地，對殷勤好客的青年溥心畬，也有較淸晰的描寫：「溥氏年輕時，貌清秀而俊逸，爲人誠懇眞摯，見聞廣博，而記誦精密，識見卓爾，思想活潑。在這短短的數次晤聚之中，我覺得他眞是一位彬彬有禮，雍容大度，與一般浮華矜持的五陵年少，大相逕庭。」（註十三）

陳頤對溥心畬的寫照，正好與民國七年，陳弢庵贈溥心畬五古中，對青年溥心畬的描寫，遙相呼應。陳弢庵的全詩是：

邂逅松下風，王孫皎如玉，七年不入城，飲澗飫山綠。所居封石淨，聽濤舊信宿，壁詩媲鵾鵡，煙款難率讀。郊迎恨不早，誰實休沈陸，心知大賢後，龍種詔偶俗。豪吟愼出口，輕薄易翻覆，難兄久居夷，何日復邦族？下弦力（月？）已高，相對但謖謖。（註十四）

詩中不但寫出王孫的風采、生活環境、待人的態度，也表示出溥心畬兄弟處境的艱難與無奈。龍季輝走訪戒壇寺，是民國十三年秋天的事。溥心畬對這位老師的公子，禮貌極爲周到，每有所問，他必起立作答，然後再行入座。

有一次，他想要一幅亡師龍子恕的放大照片以備供奉。龍季輝描寫溥心畬迎接老師照片時的莊嚴隆重：「當由家兄伯剛著長姪世傑專送相片至西山戒台寺，當車抵寺門，心畬即早已恭候該處，一見相片捧到，渠即跪在地上恭迎，一如參見師尊。所以他嗣後在台收弟子時，必令其正式行過跪拜大禮，然後算是正式門生。即屬外國女弟子，亦不例外。」（註十五）

龍子恕隱居江西永新辦理清鄉局，定計進擊盜匪，殲其巨魁，使鄉里得到安定，但也因此和賊黨結仇，在南城村被狙擊，傷重不治，享年六十九歲。葬於民國十四年十二月，溥心畬爲作墓志銘（註十六）。從龍季輝憶述推測，溥心畬爲龍氏作墓志，龍季輝侄兒送龍子恕遺照到戒壇寺，應已民國十四年左右。然而，溥心畬在其十四年自書本《西山集》卷一〈重題〉中說：

「年二十九，爲先姑母榮壽固倫公主壽，始出山。居城中，取所作詩印百册……」（註十七）由此以觀，他居山與出山的時間，就難以確定。

二十九歲爲民國十三年，啓功在學術論文中，說溥偉將恭王府典給西洋教會，溥心畬與教會涉訟，歸還後半花園部份，即遷入定居，直至抗戰後，遷出移居。

民國二十年拜溥心畬爲師的林熙，在〈從恭王府談到舊王孫〉（註十八）紀念文中提出另一說法：溥偉在民國十五年，把恭王府賣給輔仁大學，但重門深鎖，任由三徑荒蕪，未加利用。溥心畬便租來居住，爲新業主看屋，實屬兩便之事。直到民國二十六年遷出恭王府，移居頤和園；所指遷出恭王府萃錦園的時間，和啓功吻合。

而心畬侄兒敏峘的憶述，則是：在心畬和溥僡不知情下，溥偉將萃錦園售與天主教會，後經興訟，只勝半訴；即地皮歸教會，心畬兄弟，暫時保有地上物權，若干年後，也要賣給教會。於是心畬得以暫居萃錦園，後以八萬元大洋賣給教會，成爲輔仁大學校地。

但單嘉筠編《恭王府花園》則說，民國九年左右，溥偉把恭王府使用憑證「龍票」，抵押給北京天主教西什庫教堂，十餘年後，利上滾利，溥氏兄弟無法償利贖回龍票，民國二十一年，才由輔仁大學代償巨款，產權轉移歸輔仁大學。文中並未提及民國十三、四年溥心畬遷回萃錦園的事。

綜據以上各種說法推測，民國十三年榮壽公主七十大壽，僅是溥氏母子回北京城的理由之一。溥心畬兄弟皆已成年，加上溥偉「莫更蹉跎消歲月，分陰珍重古何人」的勸告及溥心畬〈白髮〉詩中「功名此日浮雲薄，愁絕江南阮嗣宗」的感嘆；想回北京尋求發展，可能才是出山的主要動機。觀諸溥心畬到北京後，便著手印詩集，參加畫會，與名人交往，接著兄弟二人聯袂赴日，他在北京中山公園開畫展等活動；可以說隱居避禍，與溥偉呼應，聯絡清朝遺老，懷抱復辟願望的結束；在新時代中，設法爭取一席之地的開始。

至於回城的時間，可能是民國十三至十五年間，尚往返於西山和北京之間，辦理各項事務。溥心畬在北京親友很多，其他庶母公館，也可以作爲臨時落腳之地。待一切辦理妥當，萃錦園也稍事整修，才遷入定居。因此，談到隱居西山戒壇寺的時間，溥心畬才有十三至十五年不同的說法。

溥心畬《西山集》中，有首〈和叔明弟閒居韻〉五律，雖未署年，卻排在民國十三到十四年的作品之間，詩中描繪的景物，可能就是從荒蕪中重新整修的萃錦園深秋景象。

故國青山夕，荒園亂木交。芙蓉開舊館，風雨落空巢。荷淨無餘蓋，籬斜不繫匏。變衰何限意，秋氣滿塘坳。（註十九）

文註：

一、《溥心畬詩文集》冊上，《西山集》頁六。

二、《溥心畬詩文集》冊上，十四年自寫本《西山集》卷一頁七。

三、《溥心畬詩文集》冊上，十四年自寫本《西山集》卷一頁八，〈論詩〉（二首之一）。

四、《溥心畬詩文集》冊上，十四年自寫本《西山集》卷一頁十三。

五、《溥心畬詩文集》冊上，十四年自寫本《西山集》卷一頁二六。

六、《溥心畬詩文集》冊上，三十三年本《凝碧餘音》頁四。

七、《溥心畬詩文集》冊上，《寒玉堂文集》卷下頁二一。文中「君以己亥正月卒於鄉」，當爲「乙亥」之誤。

八、《溥心畬詩文集》冊上，三十三年本《凝碧餘音》頁十。
九、《溥心畬詩文集》冊上，《凝碧餘音》頁一。
十、《溥心畬詩文集》冊上，《西山集》頁三。
十一、《溥心畬詩文集》冊上，十四年自寫本《西山集》卷一頁三七。
十二、《溥心畬詩文集》冊上，《西山集》頁二。
十三、《台灣新聞報》民國六十二年十二月十日第九版陳頤文。
十四、《滄趣樓詩集》，陳弢庵著；本文間接引自《中國書畫》期十五漱明文；詩中（？）號，疑為錯字。
十五、《中國書畫》期十五龍季輝文。
十六、《溥心畬詩文集》冊上，《寒玉堂文集》卷下頁十六。
十七、《溥心畬詩文集》冊上，十四年自寫本《西山集》卷一頁四〇。
十八、《舊王孫溥心畬》頁二。
十九、《溥心畬詩文集》冊上，《西山集》頁三。

7・西苑花飛春已盡

帶著家人回返北京城的溥心畬，朝見遜帝溥儀，與宗室書畫家雅集，是首要的活動。他所趕上的，僅僅是紫禁城的落日餘暉而已，復辟的希望，更是早已灰飛煙滅。

袁世凱亡後，以善耆、溥偉、升允爲首的宗社黨，曾發起一次由關外向關內猛攻的復辟活動。日本財閥支援經費，日本的軍人和浪人，在滿蒙各地召訓人員。人數高達數千人。心畬岳父升允不辭艱苦，跋涉千里前往蒙古庫倫，與賓圖王商討大計，招募蒙古勇士，居功厥偉。

當蒙古貴族巴布扎布率軍接近張家口時，氣勢最盛。不意庫倫發生內變，巴布扎布爲部下刺殺，溥偉、升允等所策劃的復辟大業，也就一蹶不振。

民國六年張勳復辟事件，雖然很快的便被段祺瑞敉平，但，卻是復辟氣焰最熾烈的一次。結果，七月一日復辟的溥儀，只作了幾天皇帝就被迫退位，還政共和了。復辟希望逐漸黯淡下來之後，溥儀在紫禁城中最後一次輝煌的演出，就是民國十二年初（陰曆十二月初）的大婚了。婚禮極爲舖張，一切遵照清室的古禮，除了溥儀周圍的王公大臣之外，各地遺老，民國大員，紛紛厚禮致賀。

溥心畬回想當年，以恭忠親王王孫之尊，結婚典禮竟那麼突然，那麼草率，使他和生母項氏，都耿耿於懷。弟弟溥僡生於光緒三十二年，與溥儀同庚，這年也是滿十七歲了，可能爲使生母和榮壽公主喜悅，因此也就費盡心力，爲弟弟籌備體面而豪華的婚禮。據大三爺溥佑之子毓崟表示，民國十二年，他的叔父溥僡婚禮，是在紫禁城舉行的，由遜帝溥儀宴客，十分風光排場。

接著民國十三年冬馮玉祥「逼宮」事件，修正清室優待條件，限溥儀立即遷出紫禁城，紫禁城最後一抹光輝，隨之隱逝。這位清朝遜帝先在其父載灃的醇王府中住一陣後，就接受日本人的政治庇護。由北京日本軍營轉入日本使館，民國十四年二月二十三日，再轉往天津日本租界居住。無論在北京日使館或在天津租界，經常有些王公大臣和各地遺老環繞溥儀左右，獻金、獻策、請求封謚或旌表。

溥心畬三歲時，曾由恭忠親王奕訢帶進宮中謝恩，光緒皇帝賜以頭品頂戴。其妻羅清媛的「皇清一品夫人」銜可能是溥儀所下的封誥。

北京故宮博物院現藏溥心畬畫中，有山水條幅一件。畫屬南宋馬遠風格，尖峰聳峙，長松危巖前面，挺立著一株似楓葉似紅花的樹木。近方岩石上的斧劈皴法，清勁俐落，下筆時充滿了自信。樹旁石上，有位隱者獨坐聽瀑，款署「臣溥儒恭繪」；推測，此畫獻於溥儀告別紫禁城之前，也就是民國十二、三年之間。

溥儀隨日本人離天津，北上滿洲就任執政的時間爲民國二十年。在此期間，溥心畬可能像宗室、遺老那樣晉見遜帝，也可能到天津鄰德里探望岳家。

拋開君國大事，民國十三四年間溥心畬連得二子，應該心滿意足了。長子名毓岦，次子名毓岑；這時，長女韜華已經七八歲了，讀書寫字之外，也跟溥心畬學繪畫，或在萃錦園中跑來跑去。

重返北京城的溥心畬，重九並未在西山極樂峰登高眺遠，暢談遺民動向，而在文人雅士時常聚集的陶然亭。宣武門外，先農壇西，爲金章宗臨幸過的「瑤池」舊址。到了明清時代，居民在池畔種柳養金魚，稱「金魚池」；北京人家所養金魚，多半出自此地。漸漸的金魚池大半種植蘆葦，到了秋天蕭蕭瑟瑟，頗予人一種荒涼之感。

金魚池南岸有個土埠，上有陶然亭。在北京城是難得的登眺飲宴的地方。西望西山起伏的峰嶺，南望永定門外風光。溥心畬的〈陶然亭〉七律，推測作於民國十三年，因爲次年手寫《西山集》便已出版，此詩刊於卷後。

高風下葉水泠泠，舉酒蒼茫望四坰，秋草孤城南北路，斜陽雙堠短長亭。浮沉遼水連天白，
突兀燕山入塞青，亂後平原無牧馬，斷笳殘角不堪聽。（註一）

這一年，他跟幾位宗室書畫家，創立了「松風畫社」。畫社活動的地點是在溥伒（雪齋）府中。溥伒是道光皇帝第九子奕譓的孫子，他像心畬一樣，無論經史和詩書畫各方面，都有很深的造詣，在此前後，出任輔仁大學教授。松風畫社社員的筆名，都冠上一個「松」字；例如溥伒爲「松風」，溥心畬稱「松巢」，溥僩（毅齋）叫「松鄰」，溥佺（健齋）爲「松窗」，啓功（元白）則爲「松壑」

……

啓功的八世祖弘晝，是乾隆皇帝的胞弟，封為和親王。傳到啓功這一代，已算宗室中的遠支。他是溥心畬返北京後最早的學生，時常受邀到萃錦園的寒玉堂中，親加指點。

據啓功回憶，溥心畬並不常到溥伒的松風草堂參加集會；但只若他一去，草堂中的氣氛立刻不同。首先是他的北宗畫法，儼如南宋的馬遠夏珪轉世，出手便有驚人的氣勢，見者欽服。其次，他是多才多藝的博學之士，無論分析繪畫，敘述士林掌故，乃至彈古琴，奏三弦，無不妙趣橫生，引人入勝。

松風畫社成員裡，溥心畬對溥伒似乎特別敬重，在「題雪齋從兄秋江釣艇圖」的七絕中，表現出他們間孤高境界的共鳴：

江楓石上落紛紛，鳴雁飛聲送客聞，我夢扁舟明月裡，蘆花淺水釣秋雲。（註二）

溥伒面容清癯，和白胖的溥心畬成為有趣的對比。兩人十分友愛，在當時或後來日本佔據北京期間，他們始終以棣華詩、薇蕨志互相勉勵，保持節操，度過危局。在學術造詣和畫壇影響上，兩人也首屈一指。

溥心畬是美食者，時而在什剎海北岸的會賢堂宴請陳蒼虬、章一山和沈羹梅幾位遺老。這時敬陪末座的後生啓功，靜靜聆聽他們的清談，許多辛亥革命前後的軼聞逸事，啓功聞所未聞，獲益非淺。

溥心畬堂中，掛著兩隻扁長的宮燈，四面絹上有溥心畬親筆所作的山水。一盞有節臨的夏珪〈溪山清遠圖〉，臨寫時，把原來的墨畫以想像加上了顏色，且加得非常自然。另一盞宮燈，則臨他珍視無比的宋人無款山水卷。宮燈把中堂點綴得典雅而穠艷。啓功每次前來受教，都在宮燈下面仰視良久。

最使啓功記憶深刻的，是萃錦園中的海棠花季。有六株六七個人合抱的海棠樹，樹齡據說二百九十年左右，春日花開，香聞數里。這時廳外廊下和院中，也掛起宮燈，擺設桌椅，溥心畬兄弟常在夜間宴請遺老和文人雅士。簽名之後，便順手拈出詩韻，隨意入座，準備對花吟哦。有時一夜之間飲盡數缸美酒，不醉不休。後生晚輩請益，也以香茶招待。

海棠之外，園中到處都是花草樹木，溥心畬經常對花寫生，筆如屈鐵，觀者驚嘆。畫後題詩，更有一種王孫芳草的悲涼。他愛在小小的紙片上點染山水花卉，或書寫詩詞，令人格外的寶愛。一次，他在手掌大小的高麗紙上，以小行草書落葉詩四首：

昔日千門萬户開，愁聞落葉下金台，寒生易水荊卿去，秋滿江南庾信哀。西苑花飛春已盡，上林樹冷雁空來，平明奉帚人頭白，五柞宮前夢碧苔。（四首之一，註三）

溥心畬見啓功愛不忍釋的樣子，就將這袖珍詩箋贈送給他。啓功由於極度珍愛，鄭重收藏的結果，後來反而連自己也找不到那葉詩稿；但他直到八十多歲高齡，依然可以琅琅上口，四首落葉詩背誦得一字不差，早年萃錦園中受教於溥心畬的情景，也永不磨滅。

●

民國十三四年間，段祺瑞執政，南方革命軍策劃北伐，以求統一中國。直奉兩軍大戰，爭奪地盤和權力。倡導革命的孫文（逸仙、中山）先生前來北京，與段祺瑞、張作霖及馮玉祥等人會議，謀求國家統一與建設。使遺老們既仇視又好奇；抱著一種冷眼旁觀態度。孫氏主張對外廢除不平等條約，對內召開國民會議，他們也多是半信半疑。仇恨可能蒙蔽了他們的感情和眼睛，溥心畬便時常宣稱，恨孫文發起革命，推翻了大清，恨國民黨建立了中華民國。

中山先生到北京的時間是十三年十二月底，但為國事憂憤勞瘁的結果，於十四年三月十二日病逝於北京，留下「和平、奮鬥、救中國」的遺志。這一年，溥心畬有一詩二詞，表達他內心的感覺。〈秋波媚（乙丑春日）〉，寫海棠花謝，小徑飛紅的空虛和悵惘：

雕梁燕語怨東風，小徑墜殘紅，萬點飛花，半簾香雨，飄去無蹤。　牽愁楊葉渾難定，春恨竟誰同。黃鶯啼斷，海棠如夢，回首成空。（註四）

〈乙丑九日〉五律和〈荊州亭（秋日登土城）〉一詩一詞，詠的是北方秋天的蕭索，經過一次又一次惡戰後邊關和原野的蒼涼景象；〈荊州亭〉未紀年，但就集中排列次序，與〈乙丑九日〉前後相近，詞意也與前詩異曲同工：

朔風吹白草，寒氣動旌旄，古戍居庸險，雄關碣石高。驊騮嘶斷坂，鷹隼下空壕，聞道收邊郡，秋霜上佩刀。（註五）

不盡燕山萬里，慘淡邊秋無際，何處弔殘軍？一片荒城亂水！　此是當年幽薊，白草蕭蕭故壘，古戍幾人還？牧馬黃埃空起。（註六）

這時，遜帝被逐出宮，住在天津，雖然請封、請旌和請謚的遺老絡繹於途，日本人對溥儀也庇護、拉攏不遺餘力；但復辟大業，恐怕像萃錦園的海棠花一樣，回首成空。弔古戰場，嘆息多年來軍閥不斷戰鬥攻伐的生靈塗炭，是溥心畬詩詞境界的轉變。至於民族命運、國家未來的方向，恐怕不是此時溥心畬和他的遺老朋友目力所能及。

二十五、六歲起就鬚髯滿面的張大千，於民國十四年由江南北遊京華，和溥心畬見過面，尚談不到交情。倒是他的盟弟張目寒，早在十三年便因溥氏族兄溥侗介紹，同席共飲，談得頗爲投契。

民國十五年春天，張大千和以畫虎聞名的二哥張善子都在北京，溥心畬邀張目寒在春華樓餐叙，就把大千、善子一併請了去。當時對溥心畬既不熟也不了解的張大千，還提議要煞一煞這位王孫的驕氣：「心畬的架子大得很，我們遲一點到，不要去得太早了。」

張目寒趕忙解釋：「心畬此人，表面上架子甚大，其實也是喜歡朋友的人，我們也不要去得太晚了，叫他久等。」（註七）

這一頓飯，溥心畬談笑風生，吃得非常痛快，顯然，張大千事前有些過慮了。溥心畬和張大千，不但同好美食，而且食量特大。吃東西時，更是不拘形跡，眼前一片狼藉。

據說大千的老師清道人李瑞清，胃口奇大，可以獨吃一桌酒席，而且盤盤皆空。在飯局之中，主人要另備兩隻燒鴨子，供他獨享，否則不飽。學生餽蟹，一天就吃去一百五十隻，聽得溥心畬十分神往，因爲他也是嗜蟹如命，尤其是南方來的大閘蟹。可惜清道人已於民國九年病故，否則，李、溥、張三人湊在一桌，那種吃相就十分可觀了。

清道人爲光緒二十一年進士，授翰林，歷任南京兩江優級師範學校監督兼江寧提學使，晚年隱居上海賣字賣畫。張大千和仲兄善子（張澤），在上海先後拜湖南名儒曾熙及江西臨川清道人爲師，分別學習石濤和八大山人畫法。溥心畬〈西山感舊〉詩中，有首懷念清道人的七絕：

「遺民老去著黃冠，禮斗焚香百不干，夜半石床清夢境，空庭翔鶴碧霄寒。」（註八）不意轉眼已歸道山。回想至此，主、客不由得一陣悵惘。雖是春天，但酒足飯飽之後，溥心畬白胖的臉上已微微見汗，張大千從他頸間粉漬和身上的煙味，知道這位王孫不僅有敷粉的習慣，也有煙霞的癖好。從談吐間，察覺到他不但待人懇摯，而且才華洋溢。兩人的交誼，從此日益深厚。

張大千，本名正權，四川省內江縣人，小溥心畬三歲。大千二十五、六歲時，家道中落，所幸他在書畫界已經小有名氣，靠賣畫便可維持相當優裕的生活。

大千少年時代受教於善畫的母姊。青年時期得拜曾、李名師門下，學書兼學繪畫。民國十年又在上海藏家李薇莊宅中，廣臨名蹟，臨摹方面已到了下筆亂眞的地步。對於收藏家，他眞是位令人頭痛的人物。他那成箱盈篋的臨石濤或假造石濤的畫作，連黃賓虹那樣學術兼修的飽學之士，也難辨眞僞。

大千自言出生前，母親曾氏夢長者贈以黑猿，人稱他是黑猿轉世。在上海拜師後，曾熙爲他取名「張蝯」，或寫成「張猿」、「張爰」，大千是他的號。因此，他不但愛猿，也喜歡畫猿。溥心畬有家藏易元吉名作〈聚猿圖〉，因之也喜歡以猿作爲畫題，他認爲猿性爲君子，猴則屬小人。

大張大千十六歲的二哥張善子，自號「虎癡」，既善畫虎，也愛養虎。他養虎不用籠子，像貓狗之類寵物一般在屋中睡臥，能隨主人迎賓送客。兄弟二人都青年留鬚，但大千的垂胸長髯遠比善子濃密而壯觀。七年之後，廣遊名山大川的張大千，又在萃錦園中作客，一次溥心畬和張大千隔著一張桌子對畫，相互在册葉上或補景或題詩，構思敏捷，落筆迅邁，眞到了驚世駭俗的地步。青年啓功適逢其會，記下這幕美術史上少見的場景：

「那次盛會是張大千先生到心畬先生家中作客，兩位大師見面並無多少談話，心畬先生打開一個箱子，裡邊都是自己的作品，請張先生選取。記得大千先生拿了一張沒有佈景的駱駝，心畬先生當堂寫上款，還寫了什麼題詩我不記得了。一張大書案，兩位各坐一邊，旁邊放著許多張單幅的冊頁紙。只見二位各取一張，隨手畫去。眞有趣，二位同樣好似不加思索地運筆如飛。一張紙上或畫一樹一石、或畫一花一鳥，互相把這種半成品擲向對方，對方有時立即補全，有時又再畫一部分又擲回給對方。大約不到三個多小時，就畫了幾十張……那些已完成或半完成的畫頁，二位分手時各分一半，隨後補完或題款。」（註九）

文註：

一、《溥心畬先生詩文集》冊上，十四年自書本《西山集》卷一頁三八。
二、《溥心畬先生詩文集》冊上《西山集》頁二。
三、啓功〈溥心畬先生南渡前的藝術生涯〉頁十。
四、《溥心畬先生詩文集》冊上《凝碧餘音》頁一。
五、《溥心畬先生詩文集》冊上《西山集》頁四。
六、《溥心畬先生詩文集》冊上《凝碧餘音》頁二。
七、《舊王孫溥心畬》頁十四〈溥心畬珍聞軼事〉，張目寒撰。
八、《溥心畬先生詩文集》冊上，十四年自寫本《西山集》卷一頁十。
九、〈溥心畬先生南渡前的藝術生涯〉頁十六。

8・復辟夢覺

溥心畬在學歷自述中說：

「余三十三歲，爲丁卯年，應日本之聘，爲日本京都帝國大學教授，回國後，爲國立藝專教授。」

丁卯，爲民國十六年，溥心畬是年三十二歲。

他開始任教於國立北平藝專爲民國二十三年，距日本之行有七八年之久，可能由於是學歷自述，所以省略了兩者之間七、八年歲月的敘述。

他在三十幾歲所寫的一篇自傳中，只提到自己三十左右才開始習畫，對於三十二歲赴日任京都帝大教授事，沒有提及。

由陳雋甫筆錄的心畬自述中，自言二十七歲（按，民國十一年）從德國獲雙博士，重歸馬鞍山後，項夫人訓誨他：

「『汝以爲今日讀書有成就耶？須知此是初步，尚須積學博聞，將來多作立言之書，利物濟人功

夫，皆在於立德立言之中』。故余又讀書十餘年。」從其中依舊找不出任日本大學教授的訊息。

溥心畬和溥僡聯袂赴日之事，溥僡的兒子毓峘受訪時，表示溥心畬與溥僡，是應日本大倉商行邀請赴日。商行為壯大聲勢，邀請中日名人雅集，飲酒賦詩，屬聯誼活動性質。

心畬兄弟二人在日本停留的時間，也很難確定；除溥心畬《西山集》中留有數首遊日詩之外，何時回國，作品中竟找不出跡象。如此，赴日任教事，又使人如墜五里霧中。

啓功的論文中，談到溥氏兄弟遊日返國後，曾有一本《瀛海塤篪》詩集，可惜他聞而未見。否則，從詩中當可了解到更多他在日本活動的情況。

當時的中國，正是烽火遍地，民不聊生。而日本國內卻是一片歌舞昇平。溥心畬的詩，多少有些樂不思蜀的意味。但在數年後，滿洲國成立，他立刻跟日人及日人扶植下的溥儀劃清界線，又不免令人詫異，對他的觀感，耳目一新。

他在民國十六年春天遊日詩中寫：

海上嘉賓宴，衣裳此會難，諸侯金馬貴，歌女玉箏寒。跪進流霞酒，光飛明月盤，天風動環珮，雙袖夜珊珊。——丁卯三月講經日本與諸公宴芝山紅葉館（註一）

詩題中的「講經日本」，可能是短期講座的意思，也可能為學歷自述中，「應聘為日本京都帝國大學教授」的由來。

雨中的紅葉館，也一樣輕歌妙舞，冠蓋雲集，溥心畬將之比為蘭亭之會：

會稽詩酒興，佳會未應稀。（同註一）

〈澄霞館觀妓舞〉五律，則更進一步描寫出酒香舞影的異國情調：

江曾圍幕府，門尚起寒潮，侍酒紅顏醉，吟詩翠黛嬌。行雲如識曲，明月伴吹簫，欲乘滄波去，魚龍夜寂寥。（註二）

其餘碩果僅存的遊日詩作，如〈霧降瀧〉、〈利根川泛舟〉、〈嵐峽行舟〉，只能略窺他首次赴日的雪泥鴻爪。

溥心畬祖傳書畫中，晉陸機的〈平復帖〉和北宋易元吉的〈聚猿圖〉，被視爲價值連城的寶物。尤其聚猿圖，對他自己畫猿，影響極深。山石枯樹間，長臂猿類，有的抱著小猿，有的坐於樹幹上面，或援枝跳盪，千姿百態，栩栩如生。這幅畫卷，有元代錢舜舉的題款，在易元吉傳世眞蹟中，堪稱上選。令人遺憾的是，此次隨身攜行，溥心畬竟將〈聚猿圖〉讓售給日人，後爲大阪市立美術館珍重典藏。

回國後，在萃錦園的漫漫長夜中，坐看湖心亭的亭影湖波，遲暮、懷人，又是百感交集：

端居感遲暮，況見霜葉零，方塘澄碧波，庭柯掛繁星。焉知變寒暑，坐失林中青，遙遙怨修夜，落落瞻秋螢。——園夜（註三）

海印上人圓寂之後，他把思念之情轉移到爲他轉信的碧湖詩人劉善澤身上，他在〈醉花陰（秋夜懷湘中劉腴深遺民）〉詞中寫：

片月橫窗明似水，薜荔風還起，湘浦葉初飛，南國相思，清怨憑誰寄？　今宵玉露寒如此，破碎山河裡！秋來不見一封書，風雨雞鳴，珍重懷君子。（註四）

●

溥心畬在北京中山公園舉行首次書畫展的時間，說法不盡相同。

鄭國在〈一硯梨花雨——略談溥心畬和他的作品〉（註五）中，指首展於民國十五年：「一九二四年溥心畬遷回恭王府萃錦園居住。涉足於社會之中，開始與張大千等名畫家往來。兩年後，他在北京中山公園水榭，舉行了首次書畫展覽。其作品豐富、題材廣泛，眞是出手不凡。由此使他畫名大噪。不久他應聘爲日本京都帝國大學教授，返國後任教於北平國立藝術專科學校。而後又與夫人羅清媛共同舉辦畫展。此時溥心畬在北京衆多的畫家中，已有出乎其類拔乎其萃之勢。《花隨人聖庵摭憶》中，評論北京名畫家時說：『惟有心畬出手驚人，儼然馬夏。』也就是此時，把溥氏與張大千並稱的『南張北溥』之說興起。」實則「南張北溥」之說起於民國二十三年秋天，由花鳥畫家于非闇首先提出。

其中任教日本帝大及北平藝專，顯係採自心畬學歷自述。鄭氏所編溥心畬年表中，則把夫婦聯展，列於民國十九年。

追隨心畬多年的羅清媛，到了夫婦聯展前後，其作品已經有了長足的進步。以她作於民國二十年四月的山水扇面爲例，連溥心畬也讚賞不已。所畫爲心畬描寫深秋景色的詩意，他在扇上題：「清媛此幅，筆墨沉著，落紙有聲，似文沈蹊徑，非僅以平遠取勢者。辛未六月　心畬又題。」

其他對溥心畬研究者所編年表，多半指民國十九年北京中山公園的夫婦聯展，是溥心畬在北京的「首展」。

對於「南張北溥」之說，溥心畬生前不以爲然，曾對友人表示那是張大千的宣傳手法。若一定要將二人聯在一起，何以不說是「北溥南張」！張大千擅於仿畫或製作贗鼎；他自己也並不諱言。後來張氏四海飄蓬，有時會來信，請心畬題籤「某某人眞蹟」。心畬未見畫作，不知眞僞，因此題也不是，不題也不是，左右爲難。

無論首次書畫展爲十五年或十九年，啓功倒有一段生動的回憶。

回返北京城後的溥心畬，生活一時無虞匱乏，不必靠書畫維生。當時有位遠支族兄溥勛（堯臣），喜歡收藏書畫，結交不少書畫界的朋友。常在炎炎夏日，邀集同好各出所收或所畫的扇面，舉辦「揚仁雅集」展；乃《世說新語》中「奉揚仁風」的典故。既可以互相觀摩欣賞，如果價錢得當，也樂得出讓。溥心畬應邀，取出十幾件自作自藏的扇

溥心畬與元配羅清媛（北京中國書法雜誌社提供）

面，想應應景，湊湊熱鬧。但他那筆鋒勁健，酷似馬遠、夏珪的北宗山水扇面，大爲各界讚賞，以每把二十銀元高價，幾乎訂購一空。後來需要錢用的時候，北京榮寶齋和幾家著名的南紙店，就會替他招徠收藏者，奉上筆潤，他常笑著告訴友人，榮寶齋是他的銀行。開書畫展的動機，也由是而起。

談到溥心畬畫風的淵源，啓功就聯想到溥氏珍藏的「武林秘笈」——那幅無款的南宋山水畫卷。萃錦園堂中高懸的宮燈之一，就是以此卷的部分作爲藍本。但是啓功也知道，心畬把這幅山水長卷視同珙璧，多少次想要借臨，都不好開口。

一次，他在舊書舖中，見到一函精鈔的唐詩選集，名爲《雲林一家集》，選訂者爲清素主人載瀅。所幸書舖老闆有眼不識「清素主人」爲何許人，要價極爲便宜，啓功買回，到萃錦園中雙手奉贈。心畬乍見亡父遺澤，大爲驚喜說：

「這稿久已遺失，正苦於尋找不著。」接著又自言自語：

「怎樣酬謝你呢？」

啓功見機不可失，忙表示想借無款宋人山水卷一臨之意，溥心畬欣然應許。

「北宋人山水名畫。溥心畬珍藏」；卷首爲滿族名士寶熙題籤。啓功形容那幅長卷：

「用筆靈奇，稍微有一些所謂『北宋』的習氣，所以有人曾懷疑它出於金源或元明的高手。先不管它是哪朝人的手筆，以畫法論，絕對是南宋一派。但又不是馬遠、夏珪等人的路子，更不同於明代吳偉、張路的風格。淡青綠設色，色調也不同於北宋的成法。」（註六）

啓功用透明紙勾摹佈局，花一個月功夫，分別用紙、絹各臨一卷。自覺臨得絲毫不爽，維妙維肖。但，比起溥心畬所臨，雖是粗枝大葉，下筆飛動，有種難以言傳的氣韻，才更進一步體會到學畫之初，溥心畬總問他「作詩了沒有」的道理。

學者朱靜華，也認爲長卷可能出於後人之手，卷中山巒、坡陀的斧劈皴法以及統一性的渲染，頗類夏珪〈煙村十二景〉的技法。推測可能出於明宣德年間李在之手。

可惜在民國二十四年；溥心畬夫婦聯展後五年，溥氏竟把這傳家之寶的山水長卷，賣給常在北京活動的納爾遜美術館館長席克門，永藏於異域（註七）。

溥心畬當時的畫風，除仿南宋馬、夏之外，對於明代的戴進、沈周、文徵明、唐伯虎和仇英畫風，也多所涉獵。有學者指出，他從明代大師對兩宋作品的闡釋，上溯南北宋的畫風。在詹前裕的研究報告中，更具體的把溥心畬的作品，和他所臨仿的宋、元、明、清諸大師作品，一一並置，作排比的觀察；可以見出，他既遍仿歷代名蹟，又有觀照自然和獨特的筆墨修養。

數十年後，溥心畬在台灣的友人中，有人見過民國十九年在北京開書畫展的盛況，也有人見過他民國二十年左右在北京中山公園和妻子共賞牡丹花的丰采，追憶起來，頗爲有趣。

臺靜農在〈懷舊王孫〉文中寫：

「溥心畬先生的畫首次在北京展出時，極爲轟動，凡好此道者，皆爲之歡喜讚歎。北宗風格沉寂了幾三百年，而當時習見的多是四王面目，大都甜熟無新義，有似當時流行的桐城派古文，只有軀殼，了無新義。心畬挾其天才學力，獨振頹風，能使觀者有一種新的感受。」（註八）

臺氏也知道，溥心畬畫價高居琉璃廠的第一位。不過懂得訣竅的人，則可以到後門大街舖戶中，買到從他家傭人手中流出的便宜書畫。但落款既不是溥心畬，也不是西山逸士，而署「仲衡」，下鈐〈省心堂〉印章。

據說，他早期一字「仲衡」；後來有位國劇演員，汪派鬚生姓郭名仲衡，他就不再以仲衡為字了。

在北京中山公園親睹舊王孫和夫人羅清媛丰采的王壯為，在〈憶舊王孫〉文中描寫，當他見公園遊人指點說溥心畬也來看花了，趕緊回頭觀看：

「只見一簇大約四個人，自行人道的南端土地上跨越過來。這四個人是一男三女，男的方面大耳，唇紅臉白，眉目如畫，身材寬而不高，望之竟不似一般遊客。」這種風度翩翩的樣子，使王壯為立刻想起杜甫〈哀王孫〉詞中的名句：「龍種自與常人殊」。

他形容羅夫人：

「女眷身穿滿人特有的旗裝，脂粉簪花，似是一位夫人兩名侍女的樣子，氣派風格，也與當時北平的仕女兩樣。」（註九）

雍容華貴的夫人前行，兩名侍女左右侍候，這種氣派，羨煞了當時的遊人。溥心畬來台後，有幾次，李墨雲上街時，也讓兩位穿長裙梳辮子的少女，手持紈扇，亦步亦趨的跟隨左右。只是這兩位少女並非府中的使女，而是溥心畬兩位得意的弟子。由於時代和環境不同，路人皆投以好奇的眼光，這兩位女弟子回憶起來，仍感到尷尬，啼笑皆非。

●

溥心畬夫婦北京書畫展的第二年秋天，爆發了震驚中外的九一八事變，日本侵佔了東北。多年來一向受庇於日人的溥偉，以為恢復清朝帝業的機會已經到來，率人到瀋陽北陵祭祖，並任四民維持會會長，表示滿洲地方，應由滿洲人統治，決心與日本人合作，建設東三省。

民國二十一年三月九日，「滿洲國」在長春成立，以前一年十一月由天津被日人挾持偷渡到旅順的溥儀爲執政，國號「大同」。不但原來所期望的大清國變成新生的滿洲國，所欲復辟的宣統皇帝，也降格成了「執政」。

經此變化之後，致力復辟二十餘年的溥偉，不僅個人心灰意冷，也因日人想利用他的價值已經消失，遂被冷凍在大連一隅之地，抑鬱終身。

經此刺激之後，揚名於北京藝壇的溥心畬，也大夢初醒，認清了日人的眞面貌，知道日人所以安排遜帝於東北，不外想藉以安撫東北人的反抗，更重要的是應付國際輿論壓力而已。因此，宗室、舊臣紛紛北上，想謁見溥儀，或尋求一官半職之際，他絲毫不爲所動，作〈臣篇〉（註十）以告家廟，宣示他對此事的看法，所持的原則和志節。

文中，他述說歷代君臣之義，何者合於中庸之道，以襯托出當前遜帝溥儀受制日人的局勢，和爲臣者內心的迷思。

他認爲爲君者必須具備的條件是：

「故建國之神，右社稷而左宗廟，三代令王，其揆一也。未有九廟不立，宗社不續，祭非其鬼，奉非其朔，而可以爲君者也。」

他以改嫁之母爲例，譬喻他和遜帝間的關係，和應有的態度與規範：

「非奉一人，即全臣節，資父奉君，必有其道。臣之於君，無以過於父母。母之嫁者，有終恩之服，無竭力之義。誠以作嬪異門，爲鬼他族。齊服是進，哭於野次……以義絕於父也。」

他是恭忠親王之後，應守藩臣之道，對奉非其朔，祭非其鬼的前清遜帝，所採取的態度是：

「竊維屛藩之道，必重尊王，草莽之臣，始曰擇主；豈敢背先帝先王，而從其所不當從者哉！將世人皆醉，爲屈原之獨醒，曠世非之，效伯夷之不顧。禮忽拜上，違衆奚辭。遵道而行，其則不遠。欲明斯義，爰作臣篇，祖述前聖之言，誓告先王之廟。」

論及日人控制下的滿洲國和溥儀的命運，他在贈陳蒼虬詩和信中，表現得極爲透徹。陳蒼虬御史，是溥儀皇后婉容的老師，爲人清廉，他出關探視婉容的時候，據說並無求官之想，連溥儀所贈禮物都婉謝不受。溥心畬在〈送蒼虬侍郎出關〉五律中寫：

雪滿秦關路，風生遼水波，此行思贈策，彈鋏莫空歌。趙客輕毛遂，荆人失卞和，音書應不達，奇計近如何？（註十一）

只是，就任滿洲國執政的溥儀，在日人嚴密控制之下，無論他自己及國務總理、各部總長，既無實權，也無法改變日人的策略。原有的師傅、宗室和有影響力的舊臣，均被封鎖隔絕，有任何良謀善策，也難以扭轉這種局勢，陳蒼虬出關，也只有「彈鋏空歌」了。

從給陳蒼虬信（註十二）的意思推測，陳氏爲溥儀事，曾去過東北，秋天，又將有二次東北之行。溥儀屈就滿國（共和國）執政後，退而求其次，希望能改成「滿洲帝國」，登皇帝位。自傳中表示曾請身邊日人代爲試探，唯從各種跡象看，陳氏東北之行，可能爲稱帝滿洲問題。

對於初次北上，所議不合而退，心畬表示稱許：「前聞有遼東之行，後以不合而去，甚善！易曰：『知進退存亡，而不失其正者，其惟聖人乎！』」

當時距民國二十六年中國全面抗戰，尚有五六年之久，但，溥心畬已預測日本必敗無疑：

「今日本脅立與國，以爲東援，而又剪刈我公室，覊策我人民，申其符命，建其社稷，奮累世之業，逞武夫之志，併呑大國。萬里趨利，料其敗衄，將不旋踵。」

他論及溥儀周圍政客的短視，更進一步預測滿洲國君臣的命運；其時，距第二次世界大戰爆發，尚有八年；距美、英、蘇簽訂雅爾達密約，犧牲中國東北利益，尚有十四年之久；溥心畬已料到蘇聯出兵東北，溥儀君臣被俘的悲劇：

「且三省之利，日本與俄共之。日本不能有，則俄取之猶外府也。將於此時觀釁而起，因其弊而乘其利，若刦乘輿，挾其臣民，北狩之禍見於今日矣。」

他力勸陳氏，及早抽身，方爲上策：

「乃於此時致身其間，若與難，非智士也；不與其難，非忠臣也。殺身則傷仁，保身則害義，足下將何居焉？易曰：『介於石，不終日』，足下之堅貞，介於石矣，去之不待終日，則猶可及也。」

由此可以看出，平日在社交場合，吃喝彈唱，飲酒賦詩，看似不解世事的王孫公子，對於時勢和本身的氣節，實有其清明洞澈，高瞻遠矚的一面。

文註：

一、《西山集》頁四。

二、《西山集》頁五。

三、《西山集》頁六。

四、《凝碧餘音》頁三。
五、《中國近代名家畫集——溥心畬》頁一。
六、啓功論文頁十四~五。
七、《溥心畬繪畫風格的傳承》，朱靜華撰，故宮博物院學術討論會論文。
八、《大成》期一二三頁八。
九、《舊王孫溥心畬》頁四五。
十、《寒玉堂文集》卷上頁六一；〈臣篇〉撰寫的時間，有的溥心畬年表中指爲民國二十年，有的指爲民國三十一年。
十一、《西山集》頁七。
十二、《寒玉堂文集》卷下頁十二、《溥心畬書畫集》圖一〇七，北京故宮版。

9・風景還如故

心畬岳父多羅特升允，於民國二十年七月二十三日病逝於天津，享年七十四歲。同年八月，葬於北京朝陽門外十二里之遙的頭髮營。

升允的死，與接踵而至的溥儀被挾持出走遼東，象徵了復辟運動的結束。溥儀謚他爲「文忠」。溥心畬站在王室和至親立場，對岳父又感動又崇敬，爲作〈皇清誥授光祿大夫太子太保大學士前陝甘總督多羅特文忠公神道碑銘〉（註一），及〈外舅多羅特文忠公誄〉（註二），敘述他一生的功勳勞績，是溥心畬生平的精心之作。

民國二十年隆冬，八十四高齡的陳弢庵前往旅順謁見溥儀，萬料不到只住了兩宿，就被別有用心的鄭孝胥（後任滿洲國總理大臣）給攆了回來，理由是「日本人要在旅館開會」。自溥儀幼年，便以太傅身分不離左右的陳氏，眼看二十四五歲，有如玉樹臨風的青年君主，爲左右和日人所隔絕。旅順一別，可能是今生最後的一面，內心的痛苦，不難想見。

陳弢庵回返北京時間，約爲民國二十一年舊曆新年左右。半長不短的白鬚，臃腫的長袍，憂鬱的眼神，看來好像突然衰老了許多。陳氏在賀歲聲中與溥心畬把臂，談起溥儀的處境和日人的蠻橫，不禁老淚橫流。其後，溥心畬有〈憶太傅〉五律，追記這次傷心而絕望的會晤：

群盜亂天紀，君王念藐躬，老臣扶幼主，衰世效孤忠。社稷終難復，殷周事不同，相逢舊都邑，流涕說遼東。（註三）

民國二十二年十月，溥儀得到日本人通知，準備承認他爲「滿洲帝國皇帝」。登基大典，訂於次年三月一日舉行。因此一面遣人到北京，向太妃索取光緒皇帝曾經穿過的龍袍，也把這個喜訊昭告宗族和遺老。宗族、遺老，有的大喜過望，準備前往新京（長春）祝賀，有的希望能夠得到封賞；自然也有像溥心畬那樣不爲所動的。

然而到了登基之前，日人又表示，他們承認的是「滿洲帝國皇帝」，並非「大清國皇帝」，所以不能穿龍袍。幾經折衷的結果是，登基日清晨前往以土堆成的天壇祭天時，可以穿龍袍，正式登基大典，則必須穿「滿洲國陸海空大元帥正裝」。《溥儀自傳》中，描述滿洲帝國文武百官朝賀，日本大使呈遞過國書之後，宗室舊臣的朝賀情形：

「這些儀式完了，北京來的宗室覺羅（載、溥、毓字輩差不多全來了）。以及前內務府的人，又向我行了三跪九叩之禮。當然，我是坐在椅子上受禮的。關內各地遺老，如陳夔龍、葉爾愷、汪兆鏞等，都寄來祝賀的表章。」（註四）

由於溥僡也在登基大典的祝賀團之列，使項夫人和溥心畬對他的新京之行，十分關懷。唯恐路上出了什麼差錯。

民國二十三年農曆二月下旬，漸近暮春時候，在東北，杏花綻放，積雪開始消融。而北京則已春花凋謝，平蕪間嫩綠一片。東三省是愛新覺羅氏的發祥地，爲了飲水思源，萃錦園西南角假山之間築有「榆關」（山海關），雉堞、城門俱全，門內有建築別致的妙香亭，門外有龍王廟和古井，看來古色古香。一二十年來，但聞溥偉、升允常在關外行走，但對心畬和溥僡而言，關外故鄉，尚屬陌生之地。心畬在送弟出關的〈減字木蘭花〉中寫：

落花隨水，費盡東風吹不起。送罷王孫，又是平蕪綠到門。　躊躇無語，仗劍孤行遼海去；變作殘秋，冷雁邊雲滿客愁。（註五）

首句的「花落隨水，費盡東風吹不起」，究竟只是寫實寫景，或一語雙關的象徵著遜帝復辟絕望，結果身不由己的「作嬪異族」，不得而知。

出關祝賀的宗室舊臣，多已返回北京時，心畬塡〈遐方怨〉一闋，對溥僡未歸，寄予關懷：

辭故國，向邊關，匹馬孤征千萬山。秦城遼海暮雲間，計君東去日，幾時還？（同註五）

眼見春去夏來，天氣日暖，萃錦園海棠吐艷，牆外柳絲成蔭的時候，溥僡依舊音訊皆無。是否在溥偉處有所停留，不得而知。這時，高堂老母，更是朝思暮想，時時盼望。溥心畬由「懷弟未歸」的〈遐方怨〉，進而賦「寄弟遼東」的〈阮郎歸〉：

送君出塞暮春時，千山空馬嘶。邊沙如雪月如眉，玉人何日歸？花作陣，柳成絲，人生長別離；高堂日日盼歸期，更思身上衣。（註六）

全家人等盼下，溥僡終於在中秋前後回到萃錦園，生活又恢復了常軌。溥僡已放棄畫筆，專意於詩和長短句。在經常集聚的騷人墨客中，年近而立的溥僡，算是最年輕的一位，但詩詞的老練，卻備受稱讚，陳弢庵曾把他們兄弟，比作大蘇和小蘇：

王孫競爽媲二蘇，自相琢磨瑾與瑜，十年寢饋山水窟，養就詩筆清而腴。（註七）

項夫人心愛的貼身丫嬛杏兒，聰明俏麗，戲唱得也好。在萃錦園大戲樓舞台上，不論扮演坐宮的鐵鏡公主，或演含冤莫白的風塵佳麗玉堂春，她那唱腔、身段和流盼的秋波，都博得觀者欣賞和喝采，有時更使爭著跟她配戲的心畬、溥僡出神，忘了台步和戲詞。

他們經常暗暗送些小禮物，無非想得到杏兒的歡心。

年近不惑和行年二十八、九歲的溥氏兄弟，雖然都有了妻室子女，不過依當時的習俗，將母親的丫嬛收房，並非稀奇之事，因此，無論杏兒或兩位兄弟，心中也各有打算。當這份情愫失去了平衡時，兄弟之間，心中不免蒙上一抹陰霾。

萃錦園是曹雪芹筆下大觀園的藍本，親友們知道恭王府的「阿哥」，為情而明爭暗鬥，往往就會聯想到《紅樓夢》中的才子佳人和嬌俏丫嬛的風流韻事。猜測、繪影繪聲的傳述，使項夫人不得不正視此事，她暗中吩咐府中管事的李嬤嬤，留心再物色一個合適的年輕丫嬛。

民國十九年的畫展，使溥心畬一舉成名，沉寂已達數百年的北宗畫風，由於溥心畬隱居時潛心探討，重新引起畫壇的重視。更可貴的，是他把古詩、古代畫風和現實景觀，成爲完美的融合。

「對門藤蓋瓦，映竹水穿沙」，他在民國十九年立秋日所畫扇面上題，並說：「杜詩多奇境，馬夏山水可能狀之」。

民國二十年六月，溥心畬吟杜詩：

「江山有巴蜀，棟宇有齊梁」句，心中縈繞著西山草堂景象，忽然發現馬遠的〈松風樓觀〉小幅山水，有千里之致，不但與杜甫詩意冥合，也很像戒壇寺的戒壇殿，遂揮毫圖成扇面，像這樣結合古人詩畫，又對照自然景物的作品，不勝枚舉。

民國二十二年，他以一幅〈寒巖積雪圖〉，參加柏林中德美展，獲得好評，可能是他繪畫在海外展示之始。

同一年，友人沈羹梅發起半月餐會，美食主義者溥心畬欣然參與，並願每會出扇、畫各一爲彩頭，供餐會同仁抽獎助興。第二會的畫爲〈李香君小像〉，作於民國二十年的十月。畫秦淮名妓李香君，淡妝持扇。心畬詩詠侯方域和香君的淒美故事：

詞散雕梁玉委塵，夕陽芳草弔江濱，傷心扇上桃花色，猶是秦淮舊日春。
桃根桃葉怨飄零，商女琵琶不忍聽，寂寞秦淮春去盡，曲終空見數峰青。

此圖爲會友收藏家楊蔭北（壺公）抽得，珍重裝池，和他舊藏〈李淸照酴醾春去圖（摹本）〉並蓄，稱爲「二美」。

張大千雲遊各地後，再次北上故都，與溥心畬合作繪畫數十幅，如前引啓功所述。這種合作方式，是友誼的表現，也暗藏才華的比試。二人合作中，有幅〈秋林高士圖〉，據張大千跋，爲試用心畬研製的紫檀汁之作。重逢後，張大千出示四年前所繪〈三十自畫像〉請題。古松下面，長髯飄飄的張大千，側身拱手，目光炯炯有神。淺絳設色的畫幅，及上下四周，密密麻麻的名人題跋，顯示張氏交遊之廣，名士顯宦無不交口稱讚。

溥心畬在大千〈三十自畫像〉上所題五律，可以見出他和張氏的友誼：

> 張侯何歷落，萬里蜀江來，明月塵中出，層層筆底開。贈君多古意，倚馬識仙才，莫返瞿塘棹，猿聲正可哀。

專心繪畫之外，民國二十三年，在溥僡北上關外，遲遲未歸的等待中，溥心畬到西山極樂峰，黑龍潭等地，舊地重遊，憑弔與海印上人登高賦詩的歲月。

他在〈點絳唇（極樂寺）〉中回憶既往，更感傷一次次內戰後，山村的殘破景象：

> 亂木孤城，可憐一片消魂土！江山無主，佳節愁風雨。　煙水池臺，風景還如故，傷心處，荒村客路，不見斜陽渡。（註八）

此外，他的詞集中，尚有〈慶春澤（暮春西隄至極樂寺作）〉、〈月下笛（殘春極樂寺題壁）〉，也都給人一種不勝今昔的蒼涼之感。最後，溥心畬的視線，又投注到繁花落盡，連東院櫻桃也所剩無幾的萃錦園中，抒寫出心中的悵惘：

鶯啼草碧池塘路，苑邊柳，還如故，深下珠簾朝復暮。晚風吹罷，櫻桃盡矣，點地紅無數。
朱門青瑣憑誰賦，倚遍雕闌無覓處。寫破少陵愁幾許，飄零如此，落梅天氣，況對黃昏雨。

——青玉案（甲戌四月東園櫻桃已熟披尋蔓草零落盡矣悵然有作，註九）

●

弟子陳雋甫爲心畬筆錄的自述中表示，二十七歲自德歸國後，由於母親立德立言的訓誡，又讀書十餘年。推算起來，應該已是三十八九歲的年紀，開始想要有所作爲。另一個想要外出工作的原因是，他的負擔日益沉重，經濟情況拮据。

民國二十三年，溥心畬由「行政院北平政務整理委員會」的會長黃郛推薦到國立北平藝專任教。滿洲帝國成立之前，黃郛已爲溥儒在委員會中安插個科員職位。溥儒出關半年歸來，也一仍舊職，以免坐吃山空。

出任藝專教授，是一直以遺老身分避世的溥心畬，首次擔任國民政府的公職，校長嚴智開（嚴修之子），對他頗爲禮遇。學校週會輪到他演講時，他並不拒絕，但事先言明，師生唱國歌，向國旗、國父遺像行三鞠躬禮時，他不便在場；學校當局知道他的立場，也就不勉強他。待禮畢後，他才從貴賓室中出來，上臺講話。

溥心畬的薪水，每月四百元；他對拜門的學生林熙說：

「不瞞你說，我一家的開銷，全靠我一枝筆。舍弟的薪水，每月只得六十元，怎夠他個人之用？所以我還要支持他一家的生活。每年開一次畫展，收入不到二三千元，倒惹人家笑話，只好改作隔一年開一次。筆單的收入比較可觀，但沒有固定的。所以不能不找一份固定的收入。」（註十）

不過，這四百元的固定收入，抵不過他喜歡擺譜的貴族習氣的開銷。

府中僕從如雲，丫嬛、嬤嬤、僕夫之外，有家務總管，有裡外通報的門政大爺。有的丫嬛在外租房居住，房租、月錢照支外，還要派老嬤嬤照顧。

遠在遜帝離京之前，溥儀、王公、民國高官、明星學者，都有了時髦的汽車，風馳電掣，顯得既風光又氣派。既是貴族又躋身教授之列的溥心畬，豈能出無車？

汽車除了加油、維修之外，司機、跟車、長隨，一應人事費用，恐怕他的薪水已經所剩無幾、時而邀客出遊，車子半路拋錨送廠修理，他只好請客人到飯莊，邊吃邊等。酒足飯飽之後，眼看日已偏西，汽車遲遲不來，於是乘興而出，敗興而歸，各自喚輛黃包車，打道回府。

需錢孔急時，他除了把所珍藏的古書古畫，出讓或抵押，甚至慈禧太后頭上戴的，賞給乃祖的一顆祖母綠寶石，他都托學生在上海、香港一帶，物色買主。

環繞在溥心畬畫案四周的人士，遠在北京時期，就已經形成了格局，到台灣後，格局少有變動，只是不同的人群罷了。

包括妻子羅清媛，子侄和某些宗室後輩，算是萃錦園的「子弟兵」。因爲他重視的是經學、詩詞和書法，並不以畫爲重，所以講經、講詩、督促寫字乃至教男孩子射箭，一應俱全。畫畫時他談笑揮灑，衆人圍觀，然後分些畫稿各自臨摹。廚師和僕婦，在他高興時，也會隨手分賞；北京後門大街舖子裡的書畫，可能就這樣流出去的。

環繞在他身旁的「子弟兵」，爲他吃苦效力的地方，亦復不少。例如：研墨就是一件既需人手又吃力的工作。寫字、畫畫，溥心畬每天所需墨量，相當可觀，研磨的方法，也要正確。

另一項工作是用透明紙勾勒古畫中的人物樓臺，供溥心畬描繪，或用放大尺，把名畫的影本放大，方便他經營位置；有關這點，啓功論文中也加以描述：

「先生作畫，有一毛病，無可諱言：即是懶於自己構圖起稿。常常命學生把影印的古畫用另紙放大，是用比例尺還是用幻燈投影，我不知道。先生早年好用日本絹，絹質透明，罩在稿上，用自己的筆法去鉤寫輪廓。我記得有一幅羅聘的〈上元夜飲圖〉，先生的臨本，筆力挺拔，氣韻古雅，兩者相比，絕像羅臨溥本。諸如此類，不啻點鐵成金，而世上常流傳先生同一稿本的幾件作品，就給作僞者留下魚目混珠的機會。後來有時應酬筆墨太多太忙時，自己鉤勒出主要的筆道，如山石輪廓、樹木枝幹、房屋框架以及重要的苔點等等，令學生們去加染顏色或增些石皴樹葉。我曾見過這類半成品，上邊已有先生親自署款蓋章。」（註十一）

當時北京流傳著這樣的一個故事，據說有一次求畫人問心畬，所求的那件畫完成沒有？他手指另一房屋說：「問他們畫得了沒有？」

這種爲生活、應付筆單的大量繪製情形下，他的某些作品，既不如隱居西山和初展前後作品的精緻，也不似晚期的獨特境界和神韻。有些同樣佈局的作品竟重複出現，使人疑爲贋鼎，不得不請專家鑑定，啓功就受托作過類似的鑑定。

在萃錦園的子弟兵中，眞正肩負重任的，是過繼在外的「大三爺」溥佑之子毓峑，其時已年近弱冠，追隨心畬將近七、八年之久。

文註：

一、《寒玉堂文集》卷上頁三三。
二、《寒玉堂文集》卷下頁四三。
三、《傳記文學》卷十三期三頁三九〈溥儒先生傳〉，吳語亭撰。
四、《溥儀自傳》頁三一七～九。
五、《凝碧餘音詞》頁四。
六、《凝碧餘音》頁七。
七、《溥心畬繪畫藝術之研究》頁十。
八、《凝碧餘音詞》頁六。
九、《凝碧餘音》頁九。
十、《舊王孫溥心畬》頁二〈從恭王府到舊王孫〉，林熙撰。
十一、啓功論文頁十六。

10・萃錦園的春天

溥心畬任教國立北平藝專期間，子侄中以毓崟年齡較大，用放大尺放大古畫印刷品的工作，多半落在他的身上。到藝專上課前後，他爲溥心畬整理畫稿，上課時也隨侍左右，用心聽講。

課堂上的心畬，少講理論，提筆便畫，學生四面圍觀，心領神會，課後自行臨摹畫稿，和來台後在大學任教時的教法，並無二致。所不同的是，那時他身邊還藏有古代書畫名蹟，有些藏家和骨董商人，常拿藏品請他鑑定，這些珍藏古蹟，和眞假參半的請鑑書畫，都成了他課堂上的鑑賞教材。形形色色送府來求鑑的書畫，他除了指點學生鑑賞，自己也很注意從中汲取營養。有些眞品，他往往臨摹數過，然後歸還。贗品和不很精的作品，他就已有的規模，重新構思，就其缺點加以匡正；這倒有點像孔子所說的：「三人行，必有我師焉，擇其善者而從之，其不善者而改之。」的意味。

溥心畬到台灣後，自己收藏的古物散失殆盡，當時堪稱中華文化藝術寶庫的故宮博物院，遠在台中溝子口，坊間連像樣的古畫印刷品也極爲有限。因此，不但缺少給學生們欣賞的教材，他自己也少

了仿古的稿本。

在北京，藝專學生，和有志學畫的中外人士，到恭王府拜門學畫的爲數不少。他對行過叩拜大禮的學生，要求得往往比較嚴格。這種到寒玉堂拜門學畫的情形，在台灣也是一樣。

北平藝專國畫系學生中，最受溥心畬賞識的是外交家吳藹宸博士之女吳詠香。吳詠香天資聰敏，可惜十三歲就患了骨疾，輾轉病榻，不得不輟學，延師到家學畫，落筆氣勢不凡。民國二十三年考入北平藝專，隨溥心畬、齊白石、黃賓虹等大師學畫。七、八年後，和同學陳雋甫結爲夫婦。溥心畬到台灣後，寓所離吳、陳夫婦家不遠，經常得到這兩位門生的照拂。另一位藝專畢業的嶺南人高貞白，在心畬應酬作品多時，曾爲他代筆。其餘林熙、黃鈞、劉繼瑛等，也都是他印象深刻的拜門學生。外籍學生中，以當時在華的美國史迪威將軍之女（後爲金馬倫夫人），最受矚目。這些入室弟子，是他另一團子弟兵，對他在藝壇的聲望、藝術市場的拓展和經濟，都有所助益。拜門時行跪拜大禮，設宴請客，是少不了的禮節。

在北京或台灣，都有許多閒暇時陪他聊天解悶的朋友。時間多在晚上十時半到十一、二點，他一天的工作已近尾聲。香菸一支接著一支的燃起，吸了幾口便往案邊一放，一面天南地北的談著，一面像是漫不經心的在紙上寫寫畫畫。不知不覺間，案邊盡是香菸的燒痕。這些朋友，每人都可以分到他花五分到十分鐘時間所畫的即興之作，稱爲「排班」畫，其中也有一、二幅比較經心的作品，供訪客和身邊的入室弟子抽籤。抽到的喜出望外，當即上街買點心請大家消夜。如在北京時的好友沈羹梅，不僅經常到府夜話，一聊就聊到天明。傭人服侍不勝其煩，暗中稱他爲「沈天亮」。

知道心畬是美食主義者，而想得到溥心畬書畫的人，則投其所好，在北京有沈羹梅的半月餐會，在台灣有羅漢請觀音式的聚餐。萬大鋐在〈西山逸士的幾段逸事〉中，描寫得頗爲生動：

「不過，要他的東西，也不是沒有辦法，最有效的辦法是請他吃。十年前，我們有個聚餐會，羅漢請觀音，每週請他吃一次，每次作主人的都得到他一張畫，每半年還可得到一幅比較精工的作品。如要特別精細或指定的作品，那就非招待他到北投溫泉住上幾天不可。」（註二）

定期餐敘之外，更多的是不定期飯約。在著名的飯莊或家有名廚的，他都欣然願往。酒足飯飽之後，溥心畬畫興勃發，會自動索取筆墨，揮灑助興。主人之外，招待得無微不至的飯店老闆、手藝精到的大廚、殷勤的女服務生，也都各有所贈。求畫之妙，在乎一心。即以「西山逸士的幾段逸事」作者萬大鋐爲例，表面上是溥氏友人，傳說實則負責監視溥心畬的行動，心畬逝世後，萬大鋐單是獻給北京恭王府的溥心畬書畫，就有六十九件之多，其收藏之富，可想而知。

●

人到了不惑之年，不是感嘆時光易老，事業無成，就是友朋逐漸離散、凋謝。見到小圃花謝或霜葉、飛鴻，一種傷春或悲秋情緒，縈懷不去；溥心畬自不例外。

暮春時節，春雨連綿，正是「綠肥紅瘦」的時候。萃錦園的方塘之中，偶有幾聲魚躍，隨即溶入單調平板的簷滴聲裡。塘前巨樹、假山和榆關的堞影，變成模糊一片。入夜之後，好不容易雨止了，園中蛙鳴起起落落，花圃則顯得荒蕪零亂，溥心畬在〈蝶戀花（乙亥暮春夜雨初晴）〉中，抒寫心緒：

十二闌干春已半，柳絮楊花，落盡無人管。雁宿平沙雲路斷，瑣窗零雨生清怨。　芳徑玉階

吟欲遍，綠樹成陰，處處韶光亂。簾外月華尋不見，清光又照誰家院！（註二）

當他正為一種孤獨空虛情緒所困惱的時候，相知二十餘年，高齡七十五歲的章一山要南旋上海，又引起了溥心畬的離情。

章一山是愈樾（曲園）的門生。民國六年張勳復辟時，他官拜學部左丞。隨後與遺老孤臣，合力完成了光緒皇帝《景廟實錄》。在此同時，他也廣搜遺老和故臣的著作及行誼，編輯成集。他生長江南，所以完成這些心願之後，他希望能像李清瑞和高振霄那樣，寓居上海或杭州。溥心畬賦〈虞美人〉一闋，送其南旋。情意懇摯，但他覺得，詞中表現了離情，卻未能顯示出滿懷興亡之恨的那種忠忱與悲壯，乃再賦一首〈踏莎行（前詞未盡復寄）〉，寄給一山：

亂木橫空，邊塞秋深，蓬瀛海淺，興亡有恨無人見！已將南浦葉飛時，不堪風笛離亭晚。青山一線，孤帆挂雨尊前遠。津門處處短長亭，柳條攀盡憑誰管？（註三）

他賦〈御街行〉，懷念多年魚雁往來，卻未謀一面的湖南遺老劉善澤，先寫涼風天來，雁過瀟湘的秋天景象，後半闋則是：「片時枕上江南路，殘夢何時續？憑君莫問漢宮秋，滿目消魂焦土。洞庭木葉，蒼梧秋色，盡入黃昏雨。」（註四）從詞意來看，依然不脫興亡之恨。但，這首詞能不能到達神交已久的劉善澤手中，實在是個疑問。

《寒玉堂文集》中，有篇〈清長沙訓導君墓志銘〉，受劉善澤後人之託所作。上有：

「……既而兵潰於三湘，火焚於七澤，湘中遺民相繼謝世。君以巳亥正月卒於鄉，年六十三歲，

葬於長沙河西蓮花山先人之兆。」（註五）

墓志銘沒有提到劉善澤生年，僅說劉氏於光緒二十七年，以附貢生授訓導。只是，墓志銘所謂卒於「己亥」（民國四十八年）不無疑問。

從劉善澤享年六十三歲，上推到光緒二十七年，則入仕那年約爲二十九歲；比較合理。倘若以卒於民國四十八年，上推到光緒二十七年，則入仕之年，只有五歲；自然無此可能。溥心畬文集中的文章，是晚年憶寫或重鈔而成，推測「己亥」可能是「乙亥」（民國二十四年）的筆誤。

民國二十四年七月二十四日，他四十歲生日宴，依然辦得十分熱鬧。萃錦園中，張燈結綵，園門外，車水馬龍，賀客不絕。擺酒宴客的大戲樓裡，親友、同事、門生和騷人墨客濟濟一堂。鑼鼓管絃聲中，登臺獻藝的盡是京中名伶名票。身穿綢袍的溥心畬，面貌皎潔，意氣風發，看來眞如他畫中的紫府仙人一般。長女韜華已經十七歲，長子毓岦（其後又改名羅惠人、羅公展、溥孝華，本文此後統以「溥孝華」稱之）十一歲，次子毓岑也已十歲，在賓客眼中，眞是令人稱羨的美滿家庭。

這年秋天，溥偉的女兒「芝」，遠自大連海濱勝地星浦來京，是否專程祝壽，則不得而知。溥家女兒命名，心畬女兒叫「毓韜華」，溥佑之女名「毓蘊華」。溥僡之女名「毓昭華」，溥偉女兒可能就叫「毓芝華」。萃錦園中的孩子都知道，每次星浦人來，總會帶些穿和服的玩偶和日本作的小巧玩具或點心作爲禮物。在國際局勢變幻不定，中日關係異常緊張的時候，見侄女來京，使溥心畬悲喜交集，在〈乙亥送猶女芝歸星浦〉五律中寫：

亂世離鄉國，艱危匹馬從，邊行衝雨雪，海宿犯蛟龍。星浦霜初降，秦城路不通，還憐遠兄

弟，送汝意無窮。（註六）

他又有〈寄伯兄星浦〉五律，可能是寄給溥偉的最後詩篇；二十五年秋天，溥偉就回歸道山：

山川如可越，豈復憚登臨，春草池塘夢，黃榆沙塞心。風雲方異色，天地入悲吟，不寢聞邊雁，寒燈照夜深。（註七）

溥心畬重返北京後的第一個重陽，在宣武門外金魚池畔的陶然亭度過，十餘年後的乙亥深秋，依舊在陶然亭上，舉杯持螯，眺望北京西南一帶莽莽荒原。只是復經多次戰亂後，變得更加荒蕪和淒涼。再想到遼海風雲險惡，日人侵華意圖日益明顯，不由得滿懷悽愴，賦〈念奴嬌〉一闋，題於陶然亭的壁上：

梵王高閣，對青山一線秋光斜景。三十年來，陵谷變，極目蒼葭千頃。大澤雲飛，荒途龍戰，邊塞西風迴。滄浪回首，夕陽何處孤艇。　愁見背郭遙村，崩沙斷路，無限登臨興。舊苑淒涼來牧馬，天地都成悲境！遼海鴉沉，榆關雁度，落葉尊前冷。橫空衰草，滿城殘照煙暝。（註八）

溥心畬四十歲那年，李墨雲進入王府。她本名李淑貞。又有雀屏、翠屏、綺紅等不同的名字。大約勝利後離開北京前後，溥心畬爲她取名「墨雲」（本文統以李墨雲稱之）。

她原住在什刹海廣化寺旁的一個胡同裡。窄長的院子中有株棗樹，和一間半陳舊的房子；距離恭王府並不很遠。由於家境清寒，從小就常在外面跑，有時撿煤渣貼補家用；雖然和心畬女兒韜華同樣年紀，但比恭王府的阿哥和格格，似乎懂事得多。項夫人交給李嬤嬤一百銀元的身價，李嬤嬤簡單的教導一番在王府做事的規矩，李墨雲就在萃錦園中安頓下來。

以前杏兒入府時，年紀比李墨雲還輕。杏兒入府前，本來牽著雙目失明的父親，每天穿街越巷的行乞。項夫人心生憐惜，收入府中，不想竟調教得乖巧可人；她希望李墨雲也會成為身邊得力的人手。杏兒和溥心畬、溥僡間的三角習題，也許李嬤嬤曾向墨雲透露過，因此，進府之後的她很快的便知道，只要掌握住溥心畬的心，便能在萃錦園中與杏兒平分春色。

至於出身名門的羅清媛，像當時許多婦女一樣，認為三妻四妾，是朱門的常事。但，羅清媛的子女和府中僕婦，對李墨雲和溥心畬暗通款曲，並且恃寵而驕，不免暗生敵意，嘖有煩言。尤其長子孝華，心中深為受冷落的母親，感到不平。

時間久了，府中上下對墨雲的議論，紛紛紜紜。項夫人命李嬤嬤開導開導，不意她連引進她的李嬤嬤也未放在眼裡。情非得已，項夫人只好讓李嬤嬤送她回家，重過陋巷的生活。

沒有了李墨雲在身邊，溥心畬顯得有些落寞，不時藉口看醫或訪友，乘車外出。之後就有閒言閒語傳進府中，說眼見溥心畬溥二爺的車子，停在廣化寺旁胡同裡面，沒準兒去會被逐出府的丫嬛。項夫人聞知，深怕長此以往，有失王府的體面；只好勞駕李嬤嬤再把墨雲接回來。溥心畬年譜中，在他四十歲這年記：

「得母親項太夫人允許，納李淑貞（墨雲）為側室。」說的就是這一番周折。

溥僡得到杏兒之後，不久卻另結新歡，杏兒備受冷落，連項夫人賞給她的東西，都被溥僡要了回去。她索性遷出府外租屋居住，府中派一位容嬤嬤陪伴照顧。多情念舊的溥心畬，定期以金錢或二、三幅書畫，作爲接濟，供杏兒變賣花用。

容嬤嬤暗中物色到一位估衣商人，把杏兒嫁了過去。溥僡和府中傭人，幾乎無人不知，唯獨心畬蒙在鼓裡。最後，是杏兒自己告知待她情深義重的心畬。爲了杏兒未來著想，心畬非但沒有著惱，反以未能好好爲她打點嫁妝，感到不安。

●

因杏兒的關係，溥心畬和溥僡雖然曾有心結，但並未影響兄弟之情。北京西城詞人譚氏，有位美姬，善於烹調，詞人墨客也就常藉譚寓雅集。心畬、溥僡同爲座上客，也被視爲儒雅友愛的好兄弟。唯溥心畬的吃相，見者稱奇。他好啖豬肉，對牛肉則不下箸。遇到他最喜愛的佳肴，便一把搬到眼前，吃到盤子見底爲止。

民國二十四年六月，溥僡夢中賦詩，得句：

「荒城吟水斷，細路逐沙分」，溥心畬欣賞異常，覺得可以媲美唐朝大曆年間諸子詩風，爲作絹本〈水近荒城〉小幅，筆墨超脫，境界深遠。溥僡對乃兄這幅詩情畫意，渾化無跡的神來之筆，也極爲寶愛，請多位名士題詠。

民國二十五年，溥心畬的畫作詩作，都很可觀。他以柔情似水的筆調，描寫閨中少婦的情態：

碧紗窗，嬌獨倚，風送一簾香雨。琴韻靜，眉黛細，生小不知愁緒。頻對鏡，學塗鴉，剪來山杏花。——更漏子（無題，註九）

餘者如〈殢人嬌（丙子早春）〉、〈菩薩蠻（暮春閒詠）〉、〈石州慢（詠窗前杏花）〉、〈瑞鷓鴣（春思）〉、〈菩薩蠻（惜春）〉……單從這一連串詞題來看，就知道行年四十一歲，子女繞膝的溥心畬，依然沉醉在蕩漾的春光之中。

但，這一年春天，也發生一件小小的不快。

在新京的滿洲國四周年國慶前夕，日本駐華北的派遣軍司令決定致送一份賀禮——請北京四位名畫家合作一個堂屛；溥心畬爲四者之一。當派遣軍參謀長攜重金向溥心畬面求時，爲溥氏嚴詞拒絕，日軍參謀長惱羞成怒，放下潤金，拂袖而去。當時日軍，氣燄萬丈，知道此事的朋友無不擔心他因而賈禍。溥心畬反不以爲意，只請與日人關係良好的王揖唐退回筆潤，事情不了了之，但也足見在義與利的重要關頭，他所表現的氣節。

民國二十五年在萃錦園大戲樓中，溥心畬兄弟爲生母項夫人祝壽的堂會，又是一件轟動北京城的盛事。但也是他在萃錦園所舉辦的最後一次堂會，第二年的七七事變戰火，接踵而至的項夫人逝世，萃錦園地租到期，使他永遠結束了萃錦園的歲月。

民國二十五年秋天，又是嚴霜遍地北雁南飛的時候，半生放逐，寄人籬下的溥偉，病逝新京，結束了艱難險阻的一生；享年五十六歲。由於溥僡去過新京，心畬也就把伯兄喪事，委托弟弟前往料理，因賦〈丙子秋有伯兄之喪兼送弟出關〉，哀輓感傷，也充滿了無奈：

邊秋季行役，落葉天下寒，征雁斷長城，悲風動榆關。伯也久居夷，中道多險艱，仳離豈同穴，滄海浮一棺。風雲失際會，羲娥難復還，墓木成鄧林，魂魄終不安。何處哭孤墳，崔嵬碣石間。（註十）

文註：

一、《舊王孫溥心畬》頁二八。
二、《凝碧餘音詞》頁七。
三、《凝碧餘音詞》頁七、八。
四、《凝碧餘音詞》頁八。
五、《寒玉堂文集》卷下頁二一。
六、《西山集》頁八。
七、《舊王孫溥心畬》頁二〈從恭王府談到舊王孫〉。
八、《凝碧餘音詞》頁九。
九、《凝碧餘音》頁十三。
十、《西山集》頁九。

11・江山一夜變滄桑

民國二十六年暮春，陳蒼虬再次出關，往新京探視婉容皇后。經常一起遊園賞花，詩酒唱和的溥心畬，頓感難捨難離，頗有李白「衆鳥高飛盡、孤雲獨去閒」的孤獨感。賦〈河滿子（丁丑暮春送蒼虬出關）〉，表示內心的關懷，一抒離別之苦：

客路殘春暮景，長城畫角餘音，馬首向東從此去，遠山邊水登臨。送別新詞清苦，低吟亦恐沾襟。

積雁驚沙正起，關雲欲雪常陰，楚客傷心頭更白，春愁黯黯難禁。冷落故園松竹，歸來何日相尋。（註一）

近代史上，日本一直在中國各地製造事端，藉機謀取利益，更進一步想吞併中國。民國二十年九一八事變，二十一年扶植滿洲國就是一個明顯的例子。此後，日本侵略的觸鬚，越來越密，在華軍力和日本國內的軍力，都不斷的擴張。

二十六年六月，日軍在北京郊區豐台演習。豐台離永定河（桑乾河）上的蘆溝橋不遠。七月七日晚，日本藉口有士兵失蹤，堅持要進入蘆溝橋另一端的宛平縣城搜查，強迫宛平守軍撤出。守軍開槍抵抗，七七戰火於是爆發。軍事委員長蔣中正先生在廬山與全國各界領袖，共商國是，宣示維持國家領土和主權完整的決定。開始了全面抗日戰爭。日本則很快的攻陷天津，八月四日，北京失陷。溥心畬爲避免日人的騷擾，辭去北平藝專教職，重過其隱居避世的生活。

農曆十一月二十六日，生母項夫人病逝。

溥心畬十四歲父親去世，爾後，母子相依爲命，兩位老師南歸之後，更由項氏親授易經、春秋傳等書。所以他對母親的孝、愛與崇敬，非筆墨所能形容。直至晚年，仍時時在人前稱頌母親。

馬鞍山左近的秋坡村，是溥心畬祖墳所在地。某年饑荒，項氏告訴心畬，秋坡村就在先墓附近，當盡力賙濟村民，而不求回報，心畬遵命而行，蘆溝橋事變之後，災民饑寒爲盜，西山一帶塋墓均爲盜掘一空，惟心畬祖塋無恙。使他愈發感到母親胸懷和眼光的遠大。

項氏平日的訓誨，時時縈繞在他的心中，溥心畬讀《漢書》、《列女傳》、《函史》乃至《三國誌》等古籍時，覺得母親平日的訓誨，與書中義理，頗相符合。可見母親學問淵博，涵養深厚，如能身體力行，受用無窮。例如母親說的：

「亂世多難，知幾而退，遠禍之道也。」溥心畬自己入世不深；但，他們辛亥後避居戒壇寺；滿洲國成立後，以〈臣篇〉告廟，堅守原則；日軍據北京後，斷然辭去教職，都是知幾遠禍的實際行動。今後也將遵守此一處世原則。

項夫人所主張的：「詩以明志，文以載道；研辭麗句，無以觀德。」更是溥心畬終生所服膺的文學主張；他說：「文者，載道之器也。易賁之彖曰：『觀乎人文，以化成天下』。」他解釋文學的功能：

其能發揮乎至理，炳煥乎仁義，澤于道德，達於體用，斯文之善者也。至於季札觀樂，論治亂興衰之事。仲舒射策，言天人相與之際。觀頤索隱，非文不彰。幽贊神明，仰參化育，由是而近聖人。——陳甘簃文序（註二）

論及荒年以糧食救濟鄉里的事，項氏告訴心畬：

「凶年饑歲，以粟食鄉里之餓者，粟不足也；與其德不足而粟有餘也，不若粟不足而德有餘也。」

這種說法，正和她指示他救助秋坡村饑民而不求回報的誠懇態度相一致。

在這些訓示中，也有許多論及婦德和夫婦相處之道的。古人說「齊家、治國、平天下」，齊家的重要性，不言可喻。可惜，溥心畬對於齊家之道，似乎並沒有悟得眞諦。僅在經學、文學和藝術方面，發揮他的才智。

項夫人逝世後十三年，溥心畬已渡海來台，回想母親種種訓示，書成長卷。把母親所言與古書中所記的古人言行，一條條的加以比較印證，題爲〈慈訓纂證〉。

序中，溥心畬開宗明義的說：

「金陵之亂，儒避地東海，客有問儒者曰，昔舊都之將亂也，子先南遊。金陵方盛，人將以祿位待子，子又去之。待吳越再亂，乘孤舟，浮滄海。勞形居貧，而子誦讀若平日；殆若能知幾而遠厲，夫何修而至於此哉？儒應之曰，嗚呼，此先母之教也。」

序尾，溥心畬述說他著這本書的目的：

「嗚呼，儒生於亂世，幸全大節，非儒之才遂能及此，太夫人之教也。追求遺訓，表揚母德，證以女宗往行，以傳於世。欲以昔日太夫人之化清河（按，指民國元年避難於清河縣事）者，化天下焉。庚寅四月溥儒敬記。」

長卷書成之後，先請友人陳含光作序，再由陳氏轉請黃金鰲作序。黃氏序尚未成，陳含光與溥心畬已先後謝世，卷存黃氏篋中三十餘載。民國八十六年夏，黃金鰲亦歸道山，乃由黃氏後人捐贈台北國立故宮博物院。

溥心畬平日對母親的孝敬，也有目共睹。萃錦園中僕從如雲，但爲了能親自服侍母親，他特別設計一個精美的膳盒，上書「膳盒，寒玉堂製」正楷。每日晨昏定省，親點項氏喜歡的菜肴，裝在盒內，恭送母親進膳。

項夫人經常勉勵心畬，多作立言之書，多下利物濟人的功夫，他雖然自壯歲起，便以文學藝術揚名海內外，終成一代宗師，但他始終認爲愧對母親當日的教誨。項夫人平日對孫輩管教也很嚴，比如要稱瞽者爲「先生」，不可叫「瞎子」；談到跛子時，只能說是「腿腳不便的人」。她很注重生活中的一些細節，如形容某種美味「好吃極了」，也在禁止之列。但她無論如何，也改變不了溥心畬自幼至長的吃相。

溥心畬逝世後，長子孝華有這樣一段憶述：

「古禮，父母去世，子女是罪人，遇人即叩首謝罪。老祖母故世時，先嚴遇一乞丐叩首討錢飯。先嚴說：『我乃罪人，遇人即當叩首，豈敢受人叩首於我？』便下車向乞丐叩首。」（註三）結果，弄得乞丐不知所措，落荒而逃。

項夫人的喪事，在萃錦園中辦理。平常作爲喜慶、娛樂用的大戲樓，用素布遮蓋成莊嚴肅穆的靈堂，作過七七後，移靈什刹海旁的廣化寺開弔。喪禮之隆重，雖在日軍佔據北京城的兵荒馬亂中，依然轟動一時。

喪期，僧、道、番尼群集誦經，超渡亡魂。但，據傳親屬誦經更爲靈驗。心畬便把孝華、毓岑和侄兒毓崟、毓峘，全部叫到靈前，臨時抱佛腳的學習誦唸心經。行禮時，家人偶有遲到或不小心拿著帶花色的物件，即遭他一頓嚴斥。一日，十一歲的次子毓岑遲起，未及時前往大戲樓的靈堂跪靈，心畬盛怒之下，隆冬臘月，竟將一壺冷水淋到兒子被窩裡面。

所用滿洲款式棺木，特別高大。經過幾次朱漆之後，心畬以金箔在棺蓋及四周，楷書小字金剛經，光彩耀目，十分莊嚴。他又刺臂出血，和上紫紅色顏料，寫心經、畫佛像爲亡母祈福，捐贈給名山古刹。以後每逢母親忌日，都要刺臂寫經。來台後，一次刺臂時爲醫生朋友見到，唯恐傷口受細菌感染。經過苦口婆心的勸告，乃改採以消過毒的注射針筒抽血寫經。

日軍據華北後，北京西山一帶，盜賊蜂起，秋坡村祖坐一帶，極不安全，溥心畬乃將母親靈柩，停厝在廣化寺一個單獨禪院中，平時園門深鎖，祭拜時，始開門入內。溥心畬自己常到廣化寺內守靈，在他所寓居的方丈室內，懸起書聯繪畫，彷佛成了他的臨時書房。廣化寺莊嚴幽靜，溥心畬自感爲母親找到了可以暫時安息的淨土，待時局穩定，再安葬祖坐。不意心畬爲避日人困擾，遷居城外，無法繼續守靈。十年後南下江浙，渡海居台，此後便未再返鄉園，終老台灣。復經種種變故，廣化寺面目已非。原來厝靈的禪院，漸成項夫人及其子孫一共五人的停靈之地。後來，在動亂中禪院被夷爲平地，五具棺木不知去向；如今禪院的院門仍在，停厝處卻已築起高樓，使人不禁興起滄海桑田之嘆。

自十歲左右過繼給饒余敏親王名下的溥佑，曾畢業於陸軍貴胄學堂。項夫人逝世後，溥佑堅持認祖歸宗。載瀅諸子中，溥偉爲長，心畬行二，溥佑第三，再次爲溥僡。由於溥佑自少過繼在外，人稱溥僡爲「溥三爺」，如今溥佑歸宗，人們便以「溥大三爺」稱之，以爲區別。唯溥佑壽命不永，歸宗後四年，便以四十歲英年早逝。留下兒子毓崟，女兒蘊華，均從心畬習畫。

爲了辦理項夫人喪事，溥心畬將珍藏半生的無價之寶——陸機〈平復帖〉，質押於人，此後永遠與他絕緣。

●

民國二十八年，可能因萃錦園租期已到，溥僡一家先後遷往北新橋和南池子租屋居住。溥心畬攜眷遷往城西頤和園。他所租住的介壽堂，在排雲殿左首，和抗戰前張大千租住的聽鸝館相距不遠。院中有古松數株，枝幹橫斜，略成「介」字；使心畬重溫山居時與松爲伍的歲月。介壽堂右後方，即是名著海內外的萬壽山佛香閣。橫越雕樑畫棟的長廊，煙波浩淼的昆明湖，和與南湖島相連的壯麗的十七孔橋，映入眼簾。

回憶童稚時期，三度到頤和園晉見光緒皇帝和慈禧太后備受榮寵，多蒙賞賜，轉眼之間，歷歷往

昆明湖上連接南湖島的十七孔橋（王家誠攝）

事如在目前，國事、家事卻已不堪回首。望著蕩漾的湖波，溥心畬的心緒也像昆明湖水一樣的翻騰。他隨賦〈踏莎行（昆明湖瞻望）〉一闋：

白玉樓臺，碧雲津渡，當年歌舞歡無數。江山一夜變滄桑，蓬瀛水淺煙波路。金闕依然，千門如故，鼎湖弓劍歸何處？不堪東望望春宮，望春今日春光去。（註四）

關於日人佔據北京及頤和園的事，心畬遺著中，所記的只有寥寥數語：

「自蘆溝橋事變起，後即北平淪陷，余遂移居萬壽山居住，是年四十四歲，即己卯年（按，民國二十八年）。日方屢請參加教育等事，遂稱疾不入城。以後之事，無可詳述。」

據早些年遷居北京城和頤和園的張大千，在《張大千的世界》作者謝家孝訪問時憶述：

蘆溝橋事變後，日軍即已佔據頤和園。時園內有七十多家住戶，紛紛向西山和北京城內逃避。日軍在園內園外搜括居民、殺害無辜百姓和強姦婦女，時有所聞。當張大千得到在北京開洋行的德國友人海斯樂波相助，逃往北京城後，另一位友人忿忿不平的，以張大千在頤和園的見聞質詢日本在華北政要，日本憲兵隊即傳訊張大千，調查到底是皇軍亂紀，或張氏侮辱皇軍。

日軍扣押張大千展開調查之際，華北和上海報紙報導：「因侮辱皇軍，張大千被槍斃！」的消息。結果，日本憲兵隊調查大千所言屬實，槍斃了三名縱兵姦掠的日本軍官，張氏無罪開釋。

接著，日人又強制大千到北平藝專任教。知道他熱愛平劇，命他安排戲碼和在北京的名角，作盛大的演出以粉飾太平。日本在華巨頭寺內大將領銜發起「中日藝術協會」時，也硬把張大千和黃賓虹列入發起人名單。於是報紙又紛紛報導：「張大千好像已經落水作了漢奸。」

在重重困境中，張大千一面虛與委蛇，一面暗施金蟬脫殼之計。說上海有個學生，爲他開「遺作展」，他得親赴上海露面才得澄清。又表示他無數珍藏，如石濤、八大名作，都在上海。可以趁機取回，捐獻給北京當局，陳列在頤和園的養心殿內，永傳後世。日人一方面不願擔殺害名藝術家張大千之名，一方面貪圖他珍藏的書畫，就於民國二十七年五月十三日縱虎歸山；張氏回到上海，並趁機轉往四川。事實上，張大千的二十四大箱寶物，正藏在北京頤和園住處，是他到南方後，才請海斯樂波以德日同屬軸心國的方便，爲他托運到上海租界，再轉運到大後方去。

張大千說：

「在北平淪陷期中，所有的朋友都坐吃山空，人人叫窮，我也並不例外……」（註五）

連張大千那樣家境富裕，遨遊各地，交際廣闊的藝術家，困處淪陷後的北京，尙且備嘗艱險，狼狽如此。對蘆溝橋事變後，辭職家居，又逢母喪的溥心畬而言，其艱難困苦，實不難想像。

《西山集》中，有首沒年款的〈夏夜〉五律，從編排位置和詩意推測，可能作於民國二十七年夏天。溥心畬深夜不寐，愁緒萬端，歸隱西山念頭，在心中縈繞：

湖上蟲聲急，懸燈夜不眠，月中來似雨，風裡散如煙。願作秋霖賦，愁爲雲漢篇，西山多水石，歸臥定何年？（註六）

而他決定隱居於也屬西山範圍內的頤和園，除藉皇家園林憑弔「故國」河山，減少日人和親日人士騷擾之外，便於收受筆單，維持全家生活，可能也是考量之一。

家住恭王府對面的陳伍榮，父親陳恆啓，是恭王府的總管。老恭王在世時，陳恆啓穿四品頂戴，接待王府訪客，好不風光。繼陳恆啓之後，陳伍榮也在王府管事。但時事變遷，辛亥之後，王府權勢一落千丈，不復當年景象；陳伍榮緬懷被視爲王府紅人的老父，心中自有一份悲涼之感。尤其不幸的是，民國二十一年才結婚的妻子，生下二子之後，年僅十八歲，便因產病，遠離人世。出生僅數月的嬰兒陳寶枏（後心畬收爲義子，名「溥毓岐」；本文統以溥毓岐稱之），由其五姑代爲哺育。

溥心畬得知陳家景況後，極爲關懷，不時贈些嬰兒食品。毓岐三歲左右，就讓伍榮帶進園中玩耍，教毓岐呼心畬爲「二爺」。伍榮和朋友合夥，作些銀飾款式設計方面的生意，到萃錦園看看，只是一種習慣，實際在王府的工作並不多。以後伍榮續絃，繼母對毓岐也不錯，但由於心畬喜歡毓岐，遷居頤和園時，就帶去與他同住，倒是自己兩個兒子，爲了求學，多在溥僡家中食宿。

每天早起，老嬤嬤爲毓岐打扮成女裝。梳得整齊的丫髻，繫上鮮麗的紅絨線。一身繡花鑲邊的衣服，看來花團錦簇。溥心畬親自用筆在他額頭上畫一個如意、卍字、蓮花、蟠桃或扇面之類圖案，天天更換。當心畬寫字畫畫時，就拉開一個大抽屜，讓毓岐坐在抽屜中看。有時心畬會教他幾首唐詩，聽他琅琅上口的背誦。

九歲左右，毓岐上了頤和園小學，情況才有了改變；男扮女裝的他，被友善的小女生帶進女生廁所，發現有些不對時，再由老師送他到男生廁所；從此才恢復了他「男裝」時期。入學前後，羅清媛就講些忠孝節義的故事給他聽，所以他在學校常以講故事而獲獎。

溥心畬賦〈點絳唇（詠陳姓兒）〉，讚賞毓岐四、五歲時的天眞可愛：

藕臂金環，嬌人小髮飄紅線，櫻桃初綻，嫩語猶零亂。　琢玉成團，彩蝶花遍，寧馨今見，一寸芙蓉面。（註七）

由於深居園中，較少入城，一些代他收筆單、取書畫的南紙店如榮寶齋等的夥計，便時常出入介壽堂間。再就是賣古代磚、瓦和奇石的骨董商，知道他的喜好，紛紛上門兜攬生意。侄兒毓崟，回憶心畬介壽堂中的寶藏：

「先伯父居頤和園時期，是在淪陷期間。平時蟄居作畫，很少與外界交往。偶有人來，如梅蘭芳前妻孟女士，實報主編管翼賢等人，閒談而已。心畬先生生平，對金石玩器骨董之類，特別珍愛。酷愛石英石；黑色，帶有紫或微綠色的紋理；以手彈之，有金石之聲……石英石配以紫檀木座，羅列介壽堂中。一時琉璃廠古玩商，爭來以石換畫，大謀其利。此外，先生還愛古磚瓦、陶俑、陶器之屬；但所藏之物，多爲古玩商行騙之贗品，先生顧而樂之，日久天長，在桌下屋角，積成瓦礫一堆而已。」

此際心畬詩中，有〈漢長陵瓦歌〉、〈漢長毋相忘瓦歌〉、〈古劍行〉等，可以見他興趣所在和心靈的寄託。

他有一篇自傳，解釋他何以自號「羲皇上人」及「西山逸士」，從他受教育的過程，談到隱居西山的漫長歲月。表示他那與人無爭的淡泊心志。文中自言：

「學貴濟物以利人，今思獨善其身，學又無成，深負母教，何敢自述？何足自述？因子之問，不敢不對，若復以對問世，稱余之所長，益增愧怍，重余過矣。」

文中稱其母為「先母」，可見作於母喪之後，其中也談及他學書學畫的過程。推測此文要旨，一方面作為書畫的宣傳，更重要的是向日人表態，無意於世事，希望不要違背他的志趣。

從〈壬午秋懷雪齋從兄〉五律中，不難揣摩出他此期的懷抱：

> 湖上聞歸雁，秋風寄所思，共期薇蕨志，敢忘棣華詩。喪亂書難盡，艱危節自持，脊令原上望，流涕此何時？（註八）

湖上獵鴨、飫遊玉泉山、臥佛寺等西山勝景，則是他寫字、作畫以及著述、玩骨董之外，抒解苦悶心靈的方式。

文註：

一、《凝碧餘音詞》頁十二。
二、《寒玉堂文集》卷下頁七。
三、《古今談》期二五九「先父溥心畬筆下的姚兆明」，溥孝華撰。
四、《凝碧餘音詞》頁十三。
五、有關張氏在北京情形，綜據《張大千的世界》九、十兩章，謝家孝著，徵信新聞報出版。
六、《西山集》頁十一
七、《凝碧餘音》頁十七。
八、《西山集》頁十三。

12 · 頤和園的歲月

在頤和園園長王蘭和園丁眼中，溥心畬這位舊王孫，待人隨和不擺架子；所以他無論用船用人，只若招呼一聲，莫不樂於效勞。

日據時期，汽油管制很嚴，溥心畬私家轎車，只好停止使用。每在園中或玉泉山、臥佛寺一帶走動，殿宇、行宮、連接北京和西山的長河，既是他彩筆描繪的對象，也使他睹物傷情，對景懷人。

當他沿著昆明湖東堤，向十七孔橋方向緩步而行，從堤樹下隔湖遙望萬壽山上的佛香閣，有如仙境一般；和從排雲殿前仰望的景色大不相同。當年光緒皇帝曾奉慈禧太后在南湖島北端的涵虛堂前，校閱水上兵操。涵虛堂與佛香閣，一南一北正好相對。溥心畬可以想像舳艫往來，波濤洶湧的壯闊雄偉，心頭又是一番滄桑之變的隱痛。他在以佛香閣爲主題的〈昆明秋色〉畫中題：

太液驚波起，秋風滿上林，如何賦禾黍，遺恨遍江潯。

不過，他通常所畫的湖景，沒有這般寫實，亭臺樓閣，富麗宏偉，儘管有園中殿閣樓臺的氣象，但在遠峰飛瀑、層巒疊巘和丹楓老松的襯托掩映下，已經化成紫府仙人和山林隱士悠遊的場景，非復帝后行樂的皇家園林。

秋天，可能是易於引發感傷的季節，尤其像溥心畬這種身世的人，「亡國之痛」，始終無法去懷。昆明湖中有種「凌霜菜」，顧名思義，是深秋的產物。雖然是一種水產野菜，在溥心畬心目中，它卻像菊花和松柏一樣，禁得住嚴霜的考驗，是一種君子節操的象徵。年近八旬，本已南歸頤養天年的章一山，似乎無法忘情北方的親友和生活習慣，又住在天津的女兒家中。在孫女的陪同下，曾幾度到介壽堂中作客。溥心畬認為章一山和陳蒼虬，對清朝而言，是典型的忠貞之士，特別採凌霜菜遙寄章一山，並附五律一首：

草木承恩澤，猶知守歲寒，祇宜靈沼種，眞合腐儒餐。汲水求金井，盈襜薦玉盤，孤臣在津浦，遠寄碧琅玕。（註一）

一次，他與章一山同遊，見金章宗所封，歷代多少朝臣名士題詠過的香山「引駕松」，竟然遭人砍伐。玉泉山中的一雙古栝，至辛亥冬日，一起凋殘，僅枯槁的枝幹在冷風中挺立。光緒、宣統朝名侍講高雲麓家中的黃楊，像松柏一樣，雖屬歲寒；卻枝葉青蔥，有如奇節之士。溥心畬在七古長詩的尾聲，賦出心中的感嘆：「……古來賢哲亦如此，蹈越憂患心煩勞。左丘失明有國語，屈原放逐為離騷，三百年後得此士，痛哭晞髮君門遙……」詩中，溥心畬也一抒自己的近況和心境。

自我還山采薇蕨，獨抱霜根守枯節，何似黃楊能作花，江上虛堂散春雪。

——詠高雲麓侍講齋中黃楊開花同一山章左丞作（同註一）

此期所賦〈八聲甘州（秋日懷蒼虬）侍郎〉，調子悲涼，甚於辛亥之後，「國變」之初。「望幽燕暮色對殘秋，千峰送斜陽，正蕭蕭木葉，沉沉邊塞，滚滚長江。已是登臨恨晚，誰共賦滄浪……」也許，在日本佔領期間，對溥心畬而言，是雙重「國變」，心境格外沉痛，曲調也就愈發低沉：「更何堪，江山異色，怨黍離，轉眼變滄桑，傷心處，遠天鳴雁，聲斷瀟湘。」（註二）

抗戰勝利，陳蒼虬已是七十一歲，多年一直跟在心畬身邊的溥毓岐，和偶爾作客介壽堂，遊湖賦詩的陳蒼虬，正相差一個甲子。心畬感於陳氏學問風骨和三十餘年的友情，欲命毓岐拜在蒼虬門下。以前，心畬稱毓岐為「小憨兒」，毓岐稱心畬為「二爺」，或「溥二爺」，並無名分。為了使孩子能投拜名師，他先收毓岐為義子。拜師禮在北京友人徐子才家中舉行，毓岐獻上義父為他準備好的玉玦，行跪拜大禮，一如心畬收徒時的隆重。心畬也像是放下了多時的心事。可惜，未久他就帶著毓岐南遊京杭，受教於陳氏的機會無多。民國三十八年正是心畬攜眷前往台灣前後，陳蒼虬回歸道山。

溥心畬在追懷陳氏詩中寫：

凋謝掛瓢樹，淒涼漉酒巾，地維沉故國，天意喪斯人。永日浮雲去，經年宿草新，招魂無宋玉，春盡楚江濱。（註二）

章一山，也在陳蒼虬下世前後，結束多彩多姿而又悲涼的一生。

溥心畬在頤和園中的歲月，有閒適放逸的一面，也有煩惱的一面。月夜遊湖和獵野鴨，是心畬園居生活的最大樂趣。弟子劉繼瑛，無限嚮往的回憶當時她無緣參與的夜遊：「溥老師和園長王蘭交誼很深，加以園工對他也很熟稔，凡事都給他方便。時常在有月亮的夜晚，帶著頭梳丫髻，身穿鑲邊繡花女裝的小憨兒和猴子乘船到後湖（萬壽山後，北宮牆裡）賞月。猴子提著墨盒和筆袋，興趣來時，便揮毫賦詩，或彈三弦、月琴為樂。」

溥毓岐——劉繼瑛口中陪侍溥心畬遊湖的「小憨兒」，對猴子研墨，攜筆袋服侍主人一事，有不同的記憶。在毓岐的記憶中，猴子可沒有那麼乖巧柔順，他說猴子共有兩隻，算是從小陪伴他長大的，當他被溥心畬放在畫桌大抽屜裡，坐著看溥心畬寫字畫畫，兩隻小猴則放在書桌另一邊，眨著褐色眼睛東張西望。互相捉虱子、扭打、扯動、不會比小貓小狗碰到一起安靜多少。心畬偶爾停筆，觀察沉思，或對猴速寫。但他更多時候是畫古畫中的猿。他常說猿和猴不同，猴是小人，猿是君子。也許受易元吉的影響，他一生不知畫過多少猿戲圖，畫猴子並不多。

看似馴善的猴子，偶爾發起猴脾氣來，會撕扯紙張和書畫，弄亂畫桌上的東西。至於傳說猴子會研墨，溥毓岐記得猴子只會舔吃硯中餘墨。當兩隻猴子漸漸長大，也就猴性畢露，攫人、爬樹，甚至弄得四鄰不安。溥心畬只好命僕人用鏈子把牠們拴在一邊，再也不作案頭寵物了。

某年，溥心畬過壽，介壽堂賀客盈門，所送壽桃上面，多有用麵製作的花果作為裝飾。溥毓岐見一對嬌黃嫩綠的假佛手，十分精巧可愛，就取下來餵了猴子。不意第二天猴子雙雙暴斃。雖是數十年後，想來依舊難過；但轉一尋思，如果當時給人吃了，又將如何！

見獵心喜，心畬有時會忘記母親遺訓，冬天時獨自持散彈槍，划船前往地僻人稀的湖面行獵。獵到野鴨之後，家人僕夫，輪流持槍提鴨，拍照留念。少年時的溥毓岐，手握鴨頭，雖然盡量抬高手臂，野鴨的兩腳，依然拖在地上。以後日本人對槍枝彈藥管制日嚴，溥心畬只好改用少時練習騎射的弓箭，獵獲大不如前，弓箭，沒有槍枝看起來威武，家人提鴨照相的興趣也就淡了。

溥心畬《凝碧餘音詞》中，描寫頤和園湖景和抒寫湖上感受的詞很多，僅舉〈天仙子（昆明湖上）〉爲例，即可見他雖是乘興遊湖，心中仍不免別有感懷：

長樂鐘聲何處聽，無限江山窺鏡影。冰輪一片落瑤臺，涵虛境，清涼景，天上人間誰記省。湖色沉沉煙欲暝，丹桂飄香空外領。嫦娥此際不勝秋，金風動，雲鬢冷，碧海青天愁夜永。（註四）

連絡東西兩後湖之間，有段較窄的水道，叫蘇州河。石舫北面，介於臨河殿和澄懷閣、迎旭樓之間，也有一段水道，稱小蘇州河。一次。溥心畬賞月，船經河西，見到一種花似紅蓼，顏色偏紫，葉如苜蓿的植物，叢生湖畔。一串串盛放的小花，好像纍珠一般，使他驀然想起一件前朝舊事。光緒年間，某日慈禧太后遊昆明湖，見到茂密的紫紅花朵，問是何花？太監平日雖然見到，但也不知花名，倉皇間只好隨口應對：「河西柳也」；從此，就把這種湖濱野花稱爲「河西柳」。只是，如今江山別屬，太后的龍舟鳳舸不再，不免又引起溥心畬一陣感傷，塡〈踏莎行〉一闋：

冷月湖天，碧雲津渡，秋光亂點愁無數。欲將攀折向西風，別離那管人歸去。　倚鏡殘妝，凌波微步，年年顏色嬌如故。龍舟鳳舸不重來，爲誰開遍河西柳！（註五）

生活在人間仙境頤和園中的溥心畬，除偶有日本人以及與日人合作的國人，登門騷擾，勸誘出山之外，煩惱往往來自家庭瑣事和感情的糾葛。

日據時期，物資缺乏，一般生活，遠比從前困難。巧婦難爲無米炊，當時的管家叫王子義，管起事來，頗有捉襟見肘之感。枕邊細語時，據說李墨雲對王子義，多有微詞。

羅清媛被族人認爲是位憨厚有餘，幹練不足的夫人，對丈夫失於約束，對孩子寬於管教，談到持家，就更茫無頭緒。例如，到了急景凋年之際，頤和園附近柴米油鹽和雜貨店老闆，齊來結清一年來的賒欠。羅清媛既不知量入爲出，也不懂把手中所有平均給付，而全數付給先來的商家。直到僕婦提醒她，才急忙命人把已經結清帳目的商家喚回，重新分配各個討債的商人。

女兒毓韜華，雖已二十三四歲，對詩畫頗有興趣，但讓她主持家務，不僅不比乃母高明，更缺少這種意願。結果，很自然的，溥心畬把當家的重任，交到李墨雲手中。

大權在握的李墨雲，採用「開源節流」的方式。

所謂開源，就是聯絡筆莊紙舖，廣接筆單，讓溥心畬不停的寫字畫畫，變賣成錢花用。

有弟子見他經常汗流浹背的揮毫，桌邊放著風扇和粉盒。但不知何故，風扇未見開動，卻不時擦汗和撲粉；撲粉似乎是他自少養成的習慣。

劉繼瑛回想前往頤和園受教的歲月：每次到介壽堂，總見溥心畬盤腿坐在大木椅上作畫。據說好幾家南紙店訂畫的筆單和筆潤，早已送到府中，款由墨雲運用，畫則由心畬趕工。趕畫不及時，只好找人代筆或染色。劉繼瑛說：

「作溥老師假畫的爲同宗畫家（按，可能指毓崟），從少即爲溥師代筆，其他尚有多位。」

劉繼瑛也坦承，她和韜華是好友，二人同住時曾一起替溥心畬未完成的作品，補筆染色。她解釋：

「主體的樓臺、樹木由溥師自己畫，我們只染山水。」

墨雲把溥心畬當作搖錢樹，迫使不停畫畫之事，直至溥氏晚年，並無改變。

談到節流，涉及僕婦丫嬛的利益，因此怨聲載道。

溥心畬府中司廚，大師傅掌理主人伙食；二師傅司理傭人伙食。但無論主僕伙食，在李墨雲「節流」的原則下，均明顯的加以削減。心畬胞侄毓峘屢次談起：「當時，李墨雲抽三五牌洋菸，給我二大爺抽最差的馬克力菸；吃飯不給我二大爺吃好的（最多炒肉），自己則吃鮮蝦大肉。」

據毓峘表示，那時他家住紫禁城東首的南池子大街，但寒暑假多半住在介壽堂中，所以略有所聞。

傭人伙食減半；以雜糧和玉米窩窩頭，取代了大米和白麵。但據傳墨雲老家，原有一間半房，卻加建了兩間；日本投降後，又在附近買了兩棟房子，每棟約有七、八間之多。

對羅清媛所生二子，墨雲似乎始終沒有好感。次子毓岑，性情比較孤僻，讀書興趣不高，喜歡獨自放風箏；但在書法方面，用功甚勤，十四五歲，楷書已頗受長執讚賞。不知何時，染上一種病症，臉脖子和手腳以外，渾身長起黑皮，脫落再長，奇癢無比；李墨雲帶幾分幸災樂禍的叫他「黑皮兒」。遷居頤和園的第三年，就因罹患傷寒早殤。

生於民國十三年的長子毓岦（孝華），面較黑，李墨雲戲稱爲「黑豆兒」。幼年讀書於家塾，稍長，就讀王揖唐所辦的北平國學書院，其後在銀行工作。由於李墨雲收房之後，孝華的生母頗受冷落，因而對父親的這位側室帶有幾分仇視和輕蔑，亦屬人之常情。少年時期僅孩子式的反抗，進入青年期後，多少受傭人挑撥，敵視的情緒，也隨之高漲。

從流言中，他懷疑李墨雲和時常出入介壽堂跑生意的榮寶齋夥計王炳南，似乎有些不太單純，因此時時留意，想找到一些證據。孝華有架很好的德國相機，在這件不足爲外人道的家務事上，正好派上用場。事情終於有了爆炸性的發展；劉繼瑛回憶她在介壽堂中親見目睹的一幕：

「毓岦出示他拍到李墨雲和王炳南在中央公園照片那天，我正好去了頤和園。剛要走進畫室，瞥見韜華向我搖手，示意不要上去，乃進入韜華房中暫避。不久，墨雲披頭散髮，哭得像淚人般的跑出來；據說那天老師給了她一個巴掌，後來的細節我們便不知道了，也不敢問。」接著，她又想起一事：

「墨雲確實有辦法，那次雖然被老師打了一耳光，最後還是把老師哄得團團兒轉。毓岦則被關在黑屋子裡鎖了好幾天。」

毓峘也談到此事：「毓岦喜歡照相，他照到墨雲和炳南的背影給二伯父看，父子乃反目。二伯父訓他，你寧作申生，勿作重耳。」

申生和重耳，是春秋戰國時晉獻公之子，重耳雖長，但申生爲嫡出，故立爲世子。獻公晚年，因新寵驪姬的挑撥。派人前往世子守地曲沃，擒殺申生。依〈檀弓〉所記：

「晉獻公將殺其世子申生，公子重耳謂之曰：『子盍言子之志於公乎？』世子曰：『不可，君安驪姬，是我傷公之心也。』曰：『然則盍行乎！』世子曰：『不可，君謂我欲弒君，天下豈有無父之國哉，吾何行如之！』」這段對話，顯示兄弟不同的性格，和處事應變的態度。申生不願因揭發眞相，使獻公失去驪姬，致枕不安蓆，又不願擔意圖弒父之名而出走，以自縊結束了生命。同樣在驪姬挑撥下，危在千鈞一髮之際，重耳則選擇出走一途，逃亡多年之後，終於恢復晉國，稱「晉文公」。溥心畬訓示兒子寧作申生，勿為重耳，可能意為申生能多為父親的感情設想，寧死而不願使老父傷心的孝意。

戲劇中的〈蜜蜂計〉，描述的就是這段歷史故事。年輕貌美的驪姬，謀立親生兒子奚齊為晉國的繼承人，藉故召世子申生回都，在宮中設宴款待。夜裡則向獻公進讒，泣訴申生藉酒調戲她。驪姬又表示，次日邀申生遊園，請獻公在高臺遙望，但到無人之處，申生必然原形畢露。

遊園前，驪姬先以蜂蜜塗於鬢邊，花間蜜蜂見蜜，蜂擁而至，圍著驪姬不去。當驪姬嬌呼：「太子盍為我驅蜂蝶乎！」申生在後，以袖揮蜂；遠在高臺上的獻公看在眼裡，自然就成了申生無狀，光天化日之下，調戲繼母。不久，驪姬再以申生所獻祭酒祭胙中，含有劇毒，顯欲弒父，加以挑撥。戲母於前，弒父於後，使晉獻公決心殺子，造成悲劇。也使晉國宗室相殘，形成多年的變亂。

溥孝華經過這番庭訓，能否領會溥心畬的意思，作個寧守孝道而死的申生，不得而知，倒是他的義弟溥毓岐，先遭到池魚之殃。

文註：

一、《西山集》頁十四。

二、《凝碧餘音詞》頁十六。
三、《南遊集》卷一頁十五。
四、《凝碧餘音》頁十八。
五、《凝碧餘音詞》頁十五。

13・江南遊

陳伍榮夫婦看到毓岐在頤和園跟心畬生活得很好，能受到良好的教養，故只偶爾自頤和園接回家中住幾天，再送回頤和園。有一次，夫妻倆解開毓岐的丫髻，發現由於少梳洗的關係，裡面竟有虱子爬動，不由得因心疼兒子而感到惱怒，便爲毓岐理了個小平頭，不許毓岐回頤和園去。韜華見心畬思念毓岐，先後派遣家僕，又托了園警，說好說歹，才重新把毓岐從生父身邊，接了回來。

溥心畬偶爾到北京城裡訪友或聽戲，多半帶著毓岐同往。投宿的地方，包括廣化寺方丈室、友人軍需處曹處長或頤和園園長王蘭家中。王園長家住南城街北口。溥、王二人秉燭夜話的時候，就把八九歲大的毓岐安置在傭人房中就寢。一次從王蘭處回到頤和園，李墨雲發現毓岐棉衣縫中，有白花花的蟣子和爬來爬去的虱子。爲了怕這種惱人的小蟲傳播開來，趕緊把他的棉衣棉褲剝下，丟進一向很少出入的跨院之中，爲他換上一身單衣。

二月的北京，春寒料峭，積雪未消。著單衣的毓岐，白天跑跑跳跳，不覺寒冷。室內不是有火爐

便是暖氣。但一旦靜下來，或更深人靜，就感到寒冷難當。夏天某日，毓岐隨心畬到城內廣德樓聽戲，站在包廂中，不知不覺睡著了。醒後忽然兩腿劇痛，不能走路，只好由跟班的揹著回去，以後時好時壞，腿部逐漸變形，終生不良於行。溥府對此事議論紛紛，認爲是李墨雲丟了毓岐的棉衣，使他受了風寒，好好一個孩子，弄成這步田地；若被陳伍榮知道，除了心疼，恐怕不免要跟溥家理論。

爲了替墨雲緩頰，心畬故意怪怨自己，可能毓岐幼時，放在畫案抽屜中過久，影響到腿部發育。

溥孝華中山公園照片事件之後，家人和門生，對李墨雲又是一番竊竊私議。毓岐雖已十來歲，對事情仍是一知半解，有一天，把聽來的流言，告訴了頗爲熟稔的王炳南。等這些話由王炳南傳進李墨雲耳中，墨雲滿腔怒火就轉到毓岐身上，她手持紅木量布尺，當著溥心畬的面痛打毓岐。不久，王炳南再來向毓岐口中套話，自然，又惹李墨雲一頓好打。有時放學回來，連飯菜都沒留給他。

從前，由於毓岐頑皮，受羅清媛幾下薄懲，溥心畬心疼得竟與妻子吵了一架；如今李墨雲打毓岐，他竟愛莫能助。僕婦丫嬛只能背地裡勸少不更事的毓岐，不管王炳南如何套話，千萬守口如瓶。

在北京城某家銀行工作的溥孝華，假日回到頤和園，照例按王府規矩對父親行禮，必恭必敬的奉上一小疊鈔票，略表孝意。臨行前面辭，溥心畬也必有賞，差不多等於「原鈔璧還」，孝華則照例叩頭謝賞。溥心畬常說，兒子並非不孝，而是有些愚孝。

因照片事件，溥心畬訓誡他寧作申生，勿爲重耳；顯然孝華未能眞正心領神會，故此，才有民國三十五年春天的舊事重演，導致父子反目。

抗戰勝利，給北京帶來新的活力，溥心畬也解除了多年在頤和園的隱居生活。不時到城中參加藝壇雅集，和族人的一些集會。

某日，墨雲與韜華，因事聯袂前往天津，投宿於賓館之中。事後，據孝華表示，他彙集到種種證據，向溥心畬指控墨雲在天津時的出軌行徑。這次，心畬非但不予採信，數日後，反命孝華、韜華和墨雲當面對質。溥心畬提出多項理由爲墨雲辯護，指孝華所陳爲子虛烏有和曲解。爭論到激烈之處，墨雲出言譏刺韜華。一向只知吟詩作畫，很少接觸世事的韜華，氣得面色發青，當時昏了過去。孝華見到姊姊情況，又急又怒，隨手以硯台擲向墨雲，擊在她的肩上。溥心畬一見，怒不可遏，拿起支窗戶用的木棍，有人說是痛責長子一頓，有人說只是作勢欲打；僕婦們只在堂外偷覷，誰也說不眞確。此後二、三天內，心畬似乎無時不在訓斥孝華。

一日，心畬進城去了，孝華越想越感到委屈，稟明生母之後，更名改姓，離家出走。

孝華離家後姓名，一說爲羅公展，係從母姓。其堂弟毓岠則說是羅惠人。「羅」爲「愛新覺羅」，並非「多羅特」的「羅」，「惠人」，則因與叔父溥僡感情特別好，故拆「僡」爲「惠人」二字。他出走後的工作，據說由河北省主席孫連仲將軍夫人羅毓鳳格格推薦，任青島美軍機構的翻譯官。

溥孝華（溥毓岐提供）

●

抗戰勝利後，張大千再度旅居北京，租住在頤和園的仰雲軒，兩人又可以朝夕往來。溥心畬時常帶弟子劉繼瑛到仰雲軒看他們吟詩作畫，互相爲對方作品題跋。張大千告訴劉繼瑛，他與溥先生雖爲畫友，但視心畬如老師一般。他在一幅大寫意雪景中題：「茲世畫雪景，當以溥王孫爲第一，予每遜不敢作；此幅若令王孫見之，定笑我又於無佛處稱尊矣。」

溥心畬畫集中，留有多幅民國三十四五年間所作的花鳥，設色明麗，畫中鳥雀，無論雙棲、和鳴，或面對著山果、殘荷，都給人一種輕快而愉悅的感覺。一幅作於三十六年六月的〈山茶水仙〉，上題：

山茶吐紅豔，寒風舞水仙，仙禽集枝上，同夢晚風前。臨宋人院本畫法，時乙酉六月湖上待雨作也。

雖然是臨作，但筆致和賦彩所流露出來的那種「春光明媚」的感覺，應是他此際心境的寫照！

勝利後所成立的「故都文物研究會」，以張繼為理事長，張𡎺陶為副理事長。三十五年秋，應齊白石湖南同鄉，憲兵司令張鎮（眞夫）之邀，由張𡎺陶陪伴高齡八十六的齊白石，和年逾知命的溥心畬前往南京舉行畫展。隨行者有齊白石的護士夏文珠和另兩位畫家。溥心畬則有李墨雲和溥毓岐陪同，下榻於南京石鼓路的客館之中。

十月間，齊、溥二位藝術大師，晉見國府主席蔣介石。蔣氏除對二人的藝術造詣和威武不屈的風骨表示景仰之外，並特別邀請心畬為十一月中旬舉行的制憲大會滿族代表。

十一月六日，在南京舉辦的齊溥二人及門弟子繪畫聯展閉幕後，他們又在張𡎺陶陪同下前往上海，召開記者會，出席上海藝術界對兩位來自北方大師的歡迎會。

主持歡迎會的張道藩，對齊白石的讚詞是：

「我們最佩服的是齊先生研究藝術，從事藝術的精神，眞是數十年如一日，所以能成為藝術界的泰斗。至於齊老先生的高風亮節的偉大人格，更是值得我們敬仰。」

接著，張道藩把話題轉向溥心畬：

「至於溥心畬先生，是前清的貴族，但他在民國未成立之前，就看不起貴族生活，專心研究文學藝術。九一八事件以後，屢次遭受敵人的威逼利誘，都不屈服，可見他對偉大的中華民族有清楚的認識，不作危害民族的工作。七七事變以後，溥先生一直住在北平萬壽山上閉門不出，因之他的詩文字畫達到最高峰。」（註一）

主持國家文化運動的張道藩對溥心畬的看法，也可以代表南京政府對他的觀感。溥心畬也在致詞中謙虛的表示：「承諸先生各種讚譽之話不敢當；守正不阿，威武不屈，是做人的基本原則。」

上海市財政局長谷春帆，贈詩給心畬：

溥老丹青舊所知，十年亂後復歸時；胸中丘壑今猶在，不作王孫作畫師。

溥心畬認為十一月中旬的制憲國民大會，是他為滿族在未來憲法中，爭取與漢、蒙、回、藏各族平等的機會。

清朝末葉，政治軍事積弊日久，列強交侵，幾至亡國滅種之危。因此，無論國民革命期間，或民國建立之後，社會上對滿族積怨已深，多以打倒滿清，恢復中華為宣傳重點。所以，生活在各階層的滿人，多能感覺到這種有形無形的壓力。紛紛隱匿身分，或改為漢姓。據溥心畬所知，有些抗戰有功的滿族將領，也不敢以族屬告人。

制憲大會之前，溥心畬邀集旅京（南京）同鄉及合江醫師畢天民、新疆穆精阿二位滿族代表，共同商討會中提案要點和文宣策略。並由溥心畬執筆草擬意見書，鉛印後分發與會代表，闡明滿族對中華民族整體發展的貢獻，及國內各民族一律平等的要義。三位代表在會前會後散發，博得不少同情。十二月中旬，他們又連開兩次記者招待會，爭取各界及輿論支持。

十二月二十一日下午，憲法二讀會中，由溥心畬提第五條有關種族平等修正案時，畢天民上台想表示對溥案的支持。因二千人的會場當時頗為嘈雜，畢天民大聲說：

「我有意見，請大家洗耳恭聽！」

開會期間，畢氏時有長篇大論，令與會者反感；「洗耳恭聽」一出，全場譁然，噓聲四起。有些代表，激動得振臂高呼，請畢氏下台。在陳誠等勸解下，畢氏憤忿不平的下台。有些媒體，則把此一事件渲染成滿人鬧場。

當時主席朱家驊，只好把此一未經辯論的憲草修正案，付諸表決，結果票數不足遭否決。大會秘書長洪蘭友，深恐心畬因失望而退會，從主席台上傳張字條給浙江省民政廳長阮毅成；請他代打圓場：

「溥案未能通過，溥先生一定很不愉快，他曾說未到過杭州，想去遊西湖。我們今晚去慰問他，請兄代表浙江省政府表示歡迎，以資聯絡。」

當晚，在石鼓路客館中，洪蘭友、阮毅成在溥心畬面前，儘量不提公事，大談北京西山和杭州西湖的風景，阮毅成說：「先生自稱西山逸士，有西山再有西湖，那才是雙美。」

遊西湖之邀，溥心畬欣然願往，原想從制憲大會中請長假，以表示抗議，也化解於無形之中。

經此波折後，畢天民對為滿族同胞爭取權益事，已感消沉；溥心畬在制憲會中，雖不再發言，但，十二月二十五日，中華民國憲法頒佈，民國三十六年元月十三日，他上書蔣主席，重提制憲期間所印傳單，和提案中種族平等，漢滿蒙回藏同列於憲法保障的主張。對中華民族一統大業，發出諫言：

「……今日之蒙回藏各民族，正因鑑於滿族之後果，多有戒心，力避同化，以圖自存。外蒙已然獨立，內蒙要求高度自治，西藏雖常有使聘，仍少協和之趨勢。而歸化已久之新疆回族，近竟掀動武力，取得自治；復有與漢族不通婚姻，背逆時代之要求。凡此種種，均係國政日趨複雜之因素。此等因素一日不清，國家難望安全統一；此爲不可諱言之事實……」

溥心畬進而舉出化除南北畛域，用人唯才和肅清時弊的治國之道。

時已急景凋年，各地代表，紛紛整裝返鄉；溥、阮西湖之約，只好衍期。溥心畬收到蔣氏元月廿七日覆函時，已身在故都北京：

「國民大會溥代表心畬先生惠鑒：

元月十三日函悉，先生此次來京出席國大，贊襄制憲，忠誠懇摯，識慮明遠，緬懷高風，良自佩慰。比展惠書，愛國之情，尤徵洋溢，深信滿族同胞果皆一心一德爲實行憲法與三民主義而努力，必能於國家有極光榮之貢獻。除電北平行轅李主任對先生多爲贊助外，風便尚希時惠德音爲幸。　蔣中正」。

其後，族人集議，申請成立北平滿族文化協進會，爭取滿人救濟金等措施，也均一一獲准（註二）。

●

民國三十五年一秋一冬的南遊，擴充了溥心畬的視野，使見慣了北方山川的他，領略了南朝古蹟和江南勝景。當時南京政壇上的種種亂象，他也耳聞目睹。蘇聯軍在東北的擄掠，以及由北而南的內戰警訊，使他早期的南遊詩中，染上了憂國憂民的色彩。

他的詠嘆，從金陵懷古開始：

依舊江山，無邊雲樹，六朝陳跡歸何處？荒亭古木正棲鴉，猶似臺城煙柳西陽斜……

——踏莎美人（金陵懷古）（註三）

這類曲調，頗像他面對「國變」後的故宮陵闕和荒蕪林苑所發的嘆息。

這次南遊，雖然未踐西湖之約，但他的遊踪卻到了浙西的天目山，拜方外故友能和上人靈塔。能和上人曾於光緒年間到北京，請龍藏經一部，藏於天目山。當時曾蒙光緒皇帝召見，賜紫衣。民國元年，能和上人再度北上，至戒壇寺朝山，與年僅十七歲的溥心畬，結為忘年友。溥心畬還記得贈能和上人詩中有：「遠離天目月，來踏戒臺雲」的句子。如今他自己卻遠離戒臺雲，來就天目月了，人生際會，難以想像。當能和歸天目時，心畬以五律一首賦別。

杖錫隨秋月，言歸西浙山，關河戎馬競，天地一僧還。幽意原無住，高風不可攀，相逢在何日，空黯別時顏。（註四）

「相逢在何日，空黯別時顏」；當日吟哦猶在心中迴蕩，而他登上天目山時，能和從北京攜回的龍藏經，已隨藏經殿毀於戰火，能和上人早已圓寂。他只能題詩於能和的靈塔壁間：

昔時同作山中客，今日先為泉下人，懷舊來尋靈塔記，獨將衣袖拂碑塵。（註五）

瀏覽山景之外，溥心畬也識見到山中的奇花異草，山上有種雲霧草，寄生在高樹之顛，摘取後，有清涼益目之效。佛殿左首階下有碧樹，山僧告訴他是天下少見的「瓊花」，但他據古書所記，認為只是類似瓊花的，重臺八瓣的「聚八仙」；可惜時已秋季，有樹無花。

仲秋八月，他登上南京北觀音山的燕子磯，泛舟長江。所見景色，無非是大江的浩淼，危崖的聳峙，和屏障南都的連綿山色。十月左右，路經無錫附近的石塘和無名小邑。眼見曾受日軍侵華砲火洗禮過的殘破景象，媒體報導和道路傳聞的消息，使他備感內戰將臨的緊張氣氛。他在詩中寫：

遠樹鳴寒角，橫煙曉色分，不聞歸戰馬，爭道募新軍。古寺高陵變，荒碑野火焚，客愁如落雁，隨月渡江雲。——石塘道中（註八）

小邑烽火後，連營萬竈強，更聞圍掖縣，不復守安陽。故國三江夜，空城十月霜，南行遠兄弟，無雁向瀟湘。——小邑（同註八）

三十五年秋天，溥心畬在南京收下他南遊的第一位入室弟子安和。

時已深秋，籍隸湖北的國民黨黨史編纂委員會安懷音秘書，帶著十五歲的女兒安和，前往南京石鼓路溥心畬行館。雖是早上，溥心畬已穿戴整齊，身穿一襲深色長袍，和藹可親的接待訪客。

安懷音說明帶女兒拜師的來意，他表示拜師，一定要拜第一流老師，才能取法乎上，得到正確的啓蒙。「我之所謂第一流老師，不僅學識、才藝卓越而已，更重要的是為人品德高超，是位眞正配為人師表者。」（註七）溥心畬表示深有同感。

安和的母親寧師樸，擅畫花鳥。在母親的指導下，安和在畫畫上奠立了不錯的基礎。心畬看過她的習作，十分稱許。

安懷音命女兒行跪拜大禮，溥心畬鄭重宣布：

「我們今後是道義之交，安和一切由我負責……」

因爲在旅途之中，又忙著開會，除了勾些畫稿讓安和臨摹之外，偶爾也教些四書、禮記及書法。

他計劃待一切忙亂過後，把她帶回北京調教；但當時溥心畬也無法確定，什麼時候才會停止忙亂。

文註：

一、《古今談》期二五五頁十九〈齊白石溥心畬南下散記〉，楊隆生撰。

二、溥心畬在南京參加制憲大會及爲滿族爭權益各節，綜據：㈠《大成》期一〇九頁二三〈記余紹宋溥心畬二先生〉，阮毅成撰。㈡《滿族文化》期二二頁十三〈懷念宗長——溥心畬對滿族的貢獻〉，麓淙撰。蔣中正主席覆函文號爲「府交字第九四七二七號」。

三、《凝碧餘音詞》頁十七。

四、《西山集（卷一）》頁十五。

五、《華林雲葉》卷上頁六六。

六、《南遊集》卷一頁一。

七、《人物春秋》七十三年二、三月刊〈畫筆縱橫絕今古　師恩浩瀚永追慕——憶先師溥心畬，記生前種種〉，安和撰。

14 · 流浪的皇室

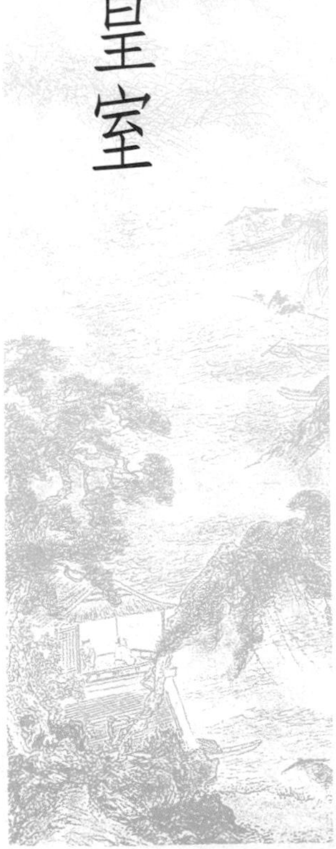

遠在民國二十年九一八事變之後，溥心畬就在給陳蒼虬信中，預測東北的情勢和堂弟溥儀的未來命運：「……且三省之利，日本與俄共之。日本不能有，則俄取之猶外府也。將於此時觀釁而起，因其弊而乘其利，若劫乘輿，挾其臣民，北狩之禍必見於今日也。」

十四年後，一切果如所料。

民國三十四年八月八日，在日本全面潰敗之際，蘇聯突然進軍東北，勢如破竹。溥儀在日本人挾持下，自新京撤退。落腳於長白山和鴨綠江之間的山村大栗子溝。一週後的八月十五日，日本天皇即播出無條件投降的詔書，溥儀當即宣佈退位，成立達十四年之久的滿洲國即正式解體。二十二日，溥儀率弟溥傑、溥偉之子溥嶦及侄兒妹婿等人，從通化搭機欲飛往日本避難，途經奉天（瀋陽）機場，即爲蘇聯紅軍逮捕，送往蘇聯的赤塔囚禁。

溥儀的妹妹及妻子婉容，溥傑的妻子嵯峨浩和六歲的次女嫮生等人，原定稍後再飛往日本，也就此受困山村，接受未可知的命運的支配。

小溥儀一、二歲，自幼在紫禁城中陪溥儀讀書的溥傑，多次到日本學習軍事，曾任滿洲國駐日大使館武官；滿洲國解體前，擔任滿洲軍官學校預科學生隊隊長之職。溥儀未有子嗣，所以在日本人眼中，溥傑的重要性不在於軍階的高低，而在於皇位的繼承問題。溥傑在自傳中寫：

「因爲當時所謂清朝直系愛新覺羅皇族的正統繼承人，一般認爲只溥儀和我兩人……因此，便想爲我在日本婦女中物色一位對象，以便將來如果因爲溥儀無嗣需我繼任皇位的話，這種特定的婚姻關係便可以強化『日滿一體』。」（註一）

結果，中選的是日本侯爵嵯峨公勝的孫女嵯峨浩。

溥傑與嵯峨浩結婚一年後，關東軍便強迫溥儀簽下「帝位繼承法」，其中第五條明定：

「帝子孫皆不在，傳帝兄弟及其子孫。」

這使溥儀如坐針氈，他立即意味到，如果他和溥傑稍不順日本人的旨意，即可隨時將他們兄弟謀殺，然後由嵯峨浩之子，合法的繼承滿洲國的皇位。

因此，婚後儘管溥傑一再向溥儀表示他與嵯峨浩間，充滿了眞正的情愛，溥儀卻一直把這位弟婦看作日本特務，甚至不敢吃她精心的烹調。對溥傑也敬而遠之。

民國二十七年時，溥傑的長女慧生誕生，兩年後再生下次女嫮生，溥儀心中的恐懼，才稍見緩和，並開始喜愛這兩位中日混血的姪女。

民國三十年時，溥傑曾第二次帶嵯峨浩回北京醇王府，與前次祝醇親王六十大壽不同的是，三歲的長女慧生隨行。慧生不但學會向爺爺叩頭請安，參觀紫禁城時，管理員還特別准許她坐在慈禧太后寶座上照相留念。當一行人遊覽頤和園時，隱居園中的溥心畬，首次見到這活潑可愛的慧生姪女，並留下深刻的印象。民國三十四年春，溥傑夫婦因事去東京，把慧生留在日本外婆家就讀貴族幼兒園。所以三十四年秋日本投降後，慧生並未隨父母逃難。但，溥心畬當時做夢也沒想到，再見慧生時，卻在十四年後的東京；她成了他旅行日本的導遊和翻譯。

三十五年初，被困在大栗子溝山村的女眷，有的要與孩子及傭僕留在大栗子溝，有的要前往地方較大、日人較多的臨江尋求安全，使前滿洲國朝廷的幾家眷屬，開始分散。

當時不管臨江或東北其他各地，仍有尚未解除武裝的日本關東軍和滿洲國的軍警，以及如雨後春筍般的各種地方武力，情勢相當混亂。更可怕的是明目張膽姦淫擄掠的蘇聯紅軍。

不久共軍收復了臨江，嵯峨浩母女由於身分特殊，遭共軍收押偵訊，隨軍隊輾轉各地，飽嚐鐵窗風味。獲釋後，在哈爾濱避難僧舍期間，又進入國軍情報員的掌握，將她們母女一路南送，經由北京轉往上海。嵯峨浩在國、共兩方面被逮捕扣押的罪嫌，時而是漢奸的妻子，時而是日本戰犯。

在北京，她們被禁於旅館之中，得到國軍方面人員准許，在嚴密戒護下，送她們到到城北的醇王府，與溥儀、溥傑的父親及家人見過一面。吃頓飯後，再度還押，隨即轉赴上海。這是在北京的愛新覺羅家族，首次見到七歲大的嫮生。

大約三十五年底三十六年初，嵯峨浩母女被從上海遣送回日本。

溥心畬以一首七絕，表現對嫮生返日的遺憾與無奈。但標題既不是「送」猶女嫮生，也不是「懷」猶女，而是〈哀嫮生〉。可見他那相見難期的沉重心情。他在題下註「從弟女也，從母東歸日本。」詩爲：

鸞鏡分飛玉破環，望夫山下別秦關，自從落日孤帆去，碧海明珠渺不還。（註二）

民國三十六年元月十三日，溥心畬爲爭取滿族的平等地位，上書蔣中正委員長，元月廿七日得到回函，使北京的滿族大爲振奮，乃經常集會商討，想進一步成立滿族文化協進會，爭取滿族權益，振興滿族文化。北京米市大廳青年會、船板胡同的肅王府、東四九條的唐君武宅，是他們集會的地方。

由於北平行轅主任李宗仁，奉命襄助溥心畬的活動，所以成立滿族文化協進會的申請，相當順利，三十六年四月便得到北平行轅的批准。

在這公私繁忙的三十六年夏秋之間，溥心畬仍然繪畫不輟。

〈風雨歸舟〉圖，作於四月。風急雨驟，岸上行人，湖上歸舟，使畫面充滿一種急迫感。崖邊的柳樹下泊著一大一小的漁舟。不見漁人，但見船篷和一支斜斜挑起的竹竿上蹲著五六隻魚鷹。這種捕魚的鳥類，在北方似乎並不多見，南方則很普遍，不知溥心畬是否得自前一年南遊的靈感？畫面左下方的草庵中，一童子侍立，一位高士正憑欄觀雨，與歸舟、行旅，形成一靜一動的強烈對比（註三）。

〈山居校書〉圖，作於五月，遠景山谿、水樹，近景草堂數間，竹籬高樹，自成一個寧靜的天地，彷彿進入桃源仙境，上題七絕一首：

山氣輕浮千疊雲，空中欲雨白紛紛，高人不到青谿上，深掩茅堂校秘文。

〈白描竹鷗圖〉，作於三十六年秋日，鷗、竹和岸草悉用雙勾，風勢強勁，寒氣逼人。上題：「丁亥秋日，湖上遇雨，水際鳴禽，因寫邊鸞畫意。　溥儒」。

這幅倣唐代花鳥畫家邊鸞筆意的作品，不僅是他居住頤和園末期作品，也可能是他揮別北京的畫作。

農曆七月初，行年五十一歲的羅清媛第二度中風。

抗戰勝利那年，因感情問題，羅清媛心情鬱悶，首度中風。癒後，行動不便，上台階時，需一隻腳一隻腳的慢慢移動。溥心畬在感情上心懷歉疚，對妻子關懷備至。

其時，北京滿族社會，許多自發性的組織，有各種不同的政治目的。當他們想推溥心畬爲領導者時，羅清媛隨口吟了一首兒歌：「小耗子，上鍋台，偷油吃，下不來……」

溥心畬聽了，知道羅氏有暗諷：「上台容易下台難，須防得不償失」的意味，立刻神情肅然，連說：「是！是！」心中讚服妻子的識見，隨即婉謝了某些族人的抬愛，以免陷進亂世的是非漩渦。

羅清媛這次中風後，病勢沉重，請來中西名醫診治，毫無起色，不但不能行動及言語，更氣喘不止。老僕建議他，快找孝華回來見母親一面，心畬首肯，立刻派人去找，未久，孝華就回到頤和園；推測他可能早已回到近處，但等父親點頭便返家探視母病。

孝華見痛苦憔悴的母親，與心畬五十歲時的合照富態慈和，已大不相同，難過得流下淚來。

在無眠的夜晚，溥心畬耳聞妻子粗重的氣喘，婚後種種，一時在心頭翻湧，使他愈發無法成眠。心理壓力沉重，不忍聽癱瘓在床的妻子不停的氣喘；那像是一場無休止的痛苦掙扎。他先由臥室搬到客廳，再搬到外院的下人房中逃避。

羅清媛發病的第五、六天，唐君武從北京城前來探病，見溥心畬面容憔悴，神情沮喪，就建議他一同進城，到他家中休息幾天。大約相偕離開頤和園二十四小時前後，羅清媛撒手人寰，時爲農曆七月八日。以後每當七夕，溥心畬即賦悼亡詩，紀念亡妻，也多少帶有心理上的歉疚和補贖的意味。

溥心畬未爲妻子送終一事，某些族人和親友難以諒解，謂三十年的結髮夫妻，何以在她嚥氣之前竟離家而去，似乎只有義子毓岐，理解他內心所承受的煎熬。

掌理財務的李墨雲，繼溥心畬之後，也避入廣化寺左近的娘家，更使介壽堂中亂成一團。舊管家王子義和幾位幾乎與心畬同時長大的老僕，忙裡忙外；一向少理家事的韜華，爲母親賒來一副上好的旗人特殊形式的棺木。孝華、溥僡，但知動口指使別人做事。停靈於頤和園外小廟中的第八日，殯葬羅清媛於離頤和園半個多小時行程的「東北義園」。溥心畬在〈皇清一品夫人多羅特氏墓志銘〉寫：「**佳城日永，泉台夜長，百歲之後，同穴何傷。**」（註四）其後由於心畬東渡，兩岸隔絕，竟連百年後同穴的許諾，也無從實踐。

羅清媛的訃聞印就之後，寄寓在唐君武家的溥心畬發現孝男中，沒有印上毓岐的名字，大表不滿。他認爲毓岐自幼養育在身邊，情逾親生骨肉，清媛對他也頗爲鍾愛，何可不列名於孝男之末！在他的堅持下，辦事者只好用鉛字把「毓岐」二字加蓋在訃文上面。

二七後的開弔儀式，在廣化寺舉行，請十三位名山古剎的方丈唸經超渡亡靈。國府主席蔣中正、北平行轅主任李宗仁、南京政要、遜清皇族及北京名流，均有輓額和輓聯致贈，弔客如潮，風光一時。

令溥心畬稍感遺憾的是義子毓岐未得跪靈答禮。爲了他要毓岐跪靈，孝華和溥僡齊表反對，溥僡爲此到唐君武家和心畬爭吵，認爲毓岐究係外人，不宜在孝男之列。心畬大發雷霆，非要毓岐跪靈不可。溥僡則背地找陳伍榮施加壓力，囑其於羅夫人開弔之日，務必將兒子藏起，不得露面。陳伍榮無奈，屆時只好把十三歲的毓岐藏在醫生陳樂平家中。百忙中，心畬對此事仍念念不忘，一度請警察到伍榮家去尋找不著，也就無可如何。

喪事過後，頤和園的介壽堂，等於全由傭人居住與管理。溥孝華依舊離家。溥心畬帶著毓岐，續住唐君武家中。住在娘家的李墨雲和寄住溥僡家的韜華，每天分別到唐家面見心畬，商量好家務後再「捲簾退班」。

心畬也常外出，參加滿族文化協進會的各種籌備事宜。第二年春天，即將在南京召開行憲國民大會，爲了爭取滿族的國大代表名額，研擬候選人的名單，以及計議在國大會場中的提案和文宣策略，無不大費周章。

出乎他們意料之外的是，「制憲」國民大會，滿族有三位代表的名額。蔣主席函覆溥心畬時，也表示支持他們的活動。而「行憲」國代的名額，蒙回藏三族各有代表十七名，候補代表十名，獨滿族代表的名額竟付闕如。非僅如此，宣統遜位前，革命政府所應許的續發旗營薪餉，也沒有兌現，致旗軍流離失所，無以爲生。其子女教育，更成問題；滿族救濟也亟待奔走爭取。因之，這一年中秋，溥心畬和唐君武聯袂赴上海和南京。

心畬南行後，墨雲見介壽堂中僕婦，對她並不賣帳，自覺勢單力孤，不久也收拾細軟，投奔心畬。

韜華雖然已與前門外西鶴年堂藥舖少東劉六訂下婚約，見到介壽堂中這般光景，也請一位族人護送她和毓岐，到南京尋父。

溥心畬以制憲國代身分奔走呼籲下，先爲滿族爭取到行憲國代和候補國代各十七個名額，算是不負族人所託。三十六年十二月三十日，內政部長谷正綱覆函心畬，滿族文化協進會，准予正式成立。成立大會在北平中南海懷仁堂舉行，推選身在南都的溥心畬為首任理事長。接著，溥心畬又膺選為行憲國民大會代表，因此就留在南京，準備出席三十七年春天的第一屆國民代表大會。

只是一到了冬天，遊子返鄉度歲的時候，看著水鄉景色和南歸的群雁，想到妻子已逝，形同無家可歸時，不免暗自感傷，賦〈寒雨〉一首：

寒雨繁將夕，疏林葉更多，舟人落帆席，漁婦怯風波。山色遠連岸，雁聲低渡河，無家逢歲晚，歸去意如何。（註五）

文註：

一、《溥傑自傳》頁四十六，溥傑口述，葉祖孚執筆，繁榮出版社。

二、《寒玉堂詩集》（手寫本）頁四九、《溥心畬先生詩文集——南遊集》頁十三（題「哀慧生」為哀嫕生之誤）。

三、李猷〈溥心畬先生詩與詞的研究〉頁十七；據溥毓岐指出，畫像留在頤和園介壽堂中。

四、《寒玉堂文集》卷下頁二四。

五、《南遊集》頁二。

15・南遷

清朝入主中國之後，對八旗兵有一項規定；或者說是一項特權。即八旗兵丁及其家屬，不准經營農工商，靠政府發給錢糧維生。因此，每月都定期到衙門排隊領錢糧。

但，時代變遷，社會動亂及物價飛漲的結果，原來靠領錢糧維生的特權，反使旗兵與眷屬，無力適應社會變遷，成了經濟落後的弱勢族群，生活、就業和子女教育都成了問題。

民國建立後，有鑑於此，特別列出優待條件，解決過渡時期的旗兵及眷屬生活：

「……(五)、先籌八旗生計，於未籌定之前，八旗兵弁餉俸照舊支放。(六)、從前營業、居住等限制，一律蠲除……」

然而，這些被清朝優待規章束縛了二百多年的旗營，雖然束縛解除，一時卻難以展翅飛翔。何況北洋政府，對新的優待條件，並未認真執行，因而使許多北京及四郊旗兵旗眷，淪爲貧戶。

三十六年深秋，第二次南京行的溥心畬，以制憲國代身分，上書蔣主席請撥款救濟北平及四郊滿族貧民。行政院奉主席指示後，於三十七年中旬左右覆文（註一），撥救濟金三億元，由滿族協會發給滿人。這是溥心畬東渡前，對北京族人的另一重大貢獻。

戒除煙霞癖，是三十五、六年的事。

有位年輕的黨工人員到溥家聯絡事情，知道他所敬重的溥王孫有此雅好，便直言勸說。心畬爲青年人的熱情所感，開始認眞戒煙。在頤和園外老西醫徐九皐和城內幾位中醫友人協助下，戒除自少習染的癖好。重新藉打太極拳強健身心，解除煩悶。許多好友和門生，暗中爲他高興。

不過，也從這個時期起，他感到眼睛不適，直到配起老花眼鏡，才讀書、寫字、畫畫如常；人生也進入了一個新的階段。

●

民國三十六年深秋，溥心畬南下前，爲宗室青年金麓漴留下的七言聯，可能是在北京時期最後的墨跡：「**果⿰果果⿱果⿰⿱果果⿱果果霜後樹，石砳磊𥗊霧中山。**」下題：「歲在丁亥，西山木落，巖石巍然，出於巖際，偶戲譔是聯，爲麓漴族孫書」。（同註一）

金麓漴時任滿族文化協進會總務工作，實際上，除協進會公務外，兼管溥心畬一切私人事務，是在北京後期常接近他的人。

及至到了南京，三十六年臘月所作的〈夢雲軒贈壺圖〉，應屬第二次南遊最早的作品之一。夢雲軒主所贈的壺，爲同光朝御史寶廷（竹坡）的遺物。溥心畬認爲寶廷以直諫名著一時，他的遺物應與金山寶帶、東坡玉帶有同樣的紀念價值，因而視同珙璧，作圖以報夢雲軒主。

遠山，江面，三數風帆，悠然航行。近景懸崖下面，板橋坡岸，古木掩映中露出一角竹籬和小樓。樓上主客相對，大概就是夢軒主人和心畬自身的寫照，一隻陶壺，置於桌上。左上方心畬自題：「丁亥臘月，重遊金陵，與夢雲軒主人邂逅相遇，主人出寶竹坡陶壺相贈，爲作夢雲軒贈壺圖……」。

事實上，壺主寶廷，雖以直諫著名，但因私生活不檢，因而丟官，是位頗受爭議的人物。

前次南遊，溥心畬已是名滿江南的書畫大師，所到之處，求索不已。此次開會，下榻於南京大飯店，求索書畫者，變本加厲，使溥心畬不勝其煩，只好不時變換旅邸，以避糾纏。

在南京大飯店時，巧遇二十餘年陳弢庵太傅座中所邂逅的閩省青年陳頤，現已年近知命，也來參加行憲國民代表大會。談及往事，兩人都禁不住感慨繫之，對陳弢庵，心畬滿懷崇敬的吟：

平生風義兼師友，萬古雲霄一羽毛。

他告訴陳頤，國大會後，想到福建一遊，覽五夷和方廣勝景。陳頤表示，一定會盡地主之誼，爲他導遊。

陳頤正欣喜同在逆旅之中，可以朝夕聆教；但，溥心畬四出遊山玩水，並非經常可遇，及至陳頤訪滬一週回到南京，溥氏已搬離飯店，且一再易地避居，以求安寧。終有一日在路上重逢，邀往新住進的旅邸中暢叙。他書〈江行〉詩和一幅山水畫爲贈。

盤峽浮舟楫，江雲白日昏，新軍開戰壘，老婦泣空村。風雨連山色，泥沙雜浪痕，高陵下木葉，處處掩柴門。——江行詩中，因內戰烽煙緊迫，農村淒涼蕭索景象，近於上一年南遊的〈石塘道中〉和〈小邑〉諸作。憂時憂民的心緒，見於字裡行間。

題山水詩則爲：「木落石門寒，亂山青未已，獨客發高吟，憑欄聽秋水。」（註二）一種孤寂蒼涼之感，恍如當年置身於北京西山之上。

●

民國三十六年農曆九月，溥心畬與唐君武聯袂南下。一個月後，李墨雲隻身抵達南都。再半個月後，韜華偕毓岐接踵而至；溥心畬雖在逆旅，儼然已經是個小家庭了。

三十五年在南京拜師學畫的安和，隔未一年，又可繼續學業。及見韜華，更感到親切與投緣。相見時，溥氏一家下榻於中央大飯店。安和幾乎每天前往受教。韜華曾送她一幀得意的照片，溥心畬爲題：「孝順爲本，和柔爲則」八個字。

安和珍藏多年後，爲孝華要去，不知去向。安和眼中的韜華，對父親的確非常孝順，飲食起居，生活瑣務，莫不悉心照料。心畬對獨女也很疼愛。一次，心畬應酬歸來，爲女兒買來鐵片作成的一對鷄。心畬面帶稚氣的爲女兒示範，只要牽動槓桿，兩隻鷄便輪流向碟中啄米，安和見了這父慈女孝的景象，永遠無法磨滅。

韜華得自家傳的，秀雅脫俗的花卉，曾隨心畬作品同時在上海展出，頗獲好評。安和不時對人談起韜華的風範：

「當我早上去中央大飯店時，總見她已梳洗完畢，首先向父親畫桌前行滿清宮廷的『請安』禮儀。

師姐身材嬌小，舉止端莊，言談坦率而不失禮數。一派大家閨秀風範，不愧爲一代『格格』也。」

李墨雲和韜華，輩份不同，但年齡相同，長期共處，難免不生齟齬。民國八十六年秋，在北京恭王府萃錦園，兩岸學者座談「溥心畬來台前後的生活與創作」。滿族作家林佩芬放映溥氏作品幻燈片，中有四幅通屏，她表示此乃私人蒐藏溥作，從未公開展示或輯入畫册。

她說：某次到滿族國大代表吳雲鵬府上，時吳已自海軍副司令任內退休。吳氏指當日溥心畬女兒毓韜華見欺於墨雲，忍無可忍想自行出走，卻苦無盤纏。心畬也無計可施，乃以山水四屛，讓女兒自行變賣花用。韜華無法脫手，往請吳雲鵬設法。

吳雲鵬看在溥心畬份上，說，畫不妨暫時寄存，隨時可以取回；錢則儘管拿去，不必介意。直待數十年後，畫雖掛在吳府客廳，但吳並未據爲己有，隨時等待韜華來取。至於此事，究竟發生於北京時期或南京逆旅，吳氏並未說明，尚待進一步考證。

●

置身於國民大會議堂上，溥心畬靜觀政壇百態，雖然膺選爲主席團的一員，但絕少發言。他離北京前，幾經與滿族文化協進會主要籌備人員協商，核定候選行憲國代五十一名，但北平選委會公佈候選人名單時，卻加註了「國民黨提」字樣，顯與滿族人原意不合。對於某些族人的你爭我奪，謀求權勢，他也不以爲然。因此，開會時他常悶坐一隅，漫畫場中百態遣悶。

其中一幅描繪場中零散喧囂，互相拉扯，飛機上有一人揮手作別說：「我的票多，我名在前，不讓我當選，我跟你起膩；溥心畬去了也！」畫中，一副孫悟空要駕觔斗雲飄然遠引的架勢。

但是，他能到哪裡去呢？

眞正選國代時，某些族人並未尊重他的意見，所以當蔣中正先生要求他提名二十位滿族立委候選人時，他率直的加以辭謝。使他寒心的是，有些清朝遺老，指他當國代，膺選主席團的一員，是變節，是爲宦二姓。其時內戰腳步，從東北節節進逼，來自各地的難民，充溢於北京城內。守將傅作義等，和、戰未定，人心惶惶。

第一屆國民大會，自三十七年三月揭幕，四月票選蔣中正和李宗仁爲正副總統，五月二十日舉行正副總統就職大典。眼見國民大會即將結束。深知溥心畬心情和困境的國大祕書長洪蘭友，又電阮毅成，舊事重提：

「現在北方局勢日非，溥先生勢必不能北返。而南京也謠言很多，溥先生也不能安居。可否由兄來一電報歡迎，並代他準備住處。因爲溥先生雖是王孫，經濟並不寬裕。他又不願求人，一切只得拜託兄照料。」（註四）

正當溥心畬進退維谷，行止未定的時候，分離達半年多的長子孝華，異地重逢。其時，李墨雲臨時返北京處理事務，因此父子姊弟之間，少了隔閡，相處甚歡。

母喪之後，孝華返回青島任所，無奈美軍顧問團已撤離青島，孝華只好再請羅毓鳳幫忙，推介他到南京聯勤運輸司令吉星福處謀差。以「羅公展」爲名，官拜文書科少校科員。文書科長兼總務科副科長王鳳嶠對他頗多照顧。

一日，孝華駕吉普車送吉星福將軍外出拜客；所拜之客，竟然就是滿族國代溥心畬。在南京短暫相聚之後，約定日後杭州相會。

●

依阮毅成記憶，溥心畬一家到達杭州的時間，爲民國三十七年秋冬之交；但據毓岐憶述及心畬遊記，是年初夏左右即開始杭州之旅。先安頓在魏見山家中；魏見山的弟弟，是溥心畬在南京結識的朋友。未久，魏太太與李墨雲相處不歡，乃以修屋爲名，下了逐客令。其後輾轉住在岳王廟附近，陳定山開設的蝶來飯店。終於由阮毅成代爲安排，住進浙贛鐵路局長侯嘉榞的別墅，即「鐵路局長橋招待所」，位於蘇堤邊上，景色十分宜人。侯局長並派鐵路局專員兼科長章宗堯陪伴，飽遊浙江的風景名勝。

到杭州一二個月之後，韜華因婚期已近，決心獨自返回北京。未婚夫爲前門外西鶴年堂中藥舖少東劉六；劉氏爲北京首富。溥家雖是沒落貴族，但以溥心畬文學和書畫上的地位，在人們心目中，堪稱門當戶對。爲韜華訂親的母親已經過世，雖是跟隨父親旅遊，但墨雲在側，終有一種寄人籬下的落寞。加上年近三十，因此，韜華急於回北京完婚，尋求自己歸宿的心理，不難理解。溥心畬雖在旅途之中，據說贈給獨女的嫁粧，頗爲豐盛，其中有文徵明小楷册頁四册。但韜華給了孝華，孝華又還給父親。三十八年秋在上海需錢時，溥心畬以黃金一條脫手，交墨雲運用。至於吳雲鵬代存的四幅山水通屛，是否此次所贈，不能確知。

韜華回到北京，不僅已是急景凋年，而且局勢很亂，北京城的攻防戰，隨時可能展開。由於溥心畬南行未返，溥僡覺得男方對這樁婚事，已不像以前那麼熱中，因此勸告韜華，將婚期延後，韜華執意不肯。其堂弟毓峘，回憶當時情況：

「當時雖有局部和談之議，但圍城的砲火，仍然時時可聞，婚禮只好因陋就簡。三姊跟劉家結婚，大家均表反對；劉家貪圖溥家的家世及書畫聲望，但，由於我二大爺未歸，一切落空，故婚後夫妻感情並不好。其後劉六遷往廣西，不多年三姊就過世了。」

杭州一別，竟成永訣，恐怕爲溥心畬始料所不及。

七七事變爆發時，溥心畬辭去藝專教職，多年後在杭州藝專重執教鞭。

溥心畬到杭州後，先在藝專畫廊舉辦爲數三十幅左右的小型書畫展，給學生留下深刻的印象；及至到校授課，可算未演先轟動。

國畫科山水組的教授陣容，有來自北平藝專的黃賓虹，金石派大師吳昌碩的好友門生諸樂三和潘天壽，還有位兼教山水畫和中國繪畫史的鄭午昌，陣容相當堅強。如今增加了一位擅於北宗山水的北方大師，使學生有了新的啓發。

溥心畬教授二、三年級的課程。二年級講畫、改畫、示範並重，其中用以改畫的時間較多。三年級則偏重欣賞、寫生和理論。當時就讀二年級的王榮武多年後回憶：

「聽溥先生的課，讀他的畫，總覺沐浴於春風化雨中，他常鼓勵我們要多創作，多欣賞，多讀書，多遊歷，至今令我難忘。」（註五）

可惜時局多變，任教不到一年，溥心畬再次離開他的教育崗位。

心畬一行在杭州，中秋到錢塘江觀潮。當時副總統李宗仁也攜眷來到海寧。憲警及安全人員重重保護，警衛森然。觀潮之後，李夫人猶嫌浪頭太小，不如想像中的壯觀。其時海寧下游正鬧水災，聞說居民災情慘重，心畬心有所感，賦打油詩一首：

鐵帽持槍布帽排，風流副座看潮來，看潮只望潮頭大，知否沿民被水災！（註六）

文註：

一、行政院覆文字號：「行政院大經字第五二〇九一號亥元代電」，見《滿族文化》期二二頁十三〈溥儒心畬對滿族的貢獻〉，麓漴撰。

二、《近世人物志》頁二八三，民國出版社。

三、《台灣新聞報》六二年十二月十日，〈懷溥心畬大師〉，陳頤撰。

四、《大成》期一〇九頁二三〈記余紹宋溥心畬二先生〉，阮毅成撰。

五、〈懷念溥心畬先生〉，王榮武撰，刊名及日期不詳。

六、溥毓岐口述。

16・北望意無窮

寄寓侯嘉樑長橋招待所的溥心畬，出有專人導遊，乘坐鐵路局免票的高級列車，形同置身於仙界的仙界。只是他所付出的代價也相當可觀。

唐明哲在〈我所知道的溥心畬〉中寫：

「一九四七年溥心畬從南京遊覽到了杭州，其時擔任浙贛鐵路局局長的侯嘉樑久聞其名，接待了一家三口，住在西湖蘇堤邊上路局所租的一所私人別墅，名爲鐵路局長橋招待所。……溥心畬作爲路局的一名清客，也是付出辛勤代價的。侯嘉樑並不是徒慕盛名而使用公款長年供養他一家三口人的，而是要借重他的書畫來接納來往名流貴賓獵取自己的政治資本；作爲一個充滿書生氣的溥心畬，哪裡會意識到這些？他只知『受人之食，忠人之事』。彼此（按，疑時字之誤）侯嘉樑的賓客多時，他就不得不揮毫至深夜。」（註一）

唐文指一九四七年溥心畬遊杭州，應爲一九四八年之誤。至於所說溥心畬應侯局長之請，有時不

得不為之揮毫到深夜，從現在的某些心畬作品題跋來看，似非誇張的說法。

〈秋山訪友〉，作於民國三十七年八月。湖山、草堂，以淡墨細筆寫成，叢樹含煙，有一種縹緲緲的感覺。板橋之上，一人策杖徐行。岸石樹叢間，微露草堂。畫上楷書七絕一首：「一路楓林一路霜，遠山如黛近山黃，何當九月重陽後，為訪幽人到草堂。」自跋：「戊子秋八月湖上雨晴，山光凝翠，殘荷浥露，遠樹浮煙，曉窗寂靜，偶成此幅。適嘉榎先生來，遂以為贈。西山逸士溥儒識」。

三十七年中秋無月，西湖之上，只見燈火點點，上無繁星。注重年節的溥心畬，對此記憶極深。十二年後在台灣亦值中秋無月，感慨賦詩之餘，也重新引起在西湖中秋無月的回憶：

「右庚子中秋作；昔在西湖中秋無月，客舍賦詩。今茲無月，風景不殊，增羈旅之感焉。」（註二）

西湖的中秋夜，他除了賦詩抒感之外，並作唐人風格的〈奚官調馬圖〉，上題七絕一首，專為侯局長所作：

「戊子中秋作奚官調馬圖，題奉嘉榎先生清賞。　溥儒」。

可見，羈旅之中，即使中秋之夜，湖上絃歌不絕，他卻依舊不得清閒。

〈湘帆圖〉，淡墨細筆，近似〈秋山訪友〉，近景蒼松如蓋，樹外巉巖千丈，遠峰聳峙，數點帆影。中景一葉歸舟，緩緩航向懸崖腳下。題跋中，既見心畬對此作的自珍，也可以見出他對侯氏知恩圖報的心態：「帆隨湘轉，望衡九面。　戊子秋月，西湖客舍寫此景物，尚覺愜意，嘉榎先生好之，爰以為贈」。

心畬往昔，似乎尚無為某特定對象，密集創作；題跋的語氣，也少見於他作。以上僅舉數例，這時期畫贈侯氏，爲數甚夥。

寓居西湖的溥心畬，和邀請他到杭州的阮毅成廳長，來往得反而不像侯嘉槺那樣密切，偶爾到招待所看望他的阮氏，也無意開口索畫。有一次，心畬主動的把一幅剛完成的青綠山水，題上「紅樹青山好放船」的詩句和上款，贈給阮氏，說：

「富春景色以春季爲最美，我畫的卻是秋天景物。」

原來，是他遊富春江的靈思。生長於是鄉又雅好遊山玩水的阮毅成說：

「富春之美，四時皆備，並不限於春天。」（註二）

另一次，他送阮氏幾葉詩箋。其中包括〈小邑〉、〈感遇〉等初遊江南時，對日本侵華所造成的殘破，以及因內戰腳步漸近那種緊迫感所發出的深沉感嘆。〈夜發金陵〉，可能是三十五年冬參加制憲國大會議後，自南京北返時所賦，蒼涼肅殺的氣氛，宛如重見民國早年，北方軍閥混戰的夢魘：

霜林搖落月，不見隔江山，背郭寒吹角，懸燈夜渡關。烽煙喬木盡，征戰幾人還，亦有江南客，相逢多苦顏。（同註二）

●

奉派陪溥心畬一家遊覽浙江勝景的章宗堯，不愧爲交際科長；正值盛年，中等身材，已是三個孩子的父親。吃喝玩樂，似乎樣樣皆精。他和溥心畬共同的愛好是武俠小說，他能上窮碧落下黃泉，找到各種武林祕笈，和溥心畬一起神遊江湖刀風劍浪之中。出遊時，搭乘車船，橫越馬路，對年逾半百的溥心畬，必加攙扶，可謂照顧得無微不至。

待毓韜華北返完婚，溥毓岐因腿疾先後住進浙江省立醫院和鐵路醫院，沿途只剩下墨雲、心畬和宗堯，心畬對宗堯依賴得愈加厲害。

據章宗堯廣東籍的妻子後來在台灣告訴別人說，在吳興，某夜李墨雲曾到旅館房間找她的丈夫。章太太所言，雖屬一面之詞，但此後事情發展，似乎也有些令人費解之處。

首先是，那陣子溥心畬的情緒表現，相當失常，對某些事情，似有所覺。以至於顧不得顏回「不遷怒」的美德。吳興縣長請留墨寶時，他竟以毛筆不佳，擲之於地。有時因細故，對旅邸服務生大發雷霆。

共軍南下之後，溥、章兩家，相隨遷徙，由杭州、上海、舟山抵達台灣。但章太太卻在千辛萬苦來到台灣不久，攜帶三個稚齡孩子又回返大陸。夫妻分居兩岸。

無論溥心畬接受東南長官公署招待，寄寓「凱歌歸」（現國民黨中央黨部原址），或定居台北市臨沂街，章宗堯始終如影隨形，共居一室。有人稱他為溥心畬「在杭州結識的友人」，有人指為溥氏「摯友」，章宗堯持溥氏新作到台灣鐵路局和台灣省教育廳（兩單位曾於台北監察院現址合署辦公）推銷時，則自稱是溥心畬書畫經紀人。

●

臨安，為南宋都城所在，溥心畬自少所崇敬、學習的北宗大師馬遠、夏珪，即在此一幽美環境中，醞釀出超塵脫俗的筆墨和獨特的藝術形式。元代的黃公望，明朝的戴進、徐文長也活躍於浙江一帶，其遺蹟流傳，必相當可觀。眼前的山水和各種名勝古蹟，對久居北方的溥心畬的衝擊，既新奇又強烈。任教杭州藝專，爲學生提供畫稿；侯嘉櫆的需索以及爲應付龐大生活開支而鬻書鬻畫，都成爲他外在的創作動力。因此，溥心畬在杭州居住雖然不滿一年，詩、書、畫各方面，不僅豐收，也是對南北風物，古今名蹟，加以融會貫通的關鍵時刻。此後定居台灣，受台灣山川花鳥和亞熱帶環境的薰陶，使他的繪畫藝術，像匯聚了百川的江河一般，源源而流。

隨遊踪所至，他在杭州所作的詩文，約略可分爲寫景、懷古和感時。

倘從心畬詩文探索其在浙江省遊覽的踪跡，民國三十五年與三十七年，他曾兩度遊覽天目山。《華林雲葉》卷上頁六六與卷下頁二一分別記載：

「丙戌，余遊天目山」。除記與能和上人結識經過，並賦訪能和上人塔的題壁詩。

「丙戌秋，余遊天目山佛殿，左階下有碧樹，方秋無花。山僧謂之瓊花；得非聚八仙歟？」

第二次遊天目山，作〈遊天目山記〉首云：

「戊子之夏，道出於潛，登天目……」（註四）

記中，歷述山勢險奇，景物幽深之外，雅好奇花異卉的他，詳記垂雲洞隱者所贈「雲霧草」：

草生於百尺，松杉之巔，挂樹無根。蓋山高氣寒，雲霧之所結成，不可採擷。冬隨雪落，始得藏焉。煮水飲之，厥功益目。

溥心畬對這種有益視力的雲霧草，興趣非常濃厚，著於遊記外，並詠之以詩：

「雲門山月高，冥冥絕樵路，攀巖採石耳，升木求雲霧。」（註五）下註：「雲霧草生於高樹之顚，清涼益目。」

天目山另有一種他讚嘆不置的奇特植物——實心竹，他取而爲杖，畫朱竹卷留念，上題：

「天目山多實心竹，水涘山隈皆是也。昔遊天目，取一枝爲杖，寫此識之。」

〈天目山遊記〉中又說到，山僧以白朮饋客，心畬則禮尙往來，賦詩五章贈僧，許下重遊之願：

「異時重遊，將益窮險阻，探葛洪丹井，訪龍池之銘。」

可惜，一切似乎前定，這已是他此生最後一次了。

從天目山的各種記與詩中，知道溥心畬一家於三十七年夏天結束南京之旅後，曾假道安徽潛山，遊浙北名蹟，只是抵達杭州，已近仲秋。

西湖陳莊，是陳蒼虬的故居，但寒塘之中雖依舊有船停泊，水上菱花飄動，卻已人去樓空，一雙雙燕子在找尋舊日的窩巢。悵惘之餘，溥心畬作〈水村圖〉，題詩其上：

「水落沙明兩岸秋，蕭蕭菱荇帶煙流，斛斯莊冷誰爲主？雙燕空尋舊畫樓。」詩後自識：「西湖陳莊，蒼虬侍郎故居，過門有西州之痛，爲畫此幅。心畬」。

民國四十三年十月，年近耳順的溥心畬，作橫約五尺的長卷，題爲〈秋江小景〉。竹、樹、江岸，漁舟隱隱、蘆葦萋萋，一種蕭瑟荒寒之感，充斥於筆墨之間。他面對腕底雲煙，心中卻浮起六年前，也是初冬，所遊過的西湖交蘆庵，遂以行書書舊作〈交蘆庵〉詩二首於卷尾。第一首，寫景物的蕭索，兼寫對時局的感傷：

天地兵戈裡，扁舟送客星，鳴榔驚落雁，隨月度空亭。岸遠蘆花白，祠荒蔓草青，蓬門掩脩

竹，煙水夕泠泠。（註六）

溯錢塘江而上，富春江、嚴子陵釣臺、桐廬江、金華，均在同一條線上，數地之遊，可能一氣呵成。但，無論詩詠和遊記，均無年月，字裡行間，也難以推測出確定的節令。唯他贈阮毅成的畫爲富春江的秋天寫照，推測可能是三十七年秋天，到杭州不久的事。詩和記遊，偏重寫景與懷古。就中以〈登西臺懷謝皋羽〉詩，最能表現溥心畬舊王孫的身世和懷抱：

晞髮青山事可哀，浮雲終古傍西臺，千年不改桐廬水，更有王孫痛哭來。（註七）

謝翱，字皐羽、皐父，號晞髮子，南宋人。曾從文天祥抵抗元軍，爲諮議參軍。文天祥死後，皐羽遊浙江，過嚴子陵，登西臺，聞噩耗即設天祥神主，酹奠痛哭，以手中竹如意擊石，歌招魂詞，竹如意與頑石俱碎，並作〈西臺慟哭記〉，元成宗元貞元年卒於杭州。謝皐羽事雖然年代久遠，但不忘故國的情懷，和溥心畬並無二致。

至於同在錢塘江畔的蕭山，則是嚴冬季節，始往一遊，詩中所描寫的景象，有別於富春、桐廬、金華諸作：

遠岸蕭山縣，荒村見幾家，天寒峰積雪，江漲水平沙。竹舍多懸網，柴門盡績麻，時移陵谷變，莫問故侯瓜。——蕭山道中（註八）

超山在杭州縣東北六十里處，爲塘棲鎮的主山，山中多梅與松。春天花開，紅綠襯映，十分美麗。

尤其唐、宋古梅，更爲遊人流連憑弔。溥心畬遊此，已是三十八年農曆三月，是他寓居杭州最後一段時期。他形容梅林景色，皓如積雪，雲棲竹間，寒翠彌天，令人感慨神馳，當即口吟一聯：

梅窗時見連珠影，
竹院常聞碎玉聲。（註九）

步入超山安隱寺時，見宋梅古幹橫斜，滿院皆香，使他詩思湧現：

溪上尋梅踏碧苔，超山野寺舊池臺，今宵亦有娟娟月，誰見空庭玉樹開。（註十）

唐梅、宋梅之外，連超山野寺中的幢、碣，都是唐代遺物。那種繽紛碎玉，襲人的寒香和蒼苔密佈的瘦影，時時浮現在他的胸中，流洩於他的筆下。

杭州山林古寺，雖然也梅花處處，但，杭州的春天，更絢爛奪目。白堤、蘇堤之上，桃樹與柳樹間隔栽種，春暖花開，桃紅柳綠。遊春男女，穿梭其間，歌聲飄揚，愈加春意盎然。溥心畬在詩中描寫西湖之春：

錢王江水舊池臺，明鏡飛光倒影開，千樹桃花萬條柳，春風齊過越溪來。——西湖春日（註十一）

只是，民國三十八年春天，他的心境，並不像西湖水那般明鏡飛光的平靜。這年一月，北平、天津、蚌埠易幟，被倚爲北方棟樑的傅作義，以百萬雄師，不戰而降共。家鄉、愛女，音訊皆無，溥心畬在另首詩中，寫出同樣的西湖，不同的心境：

連雨棲山館，崇朝宿霧中，濕雲低渡水，暗樹遠浮空。天地兵猶戰，江湖路不通，京華舊都邑，北望意無窮。——西湖閒居二首（其一）（註十二）

《寒玉堂文集》中，有篇未署年款的〈山海關銘（幷序）〉，推測作於此際。

文中，首述山海關之險要，但是，天輔將興之邦，民歸有德之主，滿清入關而有天下。及至清朝末年，時移勢易，雖有崇關天塹，卒至板蕩。他歷數抗日勝利後，發生在東北的國、共間重要戰役：

「長春之圍，四平之戰，三軍奪氣，五路皆奔。大風起而雲揚，黃霧塞而星孛，天地否而不泰，雲雷屯而不通。其後林彪一旅，遂已入關。廖傅百師，一朝棄甲。然而城郭如故，形勢依然，不周之山未崩，太華之峰不斷，乃使長城之窟，飲馬能訖，灤水之流，投鞭可渡。」

他推論，所以山河色變，重點不在於險，而在於德：

「豈非天時不如地利，地利不如人和。無德恃險，其險將傾，枉道爲邦，何邦不覆。將懼高岸爲谷，城復於隍，奉揚至德，以昭來世。」（註十三）

這是他繼滿洲國成立後的〈臣篇〉、〈與陳蒼虬御史書〉、在南京的〈上蔣主席書〉後，又一次痛論時事。

●

溥心畬雖先後在北平藝專和杭州藝專任教，但對現代的學堂教育課程與方法，似乎頗不以爲然。羅清媛曾送孝華到王揖唐辦的北京國學書院讀書。毓岐到達學齡後，送到頤和園小學就讀。除跟羅清媛學的講故事得高分外，其他課業難以適應。於是溥心畬捨學堂而採取老式教育。從頤和園中請位青年李勉爲塾師，教《古文觀止》、《唐詩三百首》、《詩經》、《孝經》、《論語》之類古籍。李氏管教頗嚴，毓岐常被罰站。李勉婚後遷出頤和園，十一、二歲的毓岐，連續更換李敬山、歐老師、趙秀才教導，唯學習上少有進展。只對象棋感到興趣。到南方後，由溥心畬親自教導，才告開竅。

在杭州，溥心畬請浙大教授嚴群及豐子愷之女教授義子，課程包括數學、英文、作文等比較現代的科目，但僅回講《古文觀止》比較通順。

民國三十八年四月，共軍大舉渡江，這時，國民政府已遷往廣州，南京易幟。到了五月，杭州、上海、武漢等地也盡入共軍之手。侯嘉頫局長棄職而去，西湖長橋招待所爲共軍接收，溥心畬一家則在昭慶寺後的九蓮村（一稱九連蕩）賃屋而居，這就是他所說的「閉門課子」時期，《易經》也成毓岐學習的科目之一。

南京別後，溥孝華曾到杭州省親二、三次，九蓮村省親，則是到杭州的最後一次。

四月，孝華隨軍由南京下關搭火車撤退上海，途中爲共軍所俘，羈押於江寧寺中。未久獲釋，但他並未遵照指示北上還鄉，反而南下杭州投奔父親。墨雲一向與孝華勢同水火，索性出錢打發他前往上海，再轉道台灣。

由於共軍到達江南未久，各種不同幣制相當混亂，幣值不斷變化，數目龐大的貨幣，轉瞬間可能變成一堆廢紙。以銀圓作爲書畫筆潤的溥心畬，復因中共當局禁用銀圓，生活逐漸陷於困境。所幸有些友人介紹買書畫者，以便當盒暗藏銀幣求書求畫。

其時，圍繞在溥心畬周邊的人，除章宗堯外，尚有鐵路局交際處長（一說，爲事務科長）王敦。

王敦因案受到調查，乃假病住院就醫，章、王二人都有意攀附心畬，遠離杭州，因與墨雲計議，先到上海，再轉道台灣。

文註：

一、間接引自《中國近代名家畫集——溥心畬》卷首〈一硯梨花雨——略談溥心畬和他的作品〉，鄭國撰。

二、《溥心畬先生書畫遺集》冊上頁一一九，商務印書館，汪佩芬主編。

三、《大成》期一〇九頁二三〈記余紹宋溥心畬二先生〉，阮毅成撰。

四、《寒玉堂文集》卷上頁八三。

五、《南遊集》頁五。

六、《溥心畬文物圖錄》頁二四八圖一。

七、《南遊集》頁四。

八、《南遊集》頁九。

九、《溥心畬書畫全集》書法冊頁一一〇。

十、《華林雲葉》卷下頁十八。

十一、《南遊集》頁九。

十二、《溥心畬書畫遺集》冊上頁三六。

十三、《寒玉堂文集》卷上頁六九。

17・歷險

民國三十八年夏秋之交，溥心畬一行人乘巴士自杭州出發，前往上海。同行者，除李墨雲、溥毓岐，還有章宗堯夫婦和三個稚齡孩子。王敦因在醫院裝病，並未同行；約定得機會便溜出醫院，在上海會齊。

時逢雨季，據說有些地方橋樑遭暴漲的河水沖斷，因此，乘客心中頗有一種前途茫茫的感覺。所幸入暮時分，總算抵達了馬鞍山下的崑山縣，投宿縣城。次日上路，車陷於泥淖之中，旅客面面相覷。老弱婦孺在一片悲嘆焦慮聲中，看著青壯者費九牛二虎之力，把車子推過河床。見到沿途黎民飢餓的面容，使溥心畬食不下嚥。

此時，上海早已易幟，溥、章兩家住進上海揚子大飯店不久，突然有幾位陌生人士造訪心畬。訪客先自我介紹，其中有自稱係共方交際處長梅達鈞，和北伐時期淞滬警備司令楊虎，餘者，似乎尚有一位可能教過毛澤東的生物學權威和毛宇聲等人。他們表示係代表毛澤東，誠摯地邀請溥先生回北京

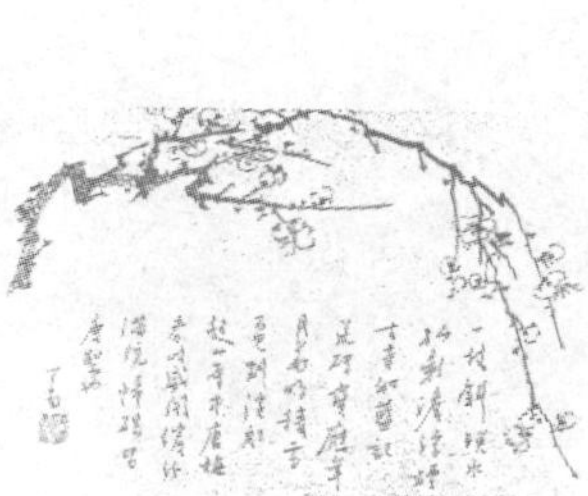

爲人民服務，並參加政治協商會議。心畬詫異的是何以來滬未久，消息就傳揚出去？

辛亥革命之後，溥心畬和遺老們，始終以不仕二朝相互勉勵；因此，除了擔任教職、出任滿族代表爲滿族爭取權益之外，知道南京政府想要加以重用，便遠遊高蹈，避居杭州。現在另一個新政權誕生，對他雖然禮遇有加，但溥心畬自認，仍應爲大清國牢守臣節。經過一番思忖之後，他告訴訪客，在上海尚有些未了之事，一時無法動身。

送出訪客之後，他立刻與章宗堯密商，第二天便遷出揚子大飯店，避居外浦旅館。過了一陣之後，由於無法公開賣畫，旅館租金昂貴，只有遷租比較廉價的公寓。空間狹窄，溥、章兩家各住一室。

中秋前後，報上刊出北京政權任命溥心畬爲部長（一說是民政部副部長）的消息，溥心畬不得不考慮浮海東渡，隱居台灣。

●

此際由上海到台灣，海、空交通早已斷絕，唯一可行的途徑，是由吳淞口乘漁船出海，向東南航行至仍爲國軍戍守的舟山群島定海縣的沈家門，再設法轉道台灣。

先期到達上海的溥孝華，不但聯絡到舊日長官王鳳嶠，也與心畬等家人在上海重聚。正爲偷渡經費一籌莫展的時候，王鳳嶠的妻子帶著一些金飾自南京來到上海，因此，孝華一面積極準備隨王鳳嶠渡海，一面把韜華轉送他的四冊文徵明小楷册子，還給坐困愁城的父親，以爲不時之需。

王鳳嶠的妻子唯恐年方一歲的男嬰，禁不住海上顛簸，而帶孩子轉回濟南老家。不意夫妻一別就是四十四年歲月，直到兩岸開放，王氏才接妻子來台團聚，當年方一歲的嬰兒，已經步入了中年。

較心畬早些日子偷渡出海的王鳳嶠和溥孝華，搭乘一艘可容十來個人的小漁船，一出吳淞口就遭到海岸的共軍射擊，所幸警告意味較濃，無人傷亡。倒是海上顛簸了三、四天後，乘客嘔吐狼藉，有位偷渡客先吐綠水，後來連胃壁都嘔了出來，到舟山群島的沈家門前，早已氣絕多時。

由於防備偷渡不成，被抓回究辦，偷渡客們盡量消滅證件，掩飾身分，王鳳嶠和溥孝華均為壯齡，從沈家門一上岸，就因身分不明，被疑為對方間諜，五花大綁等候偵訊。幸虧守軍中有位少校，偶然帶妻子到海邊散步，一眼見到階下囚中，竟然有舊日長官王鳳嶠，立刻下令鬆綁。

「這位是我的小老弟，請一並放了吧！」王鳳嶠指著身邊的溥孝華說。

不久，二人都成了這位少校家中的座上賓，並找了兩套軍服，讓他們穿上，遂可在沈家門和定海縣城一帶自由行動。晚上則被安置在軍醫院中棲身。院中不但空間狹窄，就醫老兵眾多，醫藥和器材，更是嚴重不足，死者甚多，看了令人酸鼻。勉強棲身一個星期左右，二人才搭上航向台灣的渡船。

船到基隆碼頭時，台灣當局又以某些乘客缺乏證件，身分不明，集中拘禁在一艘大船之中，既不能離開，也不准登岸。一籌莫展中，孝華想到了羅毓鳳格格的丈夫，官居上將的孫連仲早已來台。乃請准登岸探訪。孫連仲看在親戚份上，願意保釋孝華，對王鳳嶠則大表為難，唯恐在撤守台灣初期的緊張政治氣氛中，受到連累。孝華帶著愧對好友的失望心情回船之後，放聲大哭，反而由鳳嶠安慰他，表示自己不妨聽天由命，等待時機。

為了講義氣，被保居台的溥孝華，經常上船陪伴鳳嶠。經過數日，有人透露，二十集團軍司令夏楚生中將，也撤退台灣，定居在台北市。王鳳嶠靈機一動，想到夏中將是他的老長官，趕緊請假下船，獲得特准後，他走訪夏將軍。夏楚生慨然應允，不但為他作保，並安排他官降一級，以少校軍階服役金門，爲軍法室主任。溥孝華，也許人事背景比較良好，先隨軍在宜蘭服役，隨後調至位於台北公館的空軍作戰司令部，爲少校訓練官。

至於溥、章兩家，藏身上海外浦後，經過章宗堯半個多月的奔走，在十六舖找到了偷渡的漁船，言明每人二十塊銀元。上船前，溥心畬濡毫蘸墨上書毛澤東，大意爲，他只是一介書生，也是單純的藝術家，靠書畫維生。能夠鬻書鬻畫的地方，就是他的去處。北京之行，歉難應命了。

民國三十八年農曆八月二十七日入夜時分，溥、章兩家、王敦，及其他偷渡者共二十餘人，悄悄地自吳淞口啓航。不久，岸上監視哨以強烈的燈光往船上探照，喝問：

「什麼人？停船！檢查！檢查！」

船老大回說：「打漁的！」

「打漁爲什麼出海？」

「我們不出海，就在江內打漁。」

擠得水洩不通的偷渡者，在黑暗的艙內顫抖不已。所幸哨兵沒有開槍射擊，也未進一步登船檢查。

溥心畬以五律一首，詠歎此番驚險的旅程：

暗渡吳淞口，藏舟一葉輕，片雲隨客去，孤月掛帆行。島嶼分旗色，風濤記水程，海門吹畫角，夢斷此時聲。

後識：「己丑八月二十七日，夜半藏舟，暗渡吳淞，三日舟至舟山，同行者章宗堯也。」

出了吳淞口後，風浪漸起，艙中人背靠背的坐著，不僅嘔吐狼藉，便溺時更加困難，穢氣薰人，難以忍受。經過漫長的煎熬。船於三十日黃昏時分，抵達定海縣的沈家門。望著微明的初月和岸上遙遠的荒城，一面睽違了五個月的國旗在風中飄擺，溥心畬無限感慨地賦七絕一首：

遠天煙水近黃昏，初月微明帶雨痕，故國鄉關何處是，片帆吹渡沈家門。——渡沈家門（註一）

漁船逐漸近岸，守軍雖然嚴密監視，幸而沒有發砲射擊。一種說法是，船老大唯恐遭到誤擊，先行下水，泅近時高呼國大代表溥心畬在船上，請勿射擊，才得平安靠岸。雖然如此，上岸後的行李檢查，依然十分徹底，各種物品，堆疊在沙灘上。有人帶著上海花剩的人民幣，經過盤查之後，被投入海水之中。隨行的王敦怕遭到守軍留難，取出數枚金戒指送給班長，班長非但拒收，並把王敦訓斥一番。繁複的檢查手續完成之後，由於溥心畬未帶任何身分證明文件，王敦代爲書寫一張「溥儒國大代表」名刺，便由哨而排、連、營地層層遞送，以備上級發落。山路崎嶇，寒風凜冽，偷渡客中，孩子抱著母親哭泣；溥心畬因船上飲食失常，不時要停下來腹瀉，溥毓岐足疾發作，須僱工揹負前進，感到苦不堪言。夜深時，終於在一間破廟中停頓下來，度過恐怖而寒冷的一夜。仰望殿外葉落後的樹影，耳邊傳來一陣陣風嘯和濤聲，溥心畬想著半生爲家世和微名所累，弄得東奔西竄。不知何時方得掛帆東去，在四季常春之島，重度隱居的生活。一首〈宿定海縣〉五律，在腦中迴旋：

列郡傳烽火，天涯路不通，海雲陰易雨，島樹晚多風。爲客因名累，乘桴歎道窮，何時掛帆去，東望霧濛濛。（註二）

溥心畬一行人，在舟山群島一共停留了十幾天；但，直到多年以後，台灣的報章雜誌談及這段往事，傳說仍然極爲分歧，而且並未提到王敦和章氏家人。

其一，是師文驥的〈溥心畬與他的救命恩人〉，民國八十四年十二月二十八日刊於《中央日報》；文中的描寫相當戲劇化。其時，距溥心畬逝世已三十年歲月，可見爭論延續之久。

爲什麼說是溥心畬生命之危呢？

據師文驥描述，舟山守將七十九軍軍長劉廉一，某日巡視防務。在某團部見到三位因有共諜嫌疑綑綁待決的死囚。二男一女中年紀較長的男子，態度安詳，言語謙恭，自稱北京人，叫佟兆豐，到上海經商，與夥計黃氏夫婦乘漁船想到舟山避難，致被捕偵訊。軍長見年長的佟氏一派斯文，黃婦淚流滿面，黃姓男子更如驚弓之鳥，言語不清；但似非共諜。於是留條囑公出的團長回來後，將三人解送軍部，親加了解。

當晚在司令部中，劉廉一與副官親爲釋綁，並招待晚餐。夜裡安排就寢時，劉廉一遂以黃氏一男一女既係夫婦，自然安排於一室爲便，佟姓男子則獨寢在原來宅主的書房之中。

次日佟姓男子吐露「眞實」身分：

他就是溥儒（心畬），宣統皇帝堂兄，重慶國民參政會的滿族代表，南京國民大會代表；陶百川、何應欽、陳誠等均爲好友。同行的「黃先生」並非夥計，而是私人祕書。

劉廉一聽後，當即電告在台的軍政長官陳誠，陳誠覆電囑善予接待，不久將派專機接運來台。

師氏表示，溥心畬在劉廉一面前，曾表達對戍守前哨士兵的不滿。文中說：

「……他們出海時本攜有少量黃金珠寶，估計足供赴台之旅費，不料前晚船到登步島靠岸後，忽遭守軍的槍砲射擊……漁船突被砲火擊中而損毀，舟子二人及行李皆墜落海水中，所餘身外之物，僅有黃氏夫婦攜帶之小皮箱與手提包各一件而已。……等槍砲聲停止後，乃朝山上行進，甫踏上一小徑時，即先後為哨兵所拘捕。被押到團部後，又有士兵將黃婦所戴的首飾搜去……」

隨著，師文驥跳接至劉廉一，走訪任教於台灣師範大學藝術系的溥心畬宿舍。

首先溥心畬介紹：「黃太太」，已恢復為「溥太太」的身分；原來是他的側室李墨雲。

「溥先生坦白說出其姨太太與黃先生自被幽禁同居一室以來，已成為事實上的夫婦。他也覺得兩人正相匹配。只是三人一起生活已久，他必需有他們的服侍，他的姨太太又不肯離婚，黃祕書亦情願維持現有的不正常關係。他認為劉之救援出自天意，此種安排也是天意使然。」

社會上傳說溥太太家中的男友姓「黃」，不知是否源於師文驥這篇報導？至於這篇文字的眞實性如何？如與當時奉劉廉一之命接待溥心畬的李秀文、身歷其事的溥毓岐說法，以及溥心畬的一首〈感遇〉詩，交相對照，便可辨識當時眞相。

李秀文〈記溥心畬大師在舟山的日子〉，刊於《傳記文學》卷三期六頁三五。民國五十二年十二月號；溥心畬逝世於這年的十一月十八日。「作者簡介」中說：「李秀文先生，四川陴□人。現任國防醫學院政治主任教官」；從簡介可見，李氏在軍中，可能擔任政戰工作。

李文中表示，他應命到劉廉一軍部，在前線難得一見的美酒佳餚晚宴正要開始。客人包括溥心畬夫婦、小公子和溥氏至友張先生。稱毓岐為「小公子」，誤章先生為「張先生」，可見李氏對這一行人，只聽人口頭介紹，並未深入了解。

賓主入席前，他見醫官爲心畬療傷，指係因山路崎嶇，傷了腳踝。事實上，心畬僅患腹瀉，並未傷踝。晚餐後，劉廉一命送溥氏一行到離定海縣城二十華里的白泉鄉——李秀文駐地安置照顧。心畬在與李秀文促膝夜話中，對沈家門所見軍紀，大加稱讚：

「據他（按，指心畬）說：他過去一向對國軍的部隊缺乏了解。但是這天，卻使他改變了。原因是當我們的哨兵扣留溥先生船隻的時候，溥夫人等怕我們的哨兵有所留難，於是曾拿出了幾塊銀元和金戒指，向我們哨兵施惠。但出乎他們意外的，當時我們的哨兵，不但不接受，反而把溥先生夫婦訓斥一頓，認爲這是侮辱了他們的人格。溥先生聽了至爲感動。」

對於前線的軍人，溥心畬詩中但有「戍卒檢行旅，狼藉陳沙灘」、「潮落漁人少，烽嚴戍卒尊」數句，可見哨兵對偷渡者檢查盤問甚嚴。溥毓岐回憶將近五十年前的往事，證實了李秀文對軍紀問題的轉述，戍守前線的軍人，嚴查之外，並無需索留難。他更正一點是，主動以金飾行賄被斥者，是同行的王敦，絕非溥氏夫婦。

文註：

一、《南遊集》頁十。

二、《南遊集》頁十一。

18．人生的轉捩點

李秀文文中所謂難得一見的待客佳餚，爲四菜一湯。其中最貴重的要數那道現宰的鷄了。劉廉一表示，平時官兵只能以小魚和芥菜下飯，希望溥先生見到總統時，能面陳前線軍人的苦況。此外，溥心畬也親眼看到一位士兵拉開軍服後的破爛汗衫，讓人不忍卒睹。

溥心畬在一首〈感遇〉詩中，憶寫自冒險偷渡、沈家門登岸到接受劉廉一熱情款待的經過：

> 憶昔渡南海，萬里浮一竿，布帆挂輕舠，三日衝波瀾。遙望沈家門，落日登舟山，戍卒檢行旅，狼藉陳沙灘。負載履嵯峨，跋涉經險艱，稚子抱母啼，行客多愁顏。野曠風蕭蕭，足繭衣裳寒，守將聞客至，勞問羅盤餐。窮途成邂逅，感義摧心肝，命也將何尤？俯仰天地寬。（註一）

詩中所寫，與李秀文所記、溥毓岐憶述，大致相符。

溥心畬到舟山的第三日，爲農曆九月初二；一大早住處門前就湧來一群慕名而至的官兵，手持土紙或白報紙一類的紙張，求大師惠賜墨寶。溥心畬大爲感動，就著李秀文找來的墨汁和儲存已久的兩刀印講義用的白報紙，來者不拒的爲官兵揮毫起來。

手不停揮的寫了一整天，白報紙用去了一半，官兵們則笑逐顏開，視如至寶。

初三清晨，除了官兵之外，男女百姓，也聞風而至，有的接待軍官怕他過於勞累，建議稍加限制，但心畬卻不願掃前線軍民的雅興，堅持要寫下去。

爲了怕溥心畬累著，李秀文趕緊吩咐伙房，找隻肥母鷄燉上，爲他增加點營養。這種關懷與招待，使李墨雲也大爲感動，從箱篋中找出一把畫好的摺扇，親自研墨請心畬題款，餽贈給李秀文。又以所攜宣紙和佳墨，請心畬書寫幾幅中堂及對聯，分贈正副軍長和李秀文等。

白天手不停揮外，到了晚上，溥心畬又與李秀文促膝長談，想多了解些時勢和軍中現況，李氏站在軍人立場對局勢和人生的見解，他也滿懷興趣的傾聽，並提出問題作深入的探討。在日夜忙碌中，他又應劉廉一之邀爲前線官兵作了一次精神講話。講畢，官兵紛紛請其簽名留念，心畬只好以鋼筆在那些小記事簿上簽名，寫幾句勉勵的文字。唯恐他過於勞累，到了初四那天，李秀文只好按照劉廉一的吩咐，派人到門外擋駕，勸阻大批湧至求書的軍人和百姓。饒是如此，仍有部份人士「突圍而入」，使他寫到下午動身前往定海縣城時才休止。

定海縣城，當時是浙江省政府遷播所在地。浙江省主席兼國大代表周岩是心畬的好友，知道心畬到了舟山，當即請軍部派人護送溥氏一行到定海縣；這份護送的差使，就落在李秀文身上。

到達定海城浙江省府時，已經是萬家燈火。比起幾天來所經過的漁港、農村和崗哨林立的軍營，定海縣城算得上是繁華之地了。

第二天一早，溥心畬欲邀李秀文同遊名傳遐邇的普陀山時，知道李氏必須歸營署理軍務，心中頗爲依依不捨。

周岩知道溥心畬喜愛遊山玩水，特別安排汽艇，供他作普陀之遊。

普陀山爲中國佛教勝地，有「海天佛國」之稱。位於定海縣東，是孤懸在海上的島嶼，其地離溥心畬偷渡登岸的沈家門很近。全山縱橫十里左右，環島一周，則有百里左右的腳程。山中巖峰洞窟，玲瓏陡峭，險奇中別有一種神祕詭幻的氣氛。山中遍開小白花，故稱「白華山」，主峰白華頂，高約千尺。普陀山寺廟林立，有大寺三座，小寺及茅蓬共兩百多處。大寺中的普濟寺又稱前寺，法雨寺稱後寺，慧濟寺則接近人稱佛頂山的白華山頂。溥心畬此行，與慧濟寺的慶規上人結緣。其後慶規上人在台灣創立普陀山慧濟寺分院，溥心畬受託作「募起普陀山慧濟寺分院疏」（註二）。

由於舟山群島屬於國、共內戰的前線，出入境都少不了證明文件，普陀之遊也不例外。受命爲溥心畬一行辦理證件的省府祕書。不知是粗心大意，或受章宗堯、王敦二人授意，爲攀附溥心畬這片海上浮木，居留台灣預作安排；首先把心畬籍貫寫成浙江；以致溥心畬到台灣後，戶籍上也隨證明文件所載，成了浙江人。其次，除李墨雲、溥毓岐之外，章、王等，盡列名爲溥心畬的眷屬。

溥心畬一向對年節相當重視。每當重陽佳節，必登高眺遠，飲酒賦詩。在舟山也不例外，他所登的定海縣城的奎光閣。俯瞰懸崖峭壁下面的護城壕，遠望無數的戰壘和在沙岸、青天之間徐緩航行的孤帆，不由得感慨繫之，賦七律一首：

石壁崔嵬撼怒濤，清秋臨眺俯城壕，海門雲白孤帆遠，沙岸天青片月高。戰壘飛霜驚草木，

迴風捲霧拂旌旄，長江夜孛欃槍氣，北斗光寒動佩刀。——九日登定海縣奎光閣（註二）

重陽這天天氣晴朗，飛往台灣指日可待，溥心畬「宿定海縣」詩中所說「何時掛帆去，東望霧濛濛」的沉重心情，消失了大半。他一面整裝，一面以箱中找到的宣紙，畫登奎光閣所見的山水風物給共患難的王敦（光文）。

●

經周岩與東南軍政長官陳誠聯絡的結果，將滯留舟山十餘日的溥心畬一行，以專機接抵台北松山機場。

與重九在舟山所賦「戰壘飛霜驚草木」的肅殺、蕭瑟景象相比，台灣眞是一個四季常青的寶島。只是降落寶島的剎那間，閃現在他心靈中的卻是甲午戰敗，割讓台灣、澎湖給日本的恥辱和歉疚，他在〈憶昔〉詩中寫：

憶昔先皇日，要盟在馬關，纔聞失旅順，已報割台灣，使節來何遠，王師戰不還，殊方悲往事，空望舊雲山。（註四）

此詩據稱是來台之初，書贈一位接機的親友趙先生，在心畬晚年手鈔《南遊集》定稿中，將首句更易爲：「憶昔軍書急」。

光緒二十年中日甲午戰爭，是溥心畬誕生的前二年，次年，馬關條約訂立，台澎強被日本割據。

到了年逾半百，自己也由時勢所迫，攜家帶眷，遷播到爲「先皇」所割讓的台灣，思想之下，不由得一陣悃然。〈憶昔〉詩中的「憶昔先皇日」，似乎前清皇室貴冑的意味較重。定稿改爲「憶昔軍書急」，把「先皇」割讓台灣，轉化爲國家的劫難。這首〈憶昔〉詩，也是溥心畬系列關懷與頌揚台灣原住民屢仆屢起，對抗日本殖民政府的英勇事蹟的前奏。他對前來接機、看望他的滿族人士，希望他能繼續領導他們爭取權益的事，也一概加以辭謝。他深覺在動盪與患難之中，應該泯除族與族的畛域，共赴時艱。

當時台灣經濟蕭條，單靠筆耕，難以維生，因此，被東南軍政長官公署安排住進台北市中山南路十一號凱歌歸招待所後，坐困愁城的溥心畬，首先想到求助於對他器重及關懷的蔣中正總統。前往杭州時，蔣氏尙有書信垂詢他的近況。但，此時蔣氏卻因事轉往重慶，使他無法晉謁，他只好寫信請南京舊識憲兵司令張鎭代爲轉達。他在給張鎭的信中寫：

「……弟來台本擬晉謁蔣公，忽聞已蒞臨重慶。謹奉函致聞，希爲轉達，並求將近狀代陳。並求轉陳：弟對蔣公非獨敬其功業，亦實爲弟之知己。弟欲保清白之身，存天地之正氣，必得生活之安定。故望蔣公有以助我；若有所困難亦不敢相強。吾兄何日蒞台？至盼晤面。肅上。敬頌鈞安。　弟溥儒謹啓」（註五）。

從信中語氣推測，張鎭當時，可能也隨蔣氏前往重慶。

上蔣總統信中，心畬略述在上海時婉辭中共之邀回返北京，復因人民共和國發佈組織名單而冒險偷渡沈家門的往事。也陳述來台的窘況：

「……今已抵台灣，惟因行李錢幣皆不能攜帶，困窮情況，甚於上海，顧身雖貧，於義則安。

……」

接下去，除了求助一時之困外，溥心畬也未忘劉廉一所託，趁機進言：

「……望大總統破格用賢，革清吏弊，提高士兵待遇，實行軍民合作，恢復失地，可如運掌之易。……」（同註五）

信寫好之後，立刻交王敦轉致。溥心畬、章宗堯兩家住進凱歌歸招待所後，王敦即行離去。此後，求助之信即如石沉大海，非但久候不見回音，以後心畬與蔣氏見面、飲宴的時候，也未聞蔣氏提及。

民國六十四年十月，其時距溥心畬回歸道山已十二年之久，也是蔣中正總統逝世的前數月，台北市國立歷史博物館舉行「中西名家畫展」。展出的西畫，包括畢卡索等近代西洋各流派的作品；沒有原作的，則以精印品填補，以冀一窺近代西洋繪畫衍變的面貌。國畫方面，則以溥心畬、張大千、黃君璧三家為代表。

在人潮擁擠的觀眾中，有位樊老先生，在溥心畬遺作前流連徘徊，良久之後才像下了決心似的求見博物館的祕書。樊老先生表示，多年前他有位浙贛鐵路局任事務科長的友人王光文（即王敦），因車禍喪生。他為王氏料理後事，整理遺物時，赫然發現溥心畬送給王敦的定海縣奎光閣所見景物山水畫，和兩封寫給蔣總統、張鎭的信。多年來，他一直不知如何處理是好，希望祕書能轉送館方公開陳列。當時台灣仍處於戒嚴期間，也許唯恐藏此信惹來麻煩，樊老先生不願透露名字，交付書信後離去。

回憶民國三十八年來台之初，溥心畬上書蔣總統求助未獲回音的事，溥毓岐分析：

據傳，張鎭夫婦來台後，因所住旅館失火，多數物品付之一炬，未久之後，夫婦均病逝；也許這是王敦未能把信轉到的原因之一。

不然則是王敦受心畬之託，卻未能忠人之事。毓岐印象中，王敦不是一位能信守承諾的人。他記得住杭州時，浙贛鐵路局員工，曾流傳一則歇後語：

「本局不必買帚把——王科長的信用就可以掃地。」

曾問及就其所知，求助信的石沉大海，會不會影響到溥心畬對蔣總統的感情？溥毓岐表示影響不大。民國三十九年蔣總統由重慶來台，宴請心畬時，蔣夫人宋美齡女士曾關懷心畬的生活和住處。心畬表示來台灣就是要跟大家一起吃苦的，所以居尚無室。蔣氏點頭表示讚許，蔣夫人即以中崙的一棟宿舍，撥給心畬棲身；唯此屋溥心畬尚未住進，便被李墨雲租了出去。

其後，政府透過有關單位，先後聘請他為國策顧問、光復大陸設計委員和考試委員等職，其中多少有照顧他生活的意味，溥心畬均以「不事二朝」之義，加以婉辭。他認為辭官不就，遠離現實政治漩渦，乃是其亡母之教；他在《慈訓纂證》序言中寫：

「金陵之亂（按，指南京易幟），儒避地東海，客有問儒者曰：『昔舊都之將亂也，子先南遊金陵。金陵方盛，人將以祿位待子，子又去之。及吳越再亂，乘孤舟浮滄海。勞形居貧，而子誦讀若平日；殆若能知幾遠厲夫？何修而至於此哉？』儒應之曰：『嗚呼！此先母之教也。』」

在他心目中，與「義」不相抵觸的「公職」，似乎只有教職。當時台灣藝術最高學府，就是台灣省立師範學院的藝術系。

溥心畬年譜中記：

「民國三十八年……十月，應師範學院之聘，任教於藝術系。」

溥心畬對台灣的山明水秀，風光旖旎可能早有所聞，到台灣的第三日，就迫不及待的前往日月潭遊覽。登光華島，參觀番社的奇風異俗。他在詩中寫：

構木棲巖穴，攀藤上杳冥，射生循鹿跡，好武冠雕翎。箭影穿雲白，刀光照水青，聖朝同化育，嗟爾昔來庭。——高山番（註六）

原住民構木棲穴、勇武善戰、以狩獵為生，前清曾被德化，進貢朝廷，也算是一方的藩屏；這就是溥心畬對台灣原住民最早也是最粗淺的看法。當他旅台日久，對原住民保鄉衛土，抵抗日本殖民戰爭的忠勇壯烈，所知愈多，他的看法，也大為改觀。他在〈石門銘〉的序中寫：

甲午之役，挫甲劃地，番人不欲從倭，斷水據險，戰於石門。壯者挾兵，攀援藤莽，伏穴為壘，依林為寨。婦子負糗糧，礪刀結弦。人皆怒冠，奮命喋血，匍匐巉崿，陳為犄角。（註七）

他形容石門的峭拔險峻之後，筆鋒轉到原住民以寡擊衆，以原始武器對抗現代化武器的英勇，和終至不敵，被殲於外寇的淒涼下場：

倭怙恃其衆，搜番求戰且輕番。入山已深，伏者盡起，嘯嘑下擊。殲其渠魁。功雖不成，義可書。

繼而，他稱頌原住民的義烈，必將光耀史冊，永垂不朽：

……東寇憑陵，要盟略地，敢行暴虐，殘民逞志。炎岡抉谷，氈車載燧。番人疾首，誓死於義。剡我長矛，鞎我強弓，聽誓雲集，嘯侶風從。冠纓排雪，飛矢流空，殲厥師旅，斬其元戎。

溥心畬以深長的嘆息，作爲石門銘的尾聲：

天柱將傾，地維將裂，巍巍石門，其義不滅。

在霧社事件中，日人以毒氣攻擊避入深山巖穴的原住民同胞，死傷尤烈。巍峨牌樓後面的霧社事件紀念碑下，起義受難者的骸骨。堆積在簡陋的水泥地窟中。

溥心畬在〈霧社山銘〉中寫：

……東寇與戎，虔劉邊宇，死爲國殤，生能守土。我搴我旗，我眾我旅，舉其白刃，建其赤羽，殲厥中軍，焚旗破斧。霧社將將，霧溪湯湯，昭茲遺烈，來世莫忘。（註八）

在他晚年的〈太魯閣記〉中，又提及霧社抗暴事件：

初日本之侵台也，番人據山爲寨以守。霧社之戰，番人以長矛利矢，殲其大將。好勇慕義，有足懷者也。（註九）

由此可見，他對守義不屈的「高山番」的敬重，對甲午之戰喪權割地的深切反省。

文註：

一、本詩見於容天圻《畫餘隨筆》頁一〇〇〈溥心畬傳稿〉。收入溥心畬《南遊集》頁二〇〈感遇九首〉（之三）時，將首句「憶昔渡南海」易為「宵征渡南海」，刪去「戍卒檢行旅，狼藉陳沙灘」，以及「守將聞客至，勞問羅盤餐，窮途成邂逅，感義摧心肝」六句。

二、《寒玉堂文集》卷下頁五一。

三、《南遊集》頁十一。

四、見民國七十八年十二月卅一日《台灣副刊》林佩芬撰〈歷史的傷口〉、《南遊集》頁十二。

五、《傳記文學》卷二六期二頁四〇〈溥心畬上蔣介石書〉，蘇亮節撰。

六、《南遊集》頁十二。

七、《寒玉堂文集》卷上頁七五。

八、《寒玉堂文集》卷上頁七八。

九、《寒玉堂文集》卷上頁八七。

19・復性說

民國三十八年十月；溥心畬來台不久，張大千也從香港來到台灣。爲了歡迎二位國畫名家蒞台，台灣藝文界有兩次盛大的集會。一次由陳誠具名邀宴，實則由教育部長主持宴會。一次由台灣藝文名流聯名宴請溥、張二人。

溥、張二人回想在北京萃錦園與頤和園中，杖履相接、杯觥交錯，又經常在畫上互相補景、題跋的往事，心中都有無限的感慨。

張大千曾對友人說：

「我和溥心畬曾同住在頤和園，我住仰雲軒，常相過從。心畬當時，仍保存著皇室的生活，一聲『送客』，馬上有隨從排列兩旁，各持燈籠，照耀如同白日。」稍停，他又若有所失地說：

「他的如夫人（按，李墨雲）對我特別殷勤，因爲當時有『南張北溥』的傳言，如夫人希望我們兩人合作作畫，自然價錢不凡。」張大千語氣一頓，放低聲音說：

「本來心畬的性格是不和任何人共同作畫的，因為如夫人關係亦只好和我合作了；我們合作的畫，都被如夫人收去不知下落了。」

有次，在一尺高二尺寬的橫幅上面，大千畫荷花與莖，心畬添葉並題，詩為：

秋至皆空落。凌波獨吐紅，託方得所（按，下漏一字），未肯即從風。

更妙的是，齊白石見了，在右首一朵紅花上，補上一隻紅色蜻蜓，精工細緻，竟與二人的大寫意花卉和行書題跋。配合得自然天成，渾化無跡。此一溥、張、齊三人合作，應是絕無僅有，離亂之後，張大千也不知該畫去向。

從盟弟張目寒口中，張大千也知道，溥心畬和李墨雲的感情變得很複雜，但他為了面子，偏袒墨雲。

第二次宴集在圓山飯店舉行，張大千見心畬兩次赴宴，都帶著一位不良於行的少年，知道這是曾在頤和園見過的心畬義子「小憨兒」溥毓岐。

但見毓岐衣裳單薄，雖是在亞熱帶的台灣，入冬之後，時有十度左右的寒流，令人心中不忍。宴後，大千囑張目寒代贈一百元給李墨雲，請為毓岐添些衣服。張目寒卻連連搖手說：

「你不能給溥嫂，給了她，她還是不會為他添製衣服。」（註一）

數日後，張大千倩人送了一套衣服給毓岐，使毓岐心中有種說不出的溫暖，對張大千的關懷，十分感激。但，送衣者臨行的一句：

「要好好穿，不要弄髒了！」卻使溥毓岐彷彿受了嗟來之食一般，三四十年後，仍耿耿於懷。

張大千此次來台，似乎無意定居，只停留一個月左右，開了一次書畫個展，便帶著夫人和小女兒飛回四川，再遷香港暫居。

欣逢舊友，熱鬧了一陣的溥心畬，又落入寂寞孤獨之中。

●

在杭州西湖時，心畬曾邂逅一位主持「復性書院」的馬一浮，談得甚為投契。馬氏剖析人性，以在亂世收復人心為己任，心畬頗以為然，有時以此勸勉門生。

復性說的基本出發點，相信「天命之性，渾然至善」；畫一顆赤紅的心來象徵。其後受七情淆亂，私慾漸生，心上則添了黑點。黑點漸增的結果，到了第五顆心，已全然變黑；其註解則是「損人利己，良知滅盡」。及至黑心產生了紅點，意味著「天良萌發，漸復本心」。此後的四個階段，則是漸進的存天理，去人慾，直到恢復為「復性成仁，成聖成賢」──以一顆功德圓滿的全紅心為象徵。此說頗近《三字經》的「人之初，性本善；性相近，習相遠……」，並相信教育、感化對恢復本性所產生的功能。溥心畬並為此畫出一幅「復性圖」，用以自勉勉人。

在杭州時，章宗堯太太曾把婚變的情形告訴了心畬。心畬發了一頓脾氣，詰問墨雲幾句之後，也就不了了之。

也許受了復性說的影響，溥心畬在家庭生活上，似乎並未採取防微杜漸的措施。章太太見到宗堯與溥家形影不離，無意自立門戶，因此，住進凱歌歸不久，就帶著三個幼子黯然離台，回返廣州。

自此有將近半年期間，溥心畬一家和章宗堯，再加上後來自行離去的王敦，便成了旅行以及在各地舉辦書畫展覽的小團體。溥心畬書畫筆墨，則是這個小團體生活的依賴。

溥心畬在台的首次展覽，三十八年農曆十月在台北舉行。在政要及族人的協助下，共得潤金新台幣四萬元。當時台灣經濟並不景氣，四萬元新台幣比他在大陸時動輒以銀元計算筆潤，不可同日而語。自然難以應付這個小團體長年的需要。

三十八年新年前後，時爲農曆臘月，孝華自宜蘭軍中回台北省親，溥心畬爲作〈芙蓉紅蓼〉和〈朱竹蝶石〉（註二）各一幅。後一幅作於臘八；在北方，正是天寒地凍的時候，一碗臘八粥入肚，通體溫暖舒暢。台灣的冬天，雖然寒冷，仍舊遍地青翠；但溥心畬心中，卻有股茫無所之的寒意。此時，他偶然間結識一位住在高雄的皮震中將，仰慕心畬的藝術造詣，邀他前往高雄舉辦個展。揭幕後，前往觀賞的人絡繹於途，與他王孫的身世大有關係，實際訂書畫者則出奇的冷淡。有位本省詩人看過之後，向看會場的章宗堯索取紙筆，揮灑四絕一首：「儘來不識，意似徒然，唯有吾知，囊內無錢。」（註三）寫罷一笑而去。

皮中將親臨會場，見到這種叫好不叫座的情形，頗覺過意不去，趕緊發動親知捧場，才訂去十來幅作品。

高雄與台南近在咫尺，台南古蹟頗多，溥心畬早有耳聞。當他登上赤崁樓時，放眼周遭，椰樹、古碑，及樓上收藏的古物、鄭成功與荷蘭人戰爭的繪畫等，引發了溥心畬濃濃的鄉愁。他在七律中寫：「蓬瀛環海控漳泉，笙鶴曾聞駐列仙，番社抵今多瘴雨，澎湖終古傍蠻煙。永嘉喪亂悲南渡，庾信登樓賦北遷，遙憶西山舊松菊，衡陽歸去竟何年。」（註四）款贈薇風先生。

薇風，姓曹，是湖南籍的憲兵上校，任職於凱歌歸招待所。溥心畬寄寓凱歌歸，可能由於憲兵司令張鎮的關照，多得曹薇風的照顧，故他所得心畬墨蹟頗多，據稱大小不下五六百件。心畬出遊日月潭等地，也有憲兵隨侍，一般人不得出入的禁地，多可通行無阻。

急景凋年時候，一行人的遊踪，到了台灣中部的彰化，作客於章宗堯的友人家中。主人是位公務員，大概像宗堯一樣，任職於鐵路部門。在爆竹與賀歲聲中，他們在這裡度過己丑年的元旦。

年後，他們完成了往遊名聞遐邇的嘉義關子嶺和阿里山的心願。生長北方，視寒冬沐浴爲畏途的溥心畬，對台灣的溫泉情有獨鍾。在台北時，北投溫泉，他早已領教過，簡直想「此生長作北投人」。溫湯浴罷，盤腿坐在日式榻榻米上，一面品茗，一面閒眺拉門外面的山景，聽山禽的鳴囀。在關子嶺上，溪流兩岸，憑溪建屋，到處冒出那種溫泉特有的氣味；依稀像二十餘年前與溥僡聯袂赴日所見到的泉鄉風味。

山櫻乍放的阿里山，頗有一種高處不勝寒的感覺。遊過日月潭的番社，溥心畬對原住民身配開山刀，手持火槍，一犬相隨入山狩獵的情景，興味十足。山地的一些神話傳說，他更聽得神往，成爲他筆記小說的題材。他在《華林雲葉》中寫：

「台灣阿里山番人伐木，入谷益深，崎嶇無徑，攀葛以登，得一石洞……」（註五）

接著，他以活靈活現的筆致，描寫石洞的幽深和詭異：

披荆斬棘的原住民，進入曲曲折折的石洞，行約三百多尺，見一龐然巨物，其色如石。近看才知道原來是一個「石人」，被層層的藤蔓遮蔽住身體，往他身上一敲，竟發出石缶的聲音，在洞中迴盪。此時，巨人忽然張開雙眼，目光如炬，嚇得伐木者轉身狂奔，連滾帶跌的下了巖壁。唯恐巨人爲禍山林，衆人趕緊運石，堵塞洞口，致以後無人再敢攀巖而上。

半生雅好尋幽探勝的溥心畬，好讀誌異之類的書籍，每有見聞，就分門別類，筆記成帙，名《華林雲葉》；有的見於詩詠。

距台北不遠的碧潭，每逢假日，遊人甚多，游泳划船，於潭畔或畫舫中，品茗雅集。剛到台灣不久的溥心畬，在這種熱鬧的風景區，竟訪到深隱苦修的異人。他在詩序中寫：

「廣欽，閩僧，住碧潭上，鑿洞而坐，不火食者二十餘年。」

據說，廣欽前在大陸修行，日以水果少許維生，故有「水果師」之稱。苦行中，他往往能長時間入定，溥心畬贈以五律一首：

> 杯渡閩江水，雲遊多歲年，碧潭惟見月，石洞久無煙。虹影垂天際，潮音落殿邊，觀空泯眾相，住此亦隨緣。——贈廣欽上人（註八）

類此，世人鮮知的市郊隱者，溥心畬似乎特別有緣得以遇見。

不過，溥心畬後來屢次造訪碧潭，並非想學二十餘年不食人間煙火的廣欽上人修鍊，為的是碧潭左岸的一家餃子館。北方口味，老闆招呼得親切周到。溥心畬飽啖鮮肉餃子之後，雅懷舒暢，往往技癢，為餃子館老闆當場揮毫，留下書畫。滿壁墨香，使這山明水秀間的小館，漸成文人雅集品書談畫之所。心畬晚年病重，仍然抱病邀集門生，在遠來探病弟子的陪侍下，雅集於碧波橋影的潭畔。只是食尚未半，已有體力不支現象，在門弟子護持下，趕緊驅車回去。

遊罷阿里山，溥心畬一行人由嘉義北上，住進台中市的台灣銀行招待所。日式榻榻米房子，寬敞乾淨，使睡不慣彈簧床的溥心畬頗感舒適。只有一對母女和一位女傭在管理和清掃，不像住凱歌歸，出入有持槍站崗的憲兵；以及常常求書求畫的訪客。在此常來看他的友好，僅有前北京頤和園園長王蘭，帶些日本朋友和台籍友人，他們常用日語交談，到過日本的他，倒也能聽得一知半解。想到在頤和園期間的一切，以及在北京城王蘭家中挑燈夜話的情景，使心畬感慨萬千，眞是「人生何處不相逢」。暇時揮毫，也爲預定的三月台中個展，添些新作。

安懷音一家亦已遷台，家住台中，自己在台北任職。在南京拜師的安和，年已十九，如今異地重逢，心畬想到昔日諾言，遂提議要將安和帶回台北，從四書五經、書法乃至灑掃應對之類最基本功夫教起，安和一家自然喜不自勝。

三月畫展期間，另有位一心向學的少女，央求母親攜帶她的詩書習作，求爲心畬弟子。心畬把詩和字稍加過目，感到資質可造，點頭應允。少女名叫劉河北——顧名思義，她出生於河北，援安和字「文瑛」例，心畬爲她取字「文珊」、從「玉」字旁。心畬對她的弟妹，分別取名「海北」、「西北」、「東北」，各隨出生地命名，覺得很有意思，也顯示在動盪的大時代中，人的居無定所，跡似飄萍。

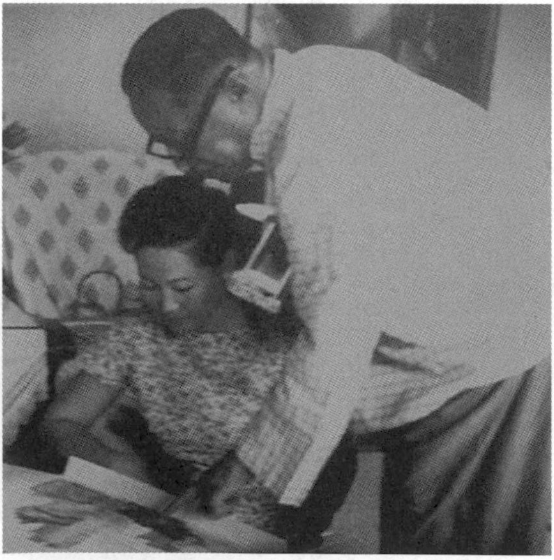

溥心畬爲安和評析畫作（安和提供）

劉河北的父親劉仲和，因庚子賠款案爲基督教會保送美國，得農業博士學位。返國後，任教於燕京大學。母親爲留美家政碩士。抗戰時，劉仲和到達重慶，棄學從政。劉河北少時從一位畢業於北平藝專的老師習畫。聽到很多舊王孫溥心畬的軼聞逸事，開始對他心嚮往之。

十三歲那年，劉河北父母在重慶爲她舉辦首次畫展。她宣稱要把全部賣畫所得，捐獻給國家，購買飛機抗日。痛恨日機濫肆轟炸大後方的民衆，熱忱地把這十三歲少女的畫作訂購一空。

劉仲和遷往上海後，棄政從商，她則心不甘情不願地讀了三年大學土木工程系。由於學藝術的心願不遂，心懷抑鬱，沉默寡言。但，溥心畬在上海的書畫展，又爲她心中點燃了藝術的火花。在開往台灣的輪渡中，她把可資證明大學三年學歷的成績單，偷偷投入海中，決心與工程學科永別；這對經商失敗，坐困愁城的劉仲和，是項很大的打擊。他原以爲長女到台灣後，再讀一年大學，就可以踏入社會，負擔一部份家計。現在她執意要學畫，她的母親只好翻出有限的私蓄，爲她籌備拜師宴和北上的盤纏。

心畬弟子劉河北（劉河北提供）

去年臘月，溥心畬離開台北南下高雄之前，已知招待所將遷移北投，凱歌歸原址預定由國民黨中央黨部接收使用。經過各方協調之後，由省府撥出台北市臨沂街六十九巷十七弄八號一棟日式平房，供溥心畬一家居住。溥心畬感到可喜的是，與北京時期的弟子陳雋甫、吳詠香夫婦在台北市連雲街的寓所相去不遠，可以朝夕往來，相互照應。當時身無長物的溥心畬，向凱歌歸商借幾件必要的家具，在他離台北前，已託人送往新居，只待台中個展後北返，即可住入。

安和與劉河北北上受教，住在老師家中，以五經、書法爲主要學習的科目，使熱中繪畫的二人，大感失望。繼而一想，這可能是老師對儒學的重視。溥心畬繪畫馳名國際，只若在他身邊，近水樓台，不怕學不到繪畫。

文註：

一、《張大千先生紀念冊》頁四五七〈晨間閒話——和大千先生擺龍門陣〉，羅才榮撰，故宮博物院版。

二、《溥心畬書畫文物圖錄》畫部圖四九、四八。

三、溥毓岐憶述。

四、一說，登赤崁樓爲溥心畬抵台數日後，首次出遊所作。

五、《華林雲葉》卷上頁九五。

六、《南遊集》頁十四。

20・生平三怨

溥心畬爲感念慈母項氏教誨，來台後著手撰述《慈訓纂證》，自序之外，請遜清遺民陳含光，及北京舊識黃金鰲爲序。陳含光（原名延韡），揚州江都縣人，出身於書香世家，主張詩應重性情，倡導「詩人合一」。擅長篆書，小楷工絕。他的詩、詩論和法書，無不爲當代名家所推崇。

來台後的陳含光，年已古稀，溥心畬除佩服他的詩文書畫成就，也敬重他爲遜清守節的遺老身分，所以書請他作序；畫，除陳氏外，少請他人題跋。又命長子孝華拜陳氏爲師；只是孝華，受不得嚴師的束縛，往往敬而遠之。

開過台中個展回到台北的溥心畬，對他臨沂街的新住所，既喜有個棲息之地，又爲它的偏僻陳舊蹙眉不已。他在〈感遇〉詩中，描寫他的「新」居：

卜居東海濱，連廛皆板屋，淺渠不隱屐，環垣削青竹。户陰綠陵藟，穿簷拱榕木，衡門無三

尺，四席足蹜蹜。仰瞻屋漏痕，連雨垣將朴，卑濕移釜甑，朝菌已生餗。不如陶令宅，猶得伴松菊。——九首之四（註一）

台灣天氣寒暖變化快速，多雨多風，也使他難以適應。睡眠不安穩，收藏的薦被容易生蠹，洗了衣服不易晾乾，琴弦常會鬆弛，多鼠多蟻。一陣颱風過後，窗外便是蘭摧蕉折，瘡痍滿目……

生活環境雖然諸多不如人意，但是雨後籬邊、壁角爬著的蝸牛，他也會好奇的觀察上好半天。台灣蝸牛體形巨大，戴殼而行，僅吃一些蔬菜，便可生百卵，廣育子孫。戴殼，象徵著深隱善藏，隨處安居，不像自己為家世、聲名所累，漂泊不定。因作〈蝸牛賦〉（註二），以發抒心中的感慨。

也有形似蝸牛而無殼的蛞蝓，比起他目前的處境，倒有幾分同病相憐的意味。經過一番考據，他把牠記入《華林雲葉》〈記詁〉類：「吾廬在陋巷，地卑濕，有蟲似蝸牛而無殼，人見而惡之，《說文》曰：『無殼者蛞蝓。』陶宏景曰：『蛞蝓，無殼是也。』」（註三）

人生短促，感人類的貪得好鬥，溥心畬俯身階前，細看螞蟻的陣仗：

布橫雲而始陣，列偃月而成行，無纓冠而赤幘，不介馬而元裳，陳魚麗而星布，鼓雁翼而箕張……

綜觀人類史上，多少可歌可泣的鉅變，無異於蟻鬥：

交龍戰於鉅鹿，破象陣於昆陽；越霸兮吳滅，漢起兮秦亡……——蟻鬥賦（註四）

所有這些轟轟烈烈的史蹟，到頭來，不過像南柯一夢。

感慨最深，最能表現他憂時處變態度的是見到風雨過後，萬物摧殘的狼藉景象，不能已於言的〈霖雨賦〉（註五），詠遷播離亂而不知痛定思痛，但求加緊控制而不求修德恤民的政治現象：

藐三台之孤嶼，類一葉之沉浮。瞻蓬壺之縹緲，歌靈源之阻修。何昊天之不弔，降沴厲而塗炭。百川沸而山崩，民囂然而離散。委城池以失眾，職由人而誰怨。任衛巫以監謗，用桑宏而重斂。始兔舞而戎生，終蛇鬥而鄭亂。輕禹鼎而重遷，嗟陵谷而再變……

從「任衛巫以監謗」來看，溥心畬作此賦時，不僅透視到一般的社會現象，似乎已隱約感到自己樹大招風，也在被監視之列。因此，愈想以蝸牛爲師，求善藏易安之道。他續賦：

羌東海之可蹈兮，乃乘桴而南翔。苟宅仁而不違兮，將焉往而非臧。龍在淵而潛德兮，玉韞匵而韜光。慕伯玉之卷懷兮，仰顏淵之善藏。懼降志以辱親兮，豈令名之不彰，秉仁義而不憂兮，雖拂亂而奚傷……

溥心畬賦中所表現的自處之道，和他居台第五年所作〈旅銘〉相近：

……嗟余小子黽勉而行，思居貞而蹈義，如臨淵而履冰。戒貪欲而行險，罔倖進而矜名……旅焚巢於上九，所致歎於禰衡。務高翔而知止，貴立命之有成。慮離德之孔灼，或貽戚而興戎。持艮義於亂世，庶遠戾而全生。（註六）

旅銘序中，心畬自謂依據易經的「下艮上離」，像山與火一般，「艮而麗乎明，離而不失其止」，在動、靜之間，求其中庸。溥心畬看事頗透徹，分析事理亦甚中肯。但，表現在日常生活中卻大異其趣。穿衣服會扣錯鈕扣。穿鞋襪，有時會一樣一隻。去學校授課不僅常忘記時間，更會在校園迷路。購物時不知付錢，店主欲隨他取款他說不出家的街巷。……

有人推測他所以如此，出於王孫公子習氣，自幼一呼百諾，被人服侍慣了，缺乏獨立生活能力。有人指他韜光養晦，裝作糊塗。甚者，認爲他是「持艮義於亂世，庶遠戾而全生」，正所謂「英雄欺人」；議論紛紛，使一般人眼花撩亂，莫衷一是。

●

到了三十九年，溥心畬和元配羅清媛死別已屆三年。感情上的衝激，心靈苦悶，使他對往日平淡的婚姻生活，愈加思念。七月七日，牛女相會之夕，連賦〈悼亡〉五律三首，讀來哀婉動人；錄其一、三兩首：

七夕成何夕，文絃斷玉琴，山憐眉黛色，水想珮環音。與子三年別，悽余萬里心，還爲異鄉客，空負白頭吟！

竹葉空羅帳，梅花冷玉杯，故山何日見，同穴幾時開？月貌詩中憶，雲鬟夢裡來，秋風吹客淚，應不到泉台。（註七）

到了中秋，遙憶家園，溥心畬又是一番感傷：

中原兵火成何世，異域笙歌過此宵，銀漢無人攀桂樹，蓬山縹緲客星遙。——庚寅中秋（七律）

孤獨岑寂中的溥心畬，幸有近在咫尺的舊日門生陳雋甫、吳詠香夫婦，朝夕往還，來台後所收弟子漸侍筆硯，許多慕名而來的訪客，陪他燈下閒話。種種新聞乃至連篇鬼話，不僅助興，對拒讀報紙的他，也成了解社會百態的管道，和畫鬼趣圖的靈感。

●

三十九年夏天，從台中北返的溥心畬，無論解除生活中的岑寂和文房設備方面，對陳雋甫夫婦都相當依賴，往來也就格外密切。他慣用的楮墨，台灣當時非但不產，更不能進口。想起在北京有榮寶齋等，經常為他補充供應佳楮上墨，使他不由得唉聲嘆氣。當時筆潤也常由榮寶齋預付到府；他對友人笑說那是他的銀行，可惜「銀行」沒有隨他遷台。

說起家庭生活的苦悶，心直口快的吳詠香安慰數語，可以略為紓解他的情緒。但，他是藏不住話的人，偶爾在墨雲面前洩漏一二，不免造成墨雲對詠香的心結。詠香知道老師雅好美食，指點女傭作幾道可口菜餚，使心畬大快朵頤。偶出佳楮，溥心畬從畫箱中取出珍藏的湖南紫羊毫，為之揮毫成聯。在詠香建議下，他也作些扇面和對聯，存在他們夫婦的畫室——鷗波館中，找機會託朋友變賣，除供心畬零用，還可以積存為毓岐醫病。

國曆九月，在張目寒引薦下，湖南世家子弟蕭一葦前來拜師。蕭氏在學術上頗有根基，可以陪他談文論藝，他自願擔任祕書工作，為心畬處理一些抄寫詩文和日常應酬之事。蕭一葦原在憲兵司令部工作，民國三十一年，官拜師長的孫立人將軍，見到他的隸書，大爲欣賞，倩人邀至麾下；但直至兩年後，蕭一葦才得脫離前職，任孫立人的機要祕書。溥心畬對蕭一葦的隸書，讚賞有加，但對他的行、楷和繪畫，主張應放棄從前所學，從頭再來。他所習唐詩及流露在書畫中的書卷氣，相當可喜，要繼續努力，蕭一葦一一從命。心畬景仰孫立人對國家的貢獻，唯恐一葦從學影響到公事，便說：「你在辦公時間離開辦公室來我這裡，有虧職守；而且書畫技巧，目擊最重要，你可在每天晚上八時半來到，看我寫字，看我畫畫。」（註八）

從此風雨無阻，蕭一葦每晚必到，十一時左右，始行告退。後來，每到溥心畬和李墨雲生日，便由蕭一葦具名發帖，籌備祝壽事誼。帖上向不書明壽星高壽幾何；並非蕭一葦疏忽，而是溥、李指示：天機不可洩漏，以免引起閻王注意，發出勾魂令來，豈不要樂極生悲。

壽誕前一兩個月，溥心畬日夜揮毫，準備還禮用的書畫。至期壽燭高燒，門生故舊，賀客盈門。一般學生賀禮約爲兩百元。但，有些風聞內情的陌生者，爲圖溥氏書畫，雖無淵源，也願意納禮賀壽，吃一頓豐盛的壽筵之外，還可以得到「生日書畫」，誇耀於人。

民國三十九年冬天，劉河北於一個陰暗的早晨，辭別父母，搭火車往台北就教於溥心畬；這時，離設筵拜師已有半年多的時光，她恨不得早點到達所仰慕的大師身邊。

很冷，她穿著一身笨重的棉袍。去年剛到台灣時，天氣不但冷，而且陰雨綿綿，她曾寫五絕一首：

冷雨敲窗急，聲聲碎客心，海深家國遠，歸夢更難尋。——基隆夜雨

記得以詩贄見的時候，溥心畬深深頷首，好像詩中的家國之思，引發了共鳴，隨即拈起身邊的一

片宣紙，把她的詩書寫一遍爲贈。到達臨沂街溥心畬寓所，劉河北才發現比她台中的家，顯得更爲擁擠而侷促。陳舊的日式平房，內部以紙拉門約略分割成一個「田」字。

東南面四蓆半左右的空間，是溥心畬和毓岐的臥室，一襲單人蚊帳爲心畬所用，毓岐則無。與此相接的西南一間，具有多種用途：寫字、畫畫、教書、待客均在其中，一張高腳畫案和平板木椅，是心畬專用，學生寫字畫畫，只能臨時擺設矮桌，跪著或盤腿坐在榻榻米上，對上慣洋學堂的年輕人，彎腰久坐，相當吃力。

畫室北面，六個榻榻米大的一間，是李墨雲的臥室兼麻將間。她與章宗堯時招三五牌友成局，洗牌聲，碰、胡的吆喝嬉笑聲，和前間的授課讀書聲，不協調地融成一片。溥、李二人分房而眠，據說與李墨雲自稱體康不佳有關；另一傳說是，李自言她曾許願，爲觀世音的侍女，何者爲是，外人不得而知。與李氏一門之隔的三疊小屋，爲溥府常客章宗堯所居。安和、劉河北，和另一位女弟子林若璣則睡在李墨雲的床前榻榻米上。

李墨雲、溥心畬爲這些入室弟子安排的生活和課程，相當緊湊。每日黎明即起。在他趺坐或打太極拳時，弟子們開始灑掃庭院，湔洗床單和衣物。常爲風濕、關節炎之類病症所苦的毓岐，負責擦抹榻榻米。由於李、章另備早餐，劉河北往往在家事告一段落後，外出買豆漿和燒餅油條之類，作爲其餘幾人的早點。她形容與他們情同姊弟、經常食不飽力不足的毓岐：

「我爲自己和毓岐，各買一個饅頭，毓岐坐在窗台上，伸出蒼白的瘦手，接去饅頭；那情景永生難忘。」她覺得，毓岐雖然苦，但很有志氣。

溥家多由墨雲掌廚，同桌共餐，菜分三等，魚肉多屬章、李享用，心畬偶可分享。當時家電並不普遍，冰箱亦非家家必備，幾個後生晚輩吃的常有隔天的飯菜。墨雲往往親自從盤中撥菜到學生碗裡，看到她們難以下嚥的樣子，自言自語地說：「吃苦，吃苦，苦吃，苦吃，不會長久，回到北京，什麼都好了。」因為她常說，她在宮中珠寶無數，如果對師母好，將來回北京就可以分送給她們。

林若璣住了一陣之後，就搬回家去。

毓岐沉默寡言，忍飢耐寒，與河北頗為投契。心畬時常關起門來，對毓岐講些歷史典故和作人作事的道理，言談風趣，使隔門偷聽的河北，著實羨慕。

雖然李墨雲事實上不見有什麼病症，但心畬常說：「我太太像個美人胎子似的，脆弱多病。」有時她將他氣急了，他也會罵上她幾句；而歸根結柢，只好怪孫中山革命，動搖了大清江山。怪國民黨成立了中華民國，造成滄桑鉅變；若非孫中山與國民黨，王孫貴胄，何由潦倒至此！

李墨雲一再威脅說，她讀過《六法全書》，書上規定他不能虐待太太。溥心畬聽了，愈加無可奈何。因此他對李墨雲與生活上的諸種不如意，歸納為「生平三怨」：孫中山、國民黨和六法全書。

溥心畬畫中人物，除了幾幅邊疆少女，或滿將砍陣之類題材，幾乎一律漢族裝扮。三十九年冬所作〈庚寅十一月夜〉，是唯一的例外。

頭戴瓜皮小帽，胸前拖著一條長辮的男子，身著長袍馬褂，手提鳥籠站立，狀頗孤單冷漠。籠中一鳥，延頸外望，和主人宛似同命相憐。畫中無論題識，表現手法，都給人一種頗為突兀的感覺，不知是否為內心孤單寂寞，有翅難展的寫照！

讀經、習字，是上午主要的課業。尙書、易經、古文辭類纂、論語、孟子、詩經……講解時，溥心畬不厭其詳。王羲之行書、柳公權楷書，往往一練就是幾個小時。

他告訴她們，行書要練褚遂良的〈枯樹賦〉，王羲之的〈蘭亭集序〉。注意每字每筆的運轉。多寫中、小楷，可以不懸腕，手腕微觸紙面，以臂運筆，筆劃自然靈活。寫字作畫，都要用腕，而非用指，寫柳字，轉折堅硬，撇的要快。再如畫荷塘白鷺中的蘆葦，也要迅快掃出。山水點苔，則由裡向外，一圈圈的點出。在反覆指點中，她們逐漸理解到書畫同源的道理。

溥心畬自謂，他幼時練習在板凳上點苔，連板凳都點穿了；聽得學生將信將疑。他指出，著色極爲重要，染到十餘遍後，色彩才能火氣全無。有趣的是，當他一遍遍染色之際，自己脾氣卻容易變壞。他最喜歡唱戲，但他在畫上染色時唱戲，可不是好的兆頭，表示畫中火氣漸消，他的脾氣將要發作，她們往往會躲進別室。

下午的的課程是作文、作詩。

他獎勵她們的方法，是在詩、文餘紙，爲學生加繪揷畫。有時會效法其先祖康熙皇帝，將拇指印捺到紙上，略加點染，成爲栩栩如生的水牛。遇到他喜歡的習畫，他就主動地題詩其上。如有詩文佳作，他偶或另取詩箋，抄寫一通作爲獎品，使學生如獲至寶。

前述劉河北抵台後第一首詩〈基隆夜雨〉即爲一例，從師後的〈新蕉〉，也爲心畬稱許鈔寫以贈：

小庭新雨罷，淺綠照窗明，葉軟欣初展，心開意向榮。已堪添午蔭，未解作秋聲，他日貽懷素，蓮池洗墨英。

數十年後，她吟哦把玩這首詩箋。細思這首原欲抒寫從師後內心開悟喜悅的詩篇，不知怎樣，最後二句，似有出家修道的預感；她想，這莫非就是詩讖！

文註：

一、《南遊集》頁二〇。
二、《寒玉堂文集》卷上頁四。
三、《華林雲葉》卷上頁五二。
四、《寒玉堂文集》卷上頁六。
五、《寒玉堂文集》卷上頁一。
六、《寒玉堂文集》卷上頁七二。
七、《畫餘隨筆》頁一〇〇〈溥心畬傳稿〉，容天圻著。
八、《大成》期一二三頁二一〈恩師溥心畬先生逝世二十周年〉，蕭一葦撰。

21・神祕客

不分年節和日夜，除了睡眠外，心畬幾乎無時不在工作。

庚寅除夕，他眞書〈般若波羅蜜多心經〉（註一），一宿之隔，他又在滿街鞭炮和賀歲聲中，埋首以朱筆憶寫西山戒壇寺的唐代古松（註二）。

畫觀音、寫心經，除了表現信仰的虔敬，更用以超渡亡母在天之靈；尤其農曆十一月二十六日項夫人忌辰，雖在旅次，也必不可免的以血寫經和畫，留下永恆孝思。至於古松，既象徵他青少年隱居西山的歲月、代表音訊不通的北京故鄉，更把古松看成自己靈魂和人格的化身。十餘年後當他病重時，弟子安和由台中趕至台北探視，他便畫孤松爲贈，表現他孤高情懷——可能這也是他的絕筆之作。

與畫唐松十四日之隔的辛卯（民國四十）年元宵，他爲弟子陳雋甫作〈遠岫連松〉，也是以近景岩石中的古松爲主體，遠岫之下，一舟橫渡，清幽中，別有一種孤寂之感；也是在抒寫他那種孤絕的心境吧！

同在正月，有人以海臭蟲餽贈；海臭蟲又名「臭蟲蟹」，嗜蟹如命的他，覺得這種橢圓身形，其名不雅的蟹類，不如湖蟹味美。據說產於基隆海中，平時難於捕捉。唯獨漲潮的時候，海臭蟲隨潮上浮，至成盤中之飧。蟹屬龍族，潛龍在淵，使人莫可如何，可嘆這種龍族，不甘於永久沉潛，於是，溥心畬不但細寫其形，記此龍族的來歷性行，並題詩誌慨；更用以自我警惕：

蟹乃龍之族，形奇受惡名，如何逐潮上，淺水莫橫行。（註三）

其時大陸撤守之初，台灣政局緊張，許多名將巨宦，有的杯酒釋權，有的受到有形無形的監控。心畬以前清貴胄、滿族領袖，可能直覺到已受到注視，所以在〈霖雨賦〉、〈蝸牛賦〉中，一再自我警惕，韜光養晦，以善藏而易安的蝸牛爲師。此外，他又以潔白芬芳，深隱於溪畔的水薑花自喻，作〈水薑花賦〉：「眄薑花之獨秀，挺素質而含香。賦白華而比德，思玉樹而齊芳……」賦及水薑花的隱逸性格，溥心畬寫：

「信沼沚之可託，近山林而得地。履遯則亨，居貞爲貴。陶潛處宋，管甯在魏。免樵蘇之斧斤，任蜩螗之羹沸……」賦中，溥心畬藉水薑花隱喻自己的處境和心志：

薑花白兮河湄，去高陵兮居卑。彼君子兮遯世，懷素履兮奚悲。（註四）

溥心畬每遇古磚、瓦或斑駁的古鏡，常親手拓印，加以謳歌詠題；遇有形狀特殊的魚類也不例外。比目魚常爲文人墨客比喻爲夫妻之愛——「鶼鰈情深」，在溥心畬的朱拓中，則另有寄託；象徵浮遊江海，不受羈絆。他在拓本上題：

比目浮江海，閒遊逐浪痕；不隨鰱與鯉，辛苦躍龍門。　心畬手拓并題

故國的春天，積雪未消，寒梅盛放。杭州超山與孤山的遍地寒香，橫斜的枝影，在心畬腦海中縈繞。於是展紙寫梅。雖寫胸臆間古梅，但多直枝，不似一般畫梅者，一味求其屈曲多姿，故作奇古之態。心畬自題：

野渡浮煙水色空，扁舟曾過碧湖東，歲寒天末無芳草，何處吹簫月明中。
辛卯春寒玉堂中畫梅，心畬題並記（註五）

●

民國四十年春天，一位四十歲左右的陌生人造訪溥心畬的臨沂街寓所。

溥心畬一手拈著香菸，一手不停的點染，一面傾聽訪客說明來意。

萬公潛，字大鋐、亞剛，浙江嘉興人。三十八年遊西湖南山路的煙霞洞時，見到前一年秋天溥心畬在洞壁上的題詩，詩意既佳，書法尤妙，乃以所攜相機拍下。到台灣後始知名傳遐邇的三絕大師就住在台北，特來拜訪。

溥心畬看了一眼當日題壁詩的照片，待眼前畫幅告一段落後，隨手取了一片宣紙，賦七絕一首：

孤帆浮海等飄蓬，今日逢君離亂中，曾向煙霞題石壁，不才敢比碧紗籠。

隨即落了上款，萬公潛知道是爲他所賦，喜出望外，視同珍寶。此後不時到溥府走動，一般人只知道是心畬舊識或好友。數年後陪心畬前往泰、港開展覽和旅遊，駐外接待人員則以爲是心畬的祕書。心畬逝世後，萬氏在《傳記文學》卷五期五頁四八，發表〈西山逸士的幾段逸事〉，作者簡介稱：

「萬大鋐先生，浙江嘉興人，現任行政院參議。」

溥、萬結識後四十餘年，有人在書中透露，萬爲國府遷重慶期間資深情報人員，來台後被安置在調查局中，並因人設事地於第二處上設置研究委員會，萬爲該會主委。

民國七十八年九月二十五日，已經退休寓居美國休斯頓的萬氏，將他收藏溥心畬書畫捐獻給恭王府花園時，才透露出他與溥心畬接近、交往的使命，據大陸藝術學者包立民的說法是：

「執行台灣當局交辦的，不讓溥心畬定居海外的特殊任務。」（註六）

在北京恭王府萃錦園大戲樓舉行書畫捐贈儀式時，萬公潛告訴溥心畬的族人和弟子說：他雖然奉命監視溥心畬，但他了解心畬的人品和學術造詣，一直把他當朋友對待；溥心畬也始終不知道他所負的監視他的使命。

萬公潛形容，心畬生前，不時取出萃錦園的照片，表示對故園的思念。因此他捐獻遺作的動機是：

「一則出於合浦珠還，物歸原主；溥心畬先生送給我的東西，如今送還給溥先生誕生和長期居住過的地方，以慰故人於泉下。二則有感於當前我國（海峽兩岸皆然）書畫界某些風氣，欲激濁揚清，對繼承和發揚我國傳統書畫藝術有所助益。」（註七）

在彼岸，萬公潛對溥心畬渡海來台，也有一種與衆不同的說法：他認爲中華民國取代了清政府，對出身清室貴胄的溥心畬而言，實爲仇敵；中共政府與他則無仇無怨。但他名爲「溥儒」；萬公潛在文中詮釋：

「儒者，儒家之人也。溥心畬有一個心願，生前要繼承儒家衣鉢，死後把自己的骨灰放到孔廟裡去，千秋萬代，世世代代當一名儒家人。」接著，他分析溥心畬對兩岸之間取捨的關鍵：「可是當時在尊孔與反孔這個問題上，他認為國民黨是尊孔的，所以他要離開大陸，避居台灣。」（同註六）

至於怎樣才能收集到溥心畬作品，萬公潛也在捐贈儀式後的訪談中，說出他的訣竅：「雀屏（李墨雲）懶於家務，更不善烹調，但溥心畬是一個美食家，怎麼辦？只得自找門路。」（同註六）

於是萬公潛，知其所需，投其所好；他與認識溥心畬的商人、和公務員，合組了一個聚餐會，採取羅漢請觀音的方式，每週請溥心畬聚餐一次，每次溥心畬都會準備一幅字或畫，送給當週作東之人。每半年，這些「羅漢」們，還可以各得一件較工細的作品。

在〈西山逸士的幾段逸事〉中，萬公潛提出了另一高招：

「如要特別精細或指定的作品，那就非招待他到北投溫泉住上幾天不可。……」

至於萬公潛所說，溥心畬一直視他為知心好友，對他的眞實身分、與心畬交結的動機毫無所猜，似乎也低估了溥心畬的警覺心和智慧。

有一次，心畬對來往密切，與他誼介師友之間的方震五，隱指萬公潛說：

「此人很可怕。」

民國四十五年，溥心畬在日本樂不思蜀，台灣方面各種關於心畬未來動向的傳言紛紜。萬公潛奉政府之命，將偕李墨雲前往東京催駕返台。溥心畬自日本函託萬公潛到陳雋甫家代辦一些事情時，曾暗中函告陳氏夫婦，意思是萬公潛乃是非之人，不必與之深談。

其後，溥心畬結束在日本一段自由生活，與萬公潛、李墨雲返台前夕，曾黯然神傷地問：

「萬先生，您說，我回去後還出得來嗎？」

「當然出得來。」萬公潛的口吻，像隨口安撫心畬的，也像是一種承諾。

返台數年後，心畬旅行泰、港時，萬公潛和李墨雲雙雙護駕，緊迫盯人。溥心畬心下了然；再想如同在日本時，像斷了線風箏般自由翱翔，恐怕是不可能了。

●

溥心畬畫多倣古，民國四十年農曆四月揮汗所作〈琵琶行〉，不知有何稿本爲據；或是別出心裁？其畫面位置和古人筆下的〈琵琶行〉大異其趣。

白居易的〈琵琶行〉，一開頭便具體地勾劃出主、客送別的江干夜景：

潯陽江頭夜送客，楓葉荻花秋瑟瑟。主人下馬客在船，舉酒欲飲無管絃。醉不成歡慘將別，別時茫茫江浸月。忽聞水上琵琶聲，主人忘歸客不發。尋聲暗問彈者誰，琵琶聲停欲語遲。移船相近邀相見，添酒回燈重開宴。千呼萬喚始出來，猶抱琵琶半遮面。……

畫人、畫景，難畫聲；一般畫〈琵琶行〉的人，多循白居易開頭這段描寫，畫岸邊僕夫提燈牽馬，遠處船隻隱約朦朧，以示夜幕低垂，秋江蕭瑟。離岸不遠處，客船輕移，艙中主、客似有所待，後艙童子，忙整杯盤。岸樹掩映中，別有一舟，微露船首和船艙一角，其中半邊粉臉，就是尚未過到客船的遲暮美人了。

溥心畬畫中，全然不畫舟船和江景，幾乎以整個畫面行書白氏〈琵琶行〉詩，只在畫面中下方，白描一位彈琵琶女子。一行行筆勢飛動的行書，彷彿就是從琵琶中迸濺出來的音符：

大絃嘈嘈如急雨，小絃切切如私語，嘈嘈切切錯雜彈，大珠小珠落玉盤。間關鶯語花底滑，幽咽泉流水下灘，水泉冷澀絃凝絕，凝絕不通聲暫歇。別有幽情暗恨生，此時無聲勝有聲。……

通幅看來，白描人物下方僅留的一小片空白，在充滿律動感的書法襯托下，倒眞有一種「無聲勝有聲」的感覺。款署：「辛卯四月畫琵琶行圖　西山逸士溥儒」。

這年農曆八月，張大千到達台灣，離別將近兩年的好友重聚，對生活單調的溥心畬而言，是件快事。當他前往陽明山探訪張大千時，張氏作設色〈芍藥花〉軸（註八）爲贈外，兩人又合作一幅〈松蔭話舊〉軸，張大千所畫崖邊話舊的兩位高士，一看便知是溥、張二人的寫照，峭壁古松，出於心畬手筆，並題五絕一首：

松壑寒如此，清風滿角巾，相逢話雲水，疑是避秦人。　心畬畫松並題（註九）

詩中，顯示出兩人亂世隱居的志節。而張大千攜帶來台的顧閎中〈韓熙載夜宴圖〉、董源〈瀟湘圖〉、黃山谷的〈張大同手卷〉，更使珍藏古書畫盡遺於大陸的溥心畬大飽眼福。

三十八年冬天台北一別，張大千由四川遷抵香港之外，曾到印度阿旃陀臨摹古國壁畫，率妻與子旅居喜馬拉雅山南麓的大吉嶺，描繪當地風光。在印度、香港等地舉行多次書畫展；使困處台灣一隅之地的心畬，不無感慨。兩人相同的一面，則是同樣地離鄉背井，對家園、族黨充滿了懷念。這種思鄉懷人的情緒，在溥心畬的辛卯重陽詩中發抒得淋漓盡致：

北台寒雨帶斜暉，風捲潭雲黃葉稀，別恨暗生登閣酒，離塵空振渡江衣。關山有夢兵猶隔，天地無情雁不歸，佳節年年憶兄弟，烽煙況問首陽薇。——九日登圓山（註十）

●

江兆申，安徽歙縣人，二十四歲自杭州來台，時間上與溥心畬抵台在先後之間。在杭州時，曾於報端讀過溥氏詩文，心懷景仰。任職基隆某校之後，幼讀古籍，青少年時代便開始學習書畫篆刻的江兆申，想一遂拜師之願，把近年詩作和毛遂自薦的信寄給心畬。但，將近一年之久，如石沉大海，沒有回音。

民國四十年冬，對躋身寒玉堂門下早已絕望的江兆申，忽然接到溥心畬回信：

「江君鑒：久遊歸來，承君遠辱書問，觀君文藻翰墨，求之今世，眞如星鳳。儒講授之餘，祇以丹青易米而已。讀君來詩，取徑至高，擇言至雅，倘有時來此，至願奉接談論。」（註十一）

江兆申見信，喜出望外，騎上腳踏車，由基隆直奔數十里外的台北。

他覺得眼前這位青年，詩的規模不錯，但換韻過頻。勉勵他多讀《昭明文選》，勤研名家詩詞。心畬說：

「學古人者，在於識得古人意旨之所在，得古人之精髓，不可率意爲之，必爲識者所識。君可勤讀古詩，細玩其何以換韻，何以不換，自可領略省悟。……」（註十二）

使江兆申印象深刻的，是擅長各類樂器的溥氏，把換韻比之於琴的轉調：

「蓋換韻往往轉意，如琴之忽然變調；類陽關之三疊，黃河之九轉。若隨意換韻，徒見意盡氣阻，了無聲調。……」

近年來，溥心畬從學的弟子日增，包括師大在學的學生；富商巨宦的子女和妻妾、意欲在出國前涉獵一下中國傳統藝術；俾在外交場合可以一展身手的官眷；以及有志於從事藝術工作的各界人士……其中有正式叩頭拜師和寄名弟子之別；一般而言，溥心畬對叩頭弟子督導較嚴一些。

學生中，因各人家境不同，有繳學費，不繳學費及送禮物輕重之分。這時把持全局的李墨雲就有青、白眼不同的對待方式。分書畫稿時，也以此作爲斟酌的依據。

生活清苦的江兆申，在寒玉堂所受的待遇，也就不言而喻了。他在〈春風化雨話師門〉（溥心畬書畫特展專題演講）中回憶：

「那時家住基隆，在一所學校任職員，薪水有限，買車票到台北去找老師，亦得思量一番，所以很少去看他，使得老師很不高興。……」（註十二）

當溥心畬知道江兆申生活清苦之後，非但不再責怪他少登師門，反而安慰他說：

「言詩不可謂苦，只可謂憂；若是學生闊氣，能夠奉養老師，老師有錢也該幫助學生。」

溥心畬的語意，雖說師生有通財之誼；但，能否眞正資助有才氣可造就的學生，實非他所能作主。

民國四十六年江兆申自基隆遷居宜蘭，登門就教就更爲不易，因此多靠郵寄詩書求正，每隔半年左右，才謁見一次。因爲江兆申書法和國學造詣頗深，所以心畬對他的指導方式也與其他學生不同。見面後，往往江兆申呈閱近作，師生二人就相對吟哦討論起來。次及書法進境和所讀古人詩書疑義，二人娓娓而談，有如閒話家常一般。看在李墨雲眼中，無異是浪費溥心畬寫字作畫，開闢財源的時間，冷言冷語也就隨之而至。

文註：

一、《溥心畬先生墨寶》頁二六，真善美出版社。
二、《溥心畬先生書畫遺集》冊上頁一〇〇，台灣商務印書館。
三、《溥心畬畫集》頁七三，國立歷史博物館。
四、《寒玉堂文集》卷上頁五。
五、《溥心畬書畫文物圖錄》繪畫圖五三。
六、《中華兒女》雙月刊一九九〇年期二頁五六〈合浦珠還萬里歸——記美籍華人萬公潛〉，包立民撰，北京版。
七、《中華兒女》一九九〇年期二（？）頁六〇〈我捐贈溥心畬書畫的動機〉，萬公潛撰。
八、《溥心畬書畫文物圖錄》頁四三六。
九、《溥心畬書畫文物圖錄》繪畫圖二九三。
十、《南遊集》頁一七。
十一、《江兆申逝世週年書畫展》〈江兆申先生年表〉一九五〇年條。
十二、靈漚館楷書「失林昏」（其四），溥毓岐抄錄提供。
十三、《藝術家》月刊號四三頁一四六〈春風化雨話師門〉，江兆申演講紀錄。

22・帚生菌

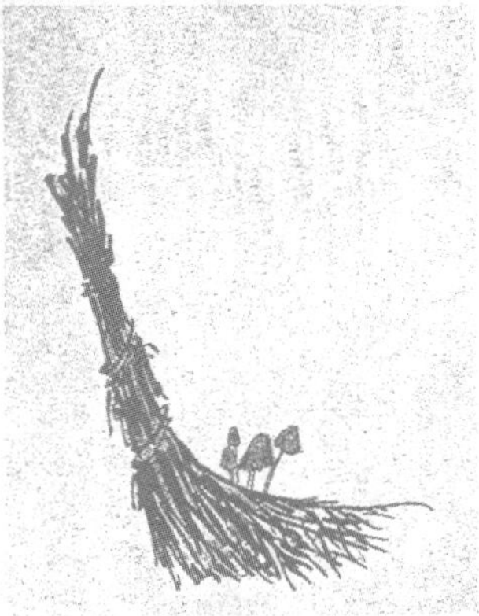

民國四十一年，中國紡織公司在台北成立。當局知道溥心畬以遺老自居，固執於「不事二朝」之節，堅辭國策顧問、光復大陸設計委員等職，乃示意執事者把心畬列名董事，以車馬費聊補清苦的生活。爲時大約兩年。容天圻在〈溥心畬傳稿〉中寫：

「月支董監事月薪酬勞，維持生活是毫無問題的，這樣過了相當時日，溥氏的藝術聲望逐漸傳播出去，學藝求畫的人絡繹於途，束脩潤筆的收入也頗爲可觀，故四十三年中紡公司改組董事會時，大家認爲他已不需要這個虛銜了，故在新董監名單中，未將他列進去。」（註一）

某日，心畬前往台北重慶南路的世界書局尋找古籍。書局爲他介紹一位李姓的訪客；寒暄之下，知爲世交，談及前朝往事，不由得感慨繫之。

李宗侗，乃同光年間名臣李鴻藻的裔孫。李宗侗熟悉前朝掌故，恭王府和醇王府在晚清政爭中的聯合與對抗，說來如數家珍。談到心畬早年珍藏的西晉陸機〈平復帖〉，更是源源本本，了如指掌。

「這部帖說起來話長，這是陸機所寫的眞蹟，它的價值遠超過『三希』之上。《石渠寶笈》登載以『三希』爲最早。而三希中的三王（王羲之快雪時晴帖，王獻之的中秋帖，王絢伯遠帖，是爲三希）是東晉的人，陸機是西晉由吳入洛的人物……」（註二）

像這樣比三希堂三王帖更珍貴的書道瑰寶，何以未入《石渠寶笈》登錄之內？原來，此帖乃乾隆皇帝母親孝聖皇太后所藏。太后崩後，依遺命傳愛孫成親王永瑆——故成親王齋名「貽晉齋」，意在珍視太皇太后遺贈及此帖的無上價值。恭親王奕訢，則得自成親王後裔貝勒載治。

光緒七年，恭親王曾貽贈後諡爲「文正」的李鴻藻。李氏以皇家故物不敢自藏，留賞數月後，拍下照片，倩人奉還恭親王，以後才傳到心畬手上。

李宗侗娓娓道來，連深於考證的溥心畬，也聽得津津有味。說到〈平復帖〉，經傳沅叔介紹，由心畬轉手張伯駒，藏於燕京大學，後有珂玀版印刷問世，心畬愧悔交集地說：

「早知如此，此帖由府上保管更好，當不至賣掉。」此帖脫手於民國二十六年，心畬因辦理母喪，需錢孔急。但，無論理由爲何，傳家至寶未能世守，總是一件難以彌補的憾事。

溥、李兩人，談得投契，當晚即由世界書局作東，吃家鄉風味的涮羊肉，使兩人談得盡興。此後更時相過從，李宗侗成了溥府的常客。

心畬三十八年秋冬抵台，轉眼已邁向第三個年頭。他像許多大陸來台人士那樣，以爲不久內戰結束，即可重返故園，重拾黃金般的家業；難怪連墨雲都說：「回到北京，什麼都好了。」

事實上，政府當局，也不斷勾劃出明恥教戰，收復失土的美麗遠景。無奈，歲月蹉跎，許多中年以上的來台人士，漸漸產生一種歸鄉無日，將永離大陸親人、家業和廬墓的焦慮。

一日，溥心畬驀然發現依在籬邊的掃帚，在梅雨過後，竟然長出菌來；眞是歲月不饒人，一種老驥伏櫪的悲涼感，襲上心頭。乃作〈帚生菌〉圖，作歌圖上（註三）。序曰：

海隅恆風，卑濕湫隘，帚生菌焉；昔燕太子丹烏頭白而去秦，今帚生菌矣，余其歸與？且帚敝如是，勞可知矣；爲帚之言，作爲是歌。

歌中之帚，先是自傷老舊與破敝：

……帚兮帚兮誰所使，落葉風飄半床水，擁帚毆霾霾復集，荊皮斷裂菌生尾。中書髮禿老無用，烈士暮年長如此。……

接著是「敝帚」對主人和時勢的感傷：

爲我寄言釜與鬵，好共簞瓢事君子。田光薦客恨衰朽，廉頗據鞍徒爾爲。老驥伏櫪志千里，黃鵠垂翅中心悲。我欲長歌將何補，烽煙滿地龍在宇，世衰不見燕昭王，誰向金台掃塵土！

溥心畬盱衡時勢，把這種痛感歲月流逝，傷老大和憂國憂民的情懷，著爲〈易訓篇〉（註四），用以開悟一直把他視爲諍友的蔣中正總統。整篇文章可以分成幾個段落：

「大荒之東有國焉，環海爲疆域，連山爲城闕。方其始建國也。民勞於役，士疲於戰……雨暘衍時，百揆失叙，鄰國乘之，侵其西鄙……」

文章開端，把空間界於孤懸海中的台灣。時間則是風雨失調，軍民疲憊，百官失叙，外有強敵的危亡之秋。一位憂國憂時的大夫，入諫其王，但荒於治的國王卻對纍卵之勢，未覺其危。草稿完成之後，溥心畬審視全文，覺得文中的「王好易，而荒於治」的「荒」字，殊欠委婉，故謄清時改「荒」字爲「急」字。當好演易的國王，自認行事審愼，凡所作爲「一事三卜，一命九思，既觀其象，亦玩其辭」時，第二個段落便是君臣之間，展開一場冗長的，易理的論辯。只是國王仍未開悟，自恃無恐地反勸諫者不必多虞：

「朝無違言，上下信矣。謗言不興，小人擯矣。我疆我圉，既庶且安。征伐亂逆，建旆揚鑾。以武臨之，言取其殘。大夫何憂，飲酒且歡。……甚哉！王言之反也。巽以諂動，不可謂孚。若屯其膏，雖惠何如。君子明夷，小人剝廬……」諫者不得已，只好進一步剖析易理，冀王能了解國家眞正的處境。文章的結尾是：

「王用其言，三年，大國受盟，小國來朝，遂霸東夷。」

這篇洋洋灑灑，類似寓言式的建言書，於民國四十二年由羅家倫轉呈蔣總統；有無振衰起敝作用，外人實難估測。但以當時政治環境和言論尺度，聞者不能不佩服心畬的膽識和蔣氏對他的寬容。

他也常和友人提及，蔣總統宴請時，他不只一次當面表示：漢高祖所以得天下，主要在於識拔和善用人才。而總統左右，多諂媚平庸之輩；建議務必求才納諫。其後，心畬亦曾建議蔣氏，不要大肆慶祝華誕，不妨到山上避壽反省，招賢納諫以求復興。

求才納諫之意，與〈易訓篇〉旨意吻合，山居避壽之請，據說也爲蔣氏採納。

從溥心畬民國四十一年四月賦〈感遇〉詩十四首（註五），約略可見顛沛流離，和三年旅台的生活景況。其中第十二首，不但勾劃出墨雲辛勞，毓岐腿疾，也寫出設帳授徒的清苦生活：

環堵鳴風葉，皦皦秋陽馳，荊妻勤井臼，粉黛常不施。天冷兒病股，行路如支離，饋贐豈可受！卻之終廢辭。設帳教童蒙，授之書與詩。束脩獻所贄，期受乃其宜，孤陋誠寡聞，敢謂爲人師！

第十首描寫一位地方小吏，手持簿籍，檢查環境衛生、防空洞並點視役齡男子的情狀。當不良於行的毓岐出來應門時，小吏見他根本無法服兵役，不但未予應有的同情，反而大爲光火：

……童子出應門，趨蹌一足躄。吏見稚弱形，短髮怒如戟。州里事防空，負……爲雙柵。吾生命在天，鑽穴將焉避！

統觀十四首感遇詩，敘述逃難過程（前多引錄），在台居處和生活的清苦。義子毓岐天冷時發病的風濕症與關節炎，詩中數次提及。墨雲在北京時對稚齡毓岐所造成的傷害，心畬似乎一直懷有一份歉疚，並思有所補救。最後一首感遇詩，和他前此所作的〈蝸牛賦〉、〈水薑花賦〉，以及兩年後的〈旅銘〉，應屬同一脈絡——與世隔絕，泯滅浮名：

清風振苞竹，零露發芳槿，聲聞恥過情，浮石跡應泯。逃榮欲鑿坯，畏人户長墐，用拯力不贍，念此心紓軫。景行慕夷齊，思賢希曾閔。全生學山木，疏道同朝菌。幽人懷廣居，緬彼箕山隱。

生活逐漸安定後的溥心畬，授課之外，往往利用下午時間從事著述，想在儒學方面，有所建樹。飽學的他，以經解經爲其所長，《爾雅釋言經證》、《毛詩經義集證》、《四書經義集證》及《寒玉堂畫論》等，一系列著作，均於民國四十一年前後落墨。

●

每晚八、九點到十一點多鐘，心畬授課、著述和寫字繪畫的工作已告一段落。他盤腿坐在畫案後面特製的寬大木椅上。新沏的香茗，一枝接一枝燃起的香菸；不過他吸得不多，點燃後便擱在案邊，他喜歡看那種裊裊的煙霧，因此，案邊留下點點的焦痕。

一部份學生，加上熟識的訪客，章宗堯、李墨雲和毓岐也都出來湊熱鬧。飯後稍事運動，或看幾章武俠小說，再經過片刻趺坐休息的溥心畬，顯得精神奕奕。雖然是休閒的時間，只是他眼前仍然擺設著紙筆墨硯，與工作時並無異樣。

時勢新聞、藝林韻事、電影新片，狐鬼故事……主客之間，談笑風生。只見溥心畬邊說邊聽，又寫又畫。有時故事剛講完，已活靈活現地從他的畫筆流洩出來。有的成了他編著《華林雲葉》的素材。

心畬篤信佛教，師友中不乏世外高僧。但他也很喜歡開和尚的玩笑。他常說一則調侃和尚的故事：有僧人到寒玉堂，請書「四大皆空」四字。和尚歡喜持去，心畬告訴訪客，「四大皆空」別有一解：「眼大無神、耳大無輪、鼻大無準、腳大無根」，聞者莫不捧腹。

某官夫人，初列寒玉堂門牆，請心畬爲她取字。心畬略一思索說：

「妳叫『半千』好了。」

官夫人問「半千」是什麼意思？心畬告以明末大畫家龔賢字半千，極爲有名。官夫人問：

「我當得起嗎？」

心畬表示，當之無愧，不必過謙，官夫人喜形於色。

心畬談及這件往事，眼睛一亮，以一種好玩的口吻說：

「半千者，五百也；意思是雙料的二百五。」

談笑聲中，溥心畬也隨興畫幾筆山水或花鳥畫，寫幅小對聯供在場的學生和訪客抽籤。抽的方法，是有人在紙上劃線，衆人在線端簽名，中獎與否，揭開線條彼端便知。座中有幸運者連連中獎，也有人抽到公認的神來之筆，衆人紛紛讓幸運者買餛飩、小籠包子、冰淇淋之類請客。當時心畬印章尚未控制在墨雲手中，落款用印，尚不受限制。數年以後，印章既受控制，可能也嫌抽籤過程麻煩，乃把「抽籤畫」改爲「排班畫」；顧名思義是依序受贈。劉河北與安和所得抽籤書畫，也爲數不少，是拜師學藝的另一收穫。

參與寒玉堂夜話的學生，有劉河北、安和、蕭一葦；陳雋甫、吳詠香夫婦偶然前來。訪客則多知名之士：

王靄雲是教育廳專員，偶爾參加夜譚之外，日間有時代表教育廳長贈送名貴的墨和一些較貴重的日用品，以示照顧名士之意。

王壯爲，是金石書法家、師範學院藝術系教授，心畬來台後的印章，有多方出自王氏之手。壯爲自言，看報時「先看武俠小，後看國家大」，和心畬除了是書道同志；以武會友時，恐怕也是華山論劍的夥伴。他也是偶爾造訪，並非寒玉堂常客。

李猷，服務於金融界，是心畬詩、書的同道，齋名「紅並樓」。他暗中替心畬賣畫存款，以備爲毓岐醫腿的不時之需。李氏兼爲國史館工作，收集資料，爲溥心畬作傳稿，是一份既爲朋友，也爲國家文化保存史料的心意。

方震五，心畬來台早期，幾乎是每晚必至的訪客，後來心畬利用日間到方家作畫，晚間他便很少再來。方氏出身於上海洪門。在紅幫中屬「同」字輩，輩份比上海名人杜月笙的「悟」字輩還高。以運大批綿紗到台灣，及在北投經營房地產致富。

神祕客萬公潛、憲兵上校曹薇風、對面鄰居郭公鐸，都是偶一臨之的抽籤者。這些晚上訪客，來時常帶些水果冰棒之類，以助談興，墨雲也頗表歡迎。其中心畬稱爲「十點半」的是福建省田賦管理處退休處長嚴笑棠是也。去官後的嚴笑棠，在中和經營典當業和一些別的生意。他以古日軒鼻煙壺和大金花牌鼻煙爲贄見禮，又以當時台灣買不到的古墨名筆餽贈心畬。索求書畫的潤筆也相當可觀。無論心畬作「抽籤畫」的民國四十年代前期，或作「排班畫」的民國四十五年以後，嚴笑棠都是忠實的「會」友。因此，收藏心畬書畫，難以計數。

夜晚訪客中，祖籍安徽懷寧的國代劉文騰，早歲留英，獲理治大學紡織博士學位。抗戰期中返國，策劃紡織工業，貢獻卓著。來台後，從事多種實業，並兼任交大及台大教授。

劉氏熱愛書畫，又係國大同仁，遂時相往來。無論重金求讓或晚間揮毫貽贈，所藏心畬書畫，爲數相當可觀。文騰所藏心畬作品，以民國四十一、二年居多，其後並爲劉氏書齋題額。民國七十年，文騰逝世，遺命其子女將心畬書畫一百零三件捐贈故宮博物院，是心畬藝術典藏於故宮博物院的首批。

溥心畬曾面告蕭一葦，晚上前來目擊作字畫畫，最能受益。住宿師門的劉河北與安和，最能體會心畬昭示蕭一葦的，注視老師作字作畫，心領神會的妙處。

河北曾形容她下筆作畫時，如有神助的驚喜：

「學藝二年間，老師並未教畫，只有晚上老師畫抽籤畫時，在後面看老師的筆法、結構及題詞。由看而領會老師藝術的神髓。一次，老師友人的小星，請老師畫人物，我受命為老師代筆，以三天時間畫完。畫時，每一筆都有得自老師筆端的韻味，又好像很自然的融會成自己的血肉。不意，溥老師看了大為激賞，並落了他自己的名款。」

十一點半左右，水果、點心分食一空，訪客陸續告辭，留下的是一片雜亂，和曲終人散的空虛。

文註：

一、《畫餘隨筆》頁一〇〇。

二、《傳記文學》卷四期二頁三四〈敬悼溥心畬大師——兼述清末醇王對恭王政爭的內幕〉，李宗侗撰。

三、《南遊集》頁十九。

四、《寒玉堂文集》卷上頁六五。

五、《溥心畬書畫文物圖錄》書法圖四手書〈感遇〉詩十四首，《南遊集》頁二十，則僅錄其中九首，內容與手書本小異。

23・望雲山竚待新晴

劉河北與安和住在心畬家中，和墨雲共居一室；沒有獨自的房間，感覺上全無隱私可言。

夜深了，北窗外面傳來一片蟲鳴。前面曲終人散的畫室，在月光照射下，顯得空蕩蕩的。有時，心畬嫌毓岐夢中翻動，擾其清夢，會臨時把他「放逐」到畫室中去睡。孝華由宜蘭調到台北公館的空戰指揮部，有時夜宿家中，也在畫室打地舖；但不在家用膳。與墨雲臥室隔著紙門的東屋，不時傳出章宗堯濁重的鼾聲。河北仰視低矮的天花板和墨雲的眠床，心中有種無形的壓力。

有時從夢中驚醒，朦朧中似有人進出東屋，心中感到困窘和恐慌，也爲慈父般的老師感到忿忿不平。

除了黎明即起，忙碌的灑掃刷洗等工作，和勤於習經、練字之外，作爲老師助手的壓力，也相當沉重。

只有書擘窠大字的時候，溥心畬才用現成的墨汁，其餘全日所需，一律要用研墨。因此，預研一大池墨水成了輪流負擔的苦差。直研得腕瘦臂痛。

另一繁重的工作是把古畫或古畫印刷品，先用放大尺放大，再以透明紙、濃墨描下，供心畬作畫時勾勒輪廓。這種工作，在北京時多由毓崟擔任，在台灣就落在安和與劉河北身上。

心畬解釋：

「有些人認為我不創作，其實不然，我沒有一幅畫沒自我精神，也沒有一幅畫，像奴隸般地抄襲古人。藉古人骨架，發揮自我筆墨、精神，是國畫的特點。」

長期彎腰坐榻榻米，就著矮桌描圖的結果，使河北懷疑，她後來罹患肺病吐血，是否與此有關。雖然在艱苦的環境中，盡力操作和學習，但河北直覺到她們已成墨雲和章宗堯心中礙眼之人；從師三年的願望能否順利完成，恐是未知之數。

颱風過後，籬裡籬外，花木狼藉，劉河北觸景傷情，填〈行香子（颱風之後）〉二闋，詞序中寫：

從師之途已將斷絕，立志繼續努力。

八表昏暝，雨疾風勁，霎時間綠泣紅驚。泥深潦積，何處堪行！怕樹兒顫，葉兒亂，作秋聲。

扶起柔枝，收拾殘英，望雲山竚待新晴。蛛絲斷也，猶自經營。看一回斷，一回織，一回成。

不知從何時起，詠香的畫室成了避風港；上自心畬，下至孝華、毓岐、河北等，遇到委屈或苦悶，就分別到詠香處尋求安慰，詠香有時，更作幾樣美味，使他們消消火氣。

心直口快的詠香，對墨雲稱師「師姨」而不叫「師母」。據她說，墨雲過去不過是韜華房中的「陪讀」侍女，陪韜華聽溥心畬講課。詠香常說：

「想當年我去看韜華師姐時，墨雲還要給我端茶呢！我眼見她一步步在變；如今飛上枝頭，做了鳳凰。」

詠香雖然經常招待心畬佳餚美味，但對一向胸無城府，藏不住話的心畬，卻有所顧慮。每當她提到師姨氣焰太盛，和在北京大不相同，老師應有所作為時，好面子的心畬，總辯稱他絕無「季常癖」。結果卻把話傳入墨雲耳中，引來問罪之師。她對這位恩師，既想幫助他、安慰他，卻又不得不有所保留。

●

心畬對墨雲和宗堯所表現的寬容和隱忍，其原因可能是：以心畬的地位、聲望和學養，且較墨雲年長二十幾歲，既不願與之爭吵，也不欲家庭隱私張揚於外，故對章宗堯的喧賓奪主，很少形之於色；加上他在日常事務上，依賴宗堯甚深。

傳聞，溥心畬把心中的痛苦和不滿形之語言的，只有幾次：

一天晚上，又是家人與門生訪客齊集，圍觀心畬畫抽籤畫的時候。言談間，心畬忽說：

「昨夜，夢見我變成了龍頭烏龜；據說是為了祈雨。我想，既然祈雨，當烏龜就當烏龜吧。」

說完，舉室一片默然，章、李二人，俯首起身離去。

在時間上，估計與此相近，溥心畬在師院藝術系課堂上，也說他夢中變成一隻烏龜。說完，並在示範用的宣紙上畫了一隻栩栩如生的烏龜。學生久聞老師家庭的複雜關係，心中暗自替這位名傳中外的宗師難過。

一日，王壯爲往訪寒玉堂。敘話時，心畬像是有感而發：

「朋友妻，不可欺！」

宗堯在座，赧然而去。

說得較爲露骨的一次是，心畬和墨雲因故爭吵，心畬高聲詢問：

「一家人不像一家人，兩家人不像兩家人；成何體統！」

一旁的門生，聽得面面相覷，頗爲尷尬。

另一次，心畬和墨雲似乎爲類似的事情，發生激烈爭執。心畬口中的菸嘴掉落地上，彎腰撿拾時，所穿的舊衣，嘶的一聲迸裂開來。安、劉二人眼見當年錦衣玉食、一呼百諾的王孫，如今有家形同無家，生活乏人照料一至於此，心中一陣酸楚。

時近心畬生日，她們暗中與母親商量，由劉母墊款，合買一件箭綢團花衣料，縫製後作爲壽禮。心畬一見就說：

「好啊，正是我喜歡的花色！」

試穿後，樂得竟如孩子一般。

容天圻在〈溥心畬傳稿〉中寫到心畬民國五十一年悼念羅夫人詩中的「後死非良計，空教百感侵」，不禁沉痛的表示：

「『後死非良計，空教百感侵！』可見他有生不如死的感慨，其中哀痛可以想見。究竟他爲什麼會這樣痛心呢？這是人家的家事；了解他的人，不忍言，知道的人，亦不願言，這裡不談也罷。」

但，心畬〈感遇〉十四首中，有兩首提到妻子（墨雲）的井臼勞瘁，質樸得經常不施脂粉，並與他一起安貧樂道，過著恬澹的生活。

墨雲的儀態、待人接物的言談風度，弟子訪客往往心照不宣，心畬在北京的族人，至今提及仍不免搖頭嘆息。

然而，在溥心畬詩中的墨雲，卻是風情萬種，楚楚可憐的美人：

瘦損腰圍剪素巾，清秋臥病翠眉顰，曉妝纔罷西風冷，凍手燕支點不勻。

鏡中花對鬢邊花，鸚鵡簾前喚送茶，笑倚雲屏繫羅帶，醉來顏色似流霞。

——李墨雲夫人詩（註二）

●

民國四十二年初，農曆新年在即，安和因父親生病；劉河北因幫忙搬家並預備回家中度歲，雙雙請假，返回台中。

但二人走後，卻發生了變化，據說章完堯對心畬表示，不必讓她們回來了。河北從心畬書信中，感到將被迫中止學藝。她懇切的寫信給心畬表示一日為師，終身為父，希望能再返台北，完成從師三年的心願。

但是，河北此信落到墨雲手上時，卻為心畬帶來軒然大波。墨雲指責他不該與河北書信往來。

而墨雲向毓岐套話，毓岐卻表示歡迎二人重回寒玉堂。年已十八、九歲的毓岐，竟因此受了一頓責罰。最後，劉河北託人向李墨雲表示，如能回去，願意照章繳費，自行在農林部長李伯伯家中食宿，才平息了這次風波。

然而，經此變動，對家道原就中落的劉家，無異雪上加霜。劉河北形容她那經商失敗，近年在北投經營農場又告失敗的父親：

「此時，父親在北投開農場，骨瘦如柴。有時帶些新鮮蔬菜，前來拜訪心畬師及探視我時，墨雲拒收，溥老師總是親至玄關，抱起蔬菜，看了又看說：『這菜真好，我愛吃，我愛吃。』因此，老師與父親也建立了很深的友誼。」

她在家庭經濟日益拮据下，繳費習藝兩個多月，到了四十二年夏，受邀到台北溝子口故宮臨摹古畫，才告別了寒玉堂。

安和以父病及當時家境，未再回寒玉堂，留在台中自行習畫，偶爾北上探視心畬，或請老師評畫及題跋。

文註：

一、民國八十二年十二月二十八日《中央日報》副刊。

二、《溥心畬書畫稿》書法頁第八，香港中文大學新亞書院藝術系叢書。

24．何日蟄龍乘霧起

民國三十九年下半年到四十一年間的安定生活中，溥心畬授徒之外，《爾雅釋言經證》、《毛詩經義集證》、《四書經義集證》等一系列以經證經的著作，逐漸完成。

《四書經義集證》手稿，於民國四十八年由國立中央圖書館以十萬元購藏。學者認爲，此書既是心畬國學上的成就，更表現出他在書法上的造詣，爲其經學和書法的雙璧。

《寒玉堂畫論》的完成，是他在藝術上的另一貢獻。民國四十三年，教育部以此書頒贈心畬第一屆美術獎。

那時，適值政府整頓台北市的公產，依規定公有房屋居住人可以優先承購。溥心畬正爲承購臨沂街公有房產事一籌莫展之際，這筆飛來的獎金，使問題迎刃而解。

心畬〈寒玉堂畫論敘〉，完成於民國四十一年農曆九月十四日，原題爲〈論畫〉，另撰〈論書〉文，二篇共三千餘言。民國四十七年，心畬行書一過，並合所撰〈獲麟解〉眞書爲一冊，名《寒玉堂論書畫眞書獲麟解》，此帖由世界書局出版。

心畬受宋王孫趙孟頫影響，主張「書畫同源」，畫論中多及各種書的筆法和墨法，故〈論書〉、〈論畫〉二文，和《寒玉堂畫論》一書合觀，才能相互發明，豁然貫通。

畫論二十二篇中，論畫山、筆法、傅色比較具體而詳細，無論證之心畬平日創作或教學，均一本這些原理原則。論服飾篇，則多於《左傳》、《漢官儀》、《說文》等古籍，考據形制，務求使所畫人物的服飾和樓台之類背景，合於時代禮法和制度。

中國歷代書畫理論，浩瀚無際，心畬博覽群書，縱觀古今名蹟，因此很難界畫心畬書畫理論屬於何門何派。主要是他學習、探索和創作過程的經驗之談；或摘取前賢論說，擇善固執而已。其獨特的經驗和見解，有時也特別加以標示。例如〈論舟〉篇有一則：

余嘗遊西溪交蘆庵，見淺水岸邊覆破舟，白鷺立舟底，殘楓疏柳，秋色斑然，謂古人無此本。造化之奇，豈有盡乎？

心畬授徒畫譜中，一再強調用筆的起伏頓挫變化，在〈論用筆〉篇中，則舉唐代特製竹弓爲喻：「唐時有以竹弓擊彈丸者，能陷入堅壁數寸。其製弓之法，選初生之竹，範以石闌，使竹蹙蹙其中而不得伸，每尺生十節，製爲弓，力如鐵背，擣槐豆鐵屑爲丸，一擊而丸碎，因其節蹙而弓勁也。用筆之法，一點一畫，必有起伏頓挫者，與竹弓一尺十節，皆一理耳。」（註一）

心畬《寒玉堂畫論》手抄本，推測起碼在三部以上：

一、送教育部獲獎本。民國四十五年六月，《學術季刊》全文發表，底稿與送教育部者，是否共為一本，不能確知。

二、民國四十三年，心畬應邀赴台中師範學校演講，贈台中私淑弟子安國均一本。民國五十五年，安氏選溥氏書畫百餘件，輯為《寒玉堂書畫集》，附《寒玉堂畫論》於後，由中央書局出版。

三、入室弟子蕭一葦一本，貽於民國五十年，一葦與所藏心畬山水册頁，並視為傳家之寶。其後畫册為文姓所竊，輾轉為羊汝德所得，蕭氏深感翰墨因緣，流傳有數，不可遂一己之私。後經周棄子和高陽介紹，由急欲出版該書的學海出版社李善馨於民國六十四年秋出版。

彭醇士評心畬畫論辭旨淵懿，與孫過庭（虔禮）《書譜》並美。

心畬畫論由學海出版時，距其逝世已十二年，値其八十冥誕未久，生前好友王壯為行經心畬臨沂街故居，見房屋依舊，籬邊荒草藤蔓，木扉深鎖，顯得久已無人居住。一種風流雲散的悲涼感，油然而生，歸作〈題寒玉堂畫論〉詩四首，各綴以序，抒寫心中的感嘆。第二首專論心畬此書以詩喻畫的獨特性：「**將詩喻畫世無人，幾輩如公學獨醇，經義書情共陶寫，最難及處是天真。**」詩序云：「論中以詩喻畫，妙狀重理，或引風雅，畫證名物，今之畫史，誰堪語於此者！」

《寒玉堂畫論》付梓後，倩江兆申校對並作叙。校、叙之外，江兆申徵心畬貽同門胡文琮畫譜手稿，附於畫論之後，使心畬文圖得以對照，畫論、畫譜功能，互相彰顯。

溥心畬在畫論傳色篇，對傳色說得頗為詳盡，對習畫弟子更諄諄教導；重點全在染色時的層次和耐心，使畫中火氣全無，色彩沉積。心畬用色另一要訣，便是細心觀察和分辨自然界的色彩。

某次，好友方震五以一幅石榴鸚鵡圖請教，心畬在回信中表示，傳神傳色，可稱能品，不過仍有需要斟酌的地方：

「余昔養鸚鵡觀之甚詳：頭上隱藏嫩綠毛者名『葵花鳥』，不能學語。鸚鵡則頭上隱藏紅毛，急鳴則見其紅毛，應作淡朱色。此畫朱色太淺；且朱色作一簇，如花之內瓣，非散生。鸚鵡之目，目外只有白皮邊緣，邊緣之內全是黑睛，與白色邊緣相結，絕無深黃色在黑睛之外；此與他鳥特異之處。嘴舌爪三處，皆灰黑色，不可加花青，爪上橫文，尤不可用粉畫，只宜用稍深之墨畫之。此數點萬不可錯，酌改為妥。」

一幅畫中的鸚鵡，他能指出那麼多應注意之處，可見無論自然和繪畫，他都能觀察入微。

●

喜歡遊山玩水的溥心畬，在勤於著書立說的民國四十一年，遊踪多在基隆及台北近郊。如仙人洞、八堵、汐止、銀河洞等地。其時來往得特別頻繁的友人，則為劉文騰和方震五。二人財力雄厚，廣收心畬書畫作品，所藏量多質優，算得上心畬藝術的贊助者。心畬與方震五，交往達十餘年，留在方家作品數以千計。民國八十五年冬，方震五以九三高齡逝世後，所藏心畬作品及文獻資料，一半典押讓售藏家和骨董商人，餘者藏箱篋之中，待價而沽，缺乏有系統的整理研究，頗為惋惜。

心畬遊汐止靜修院，訪慈航法師，得五律二首，一首收在《南遊集》中，一首行書贈劉文騰（註二）。

遊銀河洞為端午前一日，也得詩二首，一首行書贈劉文騰，描繪銀河洞清幽神祕的景觀：

夜雨已出岫，朝雲猶在檐，煙羅垂密幔，風瀑閃飛簷。地迴聞鐘磬，山高卻暑炎，蕪菁石罅種，採擷不盈襜。

書贈方震五的銀河洞詩，寫景甚奇，且寓有山河劇變的感嘆；是對銀河洞的遠觀。

天削玉芙蓉，千巖華黛濃，泉飛猶作雨，雲散不成峰。遠樹窺高鳥，澄潭隱臥龍，中原河嶽變，莫問漢元封。

心畬詩文，每及山河動盪，便聯想到「潛龍」、「臥龍」、「蟄龍」之類，似乎潛龍、臥龍一出，才有四海澄平的希望；例如同年仲秋八月所作〈高士圖〉，孤松下面，隱者獨坐，一手持杖，一手遮陽遠望，好像有所期盼。行書題詩：

蒼虬枝壓暮煙寒，百歲霜（按：疑漏一榦字）尚鬱盤，何日蟄龍乘霧起，天風吹鶴入雲端。

出身前清貴冑的溥心畬，曾是日本與中共爭相拉攏的對象。對兩岸滿族，有相當的影響力，對當局一再提出率直的諍諫。他遊戲筆墨的漫畫，雖僅傳閱於數位好友之間，但抨擊時事，頗爲辛辣。因此，常予人莫測高深之感。

而顯露在日常生活方面，卻又糊里糊塗，其譽滿藝壇的書畫，他常用來換取美食，滿足口腹之慾，因之有人說他是「英雄欺人」。

民國四十一年端節前的銀河洞之遊，這位年近耳順的舊王孫，已有時不我予，垂垂老矣之感。

行走在入山小徑之間，暑熱難當，心畬汗流浹背，腳軟筋痠，舉步維艱。方震五頭戴斗笠，一手持扇，一手扶掖心畬而行。心畬爲震五行書銀河洞詩後，詩序中記述當時情景，並在左下角作一小圖，亦生平少見之作。

平時用錢了無吝色的方氏，也並非全不計較，比如在風景名勝，心畬住宿飲食、洗溫泉浴，如北投鳳凰閣、日月潭涵碧樓等，花費雖由震五支付，付款收據與發票之類，方氏保留至今已近五十年。知心好友固有通財之義，但心畬也知道在適當時間，酬以精心之作。

民國四十二年春天，溥心畬由於安和、劉河北兩位朝夕隨侍筆硯的弟子離開寒玉堂，因此農曆年過得鬱鬱寡歡。年初應台中師範學校校長黃金鰲之邀，前往台中爲該校教師演講，也算舒解一下多日來的鬱悶。

大約民國二十三年左右，北平第三中學街某私立藝專王姓校長，邀宴北平藏家和書畫專家，鑑賞新得王羲之墨蹟，金鰲亦爲座上賓。當眾人對王羲之書讚不絕口，一致斷爲眞蹟時，心畬後至，稍一瀏覽說：

「此非眞蹟！」

在場人士，一陣錯愕，王校長更覺掃興，面露不悅之色。心畬表示：

生平所見王羲之古帖無數，眞蹟存世絕少，多爲廓塡之物。又指出王書的一些特徵，佐證其說。

這是黃金鰲和溥心畬論交之始。民國三十九年，在台中重逢。

這次台中之行，事先心畬曾函示安和與劉河北二人提前到月台等候，車一停下，心畬搶先步出車廂，拉住兩人的手說：

「我想我的學生了！」

墨雲和宗堯隨後下車，墨雲臉色頗爲難看。

心畬一行仍舊住台銀招待所，晚間由黃金鰲設宴招待。當時黃校長單身在台，他調教的女傭能作一手好菜，師生、故人重聚一室，又有美食當前，心畬多時的心中陰霾一掃而光。飯後心畬索筆墨，爲女傭作小畫一幅，木橋小溪，岸邊雜樹緩坡，一小童牽牛徐行，題爲〈秋林歸牧〉。

女傭把畫拿在手中，感到錯愕。據說此畫未久即爲黃金鰲以二百五十元買下，並在溥心畬逝世次年元旦的紀念畫展中，公開展出。

文註：

一、《寒玉堂畫論》頁六六，溥心畬著，學海出版社。

二、《南遊集》頁十八、《溥心畬先生書畫特展目錄》圖九七。

25．鼠輩縱橫總不知

民國四十二年農曆正月，溥心畬往台中演講前後，感於官場及社會的一些現象，令人憂心失望，作〈竹簟清夢〉圖。坐在涼椅上的高士，一手持杯，一手支頤，酣然入夢。足邊兩隻老鼠，其中一隻肆無忌憚地咬扯高士腳上便鞋，他卻渾然不覺。圖上行書七絕一首：

窗外清風散雨絲，胡床竹簟夢移時，山人似飲中山酒，鼠輩縱橫總不知。

款署「癸巳正月作　心畬」

圖和字筆墨淡雅，詞意淡泊。現藏北京恭王府；當係貽贈萬公潛的作品。

是年，溥心畬有花蓮之行，飽覽花蓮太魯閣一帶雄奇的山水，順道往訪台灣詩人和隱士駱香林，並在花蓮舉行書畫展覽。此行李墨雲、章宗堯外，寒玉堂弟子多人隨侍，可謂浩浩蕩蕩。

有關花蓮之行，可見的文獻資料不多。〈太魯閣記〉（註一）一篇，描寫自九曲洞、燕子口至太魯閣一帶的山勢險絕，景物幽奇。他形容深谷急流：

群山青濛，拚翳雲霧，鳥道盤空，出其上方，下臨九淵。其水東逕太魯入谷，戰於斷巖之下。

描寫行走在山路間的驚險：

其巖倚天削立，中鑿爲路，上下皆二千五百尺。行人如蟻附壁，仰矚青冥，下瞰絶壑，臨淵攀壁，目眩骨驚。

談到令人目眩神迷，顫慄以過的仙寰橋：

路盡則繩橋駕空，長數丈；曰仙寰橋。登之簸揚，如附海舟，下視絶澗，勢若長蛇。

據心畬所知，仙寰橋絕壁上去的溫泉，就是原住民據山爲寨，用長矛利箭抵抗日軍侵台的古戰場之一。溥心畬另作〈太魯閣風景〉一幅，懸崖聳峙，下臨不測深淵，上搭索橋。驚心動魄的行客，在波蕩起伏的橋上，匍匐蛇行，渺小如蟻；可能是溥心畬切身的體驗。對於便道往訪的詩人和隱士駱香林，未見記述與唱和，只見多年後所賦〈壬寅秋懷駱處士〉七律一首：

霜高風急暮猿哀，峽水分流到此回，三浦雁聲天上落，八閩帆影日邊來。露瓢酌酒餐黃菊，石壁題詩埽碧苔，瞻望停雲堪作賦，清秋極目一登台。（註二）

壬寅，民國五十一年。農曆十月二十五日，是方震五五十歲整壽。心畬的壽禮是一幅北宗山水，背景懸崖飛瀑和近景的山石樹木掩映間，兀立著一座樓閣，石欄拱橋上面，一士人眼望樓閣，從容而過。上題：

玉帶橋邊秋意滿，高樓日夕送飛鴻。　款署「震五五十壽，心畬畫祝」

畫極淡雅，山石斧劈皴法俐落，心畬畫樓台一向不用界尺，憑強勁腕力落筆，線條流暢自然，近景雜樹的濃墨，畫龍點睛地對照出詩中所說的秋意。唯石欄上的士人，畫了橋欄上面的從容身影，橋欄下面透空處，忘了加上一抹飄擺的衣襟；變得士人只有上半身，原應透花的橋欄，似是密不透空。

另一幅祝壽之作，是一前一後兩株松樹，古幹虬枝，盤屈如龍。樹腳石邊，以淡墨勾勒芝蘭之屬。這幅畫可能是酒後乘興揮毫之作，思考上不似前幅之精微雅淡。繁複的枝幹，茂密的松針，使畫面有一種壅塞的感覺；連左下方的款識，也顯得侷促。後面的古松，雖用淡墨分別前後主從，但樹幹太粗，表現不出應有的空間及距離；如僅作孤松，也許更好。兩株樹下方相交的空隙，漏補一二筆淡淡的石頭芝蘭，形成左右樹腳，山石分立的現象。

此際，心畬正從古籍中考證方震五先祖方孝孺事蹟。以備為方孝孺畫像，供方震五追思供奉之用。

溥心畬《寒玉堂畫論》〈論人物〉篇談到對人物情性的表現：

「……必達於義理，通其情性；寫高士則凌雲遐舉，寫仕女則幽閒貞靜。」

情性之外，描寫對象的思想、人格，也須有透徹的了解。他說：

「寫古聖先賢之象，誦其詩，讀其書，先思其人，然後落筆。」

心畬指出，除了情性、思想學問，聖賢豪傑在體貌上，也各有其特徵：

「若夫聖賢豪俊，軼倫絕類，形體之異，豈盡同於衆人哉！伊尹倨身，湯傴，孔子修長而趨下，目深而隆顙，子產日角，晏平仲月角……」

此外，服飾、器物、車輿，無論就款式，使用的制度，歷代各有不同。因此雖僅為方氏先祖畫像，所要考據的項目頗為繁複。方孝孺，字希直、希古，寧海人。蜀獻王聞知方氏賢名，聘孝孺為世子師，對他十分禮遇，把孝孺讀書處命名為「正學」。

明太祖孫子朱允炆即位，年號「建文」，任命孝孺為侍講學士，咨以要政，批答章奏，草詔檄，總裁《太祖實錄》諸書。建文三年，燕王朱棣起兵北京，孝孺日夜謀畫，阻退燕軍，可惜策劃無法貫徹，至燕兵長驅渡江，入南京。建文帝不知所終，孝孺被捕入獄。朱棣召見時，孝孺衰絰而至，入殿大哭。朱棣起身慰勞，命他草即位詔，孝孺投筆於地說：

「死即死耳，詔不可草！」

朱棣大怒，命磔於市。孝孺從容賦絕命詞曰：

「天降亂離兮，孰知其由。奸臣得計兮，謀國用猶。忠臣發憤兮，血淚交流。以此殉君兮，抑又何求？嗚呼哀哉兮，庶不我尤！」

方孝孺蒙難時，年僅四十六歲，妻子兒女均在他死前自盡。族人親友戍邊或流放，受誅連者達數百人。萬曆年間被從戍所放還者千三百餘人，流寓在江、浙、閩、廣、四川和江西等地。

方震五屬落籍於江蘇靖江縣的一支。

溥心畬所畫高冠寬袍、修眉鳳目、長耳隆準，正襟危坐的方孝孺像，完成於民國四十二年臘月。行書象贊於上，表彰方孝孺「義折逆藩，忠昭臣節」的凜然正氣。款署「癸巳十二月畫將哲嗣震五供奉後學溥儒敬記」。

得秦漢銅印十一品，其中兩印為雙面。對溥心畬而言，是民國四十三年新春最感欣喜之事。乃分兩行鈐印於紙上，翻閱古籍，考證印主的時代和姓氏的源起。行書於每方印的下面；其中一方雙面印，由於資料缺乏，印下一片空白。溥心畬在前言中寫：

「甲午春正月，得秦漢銅印十一品，偶為考釋，心畬記。」

心畬雖不刻印，但他自己用印，量多質優，多出兩岸名家之手。雖非金石派書畫家，他對金石陶瓦之屬的收集研究，相當可觀。遇有古瓦當、陶文，常常手拓、考證及作記。

心畬有關金石著作，如：《金文考略》、《陶文存》、《秦漢瓦當文字考》、《古金文考》、《漢碑集解》等。手拓金石，則常貽贈友人、助教和學生。他在所拓「螽斯麟趾鏡」上題：

玉臺懸此鏡，良夜照鴛鴦，畫燭流蘇帳，齊眉共舉觴。

拓本為李墨雲所藏。

不見於金石著錄的北魏瓦當，是他後來在日本所拓，珍貴無比，也於民國五十年農曆元旦，題贈友人。

四十三年春夏之交，心畬遊踪多在台北近郊。荒臺野蔓，池塘乾涸的板橋林家花園，即使全盛時期，也難與北京萃錦園相提並論，但一種破敗淒涼景象，仍不免使心畬聯想到離別已久的故園。遂賦七絕二首，一抒心中惆悵：

洞房深鎖晝冥冥，池上無人柳不青，日暮畫樓雙燕去，菜花開滿水邊亭。

斷橋啼鳥獨傷神，水涸池塘草自深，空館落梅明月色，當時曾照錦屏人。（註二）

到了陽曆四五月之交，心畬再次應黃金鰲之邀，前往台中師範學校作一系列的演講；講題為「說文解字」。隨同前往的，除李墨雲、章宗堯外，尚有方震五。義子溥毓岐則以腿疾留守寒玉堂中。

溥心畬一到台中，便以所攜山水畫三十餘幅，分贈台中友人，實為一大手筆。

其中有次週會演講，溥心畬一仍以往，待禮堂中師生唱國歌、向國父暨總統像行三鞠躬禮、讀國父遺囑後，始自貴賓室施施然出來。在當時嚴格的思想管制之下，一般認為這是相當嚴重的問題。黃金鰲諒解他的前清遺老立場，非但不以為意，並暗向關懷的同仁，善為解釋。

某日，台中市長陳宗熙，知道詩書畫三絕大師溥心畬作客台中，覺得機會難得，倩人邀心畬到中山堂演講。由任教師範學校的書畫家呂佛庭陪同前往。來自機關學校及各界聽衆，擠滿了平時放映電影的中山堂。但不知何故，等了半個多小時，主持演講會的市長遲遲不至，心畬不悅，堅欲離去。佛庭只得隨他到對面公園閒逛。據說該日市長有客，趕到中山堂時，心畬已離去，派人四處尋找不著，懊惱不已。此後，心畬也不再接受市長的邀請。

據溥毓岐回憶，三十九年春節後，在台中舉行首次畫展期間，不知心畬受何人之邀，也是去中山堂演講。臨場一看，全是看勞軍場電影的軍人。在舟山時，心畬雖曾為前線戰士剖析時勢，鼓舞士氣。但對全心等待看勞軍電影的士兵演講，實難有所發揮。他說：

「也許我爲他們唱段二簧更爲合適，演講則敬謝不敏。」
說完，也是與隨行者到公園水榭閒遊。
台中活動結束之後，陽曆五月五日，心畬一行到日月潭遊憩，夜宿涵碧樓。住宿、筵席另加司機開銷，共費一千二百八十元三角，可見當時台灣物價情形。發票開立心畬名義，款項由方震五支付。方氏將發票保存至今。〈草屯道中〉、〈宿日月潭涵碧樓〉詩，是他此行屐痕：

山勢南台接北台，前人邱隴後人開，獨憐御史橋邊水，曾照雙旌路上來。
岸草汀花雁鶩秋，地高煙暝欲生愁，清光不辨雙潭水，天落星河入驛樓。（註四）

文註：
一、《寒玉堂文集》卷上頁八七。
二、《南遊集》卷二頁三十。
三、《南遊集》頁二三。
四、二詩均在《南遊集》頁二五。

26・白髮仍為客

農曆五月廿四日，孝華三十歲生日，溥心畬作楷書卷和〈人馬圖〉軸爲孝華慶生。

〈書戒語訓子孝華〉卷，文長二百餘言，內容要點是：人之初，性本善，性相近，習相遠；惟有以禮義規範，才能使之不失其正，始得成爲君子。處事責己，待人以誠，才能心氣平和，不致忿怒多怨。結論是：「惟誠可以感人，惟信可以得友；誠與信人生之大本也，戒之哉！」

心畬這番話，是針對孝華好浮誇的個性而言，也是對他近日的表現有感而發。

〈人馬圖〉軸，是心畬近年畫馬上人物的合意之作，意氣風發的文士，步伐輕快的驊騮；上題七絕一首，也同樣寓有勸戒兒子的一番苦心。

駿馬權奇鸞鳳姿，雙盤玉勒綰金絲，休將驥足誇千里，縱轡須防有蹶時。

甲午五月二十四日，長子毓岦三十生日，畫此與之，且題詩以寓訓戒　心畬孝華平日生活浮華：花用金錢不知節制。心畬風聞目睹；從戒子詩中，不難見出其內心的憂慮。

人到耳順之年，總有許許多多往事，縈繞在胸中。舊友與昔日的門生、遠離和亡故的親人，常在不知不覺間湧上心頭。他以五律一首憑弔時刻無法去懷的章一山：

河決連涇渭，誰知清濁分，江南空作賦，地下豈修文！白髮仍爲客，丹心獨奉君，魂飛遼海月，應傍九邊雲。（註一）

章氏在復辟破滅後，和幾位遺老孤臣合力完成《景廟實錄》，記述康熙皇帝一生事跡，留下歷史的見證。在心畬心目中，可比之於五百年前以一死殉舊君，定燕王朱棣篡國罪名的方孝孺。不知從何時起，他常常對著由箱篋中取出的〈羅夫人像〉，暗自神傷。〈羅夫人像〉作於民國三十八年農曆十月，其時來台未久，寄寓於凱歌歸招待所內。畫中一婀娜多姿少婦，獨坐椅上，衣帶飄動，神態自然，彷彿水月觀音一般。從心畬題跋可知，是憶寫年輕時隱居西山的閨中情趣。夜涼如水，紙窗上梅影橫斜，其時心畬操琴，奏〈良宵引〉一曲，羅清媛聽了口賦一絕：

重畫雙眉解練裙，空明幃影淡如雲，冰絃夜聽宮聲曲，月色梅香兩不分。

跋前，心畬書舊日效若蘭回文悼亡詩一首；註明順讀寓夫婦之合，倒讀則敘離別哀思：

飛燕雙棲春夢長，月如眉掩鏡台妝，幃空滿落紅梅影，黴玉零煙飄暗香。

心畬無論作此畫或看此畫時，都是在感情失意，心靈空虛的時候，回憶當日山居情景，不由得潸然淚下。

安和與劉河北離開寒玉堂後，他往吳詠香、陳雋甫的畫室去得更爲頻繁，幾乎每天早起都藉散步機會前往。李墨雲防他在外寫字、作畫，散步時禁止他帶紙筆圖章，甚至老花眼鏡。詠香背地裡爲他準備一套文房四寶和眼鏡，另倩名家刻了兩方印章。心畬去時，先在她家中早餐，隨即揮毫作畫，意在積少成多。將來託人出讓後，將潤筆所得爲義子毓岐醫病。

民國四十三年七月，某日他正在詠香家中觀賞古帖，雋甫夫婦同在案上臨池作畫，那種滿室書香夫唱婦隨的幸福和樂氣氛，彷彿悠遊於羲皇之世。一幅深山茅屋、松風梅影、據案揮毫的景象，浮現在他的眼前。心畬見案頭白麻紙，明淨可愛，乃乘興命筆作〈山家歲寒圖〉留贈，上題七絕一首：

山家歲晚留殘雪，更有梅花占早春；峰色四圍雲滿地，蕭寒不見洛陽塵。

四十二年春天，溥心畬北京時期的門生王鳳嶠，從金門防地調回台灣，任職於國防部三軍黨部。吳詠香和陳雋甫外，這是在台重逢的另一位拜門弟子，心畬心中自有一番喜悅和感慨。

投筆從戎前的王鳳嶠，是北平輔仁大學社會經濟系的學生，在山東時塾師啓發他對詩詞書畫的興趣。就讀輔仁後，不時向美術系教授溥伒（雪齋）和傅佺（松窗）請益，也因而得以訪萃錦園，拜在寒玉堂門下。

心畬認為：「各人有各人的氣質，學東西要順乎個性。」又說：「人實役物，不可役於物。繪事娛己，不可娛人」，一直是王鳳嶠所服膺的藝術主張。心畬對王鳳嶠一些對藝術的看法，也讚賞不置。當溥孝華投效南京聯勤運輸司令吉星福時，湊巧王鳳嶠是他的頂頭上司，兵潰後一起避居上海。三十八年秋相偕偷渡舟山，轉道台灣。一路上倘非王鳳嶠出資和照應，孝華的安危不堪想像。因此心畬對鳳嶠存有一種特殊的感情。

鳳嶠前往臨沂街謁見時，心畬除贈以近照，並書一聯，作為異地重逢的贈禮：

誠能感物斯為美；

學貴尊賢實若虛。

鳳嶠、一葦和兆申，在溥門中年紀較長，詩詞書法基礎深，社會經驗豐富；跟心畬談文論藝，亦師亦友，別有一番樂趣。

民國四十二年間，溥心畬藝術聲望日隆，中外人士拜入溥門者絡繹於途。一次，國安局長毛人鳳，前往寒玉堂轉達蔣宋美齡女士想要習畫的意願。依《中國時報》〈看問題〉欄，憶述當時的情形：

「蔣夫人原先有意跟隨溥心畬大師習畫，但因溥心畬堅要蔣夫人行弟子大禮，且大師當日所住臨沂街住宅巷弄狹小，侍衛認為安全難掌握，希望大師移駕到官邸教畫，雙方未能達成共識，蔣夫人才改向黃君璧習畫。」（註二）

為劉河北受洗的劉宇聲神父，鼓勵她以國畫的技法和意境，表現聖經故事，定可別創一格，感人至深。當劉神父把她這種新風格的宗教畫寄到羅馬時，義大利的剛恆毅樞機主教，非常欣賞，全部買下。

四十三年秋夏之交，在羅馬頗富影響力的羅光主教、和剛恆毅樞機主教爲她出具在羅馬工作的證明文件，讓她有機會前往羅馬國立藝術學院就讀。行前到寒玉堂辭行，心畬爲書大楷一篇，中有：「浮譽勿沾，無益於我者也。」此言成爲劉河北永遠不忘的座右銘。

同年秋心畬南遊的首位弟子安和與台中市警察局保安大隊長南伯魁結婚。

姚兆明（姚平提供）

●

姚兆明是江蘇揚州人，六歲喪父。由母親劉福田撫養，她自言自幼就希望作書畫家。民國三十七年冬天，在內戰局勢混亂中，她與同學、友人相偕來台，暫居高雄。

心畬在凱歌歸招待所結識的退役將領楊敦三，推介兆明赴寒玉堂拜師時，兆明服務於陽明山測候站，擔任會計工作。溥孝華在所撰〈先父溥心畬先生筆下的姚兆明〉中說：

「先嚴欲從數百學生中選擇一繼承者，實非易事……某日欲試驗姚生，知她住於陽明山，路途遙遠，故意命令她第二天早上五點來上課。次日姚生四時半即抵，因時尚早，不知先嚴起來沒有？便佇立門口，由牆孔窺伺，而先嚴已端坐畫桌揮毫了。他知姚生在門外佇候，因五時未到，故不理不睬。直至五時正，才由牆孔招手，示之可以進來。爲師者誠心試探，爲生者專誠如此，良師賢生，怎不令

人欽敬。」（註二）

數年後某一颱風暴雨之晨，溥心畬到達仁愛路畫室授課時，一干弟子因風雨未到，空蕩蕩的木樓中，僅兆明一人。心畬見她毅力之堅，用功之勤，大感欣慰，為作〈風撼小樓圖〉，以資獎勵。

一般寒玉堂同窗對姚兆明的印象，認為兆明看來柔和安靜，很少與人來往。白衣長裙，梳著兩條長辮，經常站在心畬身後看他揮毫作畫。和孝華文定後，對心畬表現得很孝敬。有人見她在臨沂街寓所為心畬點菸、捶背，吃飯時心畬坐在中間，墨雲、兆明分坐兩邊，兆明不時為心畬布菜，墨雲神情不悅，叫她不必給心畬布菜，說：

「老師不喜歡這樣！」

兆明為了方便學畫，拜師不久，即由陽明山請調到台北市中山堂北側的市警局任會計，週日於畫室隨班上課外，平時請益或向心畬借書閱讀的機會也多。

一次兆明到臨沂街還書，溫柔軟語的揚州腔，雖然悅耳，但她去後，頗懂相人術的心畬卻向毓岐表示：「聲音嬌而無力；可能造化有限。」

兆明對毓岐也相當友善，毓岐住院時，兆明、孝華相偕探視。兆明取出一張百元大鈔慰問，毓岐推辭不得，只好收下，心裡感到一種溫馨。但事後，孝華卻來把錢借去花用。

●

至於兆明到底何時拜在寒玉堂門下？由於一篇具「溥儒」之名的〈書贈兆明〉卷，及張其昀具名的〈姚兆明女士二十四孝圖序〉，弄得有些撲朔迷離。

〈書贈兆明〉文中，提到兆明從心畬學藝，已將十年。結尾說：

「兆明既能受教，習禮儀，以天賦好古之資，敏求研習，學之不輟，筆墨與學業並進，遁研六法，以爲津逮。用力既久，將期有成；遂能變化無方，筆因意轉，由是而窺古人堂奧非難也。觀其近作，題此勉之。己亥十二月　溥儒書」。

己亥爲民國四十八年，據此上推十年，兆明當於民國三十九年左右，溥心畬來台未久即行拜師。此卷現存國立故宮博物院。

〈姚兆明女士二十四孝圖序〉爲行書一千四百餘言的長序。介紹兆明家世、早年學習書畫過程時，也引述〈書贈兆明〉卷所言兆明的資質、敏而好學的精神，及將來無可限量的藝術造詣。其中一段說到：「兆明女史從溥氏習畫十四年……」

所謂習畫十四年，推算的方式可能是：自〈書贈兆明〉「從學已近十年」的民國四十八年，下推到心畬逝世的五十二年，共約十四年。

溥毓岐記憶所及，兆明約於四十二年拜心畬爲師。

除了二文所載兆明拜師時間和從學年數，與毓岐所記不一致外，二文的字跡和〈書贈兆明〉卷的文句，也有可商榷之處。

幾位接觸過〈書贈兆明〉原件人士，認爲不似心畬筆跡。而孝華仿心畬作品，神似逼眞，論者說：「大部均擬寒玉堂作品，山水、花鳥、人物、書法神似逼眞，鑑賞家能確辨『父』、『子』筆法者，寥寥無幾。」

至於行書〈二十四孝圖序〉這類應酬筆墨，通常應邀之人多半交由祕書代筆，或作者自行擬稿，再請應邀要人署名。所以張序內容陳述類似兆明口吻，筆跡疑出孝華。

〈贈兆明書〉卷文句中：「從余讀書今將十年，雖顛沛無暇，未嘗研求經史，有所廢輟，讀誦之餘，從事書畫；蓋其性嫻雅，宜於求藝。」

又如：「筆墨與學業並進，遁研六法，以爲津逮，用力既久，將期有成。」

這些句法，比諸文宗漢唐六朝的心畬文句，似乎不太相類。

如果二文和題畫出於孝華之手，據了解孝華性情人士推測：其目的可能爲了提高二人在台灣藝壇的聲望，以及在藝術教育界的地位。

孝華既係克紹箕裘的心畬嫡長子，如果把兆明塑造成寒玉堂中從學多年、經過嚴格考驗的衣缽傳人，夫婦在藝壇上的地位，自然不同凡響。

就現實情況看來，民國五十四年二人婚後，孝華因病奉令停役，與兆明同在家中開班授徒。心畬遺贈孝華書畫，悉由兆明保管，珍寶異常，絕不讓售，生活相當清苦。推測二人爲謀求教職，招徠學生，不得不採取一些宣傳手法，以打開知名度。

文註：

一、《南遊集》頁十五。

二、民國八十一年七月十三日《中國時報》。

三、《古今談》雜誌期二五九頁七。

27・鍾馗與西遊記

揚州八怪中的羅聘（兩峰、花之寺僧），擅於畫鬼，以〈鬼趣圖〉聞名於大江南北。

傳說羅聘生有異稟，深碧色的雙瞳，奕奕有神，自稱白晝也可以見到鬼魅。他心目中的鬼物，有的風流，有的又很勢利。溥心畬雖然沒有碧睛雙瞳，也未聞有白晝見鬼的特異功能，但是生平畫鬼與諸多靈異故事，應不下於羅聘。

前文提到溥心畬曾說他十三歲那年，偷看袁枚的《子不語》，被塾師歐陽先生罰他立賦一詩。可見自幼飽讀經書的溥王孫，並未忘情於有違聖道的《子不語》和《聊齋誌異》一類的稗官野史。

青年時期隱居馬鞍山戒壇寺，所聞不乏靈異之事和狐鬼之說，心畬雜記在《華林雲葉》裡。現刊於各種畫集的鬼魅圖和神怪故事畫，多爲南遊後作品；他留下的早期畫作中，尚未見到這類題材。

傳說唐朝吳道子畫地獄變相，屠沽漁罟之輩，見而懼罪改業者往往有之。自古繪畫、雕塑鬼神，多半在宣揚教義、警誡世人免致天譴和果報；各種以經變、地獄變相或十殿閻羅爲題材者應屬此類。

另有藉鬼神以諷刺現實，針砭世態者；羅聘畫鬼，當屬「藉鬼諷今」之類型。

從這個角度看來，溥心畬筆下的鬼神似屬羅聘一類。

多次隨侍心畬前往師大藝術系授課的劉河北回憶，心畬曾在課堂上畫鬼；又說，他遇到看不慣的事情，心中忿忿不平，則畫鬼以抒積鬱。

有時他畫鬼，只是爲了好玩，也就是遊戲筆墨；安和談到心畬客於台中的一段往事：

一次，心畬到台中東海大學講學，課餘由蕭一葦陪同往安家吃飯聊天，飯後心畬照例據案揮毫。衆人圍在身邊，一面爲他斟茶點菸，一面暢談心畬愛聽的鬼狐故事。聽到一葦所講的一則鬼故事時，心畬不知不覺地在畫中雲霧縹緲的半山上，畫上一扇門，才忽然警覺，停住筆說：

「只聽你們講，不覺畫了個鬼門關……」惹得衆人哄堂大笑，心畬隨即落款，將此小卷贈給安和。

鍾馗，據傳能食鬼辟邪，唐宋以來，常是畫家應時應節的畫題。寒林鍾馗、鍾馗啖鬼、鍾馗嫁妹、鍾馗遷居，乃至爛醉如泥，被衆鬼捉弄、攙扶的鍾馗，不一而足。注重年節的溥心畬，每至端陽，常常一日中揮灑出數幅鍾馗鎭邪祈福，也有反映和諷刺現實的意味。

民國三十七年，心畬出席南京國民大會後，應邀旅居杭州。三十八年五月杭州易幟，自此至三十八年深秋，溥心畬一行由上海偷渡舟山，輾轉抵台爲止，是他在共黨統治下生活的一段日子。這一年端陽節，心畬所感受到的節日氣氛不同，筆下的鍾馗也變得十分平民化。

其一，空場上面，立高、低二竿，一索斜牽於兩根竿上。高竿上有一斗，小鬼站在斗中揚旗，旗上大書「勞工運動」四字。頭戴烏紗身著紅袍的鍾馗，被畫成雜技演員，騎著單車從索上直衝而下，長髯飄飛，衣襟後掠，狀至驚險。上題：「歲在己丑，五月端陽，戲作於西湖橋畔。」

其二，在湖柳下面，鬚髯戟張的鍾馗，像近世捕快一般，奮力踏著單車；一鬼在前，倉皇逃竄。上題：「柳陰鍾馗」。

其三，遠峰兀立，紅袍皀靴的鍾馗，左腋挾隻掃帚，右肩扛著耙、鋤類農具，行過板橋畔的樹下，上題一聯：「**空山魑魅盡，歸去種桑麻。**」

溥心畬來台後所作鍾馗條幅、册頁和扇面，千姿萬態，難以計數。心畬在一套未署年的，十二開鍾馗册頁（註一）中，展示出鍾馗的多種面貌，如：竚立江畔，遙望遠山和浩淼江波的鍾馗，雖然官服張蓋，但神情間似乎正興起一種世外之想。騎驢的鍾馗，在得得蹄聲和鬼僕的跟從下，行走於危巖崎嶇的山路上，顧影徘徊，顯出一抹茫然和落寞。穿著紅袍外披簑衣的鍾馗，親自撒網於江干，和身旁鬼從一樣地專注於逐漸拉起的魚網，一種得失之心，流露在臉上。其中驚心動魄的一頁，畫上的鍾馗坐在滑竿上，二鬼抬著他横過伸展於兩座懸崖上的松幹。冷冽的飛瀑，在澗中轟轟作響，感覺中，樹幹隨著山鳴谷應的瀑聲而不停地顫動。

較饒趣味的兩幅：其一是，急湍的江流，鍾馗端坐在岩石上面的孤松下，面前一個魑魅之輩，十分專注地揮灑丹青，爲鍾馗畫像。

另一幅是，在板橋上面支起一個遮蔭的蓆棚。醉態可掬的鍾馗坐在橋板上，把誅妖寶劍和一雙皀靴放在一旁。手執瓷壺的長髮女妖跪在鍾馗面前，恭敬唯謹地進獻香醪。鍾馗正要以杯承接，卻不意連杯子也失手落地。上題五絕一首：

髯公終日醉，不復識妖姝，殷勤來獻酒，入眼盡模糊。

能夠藉鍾馗表現溥心畬晚年心態的，可能是這套鍾馗冊頁中的首幅：高踞在松杈上的鍾馗，冷眼俯瞰；樹下群鬼，或拿大頂，或相擁相牽，張傘狂舞，上面也繫一絕：「樹間觀鬼戲，一片踏歌聲，好似秦宮鏡，黎邱無遁形。」冊頁中類似的畫面，不只一幅，顯示面對世事的無奈。

然而，這種冷眼觀世態的無力感與無奈，並不能消除他心中的激憤，在另一幅無年款的〈鍾馗〉軸中，更露骨的寫出這種心態。畫中鍾馗，儘管義憤塡膺，怒容滿面，摩拳擦掌，一副氣呑河嶽之勢，卻不得不止步收劍。心畬題：

芒芒六合盡黎邱，席卷雲揚水逆流，擊缺龍泉誅不滅，一杯村酒勸君休。

溥心畬筆下的鍾馗，多無年款，不易按創作年代，排列出先後次序；否則可以對照當時國家、社會所發生的劇變，析理出畫意的指向。但，從這些難以計數的鍾馗像中，隱約可以感到，其中有的是應時應節的隨俗之作，有的在諷刺世態，也有的是心畬坎坷晚年的心理投射。

●

溥心畬除繪畫鍾馗系列外，各種鬼趣圖冊、卷、軸也相當多。千奇百怪的幽明世界，也多少顯示出他對另一世界的看法。

羅聘筆下的勢利鬼眼中，人有貧富貴賤之別；因此，鬼對各種人的態度也就不同。

心畬認爲，鬼也有貧富之分，人對鬼的態度，也自然有異。某年新春，友人收到心畬手繪賀卡，畫中一人用腳猛踢，把一個衣衫襤褸的窮鬼踢出門去。上書對聯：

一腳踢出窮鬼去，
雙手接進財神來。（註一）

友人看了踢鬼圖，既好奇又興奮，原想廣為印送，奇畫共賞；終於怕觸人霉頭，惹來不快而作罷。心畬心目中，鬼又有濃腴和枯淡的區別。

他詩、畫裡的新鬼，離開陽世未久，衣著面貌與生人相去不遠，形體濃而且腴。墳中之鬼，離世日久，看來似有若無，成了一株枯槁的淡影。然而，這些又枯又淡的鬼，也自有其「鬼生」的樂趣。

他在民國四十八年冬所畫的八開鬼趣圖冊（註二）中，多半描寫做鬼一身輕的歡樂舞蹈場面。鬼趣圖冊的首頁，就是幢幢鬼影，飄浮在高聳的群峰之上，狀至優閒。畫上行書五絕一首：

一覺華胥夢，悠悠無所營，半生行役苦，今日御風輕。

第六圖畫一鬼，像跳水表演似的從懸崖上一躍而下，伸臂空中，身輕如燕。詩極風趣：

罔兩依山阿，有時亦在淵，所貴忘形骸，其樂洋洋焉。

最後一幅，為一散髮鬼，在岩石間歡欣起舞。題為：

人喜則思陶，魑魅猶解舞，釋氏謂結習，方知有身苦。

己亥十一月戲寫鬼趣圖八幀　心畬

心畬依照古書所畫神怪及靈異故事的冊頁也很多；最爲膾炙人口的有《西遊記》和《太平廣記》中的故事畫。溥心畬的《西遊記》連作，雖然自稱是遊戲筆墨，但人物造形、衣著和活動場景，頗忠於書裡的描寫和情節。

〈幻風沙魔扇敗心猿〉，畫中牛魔王寶扇一揮，山鳴谷應，樹木被搧得傾斜，腰繫虎皮裙的孫悟空，頓時捲成一團兒，不由自主地被吹向半空之中。與火燄山盜扇成功，獨立山頭，揮扇滅火燄畫中的孫悟空成了強烈有趣的對比。

心畬壯歲隱居頤和園時，曾經養猴，作爲朝夕玩耍描繪的對象。他所珍藏過的易元吉〈聚猿圖〉，也曾不斷地披覽、效倣，使他許多意態生動的猿戲圖，蜚聲藝林。晚年旅泰時，友人先後贈送黑猿、白猿各一對，心畬養在臨沂街寓所院中。有時抱在懷裡，一面撫愛一面揮毫寫字作畫。因此，他對猿、猴的性情習慣，了解很深，連他彩筆下的孫悟空，看來也格外親切而生動。

心畬生平所畫觀音無數，線條流暢得像游絲書，觀音造形纖穠合度，法相優雅莊嚴。〈普陀巖天龍朝大士〉幅中的觀音和蜿蜒的天龍，上下呼應，再以南宗淡雅的山巖海浪，加以陪襯，不但不像故事的插圖，反倒似古代名家所繪，供人膜拜的觀音大士像。

此外，如八戒的貪食好色、沙悟淨面惡心善的個性、唐三藏取經途中，歷盡艱辛、一心向佛的虔敬，無不躍然紙或絹之上。心畬所作《西遊記》，非只一冊，他遺留給孝華，現藏於故宮博物院的一冊（註四），作於民國四十一年。

同樣遺留給溥孝華現藏故宮博物院的《太平廣記》連作，有設色畫二十六幅之多。任職於故宮的劉芳如曾列表統計這二十六幅畫題的類別和原始的著錄，如：

〈石從武〉，屬精怪類，出於《桂林風土記》。

〈狗仙山〉，屬於蛇類，出於《玉堂閒話》。

〈姚蕭品〉，屬於鬼類，出於《廣異集》。……（註五）

溥心畬如何從篇帙浩繁，集五百二十餘種軼聞、野史、傳奇的《太平廣記》中，挑選畫題？大概只是隨興之所至吧。

〈狗仙山〉，是二十六開冊的第二開：

山巖上集聚了一大群人，指點、議論、仰望眼前聳天懸崖邊白日飛升的狗仙。

巴賓境內的「狗仙山」，就以經常有狗仙白日飛升而得名。據說，獵人縱犬追獵野物，時有獵犬一到此地，呼喚不回。但見崖邊深洞湧出一團彩雲，獵犬隨彩雲冉冉而上，便永遠失去踪影。

有位膽大而機智的獵師，故意把犬綁在樹幹上，彩雲下降之時，獵犬沒有隨之升起，只是高聲狂吠。忽見一物頭大如甕，兩隻圓眼好像龜目，探身而出，鱗甲鮮明，照耀溪谷。獵人急忙以毒箭向怪物射去，怪物登時不見，十餘日後，臭氣滿山，獵人自對岸崖巔，縋繩下去探視，但見一條已死的巨大蟒蛇，腐爛在巖間；狗仙飛升之事，就此絕跡。

二十六幅連作上面，溥心畬均以行書寫故事原文，成爲書畫雙絕。

縱觀《鍾馗》、《西遊記》、《鬼趣圖》，乃至《太平廣記》諸圖册，均採山水畫形式，筆墨凝鍊，設色淡雅，境界不凡，學者指爲心畬畫中精品，非一般故事插圖可以望其項背。

此外，溥心畬也畫了許多沒有故事和背景的精靈鬼怪圖像，上題寥寥數語，意味深長，有的辛辣諷刺，有的詼諧幽默，值得玩味。其中諂笑工諛的鱉相公；揮扇狂舞的木客；揷花塗脂，短眉眄目的山姑；背負藥葫蘆奔月的蟾蜍……山精海怪，無所不有。

精怪榜中，也有一幅以線條繪成的〈鍾馗喫西餐〉圖，依然是紗帽朝服的鍾馗，卻手持刀叉，據案吃西餐，狼吞虎嚥，大快朵頤。高帽大廚站立一旁，似在上菜，又像在殷勤詢問口味如何？

據知道心畬飲食習慣人士表示，心畬偏愛中菜，不喜西餐。唯有台北市中心診所某西餐師傅的手藝，獨得他的青睞。有時前往醫病，順便光顧。廚師知道他的身分和性情，加意烹調，吃得他心滿意足；而那位大廚也常能得到心畬的墨寶。心畬此一遊戲筆墨，可能是自身的寫照。

心畬吃中餐時有個習慣，凡不喜歡的菜餚，絕不動箸，遇有中意美味，便目無餘子地端過來大嚼，吃個盤底朝天。吃西餐或自助餐時，也同樣不理會西餐的規範，常越界取過來鄰座的某道菜，吃個雙份，知者不以爲怪。當年少數大陸來台人士，原本是聲名狼藉的投機客，卻搖身一變成了學者清流，招搖於社會上，欺世盜名。心畬則藉千變萬化的妖魔形象和諷刺詩，加以撻伐。一幅手持摺扇的〈牛相公〉，逍遙於外，矇騙群庶。上題：

衣冠儒雅學斯文，日日人間醉意醺；誰識此公眞面目，遂使欺世氣如雲。

類此斯文欺世的，尚有他筆下的〈海狗精〉

人形變就出洪波，專向街頭學踏歌；盜得紅衣學文士，塵寰誰識舊妖魔！

一幅設色的〈狐司賬〉，畫的是狐首人身的精怪，頭戴瓜皮帽，手持竹管旱菸袋，腰繫銀包，滿面狡獪地站立著。上題七絕一首：

持籌握算坐廛間，誰識先生舊日顏，自煉金丹幻形象，塵緣一盡便歸山。

心畬不涉仕宦，平日不看報紙，很少過問世事，僅與弟子閒談或晚上閒畫抽籤畫時聽幾位好友座客，談鬼說狐、評隲人物，議論時事；有感於衷，流露筆端。類似藉鬼諷世的遊戲之作，日積月累，成爲他廣闊創作園地中的特殊畫類，倘能彙集成册，或專題展出，可以略窺他所處的時代和他心靈的感受。

文註：

一、《渡海三家收藏展．張大千．溥心畬．黃君璧》頁一八〇～一八五。

二、《舊王孫溥心畬》頁八九〈溥心畬的晚年生活〉，杜雲之撰。

三、《故宮文物》期一三四頁十六〈溥心畬鬼趣圖册——兼論歷代畫鬼〉，劉芳如撰。

四、西遊記册見於《故宮文物》期一二六頁四〈西遊記册〉，劉芳如撰。並散見於《王孫．逸士——溥心畬》頁一四四～一五一、《溥心畬畫集》頁四三～四四。

五、《太平廣記》二十六開册及表，見《故宮文物》期一二七頁二三、期一二八頁一二《太平廣記故事册》（上）、（下），劉芳如撰。

28・世上而今少直人

溥心畬除了藉繪畫山精水怪自娛諷世之外，也有更直接以形式誇張的漫畫，或近於人物畫的方式，描寫世態。

猶記民國三十五、六年，在南京開會期間，某些族人爲了爭名奪利，不顧滿族文化協進會的選舉規劃和滿族整體權益，各自鑽營、拉攏競逐名額有限的滿族國代。心畬在國民大會場中，所提國內各民族地位平等的提案，未受應有的尊重，他曾憤欲退席抗議。雖經有力人士斡旋勸阻，但在他心目中的國民大會，已難能實踐民主理想，造福天下蒼生。

閒坐無聊中，漫畫會場百態。多半隨畫隨棄，並未正式發表，攜帶來台的更難得一見。描寫賄選醜劇的〈神聖一票〉，是當時漫畫中碩果僅存之一，可見中國實行民主，無論北洋軍閥時代，乃至國府在南京時的國代立監委選舉，自始就缺乏良好的民主基礎。

明代蘇州畫家李士達（仰槐）畫有〈三駝圖〉，上面題者多人，可見引起共鳴之廣。畫呈倒三角

形構圖，三位駝背老者，一駝持杖攜籃，一駝向他作揖爲禮，另一駝拍手大樂。題跋中錢允治以行書錄七絕一首：

張駝提盒去探親，李駝遇見問緣因，趙駝拍手呵呵笑，世上原來無直人。

詩畫相映，不但妙趣橫生，且異常諷刺。

溥心畬對此畫此詩，頗有先得我心之快，先後作了多幅〈三駝圖〉，佈局和李作大同小異，畫中人物寬袍大袖，年齡則比李圖年輕了些。詩較錢詩稍易數字：

昔日王駝去探親，郭駝相遇問前因，趙駝拍手哈哈笑，世上而今少直人。

李士達三駝圖中的「世上原來無直人」也好，溥心畬的「世上而今少直人」也好；究竟何者才算得了「直人」呢？

在一幅題爲〈屠狗〉的漫畫中，溥心畬以寥寥數筆勾勒他心目中的典型：案上綁著一隻狗，一位橫眉豎目的漢子操刀而屠。行書題：

仗義每逢屠狗輩，負心多是讀書人。

這又是他對世事的慨嘆。至於他另一幅畫中的床下君子，是否也屬負心的讀書人？詩中未有明言：以茅屋爲主體的山水條幅，屋後有草堆和高樹，草堆上面，站著一隻啼曉的雄鷄。屋側櫪邊，露出一匹負鞍長嘶的黑驢。茅屋床下藏臥一人，眉目點畫草草，卻使人感受到那位床下君子的滿面惶恐。

心畬自題：狗苟營營，床下藏形；雞鳴驢叫，畏若雷霆。

這幅寓意諷刺的作品，簡單數筆，卻是意境深遠，畫後貽贈好友劉文騰，今藏於故宮博物院。

心畬也有些漫畫，用意不在諷刺，而是以一種幽默、好玩的心境，靜觀浮生諸相。

來台早期，不但街頭理髮尚存，理髮店中設備也十分簡陋。

在理髮師殷勤服侍之下，心畬坐在矮凳上，身圍洗髮巾，神情頗為愉悅。空氣中忽然傳出一股燒焦的氣味；原來，專注於洗髮的理髮師，忽略了身後燒水的盆火，點燃了工作服的後襟，〈不顧其後〉，就成了這幅漫畫的標題。

其餘，背負隨身行囊，逃空襲警報的市民，頭燙鬈髮，足趿拖鞋，手持掃把，俏麗的〈台灣工作小姐〉，都成了他的畫題。

●

民國四十三年秋天，平靜的寒玉堂因一隻黑色的哈巴狗走失而掀起了軒然大波。

由於學生前來上課，人來人往，大門開開關關。某月四日大約中午時分，發現哈巴狗不在院中。屋前屋後找了好幾遍，只是不見踪影。

李墨雲一口咬定溥毓岐開門送學生時，把狗關在門外，忘記將牠喚回。她對毓岐大聲咆哮：

「狗如找不回來，你也滾出去，別再回來！」

接著又罵個不休。心畬見了，心中不忍，編個話題替毓岐緩頰：

「今兒個早上，有人想買一張畫，說是五佰塊錢；我尚未應許呢。我看就用這個錢懸賞登報好了。」

對錢沒有概念的溥心畬，連早點吃的豆漿、油條多少錢一份都不知道，心想哈巴狗是名貴的寵物，大概該懸賞五佰塊錢才行，豈不知當時五佰元已相等於一位中等公務員的月薪。

阮毅成時任台北《中央日報》社的社長，心畬見墨雲沒有反對，立刻寫信給阮氏：

「毅成先生鑒：昨借尊車回寓時，因上課學生未關街門，所養小黑狗走失，遍尋不得，知為行人抱去；奉懇分神登廣告一紙……」

溥心畬在所擬廣告中，描寫走失的哈巴狗的品種、體型和毛色之後，公佈出頗大的賞額：

「有人拾得，請送至臨沂街六十九巷十七衖八號。愛好書畫願酬以書畫，或酬台幣五佰元。」

次日，廣告在《中央日報》刊出。心畬一看，懸賞一節只寫「願酬以書畫」，漏掉了「或酬五佰元」賞額。

阮毅成的意思是：心畬是位不解俗事的讀書人，平時居家地址都一問三不知，廣告詞中能寫出住址已屬難能：但，尋一隻小狗。何需五佰元巨賞？所以為他去掉了賞額一節。

溥心畬在墨雲的吵鬧下，深信重賞之下才有勇夫，趕緊專人送信給阮毅成：

「今晨已在報上見到廣告一則，出版神速，尤為感佩，惟請於明日刊登時，改為酬金五百元為幸！」

第二封手札發出未久，便有人將狗送回，墨雲幸喜報上沒有登出賞額，趕緊以一百元打發了事。又催促心畬火速去信阮毅成，停止再登此廣告：

「毅成先生鑒：今晨發信後，竟有人見報將愛犬送回，皆蒙消息迅速，受賜多多。前函酬金云，請不必再重登矣。」

阮毅成，雖多書畫好友，除非主動貽贈，向少開口索求。好友溥心畬的書畫，無論生前死後，他僅在公私展覽會場，細加欣賞，卻從未見過溥氏手札之展出。那次，由於哈巴狗走失，數日內竟連得三札，眞是如獲至寶。

溥氏謝世多年後，阮毅成特在《大成》雜誌一一四期，撰〈溥心畬失狗書札〉短文，並將三通書札一並列出，公諸同好，傳爲藝壇趣聞。

●

民國四十四年春節，在一片鞭炮和賀歲聲中到臨。花甲高齡的溥心畬歲朝開筆，先應時應景地爲劉文騰畫了一幅〈春江圖〉，江岸平坡，花樹相映，一舟輕泛，舟上一位隱士，正在欣賞兩岸的春光。上題：

春江波初碧，舟向鏡中行。　乙未歲朝　心畬（註一）

隨又應劉氏之請，作設色〈煙蘿古寺〉一幅，描寫林中古寺，一人循曲屈山徑步向飛瀑。題五絕一首：

疏柳蕭蕭影，澄潭秋欲渡，數峰斜照裡，古寺在煙蘿。（註二）

同在歲朝，溥心畬的一枝生花妙筆，忽而春江水暖，忽而蕭蕭秋色，使雅好書畫的劉文騰，大爲嘆服。

大年初四是李墨雲的三十八歲生日，溥心畬往年的祝壽畫，有觀音菩薩、花卉等不同的題材；這次畫了兩位環珮叮噹，衣帶飄飄的仙女。前後二女長得一模一樣，顧盼生姿，上題一絕：

羅帶雙雙動珮環，玉京受籙降人間，昔隨王母瑤池飲，曾乞靈漿駐玉顏。

乙未孟陬，墨雲夫人生日。作此祝壽　溥儒

然而，這個春天也是溥心畬最忙碌的季節。農曆三月，他與中央研究院長朱家驊、考古學者董作賓應邀前往韓國。接受漢城大學頒贈榮譽法學博士學位。講學兩個星期（一說二個月）後，一行人再轉往日本。由於心畬預定在日本舉行書畫展覽，並有各種參觀、訪問活動，所以他要比朱、董二位停留得較久。

臨行之際，蔣中正總統設宴款待溥心畬、朱家驊和董作賓。第二天心畬無意間在《中央日報》上，看到總統「召見」即將赴韓接受榮譽法學博士學位的三位學者的報導，心中十分不以爲然；總統與他並非長官和下屬，怎麼可以說成「召見」？立刻執筆爲文，請章宗堯專程送往《中央日報》更正。章宗堯則向人抱怨說「餞行」和「召見」有什麼不一樣的，值得這麼大驚小怪？暗中把更正手札丟到一邊，此事也就不了了之。由此也可見心畬「不仕二朝」的觀念，牢不可破，雖是細節，也不放過。

在親朋好友的餞行、唱和中，最使他感到知己和愜意的，是同爲前清遺老陳含光的八首〈送溥王孫往南韓〉（註二）七絕。

渤海新羅壤接連，遼陽西望是幽燕，漸漸長白山邊麥，秀盡春風四十年。——八首之四

東丹寶繪舊知名，采筆猶應動漢城，職貢圖中往時跡，傷心一片畫難成。——八首之六

八首送行詩中，把歷史上的中韓關係，在列強欺凌下，兩國同遭山河殘破的悲涼，心畬有家歸不得的鄉愁以及往訪漢城的特殊意義，凝結於字裡行間，使溥心畬恨不得與含光相擁痛哭一場，以洩滿腔積鬱。

含光年高七十六歲，能否生還中原，看局勢並不樂觀。韓國古時曾是中國的藩屬，咫尺在望的長白山，是愛新覺羅氏的故鄉，西南幽燕，便是前清的故都；溥心畬能夠那麼近的張望長白山的積雪，呼吸到故鄉的空氣，多少使他有些羨慕。

心畬居台的第三年，曾繪無根蘭一幅，自題：「淑蘭九畹舞東風」是年五月。陳含光借題發揮。一抒幽懷：

雲林山水不著人，所南蘭花不帶根，試憑九畹春風影，喚起三閭舊日魂。

壬辰五月　陳含光題

飄蓬於亂世，他們一直就這樣聲氣相求，相濡以沫。

松山機場送別那天，可能有人提到韓人自古好武，心畬一時興起，當場秀了一趟太極拳，長袍飄風，氣定神閒，以示中國功夫，源遠流長，深奧莫測。

送行的親友門生，對心畬蟄居五載，初出國門多所祝賀，姚兆明因孤身在台，恩師遠行，頗感依

依，頻頻拭淚。看在軍裝畢挺的孝華眼中，覺得她長相秀麗，重感情，頗感鍾情。

心畬早年女弟子中以吳詠香成就最高，堪稱衣缽傳人，故而在出國期間推薦她到師大代課。接受漢城大學榮譽博士學位頒贈典禮之前，雖然不必彩排，也要稍作準備。試穿博士服的時候，心畬表示，穿起來正合身，跟他在德國獲授博士學位時所穿的一樣。一旁的朱家驊事後告訴友人：他聽到這句話，大爲詫異，心想心畬何時在德國得的博士學位？

朱家驊的話一經傳揚，日後人們爭論心畬的眞假德國雙博士學歷時，也偶被提起。試穿禮服的小插曲外，參加國宴時的吃相，和光著腳穿皮鞋，使駐韓使節大窘，暗拉桌巾替他遮掩，也常被當作笑話傳開。

對光著腳穿鞋一節，心畬在從日本寄給墨雲的家書中，有所辯白：

「……有人問我在南韓時有一次請我宴會，我穿了皮鞋沒有穿襪子，實在可笑；在南韓時閏三月，天氣尚寒，早晨豈有不穿襪子之理。……此等大小謠言，皆不足辯論。」（註二）

韓國素重中國文化，對心畬這位漢學大師，前清皇室書畫家，朝野莫不大爲敬重，停留期間，邀宴、雅集不斷。書畫潤筆所入達五百美金之鉅，在當時算是頗大的數目。由韓國轉赴日本之後，日本法律嚴格規定，私人不得持有美金。求之於中華民國駐日大使館，也無法兌換。私人換美金，既怕觸法，又恐受騙；所以他雖然身藏鉅款，卻成了見不得光，一時無法花用的「黑錢」。所幸出發前裁縫爲他在內褲腰上作了個暗袋，從無理財經驗的心畬就把美金藏在暗袋之中，外有皮帶掩護，不致露出掉落。不過，由於「此地無銀」的心理作祟，心畬外出時不論坐、立，常常不自覺地摸著肚子，唯恐美金被偷兒扒去。事爲往來港、日兩地的友人朱省齋所覺，問他是否肚子不舒服，要不要檢查出了什麼毛病？心畬才哈哈大笑，說出了這個祕密。

在韓國筵席上，或文人雅集中，心畬凝神觀賞穿唐代衣冠，翠翹玉珮，一面擊鼓，一面蹁躚起舞的韓國少女，他覺得風雅極了。想著我國大唐盛世的景象，不意在東鄰友邦，能看到這種古意盎然的歌舞氣象；他此際連作了多幅古裝仕女圖。往往有歌伎舞女知道他的身分，表演完畢後，款步席前向他叩頭求詩，他總是含笑揮毫，賦詩以贈。

一次，他觀賞年老色衰，鬢髮稀疏的老伎，鼓瑟唱春宮曲，想著故國的陵谷之變，當日的恭王府和萃錦園，想已變成一片荒煙蔓草，更休說歌舞管弦的大戲樓了。看著看著，不覺得眼眶濕潤，賦七絕一首：

> 錦瑟華年事已非，雙蛾不掃鬢鬟稀，如何更唱春宮曲，新館花零舊舞衣。
>
> ——觀朝鮮故伎歌春宮曲（註四）

這個自古受中國文化薰陶的國家，不僅珍重地維護著歷史古蹟，連現實生活中，也保持著古意。裝束、建築，乃至於深鄉僻壤的田園色彩，感覺中他恍若置身於古老的中國大地。當他讀到南氏所輯的十四卷《箕雅》詩册時，文字的凝斂，感情的豐富和境界的高逸，使他讚嘆不置。

> 永明寺中僧不見，永明寺前江自流，月空孤塔立庭際，人斷小舟橫渡頭。長天去鳥欲何向，大野東風吹不休，往事微涼問何處，淡煙斜日使人愁。——李混浮碧樓
>
> 斜陽斂盡大江平，千古興亡一笛橫，閒載滿船秋色去，濟王宮北弔孤城。——金揩百濟懷古

漠漠兵煙起，茫茫世事非，江湖人北去，時序雁南飛，驛路多秋草，離亭半夕暉，相看不忍別，流淚忽沾衣。——權䪷南州留別

餘如寫離情的月山大君婷〈寄君實〉、寫王孫孤舟遠引的鄭之升〈傷春〉五絕、寫中國北方景色的許篈〈灤河〉七言絕句等不一而足。心畬吟詠玩味，愛不忍釋，選錄了二十五首輯入他的《華林雲葉》中（註五）。

《箕雅》十四卷，有如我國的《千家詩》或《歷代詩選》一類的選集。燕趙自古多慷慨悲歌之士，韓國人性格和感情的表現也頗近於此，也許因此更能引起溥心畬的共鳴。而他所選錄的韓詩，節奏和境界不僅觸動了他那北方的性格，其中更不乏描寫亂世中，飄泊不定的王孫的孤獨與悲涼。

文註：

一、二、《溥心畬先生書畫特展目錄》圖三三、八七。

二、《畫餘隨筆》頁一〇〇〈溥心畬傳稿〉，容天圻撰。

三、《大成》期七四頁十八〈溥心畬白話家書〉，薛慧山撰。

四、《南遊集》頁二九。

五、《華林雲葉》卷上頁七一。

29・新羅與扶桑之旅

應漢城大學之邀前往講學的三位學者，在溫暖的暮春暢遊古國的名勝古蹟，心中有無限的感慨。韓國的故宮和御苑，規模相當於清朝的親王府邸。經過近代政治變遷和一次次戰爭的蹂躪，那種殘破、蕭瑟與悲涼的氣氛，也一如軍閥相互攻伐、割據下的北京。

心畬隱居戒壇寺後期所賦的〈石景山東望〉七律。浮上心頭：

朔漠邊沙戰氣開，昆明宮殿暗蒿萊，秋風鐵馬關前月，暮雨銅駝塞上臺。極目平原王粲賦，萬家烽火杜陵哀，百年景物皆陳跡，慷慨登臨濁酒杯。（註一）

步入漢城昌德宮，映入心畬眼中的景象，跟他在民國十二三年間，自戒壇寺遷回萃錦園前所見的恭王府一樣荒涼。他在〈昌德宮〉七律詩序中，簡述宮殿的歷史：

「朝鮮李朝太宗內禪，稱上王，居壽康宮。嗣王世宗，御昌德宮受朝。」

簡樸的木造仁政殿，雕樑斗栱下面，圍著防止鳥雀築巢的黑網。當時殿內除御座之外，別無他物，顯得空蕩蕩的，與北京故宮三大殿的氣勢，無法比擬。他在詩裡抒寫所見，也寫出他因身世和遭遇所引發的失落感：

承露銅盤跡尚陳，前王宮苑滿荊榛，殘花自落瑤堂雪，折檻空生玉殿塵。紈扇歌沉南內月，羅衣舞盡上陽春，東風輦路吹禾黍，野雉朝飛不見人。（註二）

景福宮離昌德宮西方約九百公尺之遙，蓮池東側的兩層水榭「慶會樓」，使心畬聯想到萃錦園方塘水榭的「詩畫舫」。但蓮池的面積和樓的宏偉，均比方塘水榭壯觀。也許是參觀的節奏過於緊湊，心畬誤將慶會樓的詩詠，記於昌德宮東方的〈昌慶苑〉詩題之下：

禁川橋下芰荷香，慶會樓前細柳長，依舊清波東逝水，更無鳧雁待君王。（註三）

慶州原名「鷄林」，以漫山古松聞名的佛國寺，建於新羅法興王時代，已有一千四百餘年的歷史，閱盡了興亡與戰亂。雄偉華麗的佛國寺內外連綿不斷的松濤，恍若置身於他隱居十餘年的馬鞍山戒壇寺。同一座山上的石窟庵，岩洞中供奉的也是千年古佛。心畬在〈題慶州佛國寺前古松〉中寫：

雞林山色半斜陽，誰識江東古戰場；惟有寺門千歲樹，苦經風雨見興亡。（註四）

韓國之旅，使心畬最爲感傷的，是有關新羅王朝興衰的鮑石亭和受南北韓戰爭蹂躪未久的小村落。慶州城郊，南山西麓的鮑石亭，是古新羅王朝的離宮，雅好遊冶的新羅景哀王，在此置酒爲樂，流連忘返。終於招致百濟王甄萱潛師偷襲新羅都城，擄新羅王。在中國，因帝王好色、耽於遊樂至亡國辱身者，史不絕書，心畬至此，不禁感慨繫之地吟：

百濟潛師地，千年感逝波，石魚生蔓草，空弔舊山河。（註五）

也在慶州，他們行經一個南北韓戰爭創痛未復的小村落。那時，離南北韓停戰，不過七八個月，已成廢墟的村落，青壯男子出征未歸，留下老弱婦女績麻。春盡草長，溪上的一株薔薇花，隨風飄落殆盡，心畬心下戚然，畫水墨折枝薔薇一幅，上題：

北兵征戰破千家，年少從軍女績麻，風雨不憐春去盡，薔薇吹散水邊花。

丁酉遊朝鮮慶州，戰壘初平，村落成墟，溪上薔薇一樹，偶寫一枝　心畬

心畬於民國四十四年遊韓，歲在乙未，畫記「丁酉」，爲民國四十六年。心畬慣於一稿數作，推測「丁酉遊朝鮮慶州」，可能是丁酉年重作折枝薔薇、題舊作詩時的筆誤。

●

溥心畬到達日本時，已經是炎炎的夏季了。

二次大戰後從中國遣送回日本的嵯峨浩，從廢墟中重建家園，教育慧生和嫮生兩個女兒。其夫婿溥傑，與溥儀等爲蘇聯軍所俘；先後在蘇聯及撫順戰犯管理所拘禁已達十年之久。因此，她也在漫長而艱苦的歲月中，等待夫婿獲釋來日本。心畬一行的飛機降落在東京羽田機場時，嵯峨浩早已得到中

華民國大使館的知會，率女兒前去迎接，使心畬備感親情的溫暖。

民國三十年，溥傑夫婦帶慧生回北京時，慧生才兩歲半，轉眼間她已是亭亭玉立的十七歲少女了。小她兩歲的嫮生，北京話沒有母親和姊姊那麼流利，跟心畬也不如慧生那麼親近。在貴族學習院高中二年級就讀的慧生，另跟中國老師學習中國文學和中國社會科學，對有關清代宮廷的稗官野史，也充滿了興趣。

慧生覺得心畬不會日語，實在不便，於是自動做他的翻譯，陪他參觀遊覽。她也知道那裡能找到心畬最愛吃的北方餃子館，因爲她自己就是餃子迷。生日或節日，嵯峨浩問她想要什麼禮物，她表示能吃頓餃子就心滿意足了。

身著旗袍，一口京片子的慧生，陪同長袍飄飄的心畬行走在街上，不少人認爲他們是父女。

一次出遊返家，慧生滔滔不絕地說：

「我們去東橫百貨店的屋頂上看猴子，猴子把伯父的長袍角拉住不放，我一個人又拉不動，很多人幫我忙才拉回來。」

說完笑個不停，又攬鏡自照說：

「眞的？我像溥儒伯父嗎？」（註六）

慧生十四歲那年，因她們寄往撫順戰犯管理所給溥傑的信和照片，一直如石沉大海，沒有回音。她背著家人，直接寫信給中華人民共和國總理周恩來，希望能達成與父親互相通訊的願望。她動之以情地寫：

「……我的父親溥傑久無音訊，母親和我們都很擔心，我們不知給日夜思念的父親寫過多少次信，寄過多少張照片，但是從來沒有收到過一封回信，只好望洋興嘆。雖然人的思想各不相同，然而骨肉之情卻是同樣的。我想，如果周恩來總理有孩子，一定能夠理解我們對父親的思念。一定能夠理解盼望丈夫團聚，同時含辛茹苦地將我們撫育成人的母親的心情。」

最後，她說：

「謝謝，拜託了。請將這封信連同照片轉交給我的父親……」（註七）

慧生寫給周恩來和溥傑的信，連同照片，眞的於民國四十三年八月，由管理所長轉到九年未收到家書的溥傑手中。從此，他和所內囚禁的戰犯，也得到和家人、外界通訊的許可。溥傑或得知其事的親友，都把慧生視作現代的緹縈。

心畬長兄溥偉之子毓嶦，和溥傑等同以戰犯罪名拘禁。無時不在懸念的心畬，也在嵯峨浩處看到他的來信，得知十年來的概況。心畬把慧生視爲可造的明珠；希望有朝一日，親自加以調教。並爲她取號「佩英」。

嵯峨浩對心畬的熱忱款待，心畬仙逝後，萬公潛在北京恭王府捐贈溥氏書畫時，《北京日報》（一九八八、十二、十）上還有一段追述：

「溥心畬離開大陸後，思鄉之心甚切。在日本期間，曾住在溥傑夫人嵯峨浩家，他整天想念北京，想念家鄉，特別想吃北京味兒的春餅、炸醬麵。浩夫人盡力做給他吃，他卻總覺得不是味。……」

又說：

「新中國沒有忘記這位傑出的畫家。周總理曾經和溥心畬的胞弟溥僡說過，讓他出面設法與溥心畬聯繫上，做他的工作，讓他回來。後來，政治運動興起，此事做罷。」

然而，出乎溥心畬意料之外的是，兩年後的冬天，慧生因與大學同學大久保武道的婚事，受阻於嵯峨浩和男方家長，雙雙在東京北方九十英里之遙的伊豆天城山中，舉槍殉情，結束了十九歲的短暫生命。

●

心畬分別在東京近郊目黑、橫濱日吉住過一個時期後，好友李猷從台灣託人，介紹他借住航業鉅子董浩雲在東京的別墅；一稱「中國航運公司招待所」。

別墅內部非常豪華，當時主人不在，只有廚子。溥心畬眞是得其所哉；可以免除許多客套和拘束，廚子每日爲他供應美食，還可以充當他的導遊和翻譯。見到他和廚子同遊的人稱道他的平民化作風，說他毫無士大夫的架子。

他沒事總是坐在榻榻米上寫字作畫，裁剩下的零縑紙片並不隨意蹧蹋，用來寫燈謎、畫小畫。

香港宋訓倫，記他慕心畬之名，往訪的一幕：

「我與他初次見面，就在東京。記得那天我走進他的房間，他擱下畫筆，從榻榻米上站起來，雙手拱胸，必誠必敬的口稱『溥儒』二字，自道姓名。這兩字的聲音是那麼沉著莊嚴，一副『恭敬懇摯』的神態，給我深刻的印象。」（註八）

不過宋訓倫對他爾後的談話，言必稱「本朝」如何如何，好像仍生存於滿淸之世，感覺有些怪異。

溥心畬臨離開別墅時留贈董浩雲的草書詩屏。詩爲心畬舊作五言排律，共爲六條，宋氏譽爲平生所見心畬的草書，無出其右：

「詩是他的舊作，字則鸞舞蛇驚，鴻飛獸駭，圓潤遒勁，妙造自然，眞做到心手雙暢，翰不虛動的地步。」（同註八）

「我打擾了主人這麼長久的時日，豈能不表達我心中的一點謝忱。」心畬告訴宋訓倫。

據李猷表示，溥心畬遷出董浩雲別墅的原因，可能是住得太久，招待所別有用途；或爲了便於翻修，才由原介紹人出面聯絡他遷出。

但，從另外一方面推測，也可能是台灣當局，因他滯留日本過久，又有他可能伺機回北京的傳說；催他返國的策略運用。不過，他並未因失去豪華便利的寄寓之所，就此打道回台。在友人和學生協助下，他遷進了離明治神宮不遠的澀谷區大和町金村旅館棲身。

●

金村旅館，規模不大，每日房錢八百日圓，但服務生招待得很親切。心畬住進旅館之初，他不懂日語，太陽初升，包著頭巾身繫圍裙的女服務生，進來打掃房間。比手劃腳之後，他總算明白過來，裹著棉被、赤足，一臉尷尬地站在窗邊木凳上，任她打掃榻榻米和壁上的灰塵。

有些事，不但說不明白，連他手持拍紙簿，用筆畫圖，恭謹跪坐在榻榻米上的女服務生，也是一臉茫然。倒是他自己把這種難以溝通的窘況，漫畫出來，自我調侃一番。

遷出董浩雲別墅之後，溥心畬的生活，不得不變得節儉些。早上，由一位女學生傅鐸若送湯罐頭給他，用滾水一沖，再吃二、三片土司麵包。晚餐有時叫一百元八個的餃子，也就對付了；這對平日食量驚人的美食主義者，實在是個難熬的冬天。只有朋友邀宴時，才能開懷大嚼。台北的李墨雲和溥孝華，分別來信要他匯款回去。傳說他在東京作了大學教授，師大有學生寫信給他，表示願意來東京當助教。又說他在東京收了四十多名男女學生，收入可觀。李墨雲自然不願意他脫出掌控，享用大筆鈔票。孝華要錢的理由是，他把毓岐送醫治療，只好請父親支援。

遷居旅館後，一日晨起，他到洗澡間漱口洗臉，在濕滑的磚地上摔了一跤，扭傷左腳。疼痛難行，趕緊僱車就醫。此後，傅鐸若又為他介紹醫生每日到旅社敷藥包紮，囑咐他少走路，一個月後方可痊癒。從此洗澡、如廁，均由女服務生小島義務地揹他前往，細心照顧，令他萬分感激。

多年後，心畬香港弟子薛慧山往訪金村旅館，告知小島心畬在台北逝世的噩耗，小島滿面悲戚地援筆作書：

「深深崇拜貴國舊王孫溥心畬先生，他是一位風雅可愛的老人。」（註九）

他畫漫畫的興趣，在言語不通的旅日期間，似乎特別濃厚。如身著和服，執壺送酒的俏麗女侍。緊身旗袍、裸露臂膀的青樓女郎，他都用簡潔的筆法勾畫下來。他在後一幅畫上題：

「宜笑、宜顰、宜喜、宜嗔；萬事皆宜，不宜家人。」

有一次他發現旅館女服務生，有的竟能寫一手王羲之體字；他對友人說：「東京旅館裡的下女之流，都能寫得一手王羲之體行書，怎麼我們自己反而都不行了呢？」（同註九）

又一次，詩酒唱酬之際，友人請他賦詩，當即有位年輕藝妓上前研墨。

心畬遠自童年就開始研墨，用以寫字畫畫外，墨在硯池中不斷旋轉，也兼有鍛鍊腕力的功效。而這位藝妓的磨墨法，是一推一拉地直來直往，使他幾乎忍俊不禁。待他飯後到古書店一查，才大吃一驚，原來這種一推一拉的磨墨法，竟是宋代傳到日本的古法。

其他如祀孔、祭灶等服裝儀式，乃至於冬天吃柿子的「醂柿子」法，都保存著中國古老的制度和方法。

心畬在日本的得意門生，是明治大學三年級的女生伊藤啓子。從他學漢文、書法和繪畫。伊藤由父親帶來拜師時，禮節之隆重，使心畬也覺得驚奇；除了恭恭敬敬地行跪拜大禮，還有「三進爵」的敬酒方式。他稱讚她禮數周到，伊藤父親卻謙虛地說：

「這些禮節都是由貴國傳來的。」

心畬搬家時，伊藤「有事弟子服其勞」。生日拜壽，呈獻衣襪、奉食、獻花。心畬帶她參加文人雅集，他畫畫時，伊藤在心畬身側，聚精會神地觀看，溫婉文靜，令人稱讚。

●

民國十七年時，心畬偕溥僡曾雙雙應邀訪日，與日本名流詩酒唱酬，雖事隔二三十年，一些舊識仍在。日本藝術界人士或書畫藏家，知道他的身分和書畫造詣，他們所收藏的中國古代書畫，希望得到他一言九鼎的鑑定。中華民國的駐日某公使，也邀請他作私人中國書畫收藏的顧問。

因此，前往其寓所拜會，邀請飲宴及鑑定之士，絡繹於途。

此外，他對流落於東瀛，前所未見的中國書畫，乃至瓦當、碑帖、彝器，也無時不在留意、加以倣效或拓印，並盡力搜集已絕版的中國古籍。後來，談到他書畫進境時，他告訴萬公潛：

「來台以後至四十五年東遊日本歸來，是一個階段……」

此際能成爲一個進境的階段，無非對所遇、所鑑賞或搜求到的文物，潛心鑽研所致。

溥心畬在日本停留與動向，日本政界也很重視，並對他加以禮遇。天皇御弟高松宮夫婦，也曾前往心畬寓邸拜會，安排他和昭和天皇會見，陪他遊覽皇宮。日本外交當局，指定專人和他聯繫，注意他有無需要協助的地方。

他與暫住日本籌備畫展、印製《大風堂畫集》的張大千，因參加藝術會議前來東京的黃君璧等相聚，聯袂出遊、杯觥唱酬，更使他有如魚得水之感。

文註：

一、《西山集》卷一頁二一。
二、《南遊集》頁二七。
三、《南遊集》頁二八。
四、《南遊集》頁二八。
五、《南遊集》頁二九。
六、《流浪的王妃》頁一七二。
七、《溥傑自傳》頁一二五。
八、《舊王孫溥心畬》頁二〇〈舊王孫溥心畬〉，宋訓倫撰。
九、《大成》期七四頁十八〈溥心畬白話家書〉，薛慧山撰。

30．宇宙難容一大千

比起溥心畬所住的金村旅館，張大千一家在新宿下落合租住的和式大宅院，顯得特別寬敞豪華。爲大千拍攝照片和作日文翻譯的攝影家王之一，知道溥心畬在旅館棲身，言語不通時，便不時陪他出遊，充當翻譯，也常在一起飲酒聊天。

應大千之請，數度從香港來日本的朱省齋，也常陪伴心畬；張大千、朱省齋和王之一，消解了溥心畬逆旅的孤獨和寂寞，也是對他處境了解較深的朋友。

爲了避開中共的統戰，大千忍痛賣了董源〈瀟湘圖〉、顧閎中的〈韓熙載夜宴圖〉兩幅中唐古畫，偕眷前往南美阿根廷居住。

溥心畬在台北張目寒處，見到大千在阿根廷畫的〈移家圖〉時，不禁惺惺相惜，題詩其上：

莽莽中原亂不休，道窮浮海尚遨遊；夷歌卉服非君事，何地堪容呢燕樓。（註一）

大千在阿根廷居住一年後，居留權出了問題，遂想移民巴西，築園久居。此次東京暫住，目的在舉行畫展、出版畫冊，以及準備赴歐展出作品。此外，他要搜集扶桑的奇花異木，以便運往巴西，充實構想中的巴西聖保羅市郊摩詰山城的「八德園」。

民國四十四年農曆十月，心畬訪新宿下落合張府，見大千鬚髮更形花白，感到海內風波不息，無情歲月流逝，遂在大千近照上，題七絕一首：

滔滔四海風塵日，宇宙難容一大千，卻是少陵天寶後，吟詩空憶李青蓮。

乙未十月相遇江戶奉題　西山逸士　溥儒

這時，心畬正爲在日本旅行簽證到期所困擾。由於中共對他統戰，而他思鄉心切想回北京的傳說，甚囂塵上，中華民國有關官員唯恐他眞的轉道返鄉，遂下令駐日使館，不爲他續簽。

日本外務省知道心畬這項困擾後，想趁機留下這位身分特殊的漢學家與藝術大師，特派聯絡員前往探視。表示日本願意送他一紙長期居留證，歡迎在日本定居，護照事，可不必再予理會。

事後，據萬公潛轉述，溥心畬以：「我用中華民國護照出來，還要用中國旅客身分在此停留，謝謝你們的好意。」予以婉拒。

心畬自認在日本尙有許多事情未了，而且時已入冬，離開大陸後，睽違達六年之久的梅花，在日本正含苞待放。如果不欣賞描繪寒梅就打道回台，他實在心有未甘，只好寫信求助蔣中正總統，請總統諭令駐日使館處理他的延期簽證。

此外，他遲遲不願返台，也有一些難言之苦。

民國三十九年韓戰爆發後，鑑於利害所繫，美國第七艦隊巡弋台灣海峽，維持兩岸間暫時的平靜。然台灣內部，不時風風雨雨，對政治活動與言論自由，敏感而緊張。爲免賈禍，溥心畬旅台第五年，嘗作〈旅銘〉以自我警惕：旅，在易經中，下艮上離，以上升的火焰，下靜的山岳來加以象徵。

「艮而麗乎明，離不失其止者，其惟聖人乎！」他說。

如何在「艮」、「離」之間，求取中庸之道，是他不斷思考的課題。

而他全生遠禍的座右銘則是：「旅焚巢於上九，所致歎於爾衡，務高翔而知止，貴立命而有成。慮離德之孔灼，或貽戚而興戎。持艮義於亂世，遮遠戾而全生。」

他平日採取的處世態度是：「思居貞而蹈義，如臨淵而履冰。」

由此可見，他流連扶桑美景，是戰戰兢兢，如履薄冰歲月的一種心靈的解放、鬆弛和暫時的逃避。生活的潦倒；家庭和婚姻成爲人們茶餘飯後的閒談資料；也有些報章雜誌，時作捕風捉影的報導。顧及形象和顏面的心畬，雖然裝聾作啞，心中苦悶，應不難想像。

旅日期間，先後接到長子孝華、義子毓岐來信，謂於吳詠香處存款爲毓岐醫病事，已被墨雲探聽出來，揚言返家後必大吵一番，並求加倍補償。因此勸請他倘在日本遊山玩水，自得其樂，似不必急於返台，自尋煩惱。

結果，他孤獨地棲身逆旅之中，過簞食瓢飲的自主生活，卻招致各種謠言中傷，和政府有關單位的催逼，以簽證限期爲拘束，催他返台，重過苦悶的生活。

「宇宙難容一大千」，是他爲張大千處境的感慨；何嘗不是他心靈深處的自嘆和自憐。

和張大千、黃君璧聯袂出遊，是溥心畬最大的賞心樂事。張大千府裡請來的川廚，可以使他大快朵頤。黃君璧籍隸廣東，所點的廣東佳餚，堪稱人間美味。唯獨黃君璧的一口廣東國語，與溥心畬的京片子、張大千的道地川話，開懷暢談和杯觥交錯之際，不僅南腔北調，更是聲震屋瓦。

黃君璧時為師大藝術系主任，因參加藝術會議來東京，在日本，異地重逢，黃氏關心心畬生活與體康之外，對心畬薦代其國畫課的吳詠香，教授有方，甚得藝術系學生愛戴稱讚不置。並有意於溥氏返台後，仍請詠香繼續指導學生。溥心畬知道自己的衣缽傳人，受到器重，心中大感寬慰。

冬天某日，張大千、溥心畬、黃君璧以及任職故宮博物院的書家莊嚴（慕陵），同在王之一家中吃蒙古烤肉，酒酣耳熱之際，張大千援筆在畫紙左下方，勾勒出一個飄逸的人物。溥心畬接過筆，先在唇邊舔舔筆端，染得牙齒和嘴唇到處是墨，了不為意；衆人知道這是他寫字畫畫時的習慣。但見他筆尖揮動，迅邁地畫了株古松。再經黃君璧點染小橋流水，頓時就成了人間仙境。接著，莊嚴以他那名著一時的瘦金體字，記錄了這次難得的書畫雅集。但，這件四大名家合作留贈王之一後，卻被他遷居時無意間遺失，殊爲可惜。

當晚，伊藤小姐一直靜靜地坐在席間觀看四人寫字畫畫，對心畬更流露出無限的崇敬。

此外，溥心畬對當時與張大千形影不離的紅粉知己山田小姐，也留有深刻的印象。返台後某日，見到大千寄贈臺靜農的册葉中，有山田小姐的畫像，大千自題：

畫成既題署，侍兒謂尚餘一頁。興已闌，手亦倦，無暇構思，即對影為此，是耶？非耶？靜農何從而知之耶？

當年在日本的情景，臺靜農也許不能盡知，但躬逢其盛的溥心畬，卻知之甚稔，援筆在山田像後空葉上題：

凝陰覆合，雲行雨施，神龍隱見，不知為龍，抑為雲也。東坡泛舟赤壁，賦水與月，不知其為水月，為東坡也。大千詩畫如其人，人如其畫與詩，是耶？非耶？誰得而知之耶？

溥、張二人的情誼可以由這些瑣事中，窺見一二。

張大千離開日本後，據說山田被中共邀往大陸參觀旅行，試圖藉她遊說大千回歸大陸，大千因而與之疏遠。

溥心畬對香港弟子薛慧山，談到他流連日本的原因，和等待梅花乍放的心境：

「……一到日本之後，只見有些名勝，竟與我故居有些彷彿相似之處。因此，我在那兒耽著好久，一直就像夢中尋詩，幾乎弄得流連忘返了。」

冬天到了，他所等待的寒梅已經含苞；他過後回憶：「那回住東京旅館裡，一早等朋友送早點來，不知何故遲誤了好久。我餓著肚子，只喝了一壺熱茶。推窗一看，原來正在下雪，落在幾株蟠曲的古梅幹上，頓時成了粉雕玉琢似的，那一朵朵梅花，正含苞待放，帶著雪花冷艷照人，可眞美極了！一

時我連肚餓也忘掉，只對著它癡癡地發愣……」（註二）

同時，在東京上野一帶賃屋而居的香港書畫家，也是收藏家的朱省齋，在〈憶溥心畬先生〉和〈溥心畬二三事〉（註三）文中，談到他到金村旅館走訪溥心畬，以及冬日出遊的趣事：

「他的身體素極壯健，胃口尤佳，所以我們常常在澀谷一帶的中國餐館小酌爲遣。他賦性天眞而又極風趣，是一個十足的藝人。」

一晚，他們又來到明治神宮附近的「福祿壽」中國餐館用膳。室內空調開放，溫暖如春，爲了增加用餐情調，廳中電燈全熄，餐桌之上，搖曳的燭光，點綴得柔和而浪漫。不少駐日美軍偕眷屬，品味著中國佳餚和東方風情，聆聽一位妙齡少女的音樂演奏。由明亮的街燈與嚴寒中入內的溥心畬，先是嚷著屋子太暗，引來不少座客的目光。臨就座時，又嚷著太熱；邊說邊脫去身上的羊皮袍。正在看菜單的朱省齋忽聞鄰座兩位美國太太尖聲狂叫，抬頭一看，但見溥心畬長袍之內，只穿一套衛生衣褲。

王之一在〈我的朋友張大千（之四）〉連載稿中，記述一段與心畬在東京夜飲的往事。

時近隆冬歲暮，瑞雪紛飄，梅花盛放。

溥心畬已由金村旅館，遷到中華民國駐日大使館附近，租屋獨居。此地離王之一住處不遠，來往也愈加頻繁。

某夜，之一與數客到訪，飲酒談藝，心畬喝得興會淋漓，行書七絕一首，持贈之一：

有酒無歌興易闌，有歌無酒不成歡，須知密雪花開夜，自古人生此會難。

又一個大雪紛飛的寒夜，心畬邀之一寓中共飲。心畬說：

「冬天太冷，一個人睡覺更冷又無聊。」

想到前夕多人共飲，心畬呵凍手揮灑成〈松下飲酒圖〉，上題：

前夕無聊閒作畫，今宵作畫更無聊，贈君持去點空壁，對此能消酒一瓢。（註四）

鈐隨身攜帶的「舊王孫」章時，溥心畬在酷寒中，倒鈐了圖章。

對飲中，浦心畬仍舊握筆在手，邊飲、邊談、邊畫。坐在桌子另一端的王之一，只顧痛飲女侍溫熱了的日本酒，也沒注意他在畫些什麼。心畬看了年輕女侍一眼，談起他住金村旅館時的艷事：

「有晚來了五、六個日本小姐陪酒，她們先洗澡換上浴衣大鬧花酒。到後來都脫光衣服飲酒；連我的衣服都被他們剝光了。」

心畬說完，把畫團成一團，擲入身旁的紙簍；可能是離席如廁。王之一趁機拾起紙團，納入衣袋。轉到張大千住處鋪平一看，竟是一幅性戲圖。前後五、六裸著下身的年輕女性，爭剝一位男子的衣袴。畫上行書〈群陰剝陽圖〉。張大千一見，拍案驚叫：

「這是絕品，比他的山水樓閣都難得可貴；這幅小畫不用簽名蓋章，就憑那五個字就是溥先生的招牌，別人要學也學不像的眞蹟。」

面對洋洋得意的王之一，朱省齋笑問是否願意割愛？

「殺頭也不讓的！」王之一斬釘截鐵地說，並迫不及待地送去裝裱。

朱省齋並非省油的燈，畫雖然未要到手，卻把〈群陰剝陽圖〉的來龍去脈，公諸於香港報端。許多藝文界友人，爭著去信向王之一一探究竟。香港《大成》雜誌主編沈葦窗，屢次要求刊出，俾得奇畫共賞。直待心畬仙逝多年之後，王之一才公之於世，並追記得畫經過（註五）。王之一表示，心畬類此遊戲筆墨，他尚珍藏五幅之多。

那次東京夜飲之後，王之一與張大千積極籌畫赴法國畫展和赴巴西築八德園定居事務。黃君璧開完會，即行返台，溥心畬於數月後被李墨雲、萬公潛「押解」回寒玉堂。一時風流雲散，各自東西。王之一追記：

「最後溥太太在台北聽說溥先生在東京有女傭人，又有女弟子，從台北趕來東京幫他收拾行李，由萬大鋐等人押溥先生返台北。文人逢場作戲都是小事，台北怕他溜回大陸才是重要的。他教學生，太太收費，他賣畫，太太收錢。所以，溥先生留戀日本暫短的自由生活，尤其是和大千在一起最爲開懷。他們合作了不少畫，也題跋了不少畫。這一對『南張北溥』在東京的時間雖然短暫，也是溥先生一生中最值得紀念的一個片段時光。」（同註四）

文註：

一、《張大千的世界》頁九七。
二、《大成》期七四頁十八〈溥心畬白話家書〉，薛慧山撰。
三、二文見《舊王孫溥心畬》頁一〇六、一〇八。
四、《大成》期二〇四頁二四〈我的朋友張大千〉（之四），王之一撰。
五、〈群陰剝陽圖〉見〈大成〉期九六頁三四。圖記，見〈大成〉期二〇四頁二四。

31・猶伴詞人作遨遊

民國四十四年春，心畬前往新羅一個多星期後，已經調職台北的溥孝華，認爲毓岐腿疾有加重的趨勢，需要醫治。一日，趁李墨雲外出之際，把年已弱冠的毓岐，送往省立台北醫院住院。醫療費用，除了向吳詠香師姐支用心畬存款，也屢次去信日本，向旅居異鄉的父親索取。至於用途，自然也包括他自己的花費。

毓岐住院三個月後，孝華又把他移往松山台灣療養院住院，從此就很少前往探視義弟，醫療費用也就無限期拖欠下去；只有吳詠香和陳雋甫時往探視，加以接濟。

此時吳詠香，除爲心畬代授師大藝術系國畫課、在家授徒，也兼教師妹姚兆明；因此，孝華到她家的次數，也日益頻繁。

孝華與兆明相戀，詠香樂觀其成。但孝華不斷支用「醫藥費」，又對醫院無限期的拖欠，令她不安。當心畬所存八萬元醫藥費用罄，孝華頗有避不見面之勢；詠香、雋甫心急如焚，不知心畬返台時，如何對恩師交代。詠香遂給孝華寫了封萬餘言的長信。意謂：心畬存款雖說是為毓岐醫病，孝華為心畬獨子，自然也有權利動用，但總該教她有個交代，以免招致誤解，難以作人。

孝華見信後，寄來一紙八萬元的收據，事情只好勉強擱下。剩下耽心的事，便是李墨雲如何得知存款事，會不會對心畬大動干戈？事後得知心畬回家後，墨雲一直吵著要心畬在詠香家作畫存款的舊帳，本來八萬元，卻被她一口咬定為二十萬元。心畬沒法，只得努力作畫，請商界友人代為介紹買主，終於湊足二十萬元，才平息了這場風波。

後來詠香才知道心畬託他們賣畫存款之事，是墨雲從女傭姜姐口中套出，她覺得姜姐雖然無意中惹事，但也不宜再留，遂找個藉口，好言打發了事。

●

匆匆一年將盡，並不見心畬返國的訊息。寒玉堂弟子，到處打聽心畬近況，每有心畬札示，紛紛傳閱，奔走相告。

傳說心畬已任東京大學教授，私人所收男女學生四十餘位，賃屋而居，僱年輕日本女傭服侍，似有久居之計。

關心兩岸政情者，風聞周恩來欲藉重嵯峨浩日本貴胄的家世、與愛新覺羅氏的婚姻，影響日本政壇，改善中、日關係，進一步建交。自然，也對爭取心畬還鄉，多所關懷。

媒體為了對種種傳言，得到證實，曾走訪李墨雲。報導中引用李墨雲的說法是，江南易幟後，毛澤東曾以高官厚祿，誘使心畬回北京為人民服務。當心畬尚在躊躇之際，墨雲以酒灌醉心畬，詭稱到吳淞泛舟夜遊，心畬不疑有他，上船後卻直放舟山，轉飛台灣。經過渲染，墨雲變成了促成心畬來台的最大功臣。

溥孝華閱報後，把剪報帶到松山療養院，給病中的毓岐欣賞。

也有些內幕雜誌如《紐斯》等，捕風捉影地刊出心畬來台前後的生活和苦悶的心情；以及墨雲、宗堯間一些不足爲外人道的傳聞。

溥心畬旅日期間，有兩封家書，他逝世十七年後，香港弟子薛慧山，以〈溥心畬白話家書〉爲題，發表於香港《大成》雜誌上。

有人認爲這兩封信至情流露，足見他對李墨雲鶼鰈情深；許多家庭生活不諧、感情糾葛的傳言，恐係渲染過度。

這兩封顯然是經過選擇而披露的家書，如果細加體會與分析，仍然可以看出其弦外之音。

前一封家書，作於在金村旅館傷足養疴後期，推測寫於民國四十四年農曆十月左右。

信中寫著：

「墨雲賢夫人鑒：綿袍接到，極暖合式；萬里送寒衣，賢妻之心，應珍重服用……」

函中並說到他對墨雲的想念：「前要你的相篇（疑片字誤），皆因我想你，又因事不能回去，多日分別；願將你照片置在左右。……見你照片，都說你漂亮，身材窈窕，衣服作的合身。」

接著解釋他所以遲遲未歸，因有美金支票尚未完全兌換；曾作過駐華公使的老友清水董三，預備爲他舉行書畫展，可以賣些作品。如果假以時日，他就可以帶著錢回去。而且，足疾未癒，苦不堪言，也是原因之一。

隨之以大部份篇幅，澄淸在台灣的謠傳，多爲無稽之談，不可輕信。

據推測這些事情，墨雲可能在信中詰問過他，因此，心畬才藉機婉轉表白一番。心畬爲了表示他有返台的誠意，除了說他左足漸痊，已能走路外，並列舉往回寄運物品，和親自帶返書畫的計劃。

然而，這時他屢費周章的護照延期問題，得蔣總統之助，迎刃而解。他在家書末段寫：

「前與蔣總統信後，近日忽接到外交部許延期之公文，蔣公之意可感，但我必須爲生活，將款辦妥便回去矣。」

後一封家書，寫於十二月中旬前後；當是收到墨雲十二月五日信後，即行作覆。信中再次提到護照的事：

「我上次給總統去信，說外交部的錯誤，數日後即有公函准許延期。」

就在溥心畬一再感念總統德意的同時，國民黨中央黨部祕書長張厲生、外交部長葉公超，卻奉令研擬如何敦促心畬及早返台，以免謠傳擴散，或眞的被中共統戰回歸大陸。

暗負監視責任的萬公潛，不僅參與策劃，且建議讓墨雲到日本，在墨雲的壓力之下，使心畬就範。

民國七十八年九月二十五日，萬公潛在北京飯站接受包立民訪問（註一）時透露：

當時心畬在日本樂不思蜀，台灣當局怕他長留日本，而駐日本大使館某公使，又私心自用，欲請心畬作他私人收藏中國書畫的顧問，未積極敦促他返台，反而勸心畬留在日本。

萬公潛儘量淡化中共統戰的問題，以「台北報刊謠言四起」，輕輕帶過。包立民引述萬公潛的話：

「我與溥心畬雖然是朋友，但未必能把他接回台北。能把溥心畬接回台北的只有一人，那就是他的姨太太雀屏（按，即墨雲），因爲心畬最聽雀屏的話，而雀屏是不願離台北的。」

至於墨雲何以寧願和心畬兩地分離，不願離開台北？經常出入寒玉堂的萬公潛，心中自然明白。台灣當局也曾想到，倘若李墨雲也迷戀於扶桑的花花世界，自願長留日本；或與心畬同返北京，又該如何？

因此，不便與墨雲同飛日本的萬公潛，又生一計；包立民寫：

「按照事先約定，雀屏讓溥心畬給萬公潛發一個電報，約萬公潛來日本一遊，然後一起回台北。萬公潛接電報，馬上坐飛機抵達日本東京。」

策劃完善之後，李墨雲於十二月五日前，連發兩信；心畬表示前一封信未收到，只接到十二月五日一封，知道李墨雲要來日本。故此馬上回信。

首先，他以爲蔣總統准延護照的指示繼續有效，外交部或駐日使館無不遵奉之理。因此，李墨雲前來，使他在扶桑的自由日子，變成他所說的：「我們夫妻同遊，正可及時行樂。」

既想夫妻同遊，爲何沒有早動接眷之念？後一封家書中，溥心畬找了個自圓之說：

「我本來早要接你來住，因爲遷徙不定；因你在家，又要趕著回去，所以才要你的照相。我在此非常安樂，你何必一人在家苦悶。你能來是我最高興盼望的。」

推測心畬此時，可能已作退一步想：當時台灣一般人出國旅行，大非易事；倘墨雲獨自到日本相會久居，或可擺脫多年來纏繞他家庭的宗堯陰影。

從這個角度來看，心畬反倒願意，犧牲在日本半年多自由和寧靜的生活方式，希望墨雲能夠來日。

他知道墨雲喜歡富裕的生活與財富，一改前封家書的苦窮，在後一封信中，極力勾劃出富裕的前景：

「此處在大學講學，教徒收學費，亦可有收入……又有人託我介紹賣一件唐朝的字卷，非我辦理不可，手續酬勞費，有一兩千美金。」

「因我前次要趕回去，展覽會（按指清水董三主辦）太忙也開不好，這筆中費也無法得到……若在此處處理，錢收到交你收管最好。不過有錢即可從容尋樂；款的數目大，此處稽察太嚴，亦實無法攜帶。」

言中之意，自然以久住日本消費爲妙；她可在旅館選珍珠，到新宿買西洋化妝品，吃山東或四川館子，到東京郊外的珠川賞梅、賞櫻，前往日光山上看湖、遍遊京都古蹟……

李墨雲平日耽迷麻將，他在信中告訴她：

「麻將牌已有人由香港帶來送我。」

信中開列出這樣令人生羨的富裕美景，難怪後來萬公潛告訴包立民：

「溥心畬客居日本，天天過著養尊處優的生活，簡直有點樂不思蜀，消息傳到台灣，鑑於溥心畬是舊王孫，倘若定居日本，對台灣當局自然會有不利影響的。」

溥心畬修後一封家書時，完全未想到李墨雲要來日本，是啣命而來。更料不到，其後墨雲到東京，立刻要他拍電報招萬公潛同遊，是作雙重監視。他還設想，怎樣才能使墨雲順利地走出中華民國國門：

「知道你來，我歡喜極了。我急速到關東醫院請院長出證明書，說血壓高昏迷。我再寫信給葉公超、張厲生；上次朱家驊有病住院，他的太太也到日本來此看護。」

推測墨雲抵日時間可能為民國四十五年農曆一月十九日。心畬已遷出金村旅館，賃屋而居之後；招王之一夜飲，作〈松下飲酒圖〉及〈群陰剝陽圖〉之前。

待萬公潛受心畬電邀到日本，心畬原來構想的夫妻同遊，變成了三人同行。遊罷鎌倉江之島，心畬寫信給方震五描寫當時景物：

「此地櫻花已過，杜鵑盛開，菖蒲花亦將開矣……」

遊覽京都、嵐山時，萬公潛賦七絕一首：

雲滿嵐山碧水流，花開花落幾經秋，艱難留得餘生在，猶伴詞人作遨遊。（同註一）

心畬聽了，頗加稱賞。而「艱難留得餘生在，猶伴詞人作遨遊」，也很貼切；除了在日本的一年兩個月，溥心畬有生之年，未再自由自在地獨自出國旅遊，不是萬公潛、李墨雲共同伴隨，就是李墨雲形影不離。

回程機票訂妥之時，心畬函告震五，開頭是：

「震五先生鑒：今只得回台灣，偕同內子乘二十六日夜十二時機，次早七時達台灣機場……」

臨行前夕，有位華僑在豪華大飯店內為心畬和墨雲餞行。墨雲暗中告知萬公潛主人姓名與設宴地點。屆時，東道主未至，萬公潛卻出現在心畬面前。心畬大感詫異：

「人家沒有請您，您怎麼也來了呢？」

公潛回說：

「請放心，溥先生，如果主人擋駕，我馬上就走。」

多年後，萬公潛仍得意地告訴包立民說：不一會兒，一位氣勢非凡的華僑步入筵席，見到公潛，驚喜地叫起來，原來乃是舊識。

從此可見墨雲與公潛配合無間，也可看出萬公潛的情報員神通。

席間，東道主以無限留戀的語氣說：

「您明天就要離別日本了，不知何日再能重遊舊地？」

接著，又以同情的語氣告訴心畬：

「回去容易出來難，回台後再要來日本，怕不容易了。」

這種意在言外的勸留，使心畬黯然，公潛保證：「當然出得來」。包立民寫：

「就這樣，第二天，溥心畬在雀屏、萬公潛護送下回到了台北，從此以後，溥心畬再也沒有重返日本。」

文註：

一、《中華兒女》雙月刊，一九九〇年第二期頁五六〈合浦還珠萬里歸〉，包立民撰。

32・豈願浮東海

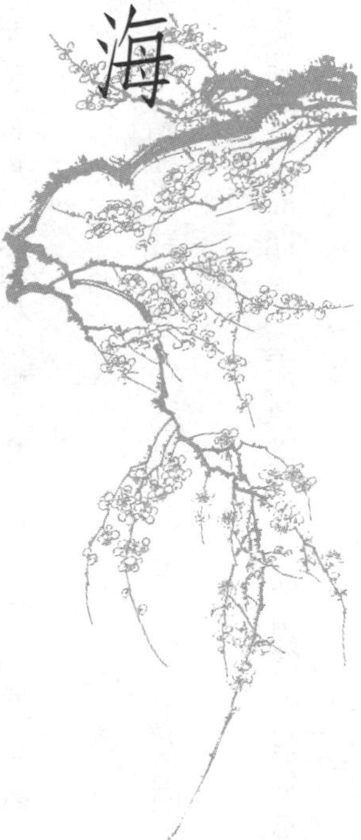

日本自古受中華文化熏陶，古蹟處處，因此，容易引起心畬撫今思昔的鄉愁。冬天大雪紛飛、寒梅怒放，心畬感覺中像是置身於故鄉。從他在日本時所留下的詩詞書畫中，既可探尋他的遊踪，也可以體會他身處異域的心境。

心畬遷入金村旅館，時已入秋。片片楓紅的美艷，摻雜著秋風瑟瑟，落葉紛飄的感傷。偶有友人到訪，學生前來受教，但揮之不去的孤獨感和旅愁，無時不縈繞著他。閒賦回文詩一首：

明月空窗寒樹秋，雁邊沙影水邊樓，聲歌聽盡花時去。落葉驚迴夢裡愁。橫塞接天春榛莽，
遠山環海碧悠悠，生平感遇多離亂，行客隨雲還滯留。

前引羅清媛夫人畫像上，也有回文詩一首，順讀爲描寫閨房情趣，逆讀爲抒寫無限感傷的生離死別。但，這首回文詩無論順讀逆讀，都是濃得化不開的悲秋和旅愁：

留滯還雲隨客行，亂離多遇感平生，悠悠碧海環山遠，莽榛春天接塞橫。愁裡夢迴驚葉落，去時花盡聽歌聲，樓邊水影沙邊雁，秋樹寒窗空月明。　乙未止日本作回文詩一首（註一）

中秋海上賞月，更讓他思鄉之情，像海浪般起伏。他賦〈踏莎美人（乙未中秋海上）〉一闋：

玉宇澄空，冰輪秋水，茫茫依舊山河影。山河彈指散如煙，一片青天碧海鏡中懸。　銀漢無聲，蟾光如故；朱樓歌舞知何處？西風吹盡可憐宵，祇有征人歸夢逐寒潮。（註二）

獨宿金村旅館中，過著以湯罐頭、二三片麵包、十來個餃子的淸苦生活。對素好美食的他，也算是嚴酷的考驗。他望梅止渴地以精楷書寫蘇東坡的〈老饕賦〉以自我安慰。

菊黃蟹正肥的重陽，在連綿秋雨中到臨，置身海上的心畬，又爲思鄉懷人的情緒所籠罩，在〈菩薩蠻（海上）〉詞中賦：

茫茫四野天連海，興亡今古人何在？北望是中原，暮雲秋雨繁。片時楊柳月，又過黃花節；莫漫倚闌干，可憐山復山。（註三）

餘如〈蝶戀花（望海）〉詞（註四）九洲南望的〈觀海〉詩（註五），都是因茫茫大海，引發故國之思和懷古之情。

宋訓倫訝異心畬稱「本朝」，恍如生存於滿淸之世；而他這些望海興懷之作，所流露的正是他那「王孫」的情懷。

另一個使他興起故國之思和遺老情懷的原因是，不少滿洲高官，清代遺老，避居日本。得知心畬旅日，紛紛探視，與舊日王孫一敘幽懷。

心畬等待已久的雪花，終於像柳絮般飄飛在旅邸花園之中，含苞待放的老梅，經過粉妝玉琢之後，彷彿即將甦醒，他總算可以見到久違的寒花了。

接著，他賞梅、詠梅、外出尋梅、手不停揮地捕捉暗香疏影的熱情，眞像能使冰雪消融一般。從畫面上端橫出一枝古幹，屈曲迴展的枝條，滿綴著千姿百態的花朵，他題：

香霧夕漫漫，無限輕寒，天涯飄泊見花難。何處笙簫聞碧落，鶴在雲端。　半樹倚闌干，綠萼珠圓，瑤華千點雪中看。苦憶舊時明月色，夢裡湖山。

丙申十月，憶去年雪夜觀梅作此詞，補畫一枝。　心畬

另一幅雪梅，作於臘月北澤尋梅之後。時已日暮，大雪紛飛，梅花爲白雪覆蓋，成了玉樹，心畬回返旅社，揮毫圖寫，以淡墨染底，枝幹如虬，寒氣逼人。自題：

紅梅冬正發，密雪滿前楹，玉樹寒無影，瑤華落有聲。低柯留暗翠，園沼湛微明，良夜清如水，能忘羈旅情。

在日本，流傳著一些難得一見的中國古代碑版字畫。他藉爲人鑑定機會，臨寫拓印。如前文介紹過的北魏瓦當、螽斯麟趾古鏡。他視爲奇珍異寶的隋代殘石上有三十餘字，他特別楷書〈隋殘石記〉，形容那千餘年前刻石上的字跡：

鸞鷟鵲反，書同龍藏之銘。裏鐵藏鉤，筆類孝慈之志。伽籃餘記，古法猶存；片石殘經，前規宛在。可謂方舟津逮，苔華齊重於隋珠。修繘渫泉，礪石同珍於楚璧。（註六）

民國四十四年臘月所臨〈北苑山水〉（註七）、四十五年春天所臨〈宋院本雙鴿圖〉（註八）可見他異域臨摹古畫的一斑。

心畬有一幅畫贈萬公潛，人與馬風格接近唐畫的〈杜甫詩意圖〉（註九）雖然未署年月，或許作於此頃。另一幅寫意樹石土坡，配以揚鬃掀蹄的工筆驊騮圖，心畬自題：「趙仲穆畫馬，丙申四月仿其遺意」。

丙申爲民國四十五年，是心畬旅日後期筆墨。這兩幅仿古馬圖，其後均由萬公潛捐獻給恭王府。其餘在日本書畫創作尙多；未署年款的梅花，疑作於日者尤其不在少數。

溥心畬在日本的遊踪，從詩詞中可尋者，包括九州看海。東京，橫濱一帶名勝，明末志士朱之瑜（舜水、楚璵）水戶「後樂園」等，不可勝數。

心畬雅好泡溫泉。日光溫泉馳名世界，在日光鬼怒川歌樓聽歌，對他更是一大享受：

玉樓高遏彩雲行，霧鬢風鬟若有情，燈火夜深歌舞散，半川寒水月空明。——鬼怒川歌樓聽歌

京都古城的宮闕和禪寺，他幾乎走遍，高聳入雲的南禪寺大殿，恍若掛著無數星斗的飛簷，又使他想起故鄉的莊嚴古廟，他在〈南禪寺〉五律尾句中寫：

……故鄉應不見，滄海萬重遙。（註十）

在夕陽暮照中，登京都郊外的宇治川龜石樓，看古渡晾著的魚網，一艘艘任波浪起伏的放鵜船，感覺上，像他民國三十五年冬，初遊江南的景象。

他最感興趣的，是鎌倉的江之島和島上的辨天女神祠。他在給方震五信中，描寫江之島的形勝：

……島環大海，鑿石壁爲棧道，石洞深邃，下瞰洪波，氣勢雄壯，爲賦一詩……（註十一）

岧嶢孤嶂與雲連，風起潮生浪倚天，三島東環皆碧海，九州南望但蒼煙。賦同楚客登樓日，星紀秦皇採藥年，古洞月明仙已去，棧橫石壁草芊芊。——江之島石洞題壁（註十二）

江之島辨天女神祠，是溥心畬在日本詩詠最多的地方，題壁之外，詩集中有〈江之島辨天女神祠〉五律、〈重遊江之島辨天女神祠〉，又應邀撰〈日本江之島辨天女神祠銘（並序）〉（註十三）辨天女神類似傳說中長江巫峽司行雲佈雨的神女，給人一種又神祕又浪漫的感覺。心畬在銘中描寫：

……其靈維何？佑茲下民，雨暘時若，漁稼維勤。芝圃黃鶴，瑤池青鳥，或繞方壺，或翔洲島。龍螭御乘，鼉鼉駕梁，朝天送日，凌泛滄浪……春秋薦廟，朝暮行雲。

溥心畬對動物喜愛，奈良公園的鹿苑，馴鹿群遊，被視爲神獸，心畬流連園中，興趣盎然的餵鹿。在〈憶天興寺〉、〈題日本久遠寺〉兩詩中，不但詠廟宇的宏偉莊嚴，也提及鹿苑的景觀。

東京近郊水戶的後樂園，也是賞梅勝地。曾陪張大千前往賞梅的王之一，描寫那裡的數百齡古梅：「梅園的梅花也是當時朱舜水所種，經幾百年來，樹幹蒼老有勁，臘黃的花朵又極清香。幾十棵梅花，棵棵姿態不同……」（註十四）

溥心畬往遊，是春寒料峭時節，他形容是「水照春殘樹，風吹雪後花」，並未看見臘梅怒放景象。他所賦五律五首，第一首描寫園景的荒涼，第二首，感嘆朱舜水的生平、旅居日本的處境，以及在異邦所受到的禮遇：

豈願浮東海，中原日月新，應無采薇地，難著種瓜人。水異長江色，山非故國春，前規仰高躅，墮淚拂碑塵。

朱舜水，浙江餘姚縣人，明朝末年的秀才。清軍入北京，下江南，南明福王屢次徵召舜水，舜水以朝中奸臣當道，不奉詔。後隨魯王抗清，他與日本長崎華僑關係良好，多次赴日請援，後因事不可爲，流寓於長崎。日本寬文年間（康熙三年），德川光圀，遣人邀請前往江戶（東京）講學，爲他起造江戶「駒籠」華宅，又設養老禮院於水戶後樂園。朱舜水受聘爲賓師，傳授陽明學說、中國古代禮制、祭品及明朝衣冠。他也同時傳授很多生活實用器物，包括以檜木製壽器，小至製醬油、豆腐、納豆等，極受日人崇敬。日本天和二年（康熙二十一年）卒於日本。

心畬詩中，處處隱喻自己的處境：

「豈願浮東海，中原日月新」，意謂浮海滯留日本，並非所願，實因中原已改朝換代了，使他采薇無地，種瓜無著。

這種改朝換代，辛亥後，他慣稱是「慘遭陵谷變」。但在朱舜水時代，入山海關，長驅南下的，是他口中「本朝」的鐵騎，所以他改稱「中原日月新」。

在日本，雖然是「水異長江色，山非故國春」，但他「前規仰高躅，墮淚拂碑塵」；也就是前人朱舜水已經立下了典範，他按碑中所載，步武後塵，自然合乎義理。

從這點來看，溥心畬願以中國旅客留居日本，似乎與不事二朝的遺老心態有關。

●

溥心畬回到台北，時已炎炎盛暑。離家已近一年半，寒玉堂依舊，竹籬之內，一片荒蕪，心中有種陌生和茫然。

和親朋好友門生酬酢數日之後，與李墨雲前往台灣療養院，探視一直惦念著的義子毓岐，預備接他出院返家。但孝華囑咐毓岐，不要隨墨雲回家，要爲他另外轉院療養。手握財政大權的墨雲，怪罪毓岐聽孝華安排，因此帳也不結便拂袖而去。後來，孝華既未前來結帳，也未爲毓岐轉院，事情就進退兩難地懸在其間。

醫療費用問題，心畬託寒玉堂對面的女弟子華稀珍律師，代爲溝通。在公的方面，由心畬榜書「台灣療養院」的院名，及各部門的掛牌來抵付。於私，則以書、畫各一幅，致贈療養院的華籍經理。

對毓岐未來的安置，心畬也請華稀珍從中斡旋。華律師介紹毓岐到新店基督教三育書院就讀；插班初中二年級讀起，可讀至大學部神學系畢業。學雜費和每月三百元的伙食費，墨雲答允供應；由華律師轉交。

墨雲提出的條件是，除心畬、墨雲生日和過年，毓岐返回寒玉堂拜壽、拜年之外，其餘時間不得回家，心畬也不可私下去看望和接濟。

心畬透過華律師暗中轉告毓岐，他爲毓岐未來打算，在方震五處存款萬元，月息三百，可按月往取，作爲毓岐平日之需。義父對毓岐情深義重，如今被迫離開，心中不勝依戀。

對於義母過世時阻止他跪靈、過繼給心畬的孝華，毓岐倒是很寬容，認爲：「他不是壞人；如果說他有什麼長處，也談不上」。孝華食言未付醫療費，未接他轉院，他也不以爲怪。

國大祕書長洪蘭友有三位女兒從心畬學習書畫。心畬旅行韓國、日本期間，大女兒洪嬋知道毓岐收藏心畬贈畫四十餘件，便借去臨摹。送還時希望他能讓售；毓岐以係紀念品，加以婉拒。不意事爲孝華所知，表示他將來與兆明婚事需款，盼能借畫給他，將來再行補報。此後四十餘幅心畬珍品，就此與毓岐絕緣。想到義父對他的恩情，毓岐也就不再討還。

溥心畬義子溥毓岐（溥毓岐提供）

●

心畬遠遊歸來，心裡的感覺，彷彿像爛柯山故事中的人物，覺得寒玉堂依舊，卻人事全非。兩歲半就跟在身邊的義子毓岐，從此離開了寒玉堂，連年節見面，都受到限制。

歸國後，孝華迫不及待地稟稱要與兆明盟訂終身。訂婚後二人雙雙調職花蓮，兆明學藝事隨之中輟。而訂婚所留下的爛帳，心畬只好與方震五暗中商量彌補。

來台後就共處一室的章宗堯，藉口避謠遷出寒玉堂，自立門戶。並在仁愛路購置二層木樓一座。自願提供二樓爲心畬創作及授徒的畫室。實則便於和墨雲共同控制心畬心血結晶和可觀的束脩。直到心畬逝世後，墨雲知道前訪日本期間，章宗堯不但另結新歡，其後並生下二子，恍然大悟宗堯遷離的眞正原因，兩人關係，才告終結。其實，直到心畬逝世，宗堯仍然寄生於心畬的遺蔭下。據《中國時報》民國八十一年七月十三日〈看問題〉專欄報導中，曾引用某位畫廊主人的說法：

「溥心畬過世後，一名跟隨大師多年的張（按，係章字誤）姓祕書，曾持廿三枚心畬印章，開價三百六十萬元，問他有沒有意思買？他認爲買了這些圖章可能帶來麻煩而予以拒絕。」文中續寫：

「據這位畫廊負責人了解，廿三枚心畬常用印章，在大師過世那段期間，曾被人利用，替一些大師親手畫畫，卻無下款的作品用印，當時的用印行情有的收款五百元，有的代價一千元，這種情形直到國內一名張姓收藏家以三百萬元新台幣買走廿三枚印章始告結束。」

心畬晚年，印章幾乎全數控制在墨雲手中，沒有她蓋章，書畫不能脫手，有了圖章，可以收取心畬贈與學生及友人書畫的用印金。由此可見墨雲、宗堯二人的合作關係，並未因心畬逝世而終止。

回溯民國五十一年春，心畬應請爲當時台灣教育廳長劉眞（白如）撰寫〈日月潭教師會館碑〉，碑文後面有款無章。其後，臺靜農教授爲碑作跋，談到心畬親自把碑文交給劉眞時的幾句話：

「書後，親奉白如曰：『此勿庸使侍史鈐印記，若彼輩知，會向君索潤筆也。』」

從此一例，不難見出墨雲在金錢與作品方面，對心畬控制之嚴。

文註：

一、《溥心畬書畫全集》（書法冊）頁六六。
二、《凝碧餘音詞》頁十八。
三、《凝碧餘音詞》頁二三。
四、《凝碧餘音詞》頁二五。
五、《溥心畬先生書畫遺集》冊上頁一七〇。
六、《溥心畬書畫文物圖錄》頁一九八。
七～八、《溥心畬書畫全集》（山水冊）頁八二、（花鳥冊）頁三六。
九、《中國近代名家畫集──溥心畬》圖一九一。
十、《南遊集》頁三〇。
十一、葉啓忠提供。
十二、《南遊集》頁三二。
十三、《寒玉堂文集》卷上頁七四。
十四、《大成》期一九九頁三八〈我的朋友張大千〉（之一），王之一撰。

33．蠹化

萬公潛在〈西山逸士的幾段逸事〉中，談到心畬一生所持的凜然大節：

> 「有一次，他遊金山回來，在海灘上撿到許多珊瑚石，作了一篇〈海石賦〉，大意說：海邊的岩石，同樣受風雨的吹淋，和浪濤的衝擊，有的歷千百年而仍保持平滑和完整，有的卻佈滿蜂窩般的小孔，原因在於前者的本身堅強，無懈可擊，而後者的本身有弱點，禁不起風浪的打擊。以石喻人，君子小人之分，也是如此。……」（註一）

萬文中，接著談到心畬一生所表現的節操；尤其是他拒絕日本長期居留證的風骨。但是，萬氏沒有進一步分析溥心畬在心理上的種種變化。

旅日期間，溥心畬有〈秋懷賦〉、〈思古賦〉、〈閒歌賦〉、〈鷦鷯辨〉，又書古文〈蠹化〉、〈尺蠖賦〉，都有抒懷、明志的意味。

仲春二月，旅館後園的山茶花和瑞香盛放，身形纖細的鷦鷯，築巢於沼邊的葦苕之上，心畬觀察牠們的生態，有感而作〈鷦鷯辨〉。繼而楷書陸龜蒙的散文〈蠹化〉。這兩篇文章很有寓言的意味。和他返台前的〈閒歌賦〉，都反映出他臨歸情怯的心境。

〈秋懷賦〉，作於民國四十四年秋天，時寓金村旅館。他在賦序中寫：「乙未之秋，余遊日本，道出東京，止於澀谷。感秋霖之不晴，歎世興懷，愴然而賦。」（註二）

賦中說，古代賢哲，遭逢世亂，當舉世皆醉之際，有的想乘桴而浮於海，願濯纓於滄浪；並非沽名釣譽，實爲怕斯道將墜，所以伯夷叔齊去周，管寧留於魏國……

他雖浮海於扶桑，卻無時不心懷故國，懼道之不行，憂生民疾苦：

燕山遠而瞻望兮，雲悠悠而海深。緬尼山之望魯兮，託斧柯之琴音。律凝寒而恆雨兮，氣鬱結而垂陰。眄長夜之未央兮，仰天宇之沉沉。恤民瘼而憂道兮，將有感於秋霖。

〈思古賦〉，作於四十四年重九，他一遍遍的書寫，遺給孝華外，現存故宮博物院者便有三卷。賦中所寫的也是世亂之際，賢者但思隱遯，或浮桂檝於滄流。他認爲人禍更甚於天災：

匪降亂之自天兮，職由人而誰使。夫去義以爲虐兮，幾禽獸而蔑恥……（註三）

思古賦，很有借古諷今的意味，他所要遵循的古道則是：

觀品物之攸處兮，獨吾生之非時。邈羲農之邃遠兮，稽唐虞之可思。遵義路之坦蕩兮，豈汚世之見羈。服君子之素履兮，期守道而不離。

近代人物中，朱舜水是他心目中的一個典型，心畬自忖他的處境，幾乎和當年的朱舜水一樣；這就是他對水戶後樂園低迴流連的原因。

等到萬公潛和李墨雲到達東京，他很快便意識到，他所尋求到的「後樂園」，即將失去，他的心情隨著歸期漸近而沉落。〈鷦鷯辨〉，就是這種複雜心情下的作品。

鷦鷯，又名「桃蟲」、「蒙記」、「妄鳩」。

鷦鷯築巢於葦苕之上，以髮和羽毛所織成的巢，像牠身形一樣，纖細而完美。只是風吹苕折，往往落得卵破子亡。

人們對這種現象的評價不一，有的以爲智，有的以爲愚。比如荀子就在〈勸學篇〉訓誡世人：

「……巢非不完也，所繫者然也。」意思是，所託非地。

溥心畬設身處地，卻覺得此鳥非愚。

他認爲鵾鵬高舉，視五嶽如小土堆一般，鯨鼇遠游，視四海爲沼澤；如從宇宙觀點來看，這些龐然巨物，也不過像蚊蟣一般的渺小。所謂大小，不過相對而言罷了。

再如，鴻鵠高飛，魴鯉深潛，結果卻以「懷膏腴」而招致矰繳、絲緡，成爲俎上之肉。而身形細小的鷦鷯，既無利用價值，又知其所止的安於葦苕，飲啄於水澤之間，反而性命得全。心畬在文末寫：

「小大無定名，安危無定形，吾於鷦鷯獨有取焉。」（註四）

話雖如此，但他究竟不能與沼澤邊的微末鳥雀相提並論。環顧周邊的網羅，〈鷦鷯辨〉也只能算是無奈的感嘆。

唐朝蘇州文學家陸龜蒙，所撰〈蠹化〉文中，描寫生長在橘樹上像小指大的蠹，形狀特徵和蛻化的過程。其情景與毛蟲蛻化而為蝴蝶的過程相近。當牠蹁躚飛舞之際，炫麗輕盈，是一生中最輝煌的時刻。未久卻為蛛網所困，人見而生憐，只是欲救已遲。

陸龜蒙以憐惜警惕的口吻寫：

「天下，大橘也。名位，大羽化也。封略，大蕙篁也；苟滅德忘公，崇浮飾傲，榮其外而枯其內，害其本而窒其源，得不為大蝥網而膠之乎！觀吾之蠹化者，可以惕惕。」

名位、封略、華美的形貌……陸龜蒙寫出蝶的命運。但當溥心畬以精楷書寫（註五）的時候，所感受到的，可能是自己的宿命。

由於心畬身世、政治環境所造成欲遁無從，欲隱不得的苦衷之外，生長於王府的他，對東京的聲色也難於忘情。

星光閃爍的夜空，花簇燈影間，在箏、瑟的伴奏下，和服美姬，掩扇輕歌。如寒猿，如斷雁，配以環珮的清響，使他聯想到宋玉和梁王的陽春白雪。他在〈聞歌賦〉中形容給人的感受：

抱幽懷而獨訴，寄離怨而情傷。聽寒猿於蜀峽，驚斷雁於衡陽。似棠梨之帶雨，憐芙蓉之欲霜。殊繁聲之絲竹，發清韻於宮商。揚美目之流盼，感餘音之在梁。……（註六）

這充滿懷古意味的絲竹、清韻，聽在即將離開扶桑和短暫自由生活的心畬耳中，正像白居易〈琵琶行〉中所寫的，「座中泣下誰最多，江州司馬青衫濕。」且看溥心畬〈聞歌賦〉的尾音：

乃有羈旅離人，思歸王子，聞古調而心驚，聽新聲而淚泚。望渺渺之天涯，阻茫茫之海水。秋景暮兮淒其，曲既陳兮將離。蓬萊兮遼遠，此會兮何期。

從詞意推測，〈聞歌賦〉可能作於四十四年秋天，那時他正因留日護照已到期，申請延長期限尚無結果之際。

另有一首〈重遊日本東京經昔日送別地〉詩，未寫送別何人，可能與他所流連的歌樓舞榭有關：

依舊雲連幕府城，青樓無復起歌聲，東流不盡刀江水，難斷當年送別情。（註七）

●

尺蠖，生長在桑樹上的一種昆蟲，形如細枝，行走時身體一伸一縮，像是在衡量前進的途徑，小心謹愼，免致殺身之禍。

南北朝時，宋文學家鮑照（明遠），爲此作〈尺蠖賦〉，從尺蠖的生態，析理出可爲人生借鏡的處世哲學。

鮑照認爲尺蠖可算智者，凡事觀機而行。遇到危險，立刻把身體摺在一起，到了安全地方，才放步前進。因此，不妨以尺蠖爲師，俾得藏身遠害。

溥心畬楷書鮑照的〈尺蠖賦〉，署年爲「丙申陽月」，也就是民國四十五年陰曆十月；從日本返台未久。

旅台之初的〈蝸牛賦〉中，心畬曾以「善藏易安」的蝸牛爲師，此時進一步以鮑照賦中的尺蠖爲師，儘量裝聾作痴；善藏高隱；難怪有人說他是「英雄欺人」。

鷦鷯、橘蠹、尺蠖、蝸牛……不管以多麼微不足道的蟲鳥來隱喻自己的處境和處世態度，但他也始終不忘出身前清龍族。遠自隱居戒壇寺的青年時期，他就以松或孤松自喻。松樹千姿萬態，變化不拘，枝幹盤屈如龍；他返台後所賦〈臥龍松賦〉，也就是他這時期的心境寫照了。

他描寫想像中龍飛騰潛沉的氣勢：

儼青龍之蚴蟉，忽潛淵以藏軀。若其商飆始發，江濤乍鳴。倚浮雲於中嶽，映朝霞於赤城。如大陵之偃蓋，疑大微之淪精……（註八）

但是，僵臥在他眼前的松，或者說是一條形質殊奇的龍，卻只能困於石壇的一隅，任寒暑的推移，風雷的撼動。他形容那盤屈巨龍心中的悲涼：

將求伸兮終屈。知天命兮何辭。抱潛德兮勿用，豈飛翔兮待時。非亢龍兮有悔，閱品物其何施……

萬公潛文中所指的〈海石賦〉，心畬曾繪成〈海石圖〉，筆者所見有兩幅。一幅石呈穩定的等腰三角形；另一幅中的海石上重下輕，兀立圖中。兩幅畫中的石頭，同樣透空多孔，斑剝陸離，奇古多姿；〈海石賦〉，均以楷書寫於圖的上方。嚴整勁挺的文字和筆墨變化多端的怪石，成了極爲有趣的對比。

海石賦後記：

海中之石，風濤泱蕩，崚嶒而多穴；蓋沙礫之所結聚，驚波滌擊，堅者彌堅，窳者成鋝而為奇狀。戊戌夏，海濱得此石，不減太湖之奇。余方避地海上，羇旅不歸，作以寄意。溥儒記（註九）

賦中描述，海濱之石形成的過程，和石質成份，複雜異常，其形態千奇百怪，無所不有。亙古以來，風吹海嘯，石在洶湧怒濤不斷滌蕩下，固然有貞介的砥柱，成為君子孤褰獨立的象徵；但被沖擊掉各種雜質後，佈滿孔穴的奇石，看來有如太湖石一般美麗，更顯出其嶙峋的風骨；這可能是他〈海石賦〉的弦外之音。

戊戌為民國四十七年，前一年三月，心畬夜宿新北投鳳凰閣溫泉旅館。在山溪中拾到一塊多孔的海石，略呈半球形，有海蚵殼附著其上，類隱者居室；使他興起海蚵善藏，以海蚵為師法的念頭，而作〈海石賦〉（註十）畫〈海石圖〉。

此賦比前述那篇海石賦為短，像〈鷦鷯賦〉一樣，受莊子〈齊物篇〉和〈秋水篇〉的影響，闡明世間萬物，無非隨觀者心意而改變其性質和意義：

仰羅睺之障日，俯僬僥之巨靈，望扶搖之鵬翼，辨蚊睫之焦螟，齊四海於勺水，等拳石於邱陵；由觀物之為變，何大小之相形……

民國四十五年夏秋之交，溥心途旅日返台後，跟弟子蕭一葦有這樣一段對話：

「老師出國後，國內許多人都說老師會回北平去，只有我堅信老師要回這裡而不回北平的。」一葦說。

「你怎麼知道？說說看！」

「當大陸淪陷之初，老師由杭州到上海，不是有人邀老師回北平就任僞民政部副部長嗎？但老師佯言準備回北平，實則漏夜在上海僱民船逃往舟山輾轉來台。您要回北平的話，應該在那個時候就回去了，何必等到今天呢！日本人在北平請老師出來作官、教書，老師不肯，請吃飯不理，隱居頤和園，吃八年苦；而且平常教我們守大節、顧細行，所以我認定老師絕不會回北平的。」

心畬聽了，心中大感欣慰說：

「從前是知弟莫若師，如今是知師莫若弟了呀……」（註十）

溥心畬在韓日期間，弟子中以蕭一葦遭遇變化最大，他是孫立人的機要秘書，民國四十四年間，孫立人因案受累，遭到免職處分，並軟禁在台中市向上路一段十八號寓中。

此案神祕詭譎，牽連甚廣，一葦也因而遭到跟踪和監視。

一葦平日爲人，看來老實得近乎糊塗，有的同學戲稱他爲「糊塗公」，心畬給他取個諧音的綽號叫「胡圖克圖」。據溥毓岐解釋，當時在台灣有位類似活佛的宗教界人士，叫「胡圖克圖」，心畬也戲以此稱呼一葦。

有時他會當著衆弟子面前調侃一葦說：

「像他這樣糊里糊塗的人，還需要跟踪嗎？大概跟了一陣也就覺得乏味了。」

心畬口中開玩笑，心中卻爲一葦耽心，而自己也心生警惕。

橘蠹因蛻化成蝶而招災，鷦鷯棲身沮洳、海蚵因善藏而得全。尺蠖的小心謹愼、步步爲營，也許該是他師法的對象；不久之後，他寫下了那卷正楷的鮑照〈尺蠖賦〉。

文註：

一、《舊王孫溥心畬》頁二八。
二、《寒玉堂文集》卷上頁九。
三、《寒玉堂文集》卷上頁十一。
四、《溥心畬書畫文物圖錄》頁二〇八。
五、《溥心畬書畫文物圖錄》頁一九五。
六、《寒玉堂文集》卷上頁十三。
七、《溥心畬書畫文物圖錄》頁二一〇〈寒玉堂詩卷〉。
八、《寒玉堂文集》卷上頁十九。
九、《溥心畬書畫全集》（山水冊）頁九四。
十、《溥心畬書畫全集》（山水冊）頁九一。

34．湯泉湧翠溪

民國四十五年底到四十六年初，溥心畬應東海大學中文系徐復觀主任之邀，前往講學三次，每次一週。閒時，則盤桓於台中友人處。心畬見蕭一葦無事，就請他陪同前往，以便照應。

心畬平時在學生面前言談風趣，他又好爲學生取綽號，叫得順口，有時反而忽略了學生的眞名。例如有人問他，課徒多年，有無出色的弟子？他說：

「一般說來，大致差不多，不過詩書畫能平均發展的，只有胡圖克圖。」

問者以爲胡圖克圖可能是愛新覺羅氏的親戚，心畬才趕緊更正：

「不是，是個湖南佬，叫蕭一葦。」

心畬在東大講課的題目，爲〈中國書畫的奧祕〉，他像在師大上課時一樣，邊寫邊畫，談笑風生。從一石一木和用筆的要領教起，深入淺出，聽者聚精會神。

晚上，有位教授在宿舍中置酒邀宴。離開所住招待所前，一葦記認玄關外面，有根柱子。宴罷歸來，想回住處，只見大屯山上，東大招待所和教授宿舍散落各處，建築形式類似，玄關外似乎都有杜子。在山路上走來走去，找不到住處。勞累一天的心畬，索性在一塊大石上坐下不肯再走，叫一葦找到住處再接他。一葦在黑暗中挨門挨戶去問，好不容易找到住處，回頭卻又不見了心畬，直到深夜，二人才得安歇。

不久之後，大屯山迷途就成了寒玉堂弟子盡人皆知的笑話。

藉台中講課之便，由蕭一葦和徐復觀等陪往溝子口觀賞故宮名畫。那時故宮博物院書畫，尚未公開展示，由任職故宮的莊嚴、李霖燦引導到畫庫賞鑑。當心畬正全神貫注於稀世珍寶時，徐復觀在旁請教如何鑑定古畫眞僞。心畬說：「很簡單，畫得連我都不如，你說是不是假的呢？」

此言一出，在場人士瞠目相視，不知如何回應。

平時，心畬雅不願爲人鑑定古畫眞假，因爲所涉及的考據問題，非常複雜，一言難盡。很多人更利用名家的品評，四處招搖。有時心畬爲人情所迫不得不題跋數語時，往往不提作品眞僞，只避重就輕的說楮、絹如何珍貴，裱工何等精到敷衍了事。

事實上，從一幅畫的筆墨佈局、建築和輿服的色彩、形式、歷代的儀節規制乃至楮絹，都可以作爲鑑定眞僞的線索。心畬不但平日創作時留意，也在寒玉堂畫論中加以闡述。

徐復觀之問，使蕭一葦想到五年前陪心畬觀賞某畫展中〈蘇東坡泛舟赤壁圖〉的一幕。

心畬注視一會後，轉身告訴一葦，畫中船上一人，戴了明朝人的頭巾。他悄聲說：

「明太祖曾微服出行，見一道人戴的頭巾覺得新奇，問道人這叫什麼頭巾？道人見問者器宇非凡，揣度是『今上』，故意說：『這叫一網總萬法（髮）』明太祖認爲這名稱好，式樣也好，就照作一頂，從此這種頭巾就風行於世了。」

類此各種複雜的考據問題，自然難用三言兩語說明，不如打個啞謎爲妙。蕭一葦回憶第二次東海大學之行說：「第二次到東海大學講學，恰遇期終考試，聽講的同學寥寥無幾，大多數是教職員，故不作專題演講，只要隨便談談……」

由此推測，第二次講課，已近寒假，第三次講課，大概排在春節之後，新學期的開始；故心畬赴東海大學講課，有的記爲民國四十五年，有的記爲四十六年。

據一葦說，有位總工程師請教中國建築史的問題；心畬從有巢氏構木爲巢開始，歷代建築形制，如數家珍般講了一個多小時，可見其學識之淵博。

再問中國廟宇、祠堂柱子，何時始用紅色？心畬毫不猶豫地說：「《春秋》及《穀梁傳》說：『丹桓宮楹，非禮也。』《穀梁傳》中文說：『丹楹，非禮也。』」因此斷定，早在春秋時代之前，就有了紅柱。

臨返台北前，心畬想到服務多日的司機尚未給賞，趕忙畫幅朱竹爲贈，司機知是名家手筆，視如珍寶。（註一）

●

心畬在家悶得發慌，多日未沐浴或與墨雲口角，就到新北投鳳凰閣旅社洗溫泉，小住數日，吟詩作畫；鳳凰閣彷彿成了避風港，世外桃源。作品中，不乏對鳳凰閣的描繪，以〈宿鳳凰閣〉五律爲例：

古木排青嶂，湯泉湧翠溪，地形連海盡，樓勢拂雲低。金谷花爭發，靈源路欲迷，雝雝南去雁，不見一枝棲。（註二）

餘者，有的描寫閣外的疊石松桂，池中的凫雁，或詠樓外隨風飄擺的幾株碧柳。

如係與墨雲爭吵後「出走」，數日後，墨雲會前往結帳，讓心畬有台階可下，打道回府，繼續他教書和創作的生財工作。

像萬公潛「羅漢請觀音」的聚餐會；骨董掮客乃至綢緞莊的老闆，想得到心畬的精心之作，會招待他出遊數日，鳳凰閣是主要去處。

如果是他主動要去的，多半是由方震五付帳，或以心畬暗中賣書畫，存在方震五處的私蓄支應。他也把泉州街的方寓，作爲消磨時光的好去處。

星期天，是心畬在仁愛路教室講經授課的日子。二、四、六三天，包括到師大上課，在仁愛路教書畫，及自行寫作和寫字畫畫。每週一、三、五，則多半在方家。至於晚上，仍在臨沂街寓所中，集聚好友和門生閒敘，寫字畫畫。只是以前的抽籤畫，簡化了抽籤手續，改成「排班畫」。

到達方家的時間，大約上午九點左右。心畬頭髮光滑，臉上還保留著敷粉的習慣。但身著短衫，打扮得比較平常，兩隻襪子有時不一樣，或露破洞。震五請的琴師，和唱程派青衣的票友高華、名伶戴綺霞、焦鴻英等，陸續來到，大家一起彈彈唱唱。心畬擅於彈三絃，有時也唱上幾段。墨雲留下時，也常湊合著唱段青衣。

焦鴻英也愛好畫畫，後來拜在溥心畬門下。

午餐後，衆人前往書房，畫案前擺著方氏爲心畬特製的大木椅，大家一面喝茶，一面圍觀心畬濡筆揮毫。有時繼續他尚未完成的工筆畫，一雙雙眼睛，看著他心平氣靜地精描細寫，層層染色。若是逸筆草草，隨興之作，一口氣可畫上四五十張。其中得意者，心畬自行留下，餘者分贈衆人或留在方家。方震五有的收藏，有的相機出讓，得款作爲心畬私蓄；自然不使墨雲得知。

心畬每次作完畫，在方家小睡片刻，打道回府時，往往已經午後二、三點鐘。

心畬敬重震五爲明代忠臣和學者方孝孺之後，也賞識他豪邁、豁達的性情，爲他作了一幅生平少見的畫。

畫中，一個以細點構成的雙鉤「天」字，「天」的腳下，一人坐著進食。上題：「〈靠天吃飯〉中國男子方震五，不怕艱難不怕苦，待人忠信不欺天，明處去來暗中補　心畬」。

畫上詩塘，題金陵拜方孝孺墓五絕一首：

「一詔不可草，千秋有耿光。中原靖何難，況復託成王！　金陵拜方正學先生墓，震五爲正學後人，爲錄此詩。　溥儒」。

拜墓五言詩，〈靠天吃飯〉的畫，再參以前述經愼重考證所畫成的〈方正學先生畫像〉；俱可看出心畬對方氏先賢的景仰，對震五的濃厚情誼。

震五的長女方熙玲，性情比較接近文學和藝術，心畬有意收於門下，震五也鼓勵女兒，認爲名師難求，機不可失。

當時就讀北二女的熙玲，正準備大學聯考，功課壓力很大，四十六年秋天，熙玲考取台灣大學商學系後，震五席開兩桌，請來藝文界耆宿和名伶名票，命熙玲行隆重的拜師大禮，正式列入寒玉堂門牆，取字「文瓅」。

一次心畬餓了，熙玲立即下廚，不久端上一碗熱騰騰的蝦仁麵片，心畬大加讚賞，提筆作古梅一株，上題：「老幹侵寒水，苔痕上古槎，應懷南渡恨，惟著幾枝花。 文瓅烹蝦麵片，食之而美，爲畫此梅花旌之 心畬」。

熙玲讀的是商學系，學業繁忙，學藝方面難免顧此失彼她大學三年級時，心畬特書：「玉潤含貞德 松堅有本心」楷書聯，加以勉勵，款：「熙玲文瓅德品純厚，抱茲美質，宜求精進，洵及門之良器也。恐逸豫妨學，作箴銘勉之。 歲在庚子閏月 西山逸士溥儒」。台大畢業後，熙玲結婚，忙於家庭和事業，藝術一途也就更難兼顧了。

文註：

一、《大成》期一二三頁二一〈恩師溥心畬先生逝世二十周年〉，蕭一葦撰。

二、《南遊集》卷二頁二四。

35・魂返江南故國春

民國四十六年暮春，揚州陳含光病逝，享年七十八歲。

前年春天，心畬首途新羅，含光以七絕八首贈行，最後一首是：

嬴蹶劉興欲辨難，輔車相倚莫教寒，歸裝載得詩千首，權作遼東鶴影看。

心畬東遊歸來，自作詩賦書畫，或所採集到的新羅和扶桑詩作，未及整理，未能與含光相互析賞，即有諸事待理和東海大學講學之行。年後稍稍喘息，知音好友，卻已長逝。

于右任評他「詩比散原清，字似蘭甫秀」。

猶記民國四十一年，心畬見籬邊屋隅和水畔，多燈籠花（朱槿）花，在朝陽照射下，露珠閃耀，艷如珊瑚，寫取一枝，自題七絕一首：

山谿凝露滿枝紅，一樹垂花映水空，晝閣曉妝初對鏡，卻疑殘燭照房櫳。三台多燈籠花，四時有之，寫其一枝幷題。溥儒

含光也楷書七絕一首：

花如球綴團還密，色比珊紅艷不勝，證取嘉名馮畫稾，教人認識舊紅燈。

心畬題詩，從映水紅花聯想到對鏡曉妝的少婦，不改王孫的風流本色。含光詩中，則含有唯恐傳統燈籠失傳的隱憂；他在跋中寫：

「舊時規篾爲絲，爲圓形，冪以紅紙，燒燭其中，謂之燈籠，今廢之矣……」

含光以爲燈籠花爲台灣所特有，但由於時代關係，說不定後人只知燈籠花反不知燈籠爲何物；他語重心長地說：「……後人必有不悟此花之名義者，故心畬王孫圖而出之，以寄餼羊告朔之思云。陳含光題年七十有三。」

以台灣廟宇之盛，祭祀之頻，時有張燈結綵之慶，而虞後人知燈籠花不識燈籠，特以楷書長題大跋，諄諄提示；可見此老對現實之隔閡。二位知友相聚一起，談到時局混亂，社會黨同伐異的現象，心情沉重；心畬拈毫作幅近乎漫畫式的〈三盲大戰圖〉。三位盲者扭扯互毆，連彈唱用的阮也當成拚鬥的武器。心畬、含光合題七絕一首於上：

「風塵何事苦相爭？」——心畬首唱。

「撥阮都將代甲兵，等是眼前如漆黑，」——含光無限感慨地續出二三兩句。

「一場盲戰不分明！」——心畬譜下了沉重的尾音。

含光忠於前清，以布衣終老，人以為迂腐，對心畬而言，正是他筆下的歲寒松柏，霜後黃花。溥心畬在〈陳含光明經誄〉中，頌揚陳氏學問、德行以及為人風骨和氣節，也寫出痛失知友的哀傷：「我之懷矣，心傷如何？楚歌彩鳳，魯狩悲麟，聖賢共盡，豈獨斯人！申辭陳醴，瞻望傷神。」（註一）心畬另賦〈悼廣陵陳含光明經〉七律，抒寫陳氏平淡質樸的隱居歲月，和予人廣陵曲散的惆悵：

角巾蘿帶葛天民，辟地來居東海濱，一卷殘書消永日，數竿修竹伴孤貧。夢回白下台城柳，魂返江南故國春，縱使能聞廣陵曲，二分明月照何人！（註二）

●

為失去好友而哀傷的溥心畬，感覺中，民國四十六年的暮春變得漫長而難捱。天氣時晴時雨，忽冷忽熱，在寒熱交逼下，胸中煩逆，食欲不振；而且很快流行開去，許多人都病懨懨的。他認為這是種陰陽相搏的戾氣。在〈書時疾〉文中說：

「夫氣和為祥，不和為災，雨暘時若，四時以節，謂之和；反是為厲，厲之為言，戾也。」（註三）

「風調雨順，國泰民安」，似乎是他所堅信的自然法則。如今風不調，雨不順；而國不泰，民不安，怕不免如影隨形。接著他開始批評社會亂象：

「今之人率棄禮制，不知所止。孳孳戚戚，惟欲是務。妖姬狂童，恣為慆淫。煩慮喪志，貪欲伐性。趨其所慕，私其所暱。縱其欲而荒其樂，暴其氣而逞其志。」

他爲人欲橫流，各逞其私的社會所下的鍼砭，則是「修身」，使百事不失其度：「剛健居中，外內相應；清明在躬，身之安也，遠災厲之道也」。心畬其他箴世文章，多談在上位者的治道，或子君避世遠禍之道，〈書時疾〉所論，則是現實社會的普遍現象，意在克己復禮，移風易俗。

他相交數年的友人徐恩曾，也是他書畫的贊助人；可能是他心目中一個不趨時流的例子。徐恩曾（可均）的「唯樂園」，是民國四十年以後心畬常遊之地。鬱鬱蒼蒼的盤根老樹，鳥雀歡樂地在竹林裡鳴囀，波光晃影中，陣陣涼風夾雜著桂香，吹進杯觥交錯的竹亭，心畬即席賦五律一首：

竹徑鳴蒼玉，山房接碧虛，吟詩義熙世，樂道上皇初。古木蟠根遠，修篁隕籜疏，主人耽卷帙，應有茂陵書。　可均先生招飲即席賦呈　溥濡

這是他苦悶生活中的另一片桃源，沒有雕樑畫棟的殿宇，卻有萃錦園和戒壇寺的影子。心畬結識徐恩曾，和與劉文騰交往在先後之間。兩人都是在歐美學成歸國的實業家，生活富裕，環境幽雅，對藝術文學滿懷興趣。卻澹泊其志，栽花種竹。輕財尚義，過著半隱居的生活。

四十六年，徐氏六十壽辰，溥心畬破例楷書近千言的〈徐恩曾先生六秩壽序〉。後賦四絕句一十二首爲祝。萬公潛說，徐氏能得到心畬楷書序和詩，是個異數；心畬生平，雅不願爲祝壽詩文。心畬逝世後三年，徐恩曾和萬公潛，合輯所藏心畬書、畫各二十五件，名《溥心畬先生墨寶》，恩曾題署，公潛爲序，由眞善美出版社出版，以廣流傳，聊盡朋友的心意。

這一年的黃鐘之日，心畬把很少贈人的〈寒玉堂千字文〉一卷，持贈另一位書畫贊助者劉文騰。

南朝梁散騎常侍周興嗣，以一千個不同的字，編撰成文。押韻易讀，供童蒙認字識典之用。

心畬自幼練習書寫四體千字文，曾於四十五年夏行書千字文後識：

「晉時變隸法爲行書，隸法謹嚴，行法約簡。使轉結構，盡出於隸法。後世不揣其本，但擬其貌；學雖已勤，去古猶遠。必基於篆隸，由是而之近體，窺昔賢堂室，其庶幾乎！」（註四）

從跋中可以看出心畬寫千字文的重點，在於書法的鍛鍊和書體衍變的探討。

心畬隱居戒壇寺時期，寫千字文消磨歲月之餘，曾自集千字文；也就是後來的〈寒玉堂千字文〉。所集之字，要全部不同於周氏的千字。蓋因時代演變，字彙日益繁多，文章典故層出不窮，周氏千字文已不敷一般人應用。溥心畬在民國四十五年農曆七月十日所撰寒玉堂千字文自序中寫：

「余隱居西山之日，嘗集千文，不同於周氏者。渡海之後，憶而成之，繫以註釋。非敢希踪昔作，比跡前規。摭拾嘉言，旁徵古訓，亦學者之所資焉。」（註五）

據溥毓岐說，心畬在台憶寫自集千字文後，爲愼重起見，曾請弟子丁家源，在字典上先以紅色筆圈出周氏千字文中的單字，再用綠色筆圈出寒玉堂千字文的單字，看看有無重疊，以便修訂。又請多位弟子，加以校對。兩種千文字不同的不僅是單字，因周作在先，所選文字多易識之字，易解之典。相形之下，溥作在後，字與典的難度加深，溥心畬不得不另作註釋。如：

首句的「乾坤肇奠」釋曰：「易繫辭傳曰，天尊地卑，乾坤定矣。書堯典曰，肇十有二州；傳曰，肇，始也。書禹貢曰，奠高山大川；傳曰，奠定也。」

又如釋「混沌鴻濛」：「揚雄太玄經曰，渾沌無端，莫見其根，亦作『混沌』。淮南子曰，西窮杳冥之黨，東開鴻蒙之光。」

字難、典故艱深，因此，寒玉堂千字文，似乎只能供學者參考，不太可能像周氏千字文那樣使童蒙皆能琅琅上口。但溥心畬卻一遍又一遍地書寫各體寒玉堂千字文。在他的書畫集中，最早可見到民國九年書，二十二年作跋的草書周氏千字文，和民國十三年以紅格紙楷書的寒玉堂千字文。

心畬來台後所書寒玉堂千字文及註釋，估計不下二十餘卷，臨終前遺贈孝華者佔絕大多數。其後孝華病逝，千字文與註釋卷由故宮博物院和文化大學華岡博物館平分管。據說故宮博物院前院長秦孝儀曾與文大張鏡湖董事長商議，溥書千文字（含註釋），全部歸故宮托管，籌劃精印事宜，使得延平劍合。

●

民國四十六年深秋，心畬在台灣東北角的金瓜石和宜蘭的太平山度過。

夜宿金瓜石旅館，感受到不同於都市喧嘩的寂寥；模糊的山影起伏，撼動樓窗的野風，時隱時現的暗月，彷彿進入了鬼域。黎明開窗，強勁的山風挾著海潮聲，迎面撲來，一種凜冽而雄渾的氣象，撥動他的心弦，不禁低吟：

碧空白露下寒霄，客館登樓夜寂寥，萬里天風吹落月，捲簾直送海門潮。

——夜宿金瓜石客館（註八）

另賦〈丁酉九日〉一首，字裡行間，卻不無故國之思：

九日多風雨，盤行上驛亭，雲蒸湯谷白，山壓海門青。早見黃花發，空傷蕙草零，炎方同異國，無雁下寒汀。——丁酉九日（註七）

太平山在宜蘭大同鄉，以產檜木聞名於世，山中植物從亞熱帶到溫帶幾乎無所不有。也是各種野生動物棲息之地，猴、鹿、熊等，悠遊其間，對青少年時期隱居深山的溥心畬而言，彷彿舊地重遊：

雲氣連千嶂，層峰窈且深，鹿場生茂草，熊館在孤林。煙水自朝暮，風雲成古今，上方庭宇靜，攀棧一相尋。（註八）

上一年冬天，他在密雪紛飛中，賞梅東瀛，如今重陽已過，既不能出國門，更無法返故里，只能寄託於筆墨之間。首先浮在他腦中的，是浙江超山之梅：

超山梅村，皓如積雪，雲棲竹間，寒翠彌天，追憶昔游，慨然神馳。　乃楷書一聯：梅窗時見連珠影，竹院常聞碎玉聲。

下款：「丁酉九月，西山逸士溥儒譔文幷識」。隨即萃錦園的流杯亭、大戲樓、芙蓉庭院，也浮現在他的眼簾，他淚眼模糊地賦〈清平樂（憶故園）〉一闋：

當年玉殿，錦繡芙蓉苑。天半笙簫猶未斷，捲地東風吹散。　疏紅又點梅梢，客中愁緒無聊，悵望青天碧海，朝來暮去春潮。（註九）

大約四十六年夏秋之交，調職花蓮一年左右的溥孝華和姚兆明，又雙雙調回台北。孝華仍在空戰指揮部，兆明到仁愛路教室，重新恢復跟心畬學畫。

孝華與兆明雖已盟訂終身，感情上依然波瀾時起。何時成婚，不得而知。兆明係天主教徒，她的宗教畫頗受于斌主教推重，回台北後，意欲藉天主教關係，到義大利留學。

●

民國四十三年，溥心畬知道劉河北要前往義大利留學，其時，河北已罹肺疾，身體瘦弱，家境不裕，隻身赴異域，的確困難重重。但既然家庭要讓她前往，心畬去信安慰她：

「古人言，久臥者思起，太史公遊名山大川，而增益其所學；汝浮海西遊，讀未見而益擴其知。汝體氣原弱，因遠遊接物，鍛鍊之亦未爲非計，但深戒習浮華而慕虛榮虛譽而已。……」（註十）

河北考入國立羅馬藝術學院後，體康和經濟，都面臨窘境；也許只有「吉人天相」，可以解釋她當時的際遇。劉河北後來在畫集序中寫：

「到了羅馬不久，我在偶然中遇見了一位Mrs. Bird，大家稱她爲『鳥太太』。是方濟白衣傳教修女會的資助人（按，爲美國富孀）。她見我骨瘦如柴，面黃如蠟，問修女如何可幫助我。結果，她擔負了我在藝術學院四年的宿食費用，又爲我請了一位名畫家爲私人教師。……」（註十一）

自此河北在異國可以安心向學，她並決定待羅馬藝術學院畢業後，前往比利時修會，出家修行。

一次，心畬在給她的信中寫：「自汝去後，門下頗不乏人；然藝學兼進者，唯汝而已。詩曰『武陵洞外桃千樹，俱是劉郎去後栽』；奈何，奈何！」

知道老師多年來，對她一直這樣器重，劉河北不禁感激零涕。

文註：

一、《寒玉堂文集》卷下頁四六。

二、《南遊集》卷二頁三三。

三、《寒玉堂文集》卷下頁五三。

四、《溥心畬書畫文物圖錄》頁一九六。

五、《溥心畬書畫文物圖錄》頁二三六；《寒玉堂文集》卷下頁八。

六、《南遊集》頁三六。

七、《南遊集》頁三七。

八、《南遊集》頁三六。

九、《凝碧餘音詞》頁二五。

十、劉河北收藏心畬手札。

十一《劉河北畫集》頁三。

36・異邦瞻去雁

民國四十七年，是溥心畬忙碌而豐收的一年，授課之餘，全力準備冬天和次年春天在曼谷、香港兩地的畫展，以及在香港新亞書院和香港大學的演講。

自日本歸來後，這是他首次出國旅遊。以當時的政治環境而言，這兩個地方都相當複雜；鑑於在日本時，種種對他統戰和返鄉的傳言，台灣有關單位一方面加強與駐在地機關聯絡及防範，一方面決定由萬公潛隨行照顧。

天氣漸涼，埋首準備書畫作品的心畬，靜極思動，到北投鳳凰閣遊憩幾天。起伏山嶺，飄浮幻變的雲霧以及洶湧松濤，彷彿置身世外，重回北京西郊的馬鞍山上。心畬感於無邊無際的滄溟，連綿重疊的峰巒，深覺「攬百代之經營，比浮雲之興滅」；一切世事，不過是無常的幻化，因而作〈浮雲賦〉。

賦長不過一百五十餘字，只著墨於大自然中陰晴與煙雲的變化，不像近年各賦那樣沉重，隱喻著人世的紛擾、個人的際遇和處境。他以行書連書多本，遺贈孝華者，就有四卷（註一）。又作〈鳳凰閣秋景寫生〉卷，後識：「戊戌信宿鳳凰閣中，秋色滿山，憑窗寫此」。

農曆九、十月，他以楷書和行書，寫〈關渡宮天后碑〉、〈新竹縣重建文廟碑〉、〈石門銘幷序〉、〈指南宮碑〉等，有的一篇碑文，書寫二、三卷之多，可見六三高齡的他，在書法上用功之勤。

廟觀的碑文，往往受託撰寫，並有可觀的筆潤，但其中也不乏反映作者感情和信仰的文字。如〈石門銘幷序〉，他站在清室苗裔立場，對甲午戰敗，割地予敵，心中自有一番遺憾。但對曾歸化及進貢於清朝的原住民，無分男女老幼，不惜犧牲奮起抗日的英勇義烈，則流露出由衷的敬佩。前一年夏季，天氣亢旱，禾苗枯萎，心畬以清酒蔬果禱於關渡天后祠。回家後天雨終日，因此他對天后功德堅信不移。於受邀寫宮榜之外。並自動撰寫碑文，送天后祠刻石立碑（註二）。

心畬在萬公潛、李墨雲陪同下，於農曆十月初前後到達曼谷。在台灣，天氣已相當涼爽，曼谷卻依舊炎如盛暑，溥心畬一下飛機，就熱得趕緊換下征衣。

想起暹邏和中國過去的關係，如今時移勢易，心中大為感慨，在〈浮海至暹邏〉詩中寫：

海域分荒甸，傷心望落暉，洪波連暝色，炎地換征衣。山嶽應無改，車書事已非，異邦瞻去雁，雲路不同歸。——三首之一（註三）

溥心畬像旅遊韓、日那樣，人到海外，從一些古老的建築和文化中，聯想到史書上種種，代表昔日帝國光輝的北京，就浮現眼前，撩撥起思鄉情緒。〈點絳唇（暹邏客舍）〉，就是縷縷鄉愁的凝結：

海外蠻邦，天涯孤客渾難渡，千重雲樹，家國知何處？　煙水茫茫，不見來時路。人非故，新愁無數，誰得朱顏駐！（註四）

又填〈清平樂（暹邏客舍）〉一闋，那種「雕欄玉砌應猶在，只是朱顏改，問君能有幾多愁，恰似一江春水向東流」，「天遙地遠，萬水千山，知他故宮何處」的惆悵，與李後主的〈虞美人（感舊）〉、宋徽宗的〈燕山亭（北行見杏花作）〉，調子相近：

畫梁依舊，雙燕重來否？蕙帳塵生人去久，餘得夕陽殘柳。浮雲片片南行，卻教隔斷歸程；朝暮湄河碧水，東流不繫離情。（註五）

心畲此次泰國之旅，在萬公潛和李墨雲伴護下，心情與隻身旅日時，大不相同，因此表現在詩詞上的，也多半帶有李後主、宋徽宗那種身不由主的淒涼意味。鄉愁之外，由於家庭生活不諧，「人非故，新愁無數」的幽怨氣氛，更加濃厚。如果與他三年後的〈鵲橋仙（辛丑七夕悼羅夫人）〉排比揣摩，也許更能體會他旅泰的心境：

風風雨雨，茫茫銀漢，歲歲朝朝暮暮，雙星此夜片時間，難遣卻，離愁無數。　梅花帳冷，分飛鸞鳳，腸斷玉人何處？千重煙水萬重山，望不見，湖雲苑樹。（同註五）

受到外交部長葉公超關照的駐泰大使杭立武，把爲溥心畲安排書畫展事宜，和防止左派華僑前往旅館，拜會這位北京當局急欲爭取的舊王孫責任，交付文化參事陳昌蔚。

陳昌蔚，廣東人，面容清瘦。日治時期曾在台灣讀小學。廣東話和國、台語外，也精通日語和英語，後爲外交部派駐泰國大使館。因有官職在身，心畬稱昌蔚爲「陳老爺」。「陳老爺」收藏中國古代文物外，雅愛攝影和鑑賞書畫。二人又都是美食家，所以一見如故。昌蔚爲心畬洽商，在曼谷市中心日本東京銀行分行舉行展覽，卻遭到日本經理反對；昌蔚立刻推介心畬會見出身貴族的日本駐泰大使，場地問題迎刃而解。陳氏接著聯絡華僑青年幫忙佈置會場，並召開盛大記者會，介紹心畬的生平和藝術成就，鼓勵僑商訂購書畫。

一些世代居住海外的華商雖然踴躍的訂購書畫，卻也發生令人啼笑皆非的趣事。有些華僑認爲心畬是宣統皇帝的堂兄，盛傳當年他也差點選上皇帝。因而他所用刻有蛟、麟、龜等三靈或四靈的名印，係屬「龍印」，具鎮宅辟邪的功效。所以紛紛搶訂鈐著「龍印」的書畫。也有展畢取件回家後，經人提示，才驀然注意到少了「龍印」。立即要求退換。一位華僑藥商請他寫「純陽正氣丸」、「諸葛行軍散」等中藥名稱，心畬雅不願書。老闆出言無狀的說：「老實告訴你，溥先生的字寫得怎樣好我弄不懂，我要的不是他的字，而是他寫了字後蓋的那方龍印。」

有位富甲一方的華僑，願購標價最高的書畫，附帶條件是務請王孫賞光赴宴。條件雖然有些奇特，好在和心畬愛好美食的個性，不相違背，也就欣然應允。

那是一座華僑世居的豪宅，族人衆多，筵席十分講究排場。酒足飯飽之後，心畬照例提筆揮毫答謝主人盛情，但主人更急於邀心畬合影留念。

先與整個家族合影，繼而要求與一房房和一個個家族成員合照。這時受邀者才恍然大悟，主人意識中，似乎仍生活於滿清盛世；能與出身龍族的王孫共宴合影，足以傲視僑界，流傳後代子孫。

至於心畬在旅館中易遭到的統戰困擾，昌蔚也大費苦心地加以安排。昌蔚堂兄陳弼臣爲曼谷銀行總裁。銀行俱樂部，清靜開闊，外人不得進入。昌蔚向堂嫂姚文莉表示，心畬不但是蜚聲國際的名書畫家，且係清室貴冑，堪稱國寶級的大師。說服她趁機拜於門下。於是擇吉拜師、宴客，此後心畬除遊覽名勝古蹟外，就在曼谷銀行俱樂部內，闢室教姚文莉書畫。遂解除了統戰的困擾，萬公潛和杭立武乃至遠在台北的外交部，放下了心中的大石。住宿方面，她安排心畬和墨雲在曼谷警備副總監中將的華宅，其安全和舒適，可以想見。

預定停留泰國兩個來月期限將屆，姚文莉學習興趣正濃，對盡心教導的心畬依依不捨。知道心畬少時受易元吉影響，喜歡畫猿，特別託人物色到一對黑猿，寄養在昌蔚駐泰使館宿舍，待心畬遊港返台後，再行托運至台灣。兩隻黑猿，見到昌蔚和心畬，就如幼兒，撲進懷裡要抱，非常討人憐愛。

有位駐泰使館秘書，請昌蔚轉託心畬爲他書聯，秘書親自裁紙研墨，心畬當即揮毫。落款後要求用印時，知道內情的昌蔚表示，除非花錢請掌握圖章的李墨雲鈐印，並無他法。心畬臉上浮現出一絲歉意與無奈。一次，昌蔚招待三位爲心畬展覽出力捧場的記者。記者見心畬自己寫的名片，非常別致，遂請爲他們各寫一張，以便照相印製。心畬已經寫了兩人的名片稿，正要落筆爲第三位寫名片時，適值姚文莉陪墨雲購物歸來，墨雲一見，奪下心畬手中毛筆，在筆洗中涮去墨汁，責他不該隨便爲人寫字；已寫好的兩張名片稿，則被她沒收。昌蔚與記者大爲尷尬，心畬一語不發。

心畬詩詞，多傷時懷古；到泰國，憑弔鄭王城時，賦〈曼谷〉七絕一首，感嘆一位乘勢崛起的英雄，取得政權後，卻因荒於政事而招殺身之禍：

當時禦寇此陳兵，十萬旌旗破緬營，今日望夷生蔓草，月華空照鄭王城。

詩序中，心畬記述可資警惕的往史：

「暹邏爲緬甸所破，邑宰鄭昭起兵平亂，都曼谷，國人立鄭爲主。後荒於政，爲其婿所弒。」

●

約十二月中旬，心畬一行結束曼谷之旅，到達香港，下榻於九龍新樂酒店。來港目的，旅遊之外，應中國文化協會之邀，在李寶椿大廈舉行書畫展一週，及到香港大學和香港新亞書院作學術演講。

十二月廿二日，在香港大學演講〈中國文學及書畫〉。

十二月廿七日，書畫展在李寶椿大廈隆重揭幕，冠蓋雲集，盛況空前。

在此前、後兩天，報上分別刊出兩篇記者撰稿：〈一代宗師溥心畬〉、〈學養與溥大師的書畫〉，推崇心畬的藝術造詣。兩文也都談到心畬青年時期曾留學德國，獲天文、生物雙博士學位。

民國四十八年一月三日，心畬在新亞書院演講，有段講詞是：「我小時候，老師不許我畫畫。在留學時，所學的是天文、生物一類科學，與藝術相去很遠。……」

心畬到港大中文系的拜會，和兩篇記者的報導，加上在新亞書院的講詞，引起饒宗頤和漱明查證心畬到底有無留學德國，獲雙博士學位的事。港台兩地由此演成一場溥心畬眞假雙料博士的筆戰。

對心畬這次在港活動敘述較多的文章，除前述漱明文外，尙有心畬在日本結識的宋訓倫所撰〈舊王孫溥心畬〉、北京舊識薛慧山寫的〈溥心畬百松長卷〉（註八），及台灣的容天圻收在《畫餘隨筆》

的〈溥心畬傳稿〉。以下簡稱〈宋文〉、〈薛文〉、〈容文〉。

心畬知道宋訓倫喜歡詞，所以把他視為詞的知音，不僅在箋上寫詞相贈，並主動落上下款。他為宋氏在朱絲格灑金箋上，楷書梁啓超的集宋詞楹聯：

呼酒上琴台，把吳鉤看了，闌干拍遍。
明朝又寒食，正海棠開後，燕子來時。

小楷長跋：「歲在戊戌之冬南遊，道出九龍，客館寂寥，端憂羈旅，暇日臨池，聊紓離索。邂逅宋君訓倫，遠逢舊雨，如接春暉。君以宋詞命寫楹聯，拙書不工，敢託氣類……陋巷沍寒，時將改歲，槿籬霑雨，積潦停煙，並記節序，以待春時。西山逸士　溥儒記」。

書聯的過程，宋文沒有確定說明寫的時間和地點。心畬聯跋，則先說戊戌之冬在九龍旅館中請他書聯，後言「陋巷沍寒，時將改歲，槿籬霑雨，積潦停煙」；看來又像台北臨沂街寓所的場景。是否宋氏在九龍索書集宋詞聯，心畬回台後始為揮毫，有待考據。

宋文中，類此時序不清的地方，還有對心畬所贈〈鷓鴣天〉詞書與畫的記載：

「像這種『身世之悲』，他時常流露於字裡行間，例如他第一次到香港來時，曾經秋夜泛舟，賦鷓鴣天詞一闋：『雪點蘆花起白鷗，錦帆片片鏡中遊，王孫芳草無窮碧，散作江南處處秋。天上月，水邊樓，露涼雲淡掛簾鉤，空濛不見山河影，照見山河影更愁。』」（註七）

前面聯跋中，心畬寫「戊戌之冬南遊」，此處又說他第一次到港「曾經秋夜泛舟」。

宋文中表示，他求心畬依詞意作畫，心畬應允返台後再作。宋氏寫：

「果然，到次年秋天他再度來港，立將這畫當面見賜。……」

「次年秋天」，按說是民國四十八年秋天；但心畬畫識中，卻又寫著「壬寅十月」；「壬寅」為民國五十一年；與宋氏所指時間，竟差三年有餘。這種記述時間的混亂，薛慧山文中也有；他寫：

「一九五八年，溥氏南去泰國曼谷。……歸途香港，正值秋深之際，他援筆寫了一首五言以示：『萬木秋聲急，千山霜氣哀；客心正搖落，況近宋王台！』一種故國之思，躍然紙上。」

事實上，心畬由曼谷抵港，已是陽曆十二月中旬，早已過了深秋。在詩詞中對節令描寫一向敏感的心畬，在《南遊集》中，他把這首可能賦於民國四十七年冬日的五絕，題為〈戊戌秋日感興〉（註八）。不過，宋、薛二氏文中，對心畬在港啖大閘蟹狼吞虎嚥的描述，倒頗為一致。

文註：

一、《溥心畬書畫文物圖錄》頁二二〇～二二一。
二、《溥心畬書畫文物圖錄》頁二〇一～三、二二六。
三、《南遊集》卷二頁二。
四、《凝碧餘音詞》頁二五。
五、《凝碧餘音詞》頁二六。
六、兩文見《舊王孫溥心畬》頁二〇、六四。
七、〈鷓鴣天〉詞，除見於宋訓倫撰〈舊王孫溥心畬〉，亦收於《凝碧餘音詞》頁二六；題為〈瑞鷓鴣（月夜泛舟）〉。
八、《南遊集》卷二頁三。

37．猿緣

溥心畬心目中，在香港吃到的大閘蟹，算得上天下至味，嗜之如命。宋訓倫文中寫：

「他兩次三番爲了吃蟹趕到香港來。事實上，他的吃蟹眞是亂嚼一通，可謂食而不知其味。看他一次能吃上十隻以上，其實檢視他吐出來的碎殼，至少能理出六隻八隻的蟹肉。……」

薛慧山文中，記述心畬吃蟹，較爲詳細。

「這天，新亞書院請他演講。事先在香港一家酒樓午餐，他竟一口氣連吃十六隻蟹。但秋風蕭瑟之中，他身上仍穿暑天的熟羅長衫，我亟即爲覓一件呢袍以贈之，在座上戲語錢賓四（錢穆）曰：『溥公像章太炎一樣，食不知飢飽，衣不知寒暖，似乎什麼都不知道。而你卻什麼都知道。』相顧大笑。」

心畬不僅吃蟹，也愛畫蟹，細察各種蟹的生態；一位朋友欲得心畬的書畫，知道他好吃蟹，買了一簍肥蟹往訪。那天心畬興致正好，見到活蟹，便解開草索，放蟹在蓆上爬行，顧而樂之，卻把那位欲求書畫的友人冷落在一旁，失望而去。

心畬香港之行，一共在新亞書院演講三場，一場在四十七年尾，二場在四十八年初，其中第二場日期爲四十八年一月三日（一說爲三月二日）。薛文中的「秋風蕭瑟」，可能是在亞熱帶的香港，對季節有點混淆。

在港大、新亞書院的講題，分別爲〈中國文學與書畫〉和〈書畫同源〉，都不免涉及文學或書畫的問題，加上與友人閒談的片語隻言，彙集起來，仍可概略看出他的藝術主張和自我評價。

心畬平日常以「行有餘力，則以學文」勉勵弟子。在新亞書院的演講，則就此進一步加以發揮：「今天我要說的是書畫是根據文學而來，但物有本末，事有始終，文學之本，歸根結柢在做人，在如何正心誠意。所以一個從事藝術的人，第一要立品，否則無從談起。」

結論是：「古人所以有偉大的成就，乃在乎誠。古人做一件事，用畢生全部精力擺上去。吾人如欲在藝術上有偉大之成就，亦當自誠字上下功夫。能寫好字，才能畫好畫，二者是相連的，字若寫不好，畫即畫不好。要有高深的藝術造詣，首先要有高尚的人格修養，要養成高尚的品格，就得多讀書，造成書卷氣，才有好的風骨與風度。所謂風度，乃自修養中得來，是形體五官以外的東西，所謂『腹有詩書氣自華』。至於胸無點墨，毫無修養的人那就沒辦法了。」

談到文學與繪畫的關聯，他告訴薛慧山：

「一幅沒有題字的畫，好像沒有聲音的電影，是索然無味的，能題詩才能寫出自己的胸襟，表達作者的情感。所以一個人作詩寫文章，雖然不能苛求其精，但多少也得會一些。」

書畫奠基於詩文，詩文源於立品，是心畬一貫的主張，他揮毫爲薛慧山寫成一屏：

「立品之人，筆墨外自有一種光明正大之概。」

論及書法，心畬認爲盛世書家與亂世書家，風格表現上有所不同。他告訴宋訓倫：

「古人寫字，有骨有肉。如果有肉無骨，則近於俗；有骨無肉，則近於枯。所以淸明盛世的文章書法，都有一種雍容春雅的氣息，到了衰亂之世，飢寒凶厲，乃有一種枯瘠而又慓悍的字畫，這也是氣運使然！」

萬公潛有一段記述心畬在香港旅館中的談話：

「四十七年冬的一個淸晨，在香港旅館裡，突然以驚喜的神情告訴我：『我的字有了自己的東西』。這是說他在這方面的造詣，已超脫萬（疑古字誤）人的影響，而進入創作的境界。……」

那天在萬公潛追問已達於何種境界時，他直率地說：

「一般可及淸代名家，個別字則可媲美明人。」

論及中國繪畫時，宋訓倫文中記：

「溥先生眞不愧爲中國畫的一代宗師，而且代表典型的中國士大夫；他認爲中國畫就是中國畫，不得滲入任何外國色彩或氣息，即以郎世寧的畫，在他看來，也並非上品。……」

有人曾經問心畬，他的畫較當代畫家如何？他告訴宋訓倫：

「吾於古人，不敢不勉；吾於今人，不敢不讓。」

他很少自評其書，更少自評其畫，萬、宋二人所說，雖一鱗半爪，可略見心畬對自己書畫評價。

●

玉山，台灣之最高峰，心畬遺憾未曾往遊。他筆下的〈玉峰雪景〉，是他遠眺和想像中的創作。

以起伏險峻，林木茂盛的峰嶺，襯托出白雪覆蓋，渺渺溟溟的遠峰。後題：「台地暖，雪難見如閩粵。惟玉峰高峻，冬必雪；然陰則凝，晴則消矣。戊戌壬子冬之月，茅舍沍寒，玉峰已雪，峰巔皚然，而平岡茂林猶碧。且其山谿深險不能往，寫此圖以寄意。　心畬」。

民國四十八年農曆年後，臨沂街寒玉堂籬邊野花盛放的時候，陳昌蔚透過特殊管道，把兩隻飼養得馴順的黑猿，自泰國托運到台灣。心畬請人於窗前安裝寬闊的鐵籠，觀看黑猿在枝上攀緣、盪鞦韆或相擁爲戲。不久後，雄猿病死。姚文莉又自泰國寄贈一雙白猿（一說爲黃猿），使沉寂的臨沂街寓所，呈現出無限的生趣。

猶記民國三十九年遷入臨沂街寓所後，溥心畬在台灣又開始養猴和畫猴；猴子獨坐抓蝨、母猴攜子遊戲，或象徵加官進爵的蜂與猴……都是他繪畫的題材。最多同時飼養三隻。但，這些猴子有的開籠跑掉，有的咬傷人，照顧起來也很麻煩。

和溥宅一籬之隔的西鄰好賭，白天或深夜，常常男女雜處，作方城之戰，喧囂擾人。偶爾警察巡邏，處以五十罰鍰，稍爲安靜一陣之後，就故態復萌。

民國四十二年某夜，猴子脫索，竄入西鄰，僕人嚇得驚呼，老婦以爲不是來了警察抓賭，就是來了強盜，趕緊進入衣櫃躲藏，其餘婦女兒童，也紛紛逃竄，猴子大肆破壞一陣之後才揚長而去。得知其事的溥心畬，心中暗自稱快。是日爲弟子講授易經，就以此事爲例，戲作〈賭卦序〉：

「臨沂街巷中，西鄰卜夜而賭，男女聚而雜囂，弋者罰以鍰乃安。有猴索脫，入其家，壞其器用，婦子逃竄，其賭之禍與？於是作賭卦。」

其卦爲「䷿」，他解釋：

「賭利小人。終凶。彖曰：男女失位，陰陽失序；利而近乎貪，柔而誘乎剛，小人之道，其終凶也。……初六，囂賭聲聞於鄰，擾其眠，彖曰：囂賭擾眠，衆怒也。九二，……」釋「上九」，曰：「猴來，老婦入櫃，驚其僕。彖曰：老婦入櫃，賭之報也。　心畬戲筆」。

猴子「替天行道」，懲戒好賭鄰居之事，一時傳爲笑談，墨雲唯恐惹出更大麻煩，遂將猴兒送人豢養，心畬也失去觀察描寫猴子的機會。猴性急躁，又喜歡毀壞東西，心畬在北京時，早已領教過。曾在《寒玉堂畫論》〈論猿〉(註一)篇中，剖析猴與猿的性格差異：

「古人畫猿不畫猴者，猴躁而猿靜；猴喜殘生物，時擾行旅，猿在深山，攀藤飲水，與人無競；比猿於君子，比猴爲小人。」

所以，這一趟泰國之行，與猿結緣，等於是「遠小人，親君子」。

他引經據典，說明古賢對猴和猿的看法：「抱朴子：君子爲猿鶴。詩：教猱升木。史記：沐猴而冠。柳子厚作〈憎王孫〉文，皆比之小人。古人畫猿有嘉善之意。」

恭王府所藏易元吉〈聚猿圖〉，後雖售與日人，藏於大阪美術館；但元吉畫裡的筆墨，猿的動態及神情，均深印在心畬腦海，流露於腕底。

心畬來台後，有幅無年款的〈松猿〉圖，爲劉文騰所藏，頗爲奇特。畫的是隻兩臂特長的「虎文猿」，一爪攀枝，一爪支頤，閒坐於松幹上。行書題：「虎文猿生黔蜀深山中，攀巢木巓，人不易見，惟以石耳松子爲食，越澗如飛，捷如鷹隼。　心畬」。

他在畫論中，憶述他所看過的古人畫猿：

「宋人栗猿紈扇，作白猿一、黑猿二；猿喜食栗，故多在栗樹。易元吉猿戲圖，在宮扇上畫兩猿，攀石登樹，探鷺巢抱其雛，雌鷺縱飛，似申申而詈，余舊藏易元吉聚猿圖，挂樹掬水，藏巖嘯月，曲盡其妙，所謂能通其性情者也。」

書載，易元吉為了解深山野猿的生活習性，曾結廬山中，長時而深入地觀察體驗，故能描寫得出神入化。心畬憑窗與猿相對，揣摩描繪。加上他對山水及自然的體驗，精微的表現，足能使他筆下的猿，如活躍於老嶽深谷中自得其樂的「化外之民」。

他畫猿的興趣越來越濃，畫面由踏枝摘栗、攀藤嬉戲、嘯月尋泉，到坐在古柏上抱子而啼；從一、二隻猿，擴大為〈七猿圖〉、〈十猿圖〉，乃至〈百猿圖〉（註二）的長卷。心畬在〈七猿圖〉後跋：

嘯侶攀蘿帶，時隨麋鹿群。愁生巴峽月，啼散楚台雲。孤影穿松下，清聲隔水分。近江仍斷續，莫遣客舟聞。　余昔藏易元吉畫猿，輒喜為之，得其貌似。近於暹邏得一黑猿養之七年，日夕觀之遂通其意。韓幹畫馬，不師陳閎，良有以也。　心畬題詩并識

〈七猿圖〉未落年款，但從跋文推測：「近於暹邏得一黑猿」；顯示在四十八年，返台未久，已失去一猿（病死），續贈的兩頭白猿則尚未運至。「養之七年」，語意有些含混，推測是所餘一隻黑猿，為七歲大；或為原主馴養已有七年之久。

薛慧山走訪寒玉堂時，見心畬一面畫猿一面和猿嬉戲。最小的一隻竟頑皮地攀掛在他的胸前。慧山拿橘子給心畬，心畬一瓣瓣地餵飼牠們。心畬曾在畫論裡，談到畫猿的筆法與墨色：

「畫猿只以墨筆點成，白猿惟用墨漬，工筆次之。」

在薛氏面前，他把這些理論充分加以發揮：「畫猿只能用點簇法，以禿筆中鋒，隨意點簇出來，其間就有濃、淡、燥、濕的多種變化；最好是避免絲毛，太工細的絲毛，反而容易傷韻。畫寫意猿。韻味爲上，唯有用筆墨寫出牠毛茸茸的質感與神情，才會有無窮的韻味，足以百看不厭。」（註二）

心畬邊說邊以一枝禿的豹狼毫爲薛氏一遍遍示範。並自言易元吉的〈聚猿圖〉，給他的啓示最大，使他能涉筆成趣，充分把握住中國文人畫的畫猿法。

唯恐墨雲見到，心畬又逸筆草草地畫了幅〈猿鶴爲友圖〉，未待全乾便偷偷塞進薛慧山袖中說：「你瞧，這種長臂猿的造型，絕對不同於猴子，牠的頭大耳小，肩膀顯得特別寬，肚子卻不大，而腿部又似乎較短，特別見到牠雙臂之長。牠走起路來，長臂垂膝著地，有時只能把手抱頭而行……」心畬又畫又講，猶恐意有未盡，索性抱頭彎腿，學猿的動作神態。他覺得猿的性情神態，像極了頑皮的孩子：

「這猿就像小孩子一樣的慧黠俏皮，但其內心絕無惡意。曾見過一幀易元吉的猿戲圖，在宮扇上畫著兩猿，相率攀石登樹，摟抱小鷺鷥鳥作戲狎之狀。這要知道，牠們不會把小鳥吃下去的，祇是好玩而已。我認爲猿有君子之風，且充滿了親切的人情味，或許還比人可愛多呢。」

薛慧山覺得心畬這番話，比他《寒玉堂畫論》中的〈論猿〉篇內容，不知要充實多少倍；聽君一席話，勝讀十年書，此行賞猿、話猿，又親受心畬面授畫猿法，不啻爲奇遇。

民國四十八年春節過後，溥心畬也應時應節地畫起〈春寒圖〉和〈嬰戲圖〉之類作品。寒風蕭瑟，一隻白頭鳥落在綻開的石榴上，啄石食榴子。兩個天眞的幼童，一前一後地推拉著象徵「三陽開泰」的羊形玩具車。上題：

元宵明火樹，嬰戲玉階前；春暖多歡慶，嘉辰兆有年。（註四）

溥心畬人物畫中，時見以嬰戲爲題材的工筆畫。放風箏、踢毽子、拍球、騎馬作戰、翻觔斗、拿大頂……千姿百態，惹人憐愛。一幅題爲〈捕蝶〉的嬰戲圖，畫一個穿紅兜肚花坎肩的幼兒，正小心翼翼，全神貫注地捕捉落在花上的蝴蝶。他舊作此圖，上有陳蒼虬題詩。其後不但知友仙去，他的畫也遺失。憶及此事，重畫重題，心中不禁愴然：

見虎了無懼，見蝶欲成禽，前郤皆天機，漫鼓中郎琴。　此陳蒼虬侍郎題余此畫詩也，昔畫不復存，喜此作見理甚精，遂復寫舊圖題之。　心畬識

綿綿春雨中，萬公潛來訪，心畬翻檢舊作，找出一幅淡墨寫成的山水紈扇。畫上無款，遠峰突起，近景山石上面兩株古松，伸展如蓋。幾間茅草搭建的水榭中，有高士憑窗清話，或臨流長吟。從筆墨和畫中景物來看，頗像旅居杭州西湖畔時期的作品，與窗外的綿綿春雨兩相呼應。心畬拈毫仍以淡墨題於扇上：

山連秋色多新雨，

樹帶寒聲起暮煙。

己亥春月，雨中題此。　心畬

隨贈與萬公潛；後藏於北京恭王府萃錦園。

這年，位於台北市南海路的國立歷史博物館欲邀請心畬舉辦大規模的作品展。墨雲本來不肯將畫借展，萬公潛表示他從中勸服。萬公潛在北京捐畫，接受包立民專訪時，透露這段往事。包立民在〈合浦還珠萬里歸——記美籍華人收藏家萬公潛〉文中記：

「不久（按，指心畬自日返台），台北歷史博物館落成，博物館畫廊開展的第一天，想借溥心畬的畫展出，可是雀屏不肯出借。萬公潛獲悉後，對心畬說：『你的畫，有錢人買得起，但是不一定感興趣，即使花錢把你的畫買了下來，或者是爲了收藏，或者是附庸風雅；而眞正對你的畫感興趣的，又買不起你的畫，怎麼辦？只有通過辦畫展才能看到你的畫。』……一個名畫家的藝術生命，也在廣大觀衆和讀者之中，而不在少數收藏家手中；他反問溥心畬道：『難道你畫畫的目的就是爲了讓少數收藏家來收購你的畫嗎？』萬公潛這一席話打動了溥心畬，他終於讓雀屏把畫借給歷史博物館畫廊展出。」

畫展日期訂於國曆五月，爲了準備畫展作品，溥心畬整個春天的忙碌，可想而知。暮春時節，當一切準備漸漸就緒之際，他再次前往心目中的世外桃源——北投鳳凰閣休憩一番。

面對窗外連綿的山景、飄浮的白雲和偶爾吹來的一陣細雨，雖說休憩，他仍在不停地寫字畫畫。小楷〈浮雲賦〉、〈南遊雜詩〉以及〈芇生菌幷序〉都是在鳳凰閣休閒中所作。

〈帚生菌幷序〉，初作於來台後的第三年，屢經書寫繪製為圖，前在香港新亞書院演講中，尚提及此一簡單的圖畫：

「自古至今，書畫一定要題詩作跋。我在台灣的陋巷，曾經畫過一把破掃帚，原來破掃帚有什麼意思？我題上一首長長的古風，許多朋友見了，都高興題上幾句，後來看看，這把破掃帚就很有意思；一幅沒有題字的畫，好像沒有聲音的電影，是索然無味的；能題詩才能寫出自己之胸襟，表達作者之感情。……」

這幅〈畫帚生菌幷序〉軸，款為：「歲在己亥三月，西山逸士溥儒畫幷書」。詩塘中，張昭芹題詩一首：

青莖紫蓋不緣根，敝帚蒸成菌亦尊，稅駕芝田無異種，耕煙瑤島即修門。侵花欲掃難為具，老楮忽生併一痕。謬享千金人自醉，天留靈芝護王孫。

款：「心畬先生家有敝帚，忽雙菌駢生，爰自製成圖，附以題詠，用示旌異，靈蒸瑞應，忻然於懷。不辭蹇劣，詩以記之。年老思惛，太筆鐵固，知其無當雅裁也。錄塵棐教。癸巳清明後七日，張昭芹時年八十。」（註五）

張氏字魯恂，廣東樂昌人，為光緒二十六、七年併科舉人，詩文書法無所不擅，意境甚高，和陳含光同為心畬所敬重。

心畬此幅年款「己亥」，為民國四十八年。

昭芹題詩署年「癸巳」，為四十二年。在時間上與溥四十八年之作相矛盾。推測溥畫、張跋，可能爲人裁併而成。

四十八年五月七日，心畬爲期兩週的書畫展，在歷史博物館隆重揭幕，共展出書畫作品三百一十八件。其中一幅寬一寸半，長八尺的山水長卷，特受矚目，其上亭台苑樹，人物鞍馬，淸晰可數，心畬目力與所下功力，由此可見，觀衆嘖嘖稱奇，嘆爲精品。

前一日的記者招待會上，心畬講述其書畫源流及治學觀點，講至靑年時期求學的艱辛過程，聽者爲之動容。

文註：

一、《寒玉堂畫論》頁三五。

二、《溥心畬書畫文物圖錄》頁二八六。

三、《大成》期六六頁四七〈畫猿自白〉，薛慧山撰。

四、類似的嬰戲圖有二：《溥心畬書畫全集》（人物冊）頁一四二、《溥心畬畫集》頁六一。

五、《溥心畬書畫文物圖錄》頁二九一。張昭芹跋則見頁三九〇該圖釋文。

38・故妻猶有墓

這次展作題材既廣，創作時更是全神貫注，絲毫不苟。其中以行書記述他少年時期練習騎射，接受哈密王部下進獻驃騮的〈驃騎圖〉（註一），是他合意之作，也是他生命史中最值得紀念的一頁。他多年來所作歌、賦爲題材的如〈變葉木〉、〈水薑花〉及前述的〈帚生菌〉等圖，也是他這次展出的詩、書、畫完美的結合。（註二）

水墨鮮活的〈萵苣〉寫生，作於秋天九月。有考據癖的他，即使面對日用蔬菜，也不忘考據它引進我國的過程：「萵苣四月抽薹，高三四尺，色青，生食味清脆。咼國使者來朝，隨人求得菜種，酬遺甚厚，因名『千金菜』。今臺灣多種者，此地產也。感少陵詩意，賦詩寫圖記之：昔號千金菜，凋殘今自傷，玉盤無客薦，細雨滿秋堂。己亥秋九月，心畬」。

心畬先祖，愛新覺羅福臨（順治皇帝），雅好畫山川丘壑，並常以指紋印在紙上，略施筆墨，成水牛過渡狀，看來栩栩如生，常賜臣下，視如至寶；據說高其佩的指畫，靈感得自此。

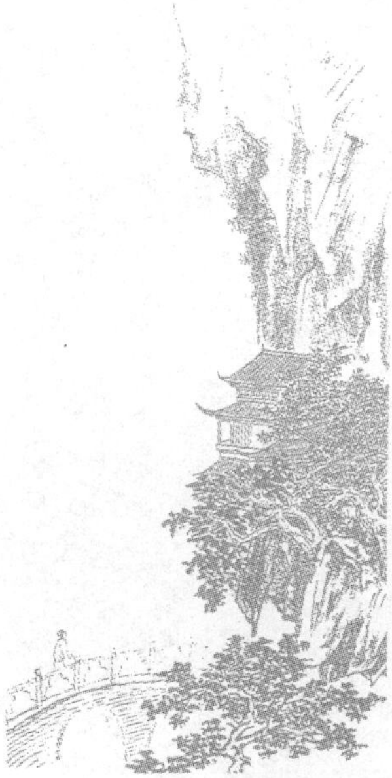

溥心畬遇有古代磚瓦古錢銅鏡，或形態優美的魚類，往往拓印紙上，分贈好友和得意門生。曾作無年款的〈螺紋諸相〉圖，在所印螺文上面，略加數筆，即成鴕鳥、袋鼠、綿羊、豬等動物形象，生動有趣。民國四十八年，溥心畬爲姚兆明作〈歸牧圖〉，即是將指紋點綴成牛的技法。那是一幅半尺高三尺長的手卷，樹、石、遠岫，頗具南宋山水風格。一牛在岸邊張望，一牛半渡，朝向山村隱隱的對岸。溪流寂靜，不見牧童的影子。心畬以行書題詩卷尾：

牧客歸何處？空山靜欲秋；茂林多落葉，山逕對寒流。

己亥以指上螺紋畫牛與兆明　心畬

縱觀心畬遊泰港後歸來的一年，由於養猿、寫猿和史博館展出兩大因素的刺激，使他在書畫兩方面，都算是大豐收的一年。

另一件大事是他多年時間完成的鉅著《四書經義集證》手稿，由中央圖書館以十萬元購藏。傳說，可能係當局顧慮到他生活的清寒而授意的。此書不但寫作工程浩大，而且集他學術研究和書法之美爲一體，價值無法估計。萬公潛在〈西山逸士的幾段逸事〉中，曾對此書有所描述：

「來台以後，曾以七、八年功夫，完成一部《四書經義集證》巨著，全書用行楷謄正，凡千一百頁，字體清秀端正，一筆不苟。這是一部研究國學的工具書，也是古往今來最美麗的文稿，兼具學術和藝術的雙重價值，已由教育部以十萬元購藏於中央圖書館。」

李猷在《國史擬傳——溥儒傳》中寫：

「四十八年《四書經義集證》手稿成，由國立中央圖書館購藏。儒於群經，童而熟習，著作之際，丹黃紛披，搜引歷代經說，所謂以經證經也。」

四十八年，心畬旅遊範圍，多在板橋林家花園、新店碧潭、水濂洞及龜山等地；最遠到過秀姑巒溪。夏月，他偕墨雲碧潭泛舟，登蓬萊閣，賦〈暑中登蓬萊閣〉詩二首。從第一首詩的末四句：「伊人水一方，所憶千里隔，豈無波上舟，臨江望孤鶴」，令人不免聯想，這位年已六十有四的舊王孫，是否身在碧潭，心靈另有寄託；只不知所謂伊人，究竟在故鄉或是東瀛日本。

不久之後，日本女弟子伊藤啓子到訪，每週前往師大藝術系聽心畬授課，像在日本那樣恭執弟子之禮。

當年九月下旬，一個新學年開始。剛從師大藝術系畢業，留系擔任助教的梁秀中，接下前往臨沂街迎請溥心畬到校上課的任務。

出乎意料之外地，梁秀中這項任務輕鬆順利。往往一到寒玉堂，心畬早已著上長袍準備出發，只要幫他找老花眼鏡和煙嘴就可以步出玄關，隨即坐上秀中僱來的三輪車，向師大緩緩而行。途中不忘稱讚三隻泰國猿的乖巧，說猿性類君子，善解人意，猴則性近小人。秀中暗忖父親梁中銘一生擅於畫猴，敢情畫的盡是「小人」；這話可不能讓父親知道。而心畬卻由衷欣賞梁中銘一幅頭戴破斗笠，穿簑衣的牧童。

爲了酬謝她的接送，心畬隔不久會以手拓的魚、古瓦或小幅對聯爲贈。

到校授課時，心畬一反往昔，很少抱怨學校課程不當，或數落總統無用才雅量，無論講解、示範，都顯得妙趣橫生，條理分明。不久學生就注意到，有位穿著樸素洋裝，沉默寡言的女生，靜坐在同學後面，專注地聽講，和一般慕名旁聽的學生不同。

會日語的同學，漸漸打聽出來，她就是伊藤啓子，是心畬在日本收的弟子，取號「文瑾」。這次隻身來台，聽心畬授課；梁秀中也恍然大悟心畬上課不同往昔的原因。平常心畬利用系裡準備的宣紙揮灑示範，有次，竟自備一尺高的絹，不起稿直接繪製小卷，使同學大開眼界。紛傳是沾了啓子小姐的光。

啓子在台灣停留大約一年左右；心畬有一封無年款的手札，函請方震五轉託萬公潛寄兩個紙包給啓子：「震五弟鑒：今日感冒仍服藥，不思食，不到府上矣，一半日再見。今有紙包兩件，請送到萬亞剛先生面交萬先生，係寄日本伊藤文瑾者。拜託！拜託！溥儒上」。後小字附註：「請再告萬先生，信與畫件續交。」

●

悲秋、思鄉、懷人，成了溥心畬固定不變的情緒周期。他在〈己亥中秋〉詩中寫：

> 避地逢佳節，棲遲強自歡，天香飄月桂，露氣濕庭蘭。別緒銜杯起，愁心攬鏡看，故鄉當此夜，湖上不勝寒。（註三）

元配羅清媛有侄兒、侄女住在新店。侄兒羅子津，以教英文家教維生。和心畬時相往來，舉杯對飲，互訴國破家亡的愁懷：

孤崎浮滄海，應無雁北飛，京華誰不戀？國破汝安歸！別緒生杯酒，愁心減帶圍，橫琴彈一曲，流恨滿金徽。——贈外舅子津

在〈八月感懷〉中，有：「兄弟干戈裡，邊關涕淚中，京華不可見，北望意無窮。」（註四）淒淒切切的句子。自己的兄弟中使他無時或忘的，無過於胞弟溥僡。〈憶舍弟僡〉中，他一字一淚地傾訴：

離亂無鄉信，登樓望落霞，故妻猶有墓，遷客已無家。舊事傷春草，秋風冷棣華，中原成絕國，鴻雁隔天涯。（註五）

●

四十九年端午，是兆明前往義大利進修的前夕，溥心畬作〈秋江泛舟〉小幅山水。近樹遠山，一舟江邊獨泛，筆墨簡淡，款書：「庚子端午，心畬爲兆明賢生作」。

這可能是他爲兆明所作的最後一幅畫；在時間上，離秋季始業的國立羅馬藝術學院入學測試已經不遠。據劉河北回憶民國四十七年，她畢業於羅馬藝術學院，因信仰關係，轉赴比利時修院，同時研究現代藝術史。其間收到心畬來信，表示兆明爲孝華未婚妻，有留學義大利的打算，希望能協助她完成志願。

河北接獲師命後爲兆明安排好來義，又接到心畬來信，囑加以照顧：

「文冊（河北字）賢生：別汝後無時不念；今門下生徒雖多，至於天性篤厚，穎悟聰慧，多不及

汝。此天所命，無可如何。後始聞汝入修院，修心明性，懺悔罪愆，天人合德，廣居安宅，此人間之至境，天堂之津逮也。……上帝臨汝，無貳爾心，海天遠隔，相見難期，珍重贈言，行爲師之義而已。汝同學姚生兆明遊學羅馬，望教之以正。天道光明，汝之所履，皇天無親，維德是輔，其勉之哉，戒之哉！　師　溥儒手肅」。

●

民國四十九年夏天，幾位友人計議爲心畬拍一部十六厘米紀錄片〈溥儒博士書畫〉。章宗堯製片、杜雲之編導、陳驚聵攝影、顧問爲萬公潛和方先生（按，非方震五），李墨雲掛名監製，並在片中現身爲心畬拉紙、研墨、遞月琴等。

影片開始，身著長袍的溥心畬，出現在現實的山水之間，接著的畫面是北京萃錦園的假山、方塘水榭、迴廊等。旁白介紹心畬的身世、學經歷，也暗示出心畬濃濃的鄉愁。

接著是他著述和教學的畫面，男女學生，靜肅地看心畬在紙上揮毫。以特寫鏡頭，表現出他運墨行筆的韻律。當學生一一呈上習作請心畬指點之後，鞠躬下課。

據編導杜雲之在〈溥心畬的晚年生活〉文中回憶，這教學的片段攝自仁愛路畫室，雖是後來拍攝卻剪接在影片前段。心畬自行創作的場景，是在北投溫泉旅社中，杜雲之回憶：

「在台北近郊的北投溫泉旅社中，開了兩大間套房，一間是佈置成溥氏的畫室，供拍片之用。另一間是休息室，溥夫人邀集友好，在此作方城之戰。……」（註六）

影片拍拍停停，花了一個多星期時間，再轉戰台北。

各體書法示範，山水花卉的創作，直到一幅作品完成，然後落款，用印，掛在壁上靜觀及檢討；影片雖然不長，大致可以見出心畬創作的過程。其中一段月琴的即興演出，杜雲之表示，是腳本之外。雅好音樂的溥心畬自動要加進去的。

提到拍攝的甘苦，杜雲之寫：

「有一次，爲了一個繪畫的鏡頭，拍得不太理想，我請他再畫一次，溥心畬心煩了，說：『這簡直是耍猴戲嘛！』他雖勉強重繪，但畫得特別慢，有意怠工，害得攝影師浪費了不少底片。」（同註六）

這部短片，是心畬僅有的創作紀錄，經過將近一年時間，才製作完成。後來運往日本，放映給彼邦書畫界人士及華僑觀賞，並獲得民國五十年金馬影展的特別藝術獎。

文註：

一、《溥心畬書畫文物圖錄》頁八八。

二、《溥心畬書畫文物圖錄》頁八六～九一、繪畫部份圖六七～七八。

三、《南遊集》卷二頁三。

四、《南遊集》卷二頁十二。

五、《南遊集》卷二頁十一。

六、《大成》期一頁二八。

39．武陵洞外桃千樹

人到老年，往往生活在回憶中。

年事已高的溥心畬，書畫文學中，越來越多這種念舊憶往的色彩。故妻、故友、早年的弟子，時時在念；故鄉、故園乃至江南舊遊之地，都成了他一再詩詠、描繪的題材。

伊藤文瑾和姚兆明先後離台後，他更感孤單。蕭一葦因孫立人事件退役、江兆申由宜蘭遷居台北；陪侍筆硯、吟詠探討，總算稍解岑寂。

一日，心畬鄰友郭公鐸，帶著師大藝術系三年級女生陳明湘，請拜於寒玉堂門下。

心畬正想婉言推辭，聽說是選他課的藝術系學生，開始有些模糊的印象；明湘書法筆路不錯，心畬曾鼓勵她多臨隸書〈乙瑛碑〉。

提到陳氏祖籍福建閩侯，老家在螺州縣閩江畔時，立刻引起心畬注意；忙問：可知道清朝太傅陳寶琛故居？

聽說陳寶琛是明湘的叔祖，想起在北京時兩位忘年交間的隆情厚意，寶琛曾往戒壇寺探視他的往事浮現眼前，心畬義不容辭地接受了教導故人孫女的責任。

原籍湖南的胡賽蘭，拜師過程，和其他寒玉堂弟子不同。就讀台北二女中畢業那年，心畬應邀到二女中演講，演講後，她擠進同學群中，請心畬簽名留念。

大專聯考後，因所分發的學校太遠，胡賽蘭就想先去學畫，下屆再行重考。她打聽到心畬仁愛路畫室，就與一位簡姓同學貿然前往，毛遂自薦。

那日心畬正在創作，他看了她們的習作後，大概覺得尚屬可造之才，竟爽快地命她們當場叩頭拜師。晚上，胡賽蘭到臨沂街看心畬與座客談天書畫時，才覺得她們並不怎樣受墨雲歡迎。

簡姓女生，拜師後即未再進一步學習；胡賽蘭幾乎每日比心畬去得還早，全心習畫。當她努力不懈地學習時，心畬會找些小紙頭，錄幾首自己作的詩，作爲特別的獎勵。

教畫由淺入深，從一石一木及各種皴法、點苔法教起，由簡入繁。習字則教她以滑石粉塗在半透明紙上，描他所寫的篆書，逐漸授以臨碑的要領。

美術課有所謂「浮油畫」或「浮色畫」；是以油漆、顏料浮在水上，流動成形。覆紙在水面上，使自然流動的色彩，附著在紙上，成一幅妙趣橫生的圖畫。溥心畬教學生以這種技法，製作詩畫箋和信箋，取名「落霞箋」，新鮮別致。他有一本書册，即用自製落霞箋行書〈阿房宮賦〉和〈進學解〉篇。後識：

「辛卯秋八月，余浮海來台灣，卜居陋巷，時耽吟詠，自製落霞箋，有行雲流水之趣。秋雨初霽，涼風時來，庭花初落，微雲河漢，素月澄波，偶試此紙，書古文二篇，以適興寄意而已。

西山逸士溥儒」（註一）。

胡賽蘭不僅對這種製箋法興趣盎然，更珍惜溥心畬用落霞箋寫詩、繪畫，以獎勵她學經習畫的優異表現。偶爾他也題詩在她夾得平整乾燥的樹葉上，有片小小的樹葉，心畬提筆寫了「碧玉」二字，使她視如至寶。他所教拓印古磚古瓦的方法，她也很有心得。有次她以拓碑法從一塊塑膠板上，拓下千手千眼佛像，心畬讚她能舉一隅而三隅反、觸類旁通。

在寒玉堂中，她見到許多新鮮有趣的事。

偶爾，心畬自己提壺去買豆漿油條，結果發現付十元能找回許多零錢，驚奇得像遇到一件大事，流露在臉上那種純真的表情，不是筆墨所能形容。

一次，有人以所藏心畬作品，請他鑑定到底是眞是假，心畬看後，略爲躊躇地表示，先放在此地，待他細看；後來一問才知道，畫的確出自他的手筆，染色則是墨雲和宗堯暗中越俎代庖。此事也印證了劉河北在臨沂街所見，李、章二人，大量的爲心畬水墨畫染色，以提高售價。

從碧潭逆水行舟，可達青潭海會寺，爲心畬和墨雲常遊之地。他在〈庚子八月碧潭泛舟海會寺〉詩中，描寫密雨之後，青潭一帶灘多水急，峰上寺影高聳入雲的景象：

蕭瑟秋爲氣，登高送夕曛，地形隨樹轉，山勢向河分。水急舟依石，峰斜寺入雲，灘聲來密雨，空起白鷗群。昔日浮滄海，今來依寺樓，微煙橫浦溆，芳意滿河洲。水落空山夕，寒生獨樹秋，遼天何處望，聞雁起邊愁。

這是民國四十九年秋，心畬偕墨雲泛舟、遊寺所賦；在他數次與年輕弟子遊湖時，就更顯露出那份赤子之心。

由於心畬在萃錦園和頤和園時，經常操舟於方塘和昆明湖。青潭灘多水急，舟過石灘時，他也跟學生一樣挽起褲腳，下水推舟。從海會寺歸來，先到碧潭南岸一家懸掛心畬字畫的小館中吃餃子，然後在碧潭吊橋上師生一起吹肥皀泡，年高六五的老人，竟玩得樂不可支。

胡賽蘭在寒玉堂從學一年後，遠赴台中求學，爾後，只有假期回寒玉堂，探望在她生命中留下美好回憶的老師和同門。

●

四十九年重遊高雄，浩淼的大貝湖（澄清湖），使他憶及頤和園昆明湖中蕩舟玩月的往事：「……碧沼堪停棹，青田可種瓜。玉衡當此夜，北望憶京華。」（註二一）

秋夜、月色、落葉、寒潭……心畬放眼所見，幾乎無處不罩上一層京華故園或舊遊的影子，在他心裡重重疊疊，朦朦朧朧。猶記民國三十六年夏，心畬溯富春江遊嚴陵釣臺，登桐廬，拜唐代的張巡廟，曾在〈桐廬張中丞廟頌幷序〉中，頌揚張巡守睢陽，使安、史叛軍無法南下江淮的忠勇：

「斬將搴旗，大小百餘戰，力盡糧絕，城破身死，卒保江淮，民免鋒鏑，江淮之人，百世祀之，宜矣。」（註二二）

十三年後的正月，回憶前遊，依史實和所寫的文意，作張巡畫像。用筆工細，表現軍旗招展、戰馬奔嘶，張巡與士卒英勇赴敵的場面。畫上楷書所撰頌和序，款：「歲在庚子孟陬人日，大清宗室溥儒拜手書」。

元宵，畫〈瓶花〉，中插松枝紅豆，題詩中又是一番感觸：

炎地元宵露未晞，早春庭樹已芳菲，松枝紅豆皆詩意，猶似西山采蕨薇。

二月曝書，書頁中偶然發現旅居杭州時，在九溪澗邊所採的杜鵑，當時回到寓所，紅艷艷的插了一瓶，掉落幾朵，隨手夾在書中，不意在他頭髮花白時異地重逢。他在畫識中寫：

「……庚子二月，偶曝書見之，重寫此幅，蓋不勝惆悵，昔遊同杜樊川尋春之感也。」

也是二月，心畬無意間發現北京舊作南瓜圖的粉本，引起他心靈不小的震撼。不僅懷念故園，更為逝去的舊友，感傷不已。遂重依舊稿，作一瓜數葉，表現「綿綿瓜瓞」的詩意，楷書《大雅》〈綿〉九章。後識：「京師萃錦園之未燬也，嘗於流杯亭側種南瓜半畝，每寫成圖。楊子勤太史，陳蒼虬侍郎皆有題詠。此舊本也，今辟地海隅，羈旅不歸，追憶陳跡，寫此并錄大雅綿九章。以寄豳風之想焉。歲在庚子二月七日　西山逸士溥儒識」(註四)

相同佈局的南瓜，另有一幅，上題七絕：

「**種瓜昔日守青門，三逕荒涼菊向（按，疑尚字誤）存，滄海十年風景異，故國歸夢亦無痕。**」

後識：「昔於萃錦園中種瓜，秋日瓜熟，寫其蔓葉，雪橋太史、蒼虬侍御皆有題詠，今兩公久歸道山，偶檢得當時粉本，再寫一紙題詩記之。　心畬」。

〈綿綿瓜瓞〉，作於四十九年農曆二月七日，那時，孝華想早日完婚，兆明卻志在赴義大利深造，心畬只好命她學成後歸國完婚。心畬臨終時，此作在遺贈孝華之列，可見心畬畫時，即有子子孫孫綿延不絕的殷切期望。

十一月二十六日，心畬細算，母親項夫人逝世已經二十四載，靈厝北京什刹海畔廣化寺後園，不得安葬，更無法祭拜，又是一番愧疚與痛苦。只能依舊請醫師朋友替他從臂中抽血，調和硃砂寫《大悲咒》、《心經》、畫〈觀音〉（註五）各一本，為亡母祈薦冥福。

●

王壯為在〈憶舊王孫〉（註六）文中，談到溥心畬常用的一些印章，以及出自何人之手。《舊王孫溥心畬》書中，附錄一篇未具名的〈溥先生用印簡介〉，所述各點，與壯為文章頗多相符。

壯為指出，心畬來台初，多用王福厂和陳巨來所刻印，此外，他欣賞洪蘭友的篆刻，視洪氏為「台灣的陳巨來」。壯為是心畬在台灣的新交。由王藹雲介紹而相識，成為寒玉堂夜話的常客。心畬送給他的書畫不少，他為心畬刻印，不下十數方。所刻《庚寅》、《儒》、《心畬》三方小印，是心畬畫小手卷時常用之印。《心畬》一印最小，只有蠅頭大，是心畬生平所用最小的印章。

其餘，曾紹杰、沈次量等，也為心畬刻過一些名印和閒章。

心畬無論在學校、畫室、參加宴會或在朋友家中便飯，乃至在小吃館中，送書贈畫，一向出手大方。前文曾提到墨雲對他圖章的控制；尤其在吳詠香家存款事件之後，「關防」管制就更加嚴格。

前曾提及心畬為劉眞書〈日月潭教師會館碑〉，無法蓋章及臺靜農教授為碑文所作跋語。同樣碑文，民國五十年十一月，曾書一本，民國五十一年正月穀旦另書一本（註七）；這兩本不同於劉眞藏本是，一、碑名均為〈日月潭崇聖館碑〉，因為心畬覺得稱「教師」，且要有「會」，是對老師不夠尊重，故堅持其為〈崇聖館〉。二、這兩本碑文後面，均鈐有心畬印信；顯然未蓋章一本，純因未付潤金所致。
心畬有款無章的書畫，既然到處可見，收藏者如何能蓋到心畬印章，也就各顯神通了。中規中矩的方法，是按墨雲指定的數目，付款鈐章。如果餽贈合她心意的禮物，如從香港或國外帶進來的名牌化妝品、首飾或衣料，求在書畫上加蓋印信，自然也可以通融。
爲心畬拍紀錄影片的杜雲之，寫過一段求印的趣談：
「雖然溥夫人看管印章，但有些人仍可設法不花多少錢蓋到印章。原來李墨雲女士喜歡打麻將，就預先約好三個牌友，邀她入局，放牌讓她和。當她連莊連得起勁，手中握大牌時，就送上一份潤金，請她蓋印。溥夫人賭興正濃，那肯起來去開鐵箱，就摸出鎖匙來交給別人，說：『你自己去蓋吧！』這是個大好機會，花一筆潤金，卻偷蓋了好多張字畫。溥夫人爲人精明，卻在牌局上失去很多潤金哩！」（註八）
杜文也談到心畬逝世後，圖章仍被人繼續使用，無論眞作假作，只要付潤金，圖章可是貨眞價實。想求墓木已拱的心畬題跋，也並非難事。
除了這些社會人士尋求蓋印的門徑之外，後生可畏，師大學生和寒玉堂弟子，也有高招：一般學生，空有溥作，求印無門。許多列名寒玉堂桃李的學生，爲了擺拜師宴、按例送年禮和壽禮，變賣心愛單車、收音機或打工賺錢者不在少數，單是籌措每月學費，已經大費周章，遲繳或以銅板湊數的，往往還受墨雲責怪。如果再爲老師所贈的書畫用印付費；其時大學助教月薪只七百元，墨雲蓋章潤金每件五百至一千元，實在力有未逮。
當時師大藝術系五十一級學生，聽課專注，用功尤勤，心畬欣慰之餘，所贈書畫也較往屆爲多；

畢業在即，能在畢業前蓋到心畬印章的期望殷切。

有位吳姓男生，靈機一動，計上心來。經與同學略事計議之後，面稟心畬：

本班同學感謝老師教誨，想送給老師一件畢業禮物留作紀念。有意選購上好印石，請王壯爲老師篆刻「心畬翰墨」字印，不知是否得當？

感於學生尊師重道的誠意，加以一向欣賞王氏篆刻，心畬欣然接受。

印章刻好之後，不僅該班學生在心畬作品上一一加鈐，連同他班學生、少數講師、助教，也搭上了便車。最後把印章清洗乾淨，裝入錦盒，呈獻給心畬。以後心畬常鈐這方印章，學生先蓋在書畫上的印章，盡成爲鈐有眞章的眞品。

文註：

一、《溥心畬先生書畫遺集》冊下頁二七二～二八五。
二、《南遊集》卷二頁十八。
三、《寒玉堂文集》卷下頁十五。
四、《溥心畬書畫文物圖錄》（繪畫）圖八四。
五、《溥心畬書畫文物圖錄》（繪畫）圖三九、九三，頁九八。
六、《舊王孫溥心畬》頁四五。
七、兩本教師會館碑見《溥心畬書畫遺集》冊下頁二五四、《溥心畬書畫全集》（法書冊）頁六五。
八、《大成》期一頁二八。

40．老去空餘伏櫪心

民國五十、五十一年，溥心畬的生活軌跡，頗為相似。春天往往在北投溫泉、金瓜石、板橋林家花園等地遊憩。秋天，除在上述幾個地方盤桓一陣之外，遊屐所至包括月眉山靈泉寺、新竹青草湖，以及澎湖等地。炎炎夏日，則多往碧潭泛舟，登蓬萊閣和青潭過去的海會寺。少不了在碧潭橋畔小館中大啖豬肉餡餃子。

其餘時間無分年節與寒暑，一律埋首作書和作畫。因此，這兩年的書畫創作，不計其數。

六十六、七高齡的他，如此勤奮地工作，填補心靈的空虛之外，準備五十一年冬香港的書畫展，和希望在書畫風格、造詣上有所突破，是主要的原因。

他到港講學和展覽時間的選擇，視菊黃蟹肥，大閘蟹上市時間而定。一次當江兆申趨謁逋從香港返台的心畬時，他告訴兆申：

「事實上我是去吃陽澄湖的肥蟹；蟹上市了，我就到了，蟹吃光了，我也就回來了。」（註一）

民國四十七年在香港時，他曾對萬公潛談到他書法的進展：

「我的字有了自己的東西；一般可及清代名家，個別的字可媲美明人。」

返台後，又對萬氏談到他書畫的進境；他自己對大陸時期的作品並不滿意，來台以後至四十五年東遊日本歸來，是一個階段；四十七年遊曼谷、香港歸來，又是一個階段。他反駁說他離開大陸後，書畫不進反退的說法：

「像我這樣無間寒暑，夜以繼日地不斷努力，怎會不進反而退步呢？」

溥心畬這種突破既有成就的意圖，也可以從五十一年冬在香港與薛慧山的一段交往，加以印證。那是心畬第三度赴港的最後幾天，下榻樂斯酒店，求畫者接踵而至，據估計，他已畫了近三百幅之多。從談話中，薛慧山知道，心畬正在努力求新求變：

「據我所了解，溥氏對自己的繪畫藝術，從來沒有自滿過，屢次表示非求變創新不行。只是一個狹隘的生活小圈子局限了他，以至有人譏之爲『溫室之花』；而始終沒有認識他剛健清新、石破天驚的一面。」（註二）

一次，他們談到杜甫及東坡論畫的「請君放筆爲直幹」、「當其下筆風雨快，筆所未到氣已吞」一類剛勁美感時，心畬興會淋漓，揮灑成一幅筆酣墨暢的大寫意畫。薛慧山見他落筆時那種狂風驟雨的氣勢，確可與東坡所說的「筆所未到氣已吞」相契合，不禁擊節稱賞。心畬擲筆長嘆，說出心中蓄積已久的願望：

「你眞眼高！我畫了幾百張你才第一次叫好；好罷，這次我返台北去後，一定要大變而特變，創出我自己的新面目再給你評論一下。」（同註二）

民國四十六年深秋，心畬遊金瓜石，從旅館和金瓜石南峰登眺海門的寒潮。四年後暮春重遊其地，絕巘石壁，四周的山光，遙遠的潮音，仍給他一種置身世外桃源感覺。他在〈重遊金瓜石〉中寫：

絕巘金瓜峻，崔嵬石壁開，山光千嶂合，海氣八閩回。曉月依林盡，春潮入峽來，柴門舊行跡，處處長莓苔。（註三）

民國五十年春遊，他從湯泉山上遠看櫻花彩雲間的鳳凰閣影，發現又是一種面貌：

楊柳春聲送客聞，櫻花千樹雪紛紛，不知鳳落誰家館，惟見雙溪駐彩雲。

——辛丑春遊湯泉山望鳳凰閣山館（註四）

月眉山，在暖暖和基隆之間，是座密林環繞的孤山，山下溪流，增添了遠隔塵囂的神秘感。山上靈泉寺內，蔓草蒼苔，華表縱橫，顯得古老而荒寒：

密林松影覆寒塘，石院花殘滿地霜，昔日題詩僧去盡，半山斜月照空廊。

——遊月眉山靈泉寺（二首之二）（註五）

寺中多同治、光緒朝士題詩，心畬憑弔流連，竟達四天三夜之久。

詩中「昔日題詩僧去盡」，歷代僧人中，心畬對詩僧釋寄禪最為景仰。寄禪號「八指頭陀」，湖南人，光緒年間住浙江天童寺。這位奇僧不太識字，也訥於言詞，但擅於賦詩。清逸超脫的詩篇，隨口吟詠，再求別人代爲書寫或題於壁間。心畬曾錄下多首，愛不忍釋。如：

孤山猶見五雲遮，父老年年望翠華，水殿無人秋寂寞，清溪開遍白蓮花。——西湖行宮

雪嶺冰河凍不開，黃沙白雁使人哀，獨攜一片關山月，繞盡長城萬里回。——贈恪翁

昨放洞庭舟，今登黃鶴樓，白雲不可問，漢水自東流。落日千帆影，微霜萬木秋。時聞吹鐵笛，一洗古今愁。——登黃鶴樓

當寄禪行腳到月眉山靈泉寺，見環境清幽，三伏之天，暑氣全消，頗有留戀隱居之意，遂吟詩題壁：

六月寒生暑氣微，萬松涼透水田衣，月眉山色應相似，到此安禪莫憶歸。

一再吟詠玩味的溥心畬，臨行前在寄禪詩下，也題了一首：

雲際靈泉寺，虛堂蔓草平，金輪半摧落，華表盡縱橫。初月林邊上，寒禽澗外鳴，空桑何所有，三宿亦緣生。（註六）

大約半年後的壬寅（五十一）年暮春，心畬舊地重遊，靈泉寺荒涼依舊，只有殿邊的蔦蘿，透露出些許的春意：

寺門石路舊經過，野殿高寒掛蔦蘿，碧樹不棲壇鶴影，清溪惟聽榜人歌。靈巖照海朝龍女，月鏡盤雲掩素娥，欲訪維摩方丈室，天花散落已無多。——重遊靈泉寺（註七）

澎湖，由於甲午中日戰爭之敗，曾割讓給日本。心繫前朝的心畬，不免像對旅居十餘年的台灣那樣，有一絲揮之不去的愧疚。

澎湖之旅，是他生平首次，也是最後一次。在他的《南遊集》中，僅收七絕一首：

群玉高達苜蓿烽，石門過雨翠猶濃，何當剪斷澎湖水，不隔關山百萬重。——澎湖（註八）

民國五十年秋天，方震五喬遷，心畬以行書雜詩四屏爲贈。其中第一首，即以歷史觀點描寫澎湖：「天宇圍四海，波濤撼邱陵，圓嶠起浮雲，連山勢崚嶒，隋室握赤符，遵海興兵戎，澎湖其門戶，浩蕩接南溟。……」賦及近代澎湖人的命運，他以黯然的筆調寫：

王師昔撥亂，聲教化其氓，忽然絕天紀，涇渭失濁清。哀哉此邦人，百役勞所營，晨風捲溟渤，朱方起雲霧。俯仰成古今，千年等朝暮，龍蟠澗邊水，珊瑚海中樹；雖有商山芝，穹歎不可住。

位於澎湖群島南端的七美嶼，風光旖旎，以七美人塚聞名於世。據傳明嘉靖間，倭寇紛擾我國東南一帶。入侵此島時，七位年輕女子不願受辱，投井自盡。井中生出香楸樹七株，四季長青。後人立七美人塚碑，表揚七位少女的貞烈。

心畬在所著《華林雲葉》中，有簡短的記載外，並作〈七美島銘（幷序）〉：

「七美島者，閩海之孤嶼也。當漳泉之藩，星羅於洪波之中，無豐林茂樹，形如覆盂。昔有七女子居焉，七女皆美，海盜瞰之，緪於其魁，刺船登嶼將劫女。七女不辱，投石井死。井上生七榕，條枚端正。後人哀之，謂其島曰『七美島』。……」

一向樂於表彰忠貞節烈的心畬，在銘中寫：

……淵淵孤井，矯矯七榕，龍門瀠滈，長懷烈風。（註九）

馬公白沙保安宮前的三百年古榕，主幹之外，有數十條垂落的氣根，入地成爲新株，連成枝葉茂密的天然棚架，蔭達半畝有餘。幾乎是旅客必遊之地；心畬記述得也比較生動詳細，只是文人詩筆，不免有些誇張：

「澎湖有大榕，蔭庇數十畝。其根入地復生，不知本之所在，千幹成林，實一樹也。下空如棚，可坐數百人。昔有商船遇風而覆，惟榕木一枚，飄浮至岸，爲潮水湧上山麓，遂生根成林焉。其地多烈風無喬木，此榕獨茂。擲杖而成鄧林，今果見之。」（註十）

台北大屯山，是心畬常遊之地，並有他最喜愛的溫泉。五十一年春遊大屯山，賦七律一首；但詩中所描寫景物，不若民國四十九年賦〈大屯山觀瀑〉五古所描繪的那麼雄奇深幽。

四十九年詩中寫空谷泉聲、迂迴陡峭臨澗觀流的石徑，最後才著墨於仰視千尺飛瀑的奇境：

……回峰互綿亙，繆繚屢盤折。石罅瀉鳴湍，直飛千尺雪。灌木交柯枝，葛蔓紛纍結。雲英

韞洞窞，靈藥閟巖穴。過澗懍危橋，泄泉沁甘冽。幽賞愜所懷，儃徊足怡悅。（註十一）

五十一年秋天，遊屐不過新竹青草湖和北投、青潭、龜山一帶，生活在平靜與埋首創作之中。

神龜雖壽，猶有竟時，螣蛇乘霧，終為土灰。老驥伏櫪，志在千里，烈士暮年，壯心不已。

——曹操．龜雖壽

歲月不饒人，六十五、六歲的心畬，以「老驥」來形容此際的心情。他在〈瘦馬圖〉上題：

沙場戰罷鼓聲沉，老去空餘伏櫪心；聞道昭王憐駿骨，崚嶒猶得折黃金。（註十二）

年邁、潦倒、情感空虛，使他有落葉歸根的渴望，對草草埋葬在北京東北義園的元配羅清媛，越發懷念。年年必賦的七夕悼亡詩，辭句一首比一首哀戚。五十一年的〈壬寅七夕悼羅夫人〉，是首五言律詩：

當年歡笑語，盡作斷腸音，碧海留長恨，黃泉隔寸心。山邱思故國，天地入悲吟，後死非良計，空教百感侵。（註十三）

〈詠雁字〉，不但是他思鄉抒懷之作，詩中那種荒寒慘淡的境界，使天涯遊子讀之，不禁神傷：

「……露篆和煙重，雲書帶水長，晚風吹去影，淡墨兩三行。」又如：「……風急雲章亂，霞明墨影稀，何須有鄉信，見此亦沾衣。」（註十四）

五十一年深秋，溥心畬再次步上基隆白沙灣附近，他曾登臨詠歎過的「海門天險」。灌木叢後，粗石砌成的古老城門，蘚苔密佈。陳舊破敗的砲台、營舍。透露出古戍的凄涼。歷史的往事，浮在他的心頭。

光緒十年（一八八四），中法戰爭期間，法國艦隊於農曆六月十五日晨，進攻基隆，砲轟要塞砲台。次日近午時分，法軍四百人攜砲登陸攻擊守軍。在劉銘傳、曹鎮、章高元等堅守抄擊下，殘餘法軍登艦轉往上海，基隆危機頓解。

寒風急雨，隨海門的潮水，一陣陣吹颳，望著山下中法戰爭中兩國陣亡將士的公墓，溥心畬的心緒也像潮水般地起伏。歷史的遺蹟，引發了他對桑乾河、蘆溝橋等古戰場的回憶，以及對亡故親友的懷念。他賦〈秋興〉一首，以誌心中的感慨：

八方兵氣壓三台，古戍沉煙晝角哀，天塹關山連塞沒，海門風雨挾潮來。寒生碧水無歸雁，秋滿黃花罷舉杯，舊日親朋凋落盡，暮年作賦苦低徊。（註十五）

●

五十年農曆四五月間，他注意到那枝幹茂密，細葉紅花的鳳凰樹，著迷於它那異常的艷麗。他爲它被冷落在路邊，任飛揚的車塵飄落在翠葉紅焰之上，感到不平。它應該植於山坡高崗上面，像旭日晚霞般供人讚賞仰望：

> 聳幹迎朝日，低枝拂短牆，風搖瓊玉影，霞映火珠光。梓漆宜琴瑟，梧桐引鳳凰，不如芳樹艷，應得植高岡。——鳳凰樹（又爲〈題路邊鳳凰木〉）（註十六）

此詩賦於四月，有行書詩箋，並收於《南遊集》中。

五月，心畬繪鳳凰花一枝，楷書前詩於上，並識：「鳳凰木夏四月始華，繁英滿枝，望如火樹，偶寫一枝，并賦詩詠之。 辛丑五月十二日，西山逸士溥儒記」。

他曾牢騷滿腹的對門生表示，以畫謀生，爲讀書人之恥；詩中的「梓漆宜琴瑟，梧桐引鳳凰，不如芳樹艷，應得植高岡。」以樹擬人，大概又是他生不逢辰，才非所用的感歎吧。

民國五十一年，歲在壬寅，爲虎年，農曆元旦，溥心畬開筆畫虎。垂懸的遠瀑、盤屈如龍的近松，松前一隻威猛的老虎，立嘯于懸崖峭壁之上。題：

> 猛虎立山，百獸俱戰，靜克藏威，動足禦變。 壬寅元日 心畬

另作〈松虎〉一軸，款署「壬寅孟陬，寫以紀歲」。畫的是隻崖邊松樹下潛行的猛虎，神情比怒吼狂嘯的虎，更覺可怖。題：

> 於菟嘯空山，月暈風不已，林鳥遠飛翔，狐狸在荊棘。

心畬雖然不以畫虎馳名，但他遠在大陸時期，即曾畫虎，比較前後各幅所畫之虎，姿態各異，生

動自然，深得虎性，又能和山林景物，融合一氣。

一般畫竹，多配以湖石，或松菊梅蘭等花木，心畬別出心裁地配以牽牛。與畫虎的威猛剛勁相較，作於五十一年正月初七的〈幽竹牽牛〉，就顯得格外纖柔雅淡。上題七絕二首，也另有一種情思：

幽篁蕭瑟露華寒，一架牽牛葉已斑，玉樹凋殘風欲起，依窗珍重捲簾看。——二首之一（註十七）

心畬住戒壇寺期間，日與古松爲伍，生平畫松無可計數。薛慧山記述，曾見心畬在頤和園所作百松扇面和百松長卷。他形容所見畫扇：「這把小小扇面，畫了近百株松，幾十間寺院，有成千的人，全都用草篆速寫，生動神奇之極，……」

至於同時所作縱十吋十四分，橫一百吋零五分的松卷，慧山說：

「全部畫的都是奇形怪狀的古松，每株松樹姿態無一相同，他雖然註出名姓，屬於仿古之作，但其實也無非寫其胸中靈性逸氣。……」（註十八）

溥心畬以「百」數冠於畫題的，尚有無年款的〈百猿圖〉（註十九）；推測應作於四十八年，旅遊泰港返台後，飼黑白猿於寒玉堂外，日夕觀察、描繪的成果之一。

心畬自少至老愛馬不衰，生平畫馬無數。番官所控騰躍不馴的千里馬，立臥柳蔭澤畔的良駒，史上著名的文帝得自代地的九逸……款署作於庚子（四十九）年十月朔的設色〈百馬圖〉，畫的是一望無際的平沙，群馬齊奔。及至到達澤畔，或飲、或游、或立於水中回首盼顧，狀至優閒。題詩：

野水寒沙四望空，胡笳吹月落邊風，臨洮萬里無烽火，牧馬平原秋草中。輪臺秋月落邊山，慘淡平沙古戍間，此是西陲常貢馬，而今不入玉門關。

畫馬圖中，最特殊一幅是〈三睡圖〉（註二十）。圖中一官，依柳而眠，枝上小鳥縮頸站立，顯已熟睡。披垂的柳條，勾畫出大地的寧謐，連躺臥在樹下的馬匹，似也酣然入夢。這是一幅靜極無聲的世界，人、鳥、馬相對成趣，民國四十三年十月所作；生於亂世，醉鄉和夢鄉，也許是最好的去處。

至於五十一年三、四月所作〈西山草堂古松並題〉和〈松卷〉，所畫松樹，不以「百」數取勝，但奇形怪狀的千年古樹，無一不是罕見之物。〈西山〉卷的題識，除憶述西山戒壇寺臥龍松、九龍松等外，並及於他所見過的泰山、天目山等奇松，如：

「泰山後石塢，崩雲帶雨，松生巖罅間，上壓於雲，下礙於石，蓋不必千年始偃。」

「天目山傳為葛洪隱居之地，丹竈猶存，古杉松皆參天，上掛碧絲曰『雲霧草』，服之明目益氣。」接著，如數家珍地述說西山名松之後，無限悵惘地題七絕一首：

崩沙斷路寺門荒，況問當年舊草堂，白鹿不來僧去盡，石壇松影月如霜。

壬寅三月，感懷西山草堂古松，寫此並題。　心畬

同年四月所畫松卷，心畬自題：「虬起蛟騰」四個大字。卷中古松十數株，姿態各不相似，每株松畔，題古人詠松詩一首。如：陶潛、李白、元稹、皎然……每首詩各具面貌。心畬識尾：「壬寅四月，久不雨，炎熱蒸暘，今夕始涼，寫此松卷，並錄昔人詠松諸作」。

文註：

一、《名家翰墨》期不詳，頁五。〈我的藝術生涯〉，江兆申撰。
二、《舊王孫溥心畬》頁六四〈溥心畬在香港〉，薛慧山撰。
三、《南遊集》卷二頁二一。
四、《南遊集》卷二頁二一。
五、《南遊集》卷二頁二二。
六、《南遊集》卷二頁二二、《華林雲葉》卷上頁六二。
七、《南遊集》卷二頁三一。
八、《南遊集》卷二頁二四。
九、《華林雲葉》卷上頁三五、《寒玉堂文集》卷上頁七六。
十、《華林雲葉》卷下頁三三。
十一、《南遊集》卷二頁十二。五十一年春遊大屯山詩見同集頁二七。
十二、《南遊集》卷二頁十八。
十三、《南遊集》卷二頁三五。
十四、《南遊集》卷二頁二一。
十五、《南遊集》卷二頁三一、《溥心畬書畫全集》（法書冊）頁一四八。
十六、《南遊集》卷二頁二三。
十七、《溥心畬書畫全集》（花鳥冊）頁一四八。
十八、《舊王孫溥心畬》頁六四〈溥心畬百松圖長卷〉，薛慧山撰。
十九、《溥心畬書畫文物圖錄》頁二八六。
二十、《溥心畬書畫文物圖錄》頁二八九。

41・空濛不見山河影

心畬書法，自幼即各體兼習，飛白書、游絲草乃至滿文，無不涉獵。但生平書寫最多的則爲寫經、寫碑、註經及鈔錄詩詞文賦的楷書和行書。尤其行書，應用最廣，論書者也多認爲他行書造詣最高。至於八分隸篆，流傳較少，評價也不如眞、行。

民國五十年中秋與重陽，他特別致力於篆隸的臨寫。每到中秋，平日座客不至，門生散盡，岑寂中，臨碑遣懷，也是一種消愁解悶良方。中秋之夜，遠方鞭炮時起，籬外孩童嬉戲喧鬧，心畬臨〈嵩山開母廟石闕銘〉四屛（註一）。原碑在河南嵩山登封，和〈嵩山泰室石闕銘〉、〈嵩山少室石闕銘〉，合稱「嵩山三闕」，是著名的篆書。前人稱此碑筆勢圓滿，頓折俱可推尋，是學篆的楷模。近人康有爲，讚爲「茂密渾勁」。寫〈開母闕〉的同一月，又集唐李陽冰篆書爲五言聯（同註一）。

重陽之日，心畬連作大小篆及隸書多件。

集石鼓文七言聯（同註一），集〈開母闕〉字八言聯（同註一），集李陽冰篆爲七言聯（同註一）、又楷書：「院靜鶯藏柳，窗低蝶挂梅。」詩聯（註二）。

後漢靈帝熹平四年所立〈漢循吏聞熹長韓仁銘〉，心畬也是在這重陽佳節所臨寫的。此碑行筆流暢遒勁，品格極高，是隸書的模範。銘中述韓仁政績，補史書之不足；心畬後識：「韓公善政，不減龔黃，除書到都而公已歿，幸存片石，可補史之闕文；豈天亦以報公之德與？辛丑九月九日偶臨漢循吏韓仁碑並識　溥儒」。

可見，心畬於臨書之外，心中對古之賢人善政，存有一種仰慕與崇敬。

民國五十年五月，台灣書店爲他出版《十三經師承略解》和五十一年繪陶瓷，都爲他近兩年的創作生涯，增添了豐富的色彩。

鑽研經學，是他生平的心願，無時不在致力，看得比詩詞書畫創作更爲重要。看到它的出版，心裡自感喜悅。

繪陶瓷，則是新的經驗。民國四十九年間，台北市郊的陶瓷廠，常邀請中西畫家到廠，隨各人繪畫風格，繪製獨具特色的陶瓷。五十一年，溥心畬和席德進、楊蒙中、吳學讓等畫家，同時應圖案畫家廖未林之請，到其設在中和外南村陶瓷公司，繪畫紀念性的陶瓷藝品。

在這次難得的經驗中，花瓶、瓷盤、鼻煙壺等器皿，都作了番嘗試。花鳥、山水、仕女，各以他飄逸的筆觸和釉彩，呈現出如詩的面貌。

民國五十、五十一兩年，心畬究竟兩度赴港，或僅五十一年前往展覽書畫並在新亞書院講學？台、港兩地友人和學者，記述不一。詳細比對各種資料結果，連同民國四十七年冬由泰轉港那次，他總共去了三次。

五十年十月赴港是第二次，心畬因入境手續麻煩，展覽準備尚未完成，去與不去猶豫未決。後來應朋友之請，倉卒成行，應酬數日，趕上了菊蟹饗宴，飽啖大閘蟹，隨即返台。所以在台友人，知道的不多，於是無論編製年譜、撰寫傳記，多把五十一年第三次赴港，誤為「第二次」。

至於居港學生和友人，有人知道他五十年去港，卻不知還有第三次。有的只知民國五十一年心畬「再次」遊港；也是最後一次。

●

五十一年，心畬原訂九月往香港，但由於入港簽證、保證金等手續複雜，沒有及時辦妥，延遲到十月才得成行。其間不僅他內心著急，連著去信催促在港辦手續和擔保的友人賈訥夫：

「證件未妥，如遲恐過蟹期。……」

賈訥夫也是急得無奈，生恐誤了心畬畫展和新亞書院的講座。

五十年，訥夫曾在港舉行書畫展，展前心畬從台灣寄宣紙中堂一幅為贈，另以榮寶齋舊製寒玉堂箋寫詩一頁，題訥夫所繪〈萬松書屋校碑圖〉：

避地依泉石，松陰覆逕斜，中原非故國，南海豈吾家？

白屋閒書葉，青門比種瓜，此鄉無魏晉，應勝武陵槎。（註二）

同是天涯淪落人，互相憐惜之情，躍然紙上。

心畬和墨雲到港那天，將近下午四時，前往機場迎接的賈訥夫和高嶺梅，站在入境旅客出口處，焦急地等待。眼看旅客過盡，就是不見心畬夫婦踪影。找到機場熟人進候機室一看，穿著一襲熟紗白袍的心畬，和墨雲坐在椅上，雖無惶急之色，也不免有些茫然。詢問移民局職員，方知兩位雖持有入港證，卻無返台的入境證；依規定，必須原機遣返台灣。再問墨雲台灣入境證放在何處？她想，可能留在台北航空公司裡。

機場人員表示，除非移民局長批准，否則愛莫能助，屆時只能按規定遣返。

訥夫眼看離下班時間僅剩廿分鐘，根本來不及找移民局長；急中生智的訥夫，立刻打電話給一位施姓友人，輾轉聯絡到局長，在最後一刻來了通緊急的電話：

由賈、高二人擔保，限廿四小時內取到回台證；否則，下班飛機，定要遣送回台。

經過兩個小時忙亂，送心畬夫婦去樂斯酒店時，滿街華燈初上。車中心畬帶幾分得意地對墨雲說：

「要不是我打電話給訥夫嶺梅兩位接飛機，這頓螃蟹還是吃不成吧？」

當晚的螃蟹盛宴，設於友人李世華寶雲道的私邸，由李太太親自選料烹調，所配小菜也極合心畬口味，他連吃了十二隻大蟹，才捧腹而笑地停下來，索一杯滾燙的薑茶，解螃蟹的寒性。

心畬在香港逛街購物，似乎總離不開他時刻不可或缺的文房四寶。冷金紙、古墨不在話下，一向託人在香港選購的筆，如今可以親自挑選試毫。

他寫小楷最趁手的無過於集大莊「天下爲公」筆。取筆審視時，他選筆管上刻有「文清氏」或「楊振華」製筆者姓氏的。他告訴陪來的訥夫，刻姓氏的爲舊製筆，精緻好用。

訥夫猶記，當年往訪心畬時，便以筆爲贄見禮；他在一篇文中回憶：

「猶憶當年攜同所購筆紙之屬登堂拜謁時，溥老欣然接見，白袷單衣，灑脫之態，一如其人，頻以遠道過訪爲歉，語時抱拳胸際，一派謙抑誠懇之情，溢於其面。非此學養有素而又久習恂恂儀注之士不能有此。」

而心畬所選之筆，是紫毫和羊毫合成的兼毫，和訥夫所好相同，想不到心畬挑得如此精細。

壯士愛良馬，士人好名硯，溥心畬兩者兼好，但青少年時期後，寶馬只能筆下爲之，端硯、澄泥硯、古瓦當硯等，卻時刻留意，收藏玩賞，日常應用，頃刻難離。

當時大陸與台灣，互相閉關自守。無論大陸所產衣料、文具、藝術品乃至食物，在台灣都屬違禁品；書籍尤在嚴禁之列。偶然得之黑市，也價格不貲。

時屬英國殖民地的香港，貿易自由，與兩岸都近，自然成了兩岸商品共同展示的櫥窗。對心畬而言，既可飽嚐各地佳餚、瀏覽文物，也可以選購文房四寶，必要時，再請好友門生，透過特殊管道運回台灣應用。

從心畬所賦〈詠陶硯〉和〈詠端硯〉中，可見他對各種硯性，都有深刻的體認。

何代澄泥蹙水文，土華無復超煙雲，潛居安用龍盤硯，陋巷惟宜伴此君。——詠陶硯

後識：「陶硯形如鼓，上平而四隤，邊緣垂釉，而中露瓷骨以受墨。池半月形，腹空以容濃瀋。莊子砥筆和紙墨葉法，善用朱盇書符。此唐以後物，蓋古之遺製也。」

端溪聞韞玉，曾説不巖良，桂露騰文采，松煙發古香。穿雲鑽暗谷，斷水劇寒塘，逸少書何硯？冥搜亦可傷。

詩後自記：「近獲端硯數方，皆以畫得者，昨又得大西洞硯，爲張文襄公所開，細潤如玉，遂賦此詩。　心畬」。

以畫易硯，心畬在北京時便是如此；但自從圖章受墨雲嚴格控制之後，以畫換硯也非易事。杜雲之在〈溥心畬的晚年生活〉中記：

「有一天，溥氏想買兩方端硯和兩幅字帖，不敢向『太座』要錢，將自藏的精品三幅，託友代售。但因畫上沒有蓋印，溥夫人不肯蓋，拖延時日，以致兩方端硯被捷足者先得，溥老爲此感歎良久。」

因此，不遠千里來港，到骨董店和文具店玩賞硯台，也讓他有如魚得水之樂。

般若精舍、青山寺、大嶼山寶蓮寺……一路遊覽，賈訥夫發現心畬儘管走得汗流浹背，偶爾還得坐在石階上歇乏，但卻有廟必然參拜，並在寶蓮寺壁上題詩。他告訴訥夫：

「咱們旗人拜佛是很重視的，在家如此，出門更不可忽略。」（同註二）

沙田望夫山、寶蓮寺所在地的大嶼山、青山寺所在地的屯門山……漫長三個月的留港期間，在訥

夫陪同下，心畬幾乎遊遍港埠勝景。

孤懸海中的大嶼山，樹木繁茂，巖寺高聳，傳說爲龍女聆經之地。盤旋的山路，走起來感覺格外遙遠。山寺頗爲荒涼，並無香客留宿。心畬題詩之後，登山遠眺，海上諸峰相連，風雲蕭索。海浪、潮音，有排山倒海的氣勢，使他又聯想到在深淵、海穴中不得志於時的潛龍。感慨朗吟：

埏紘勢鄣闔，空明瞻八荒，滄海多異氣，晧旰蒸天光。大嶼龍所宅，何日淩雲翔，躍淵苟非時，潛龍古所藏。言懷采芝客，偕隱白雲鄉。——遊大嶼山（二首之二，註四）

屯門山的青山寺，山勢高崇陡峭，心畬在詩中形容：

峻極無飛鳥，蒼茫見遠帆，南溟懸日月，中谷蔽松杉。……

青山有文起八代之衰的韓愈題石遺跡。他抹抹臉上的汗水，索性脫去長褂，奮勇前行。一首〈青山訪韓文公〉五絕，已在心中形成：

海似藍關雪，山疑秦嶺雲，韓陵留片石，萬古動星文。

陪遊和拜廟的過程中，心畬不時向訥夫詢及商衍鎏探花、左霈榜眼、溫毅夫太史和朱汝珍榜眼等遺老後裔景況，顯出對故人的無限關懷。

四十七年遊港時，心畬為宋訓倫書月夜泛舟所賦〈鷓鴣天〉詞（見章三十六）。答應他日後依詞意作畫相贈。此次到港，果然守信，如約面致。訓倫展卷一看，淺絳淡青的色調、疏宕蕭瑟的氣氛，文徵明唐伯虎一般的筆墨，不由得驚喜交集。訓倫感於心畬詞中的「空濛不見山河影，照見山河影更愁」，想到睽違已久的故國河山，塡長調〈摸魚兒〉一闋：

盪扁舟月華清昧，輕鷗驚起煙渚，空濛不見山河影，卻照羈愁如許。……

由於年關將近，訓倫將人皆稱賞的心畬鷓鴣天詞意圖印成賀年卡，自塡摸魚兒詞印於賀卡的另一面，分贈親友。卡片印出後，心畬看了喜歡，也索了十幾份去。

三個月的留港期間，訓倫領教了心畬詩才的敏捷，不下曹子建的七步賦詩。他在〈舊王孫溥心畬〉中寫：

「賦詩題跋更是他的拿手好戲，一般畫家題詩，總是先要苦吟一番，然後寫在詩稿抄謄上去。可是經我兩三個月親眼所見溥先生的題畫，才使我佩服得五體投地。原來他根本就沒有任何稿箋，如果有，就只有腹稿。看他全副精神作畫，等到畫上的最後一筆完成時，筆就順手抬到上面去題詩了。原來他手上儘管作畫，腹內早在吟詩，畫甫完成，詩也吟就。……」（註五）

心畬在新亞書院藝術系講學，不同於四十七年的專題演講，而是像在台灣師大藝術系那樣教授書畫。一邊講一邊示範。

教題畫詩時，分別以楷行草書寫，等於是詩、書兼授。繪畫則由簡入繁，從局部畫法到整幅畫的筆墨佈局。山水、人物、亭臺及花鳥走獸，無所不包。

十餘年後，新亞藝術系鄭德坤教授檢出當日溥心畬遺澤，共四十四張畫與十張書稿，以《溥心畬書畫稿》爲書名，付印爲新亞藝術系叢書之一。

另一位經常在樂斯酒店伴陪心畬，看他作畫的畫友薛慧山，是蘇州人。因懷念故園，畫了幅〈小倉尋夢圖〉横卷。茅屋垂柳，境界荒寒。心畬看慧山鬢邊星髮，不覺感慨中來，拈筆爲題：

綠楊池水舊柴門，兵後荒涼那可論？昔日薛郎今老大，故鄉歸夢亦無痕。（註六）

一日，慧山陪心畬去理髮，心畬堅持慧山只能在店外等候，不可向裡面張望。慧山滿腹猜疑地等了兩個小時，才見心畬施施然步出店門。但見他煥然一新，滿面春風。兩小時工夫，他不但染成滿頭黑髮，面上又敷了粉。

「怎樣，他們給您描起工筆畫來了？」慧山帶幾分調侃地說。心畬像往日彈月琴唱北京小調唱不上去那樣，哈哈大笑。

臨上飛機那天，心畬讓慧山上街去買當年在台灣無緣一見的糖炒栗子和山楂、山藥作的冰糖葫蘆。慧山急急忙忙捧著各物趕往機場時，心畬一行已快要進閘門了。接過東西，心畬高興地看著栗子說：

「一下機每個人分給幾顆，這是最好的香港禮物。」

然而，這就是他們最後一面。

文註：

一、《溥心畬書畫全集》（法書冊）頁一一六、一一七、一三二、八〇、五〇。
二、《溥心畬書畫集》卷下圖二九一。
三、《舊王孫溥心畬》頁六〇〈溥心畬在香港〉，賈訥夫撰。
四、《南遊集》卷二頁四一。
五、《舊王孫溥心畬》頁二〇〈舊王孫溥心畬〉，宋訓倫撰。
六、《舊王孫溥心畬》頁六四〈溥心畬百松圖長卷〉，薛慧山撰。

42・落荒而逃的鍾馗

心畬可能自覺年事已高，有計劃地整理他的著作。《華林雲葉》、《靈光集》，都是大部頭著作，資料、草稿，十分浩繁，親自編排、謄淸，可謂工程浩大。

《華林雲葉》，長約十三萬言，分上下卷。依序爲〈記事〉、〈記詁〉、〈記詩〉、〈記遊〉、〈記書畫〉、〈記金石〉、〈記草木〉、〈記鳥獸蟲魚〉和〈記藻〉，共分九類。這些都是他自少至老讀書、旅遊、交往和見聞的記錄，類似札記或筆記小說。

但他卅八年秋自上海偷渡舟山來台，所攜物品有限；包括他許多詩文著作，都是憑他驚人的記憶力重現於世。從香港返台後，《華林雲葉》手寫本已近完成，由門生吳建同奔走洽印之中。

《靈光集》篇幅更大，共二十餘册，有生之年能否付梓，心畬自己也難以預料。

宣統遜位之後，滿淸遺臣，不少出任國民政府要職，成爲新貴。堅持忠臣不事二朝的心畬和少數

遺老，對之不以為然。因此，無論對致力於復辟、高隱不仕、出家為僧為道，或以詩文吟詠諷世，抒發幽懷的文人雅士，都是他們心儀的對象。分頭搜求他們生平及國變後的詩文，編輯成冊，想為後世留下楷模。

民國三十五年，已大致編排就緒，心畬在序中寫：

「……觀夫周宗既滅，詩教猶傳；漢道凌遲，人倫以正；不有作者，何以明忠義之道，定三綱之敘！豈直凌雲賦日，吐鳳雕龍而已哉！

爰采遺民之作為《靈光集》二十卷，旁徵傳略，遠錄鴻篇，竊取魯殿之名，仰止巋然之義，無使委斯文於草莽，晦芳躅於巖阿；庶不泯於立言，冀永昭於來世。

丙戌夏四月，溥儒書於湖上。」（註一）

款書「湖上」，指其時仍居頤和園昆明湖畔之介壽堂。

光緒三十年進士，官拜翰林院編修的鄞縣（寧波）高振霄（雲麓），辛亥後避居上海，為搜集及撰寫《靈光集》的一份子，心畬希望書成之日，能得高氏為序。

民國三十九年旅台之後，《靈光集》文稿曾經另一位遺老吳興劉承幹過目。劉氏也是志於此道的人，也曾廣搜資料，編寫類似書籍。劉氏把心畬持稿抄錄一遍，名《吳興劉氏嘉業堂鈔本》，並在〈靈光集序〉中，對心畬提出增補和淘汰的建議，在鈔本後面提出希望增錄甄采的名單。劉氏鈔本，後歸方震五所有。

因此，心畬整理的《靈光集》，實為卅五年本的增訂本。均以蠅頭小楷書寫。

心畬由香港返台，推算時間，應該是急景凋年的臘月下旬了。除了繼續整理著作，也要還在港所欠下的畫債。年關將近，心畬設在仁愛路的畫室並無他人，只獨自埋首案前，專注地揮動畫筆。他畫的是二十四開的册頁，有些完成的作品，堆放案邊。

江兆申悄悄的走了進來，唯恐驚動心畬，因此便靜靜地站立老師背後，看他精心地點染。過了一陣，心畬才轉過頭來，望了江氏一眼說：

「是你！」

江兆申也打破了沉默，詢問心畬在香港的情形，及居港的寒玉堂同門動態。

心畬指指面前的册頁，告訴兆申：

「一共二十四開，是香港那邊要的，我已畫了十幾頁，覺得還遂意；不打算賣了。」

近年，心畬漸漸覺得，有些自己合意想自藏的畫，常常不翼而飛，甚至在別人家裡見到。而有些他想用來換古塼、硯或古畫的作品，卻蓋不到嚴藏在墨雲手中的圖章。他消極的抵抗方式是，畫成一幅好畫，不題詩、不落款，使周圍的人拿到，難以脫手。眼前進行中的二十四開册頁，完成後無論寄到香港也好，或由心畬深藏在寓所的兩隻大木箱中也好，均難為門人所拜觀；江兆申此遇，也算是一種眼福。

在香港時，心畬曾患鼻塞之症，當時並未在意。返台後，漸有耳鳴、心悸、容易疲倦的徵兆。看著倦容滿面的心畬，兆申擔心他患的說不定是心臟病，為了使老師充分休息，趕緊告辭而去。

●

癸卯（五十二）年元旦，李猷前往臨沂街賀歲。感覺中一向喜歡年節熱鬧的心畬，好像心事重重。

詢問之下才知道，眼見厚厚一疊《靈光集》手稿，一時難以付梓；恐怕要永久庋藏箱篋，不見天日。這部書，不知投入多少遺民的心血，自己自壯至老不斷地經營、增補，希望能爲遜清保存一份正氣。但，如今面臨的卻是難測的未來。此外，他遺憾未能得到高振霄翰林作序。

見到心畬前所未有的沮喪神情，李猷安慰他說，不妨等春暖花開的時候，一起抽暇，細心校正，商議付梓之事不遲。

心畬雖是默然首肯，臉上仍有揮不去的陰霾。李猷返家後細思此事，心中浮起一種不祥的預感。

正月初四，李墨雲生日，因墨雲曾自言前身爲觀世音侍者，心畬爲作〈觀世音菩薩聖像〉，祥雲繚繞，觀世音神情端凝，衣袂飄逸，所爲游絲描法，功力也無遜於往昔。款題：「癸卯正月初四日，夫人李墨雲生日，敬繪觀世音菩薩聖像。　溥儒」。

正月廿七日，經過兩年多整理出來的《華林雲葉》手寫本，已經大功告成，他特別在册尾寫明完成日期。十一天後的農曆二月初八，一篇一百八十餘言的短序也已書就：

「……凡能娛吾之情者，莫非物也；樂之而役於物，斯玩物而喪志矣！故凡樂其所遇者，則必書之於編，表異而彰其美，古之人皆然。余既耽典籍而樂山林，索居海濱，憶所知者記之，暇日觀覽，不猶愈於博塞而遊者乎？癸卯春二月八日，西山逸士溥儒書於寒玉堂」（註二）。

此外，他數年前病中所書《寒玉堂聯文》和所集唐詩，也重新校對中。一時間，他生平的著述與創作，彷彿都在挑選和儲存，顯示出既忙碌又欣喜收穫的富足豐盛。

聯文自序，作於四十九年農曆七月朔。序的首段，說到自幼習書的甘苦，及至某一階段，想要更上層樓時，卻舉步維艱。他形容那種寸步難行的學習高原期：「……既而稍解點畫、頓挫、使轉之法，則有若掣肘扼擊不復進。長而求其氣骨體勢，則復掣肘扼擊，不進如昔日。隱居西山，晨夕求之，雖心知意會，終不能至，甚矣！斯道之難成也。……」（註三）

由於書道難成，也許是他意識中特別重視書法，繪畫其次的原因。

他所以作《寒玉堂聯文》，即在應踵門求書者之請，隨時寫對聯之用。聯文分五言、七言，其中也有回文聯，正反讀來一樣順暢雋永。

心畬漸感不適之初，延請中醫診治。中醫開方進補，不意病情反增，陽曆三月十九日，忽然發現右耳下面起了一個腫瘤，不久耳朵聽不見聲音，心悸、倦憊也隨之加劇。中醫依「癭瘤」醫治，依然沒有起色。原本不太相信西醫的他，在好友西醫陸芳耕的勸說下，於二十三日到中心診所作心電檢查。當陸醫師建議心畬進一步作切片檢查，以便請耳鼻喉科醫師徹底治療，心畬怕痛而拒絕；只好繼續就中醫治療。

此際，緊鑼密鼓張羅《華林雲葉》出版外，他也抱病到北投湯谷小憩一番。

滉漾湯泉水，緣溪路轉深，鸛巢低野岸，蟻垤上高林。雲暗朱樓瓦，花明翠館金，莫聽歸鳳曲，歌舞片時心。——癸卯春湯谷閒步（註四）

四月，中央日報記者在臨沂街訪問心畬時，有位中醫師正在為他診治。墨雲解釋這是新請的一位，原來那位醫師，把他補得太猛，才把臉補出腫塊。

心畬面帶欣悅的表示，抱病新著《華林雲葉》即將問世。為了顯示他還很健朗，當著記者揮毫畫了一幅山水，又取月琴彈奏一番。這篇簡短的報導，引起好友們更多的關懷。

五月下旬，病情有日益嚴重的趨勢，陸醫師會同中心診所多位名醫會診，斷爲淋巴腺癌。家人對告知或不告知心畬，意見不一，孝華則堅持不要告知，使他能樂觀地走完人生最後的途程。在李猷、萬公潛等勸說下，於五月廿九日住進台北榮民總醫院，接受鈷六十放射治療。

這種療法，反應強烈。他心平氣和時，可以用鋼筆爲打針與照顧他的護士速寫，不但畫得敏捷，而且神態畢肖，探病的友人笑他出院後，可以教鋼筆畫維生，他反倒悲觀起來：

「我的病，始終不見大好，似乎時好時壞；眞不知何時才可以出醫院呢？」談到教畫，他又現出一絲渴望：

「出院以後，我不會教鋼筆畫的，因爲我一生研究的都是中國文化，我願意見中國文化能有光輝燦爛的一天。」

王壯爲、黃君璧和畫家陳子和到榮總探病的時候，帶著新刻〈汲古得修綆〉、〈吟詩秋葉黃〉兩方印章的拓本給心畬。這是幾個月前心畬遣人以三尺墨梅爲潤筆，索求壯爲刻的兩句杜詩閒章。由於是一橢圓、一長方形的小印，使壯爲頗費一番斟酌才下刀的，想不到卻在病榻上拿給他看。心畬坐起看了一會，又躺下從枕邊拿起再看，似乎相當欣賞感激，王氏也放了心。

一向食量驚人的心畬，在鈷六十放射治療期間，食慾不振，有時心情也很焦躁。他常對照顧他的家人和門生發牢騷：

「我本來沒有病，你們硬把我送來，現在什麼東西都不想吃了。」

離開溥家，在基督教三育書院讀書的溥毓岐，這時也接到墨雲通知，前來醫院探視。在醫院中，如果他來不及趕回學校宿舍，就睡在心畬病房的沙發上，墨雲打地舖。

不時陪侍父親的孝華，正以高血壓及心臟病，成爲軍中的長期病號，稍微運用一下人事關係，他就可以長期進住榮總的病房。每天陪侍心畲一陣之後，便回自己的病房休養。

●

計劃中爲時七週的鈷六十治療，施行到五六次——一千六百單位後，在院中好不容易挨捺了十八九天的心畲，吵著要回家，家人和醫生無法，只好任其出院。

返回臨沂街後，改請周姓中醫治療。擦藥之外，須以螞蚱（蚱蜢）作爲內服藥的引子；到野地捉螞蚱的工作，就落到不時返家探親的毓岐身上。

端午，心畲照例畫鍾馗像。

俗語：「狗咬呂洞賓，不識好人心」；但這幅設色畫中，專司捉鬼辟邪的鍾進士，卻異於往常所畫的鬚張如戟，持劍除妖的威猛形象。居然是背負一隻小猴，小猴僅露猴頭和一隻猴爪。在一隻惡犬的狂吠窮追之下，狀至畏縮的鍾馗落荒而逃。款題：

負得胡孫背似駘，幞頭著敝劍鋒摧，勸君但養金鈴犬，尚可當關守夜來。
癸卯端午寫鍾進士　心畲並題

心畲一生所畫鍾馗無數；捉鬼、誅妖、醉態可掬地接受妖姬獻酒或被衆鬼戲弄。在共黨統治下的杭州，心畲筆下的鍾馗，也變得十分平民化；騎單車趕鬼，或成爲自鋼索上騎單車直衝而下的特技演員，也可能是肩負農具歸田的退隱進士。鍾馗和松，一向是心畲自我期許、自我嘲諷、自我隱喻的符號。如今時衰運蹇，「幞頭著敝劍鋒摧」的鍾進士，竟然被狗追得落荒逃竄。

〈夏遊野柳〉，下註：「海濱名野柳，多怪石」五律，是心畬詩集中，最末一首紀遊詩：

野柳蒸炎日，巉巖氣鬱炘，遠空山入海，高岸石如雲。天柱何年坼？墨蹕此地分，嶕嶢斷舟楫，沙燕自爲群。（註五）

〈清平樂（青門渡）〉和〈北新水令（探梅）〉二首詞，雖無年款，因列於詞鈔最後，推測爲末期作品；一片江山家國的情懷，道盡此際心緒：

青門津渡，雁斷衡陽路，水面秋聲雲破處，不見故鄉煙樹。　風風雨雨年華，茫茫浩浩平沙，萬里江山家國，不堪回首天涯。（註六）

微香紅破小梅梢，又東風，早春初到。鳥啼芳樹苑，人倚綠楊橋；渾不似、故鄉好。（同註八）

在中藥、偏方的維護下，心畬病情時好時差，但他自己似頗樂觀。每天早晨坐輪椅由家人推到植物園，看田田荷葉、待放的菡萏，呼吸新鮮的空氣。

這時節，凌波和樂蒂飾演的梁山伯與祝英台，正在放映，大街小巷，傳出一片黃梅調。著迷於戲劇和電影的溥心畬，也張羅要去看；家人只好小心照顧他到電影院觀賞，讓孤獨寂寞的心境，隨影片中的傳奇色彩和淒美的旋律激盪一番。

文註：

一、此爲《靈光集》鈔本之序，並未正式出版。
二、《華林雲葉》冊首。
三、《寒玉堂聯文》卷首。
四、《南遊集》卷二頁四三。
五、《南遊集》卷二頁四三。
六、《凝碧餘音詞》頁二一。

△民國五十二年心畬發病到逝世，綜據下列資料：

(1)《舊王孫溥心畬》頁二八〈西山逸士的幾段逸事〉，萬公潛撰。
(2)《舊王孫溥心畬》頁四五〈憶舊王孫〉，王壯爲撰。
(3)《舊王孫溥心畬》頁五二〈溥心畬先生寒玉堂詩〉，李猷撰。
(4)《舊王孫溥心畬》頁八九〈溥心畬的晚年生活〉，杜雲之撰。
(5)《舊王孫溥心畬》頁一一八〈中國文人畫最後的一筆〉，周棄子撰。
(6)《畫餘隨筆》頁一〇〇〈溥心畬傳稿〉，容天圻撰。
(7)《大成》期一二三頁二一〈恩師溥心畬先生逝世廿周年〉，蕭一葦撰。
(8)《名家墨翰》期不詳頁五〇〈我的藝術生涯〉，江兆申撰。
(9)安和、溥毓岐口述。

43・心死惟餘忠孝在

農曆六月，正是炎炎夏日，住台中的安和接到溥孝華電話，表示心畬很想見她，當即乘車北上。看到安和，心畬大爲高興，說：「咱們明天吃餃子去。」

進入碧潭南岸的餃子館，八幅心畬書畫，懸在壁間，老闆依舊那樣殷勤地招待，只是面對可口菜餚和熱騰騰的餃子，心畬食慾不振，吃到口中，也吞嚥困難。過了不久，便停箸伏在桌上。安和等一時也慌了手腳，趕緊攙扶著離開，乘車返回寒玉堂。所幸稍事休息，就安穩下來。問到近日病情，心畬拈筆畫無根孤松，款題：

「密葉排風雨，繁枝隱日星。　癸卯夏六月，門下女生安和省余，喜作此幅與之。　心畬」。

隨後又命人打開木箱；其中一箱裝著未著色或未題款的繪畫，另一箱除法書、著作之外，還珍藏著捨不得用的古代文房四寶。他翻出幾本得意的畫冊，攤在榻榻米上欣賞。揀出一本尚未染色的〈杜甫詩意〉十六開冊葉，贈給安和，命她帶回去好好學習。

還想找出來台後重錄的〈臣篇〉，編入文集，一時翻揀不到，只得暫時作罷。見到心畬一副樂觀的樣子，安和才比較放心地回到台中。

●

從榮總返家，接受中醫治療，心畬一方面告訴家人，說他身體正在復原，一面無分日夜地工作。一些未完成或尚未染色的畫作，先後繪製完成。許多深藏著的合意之作，取出來題詩落款。他落筆迅速，詩思像從前一樣敏捷，百餘幅書畫，一一題遍。只是有些創作年代記不清楚的，只好署爲癸卯（五十二）年，農曆四月或五月。

接著手抄詩詞和文集。

心畬手寫詩詞集時，廣文書局版的《華林雲葉》已近完成，心畬頗感欣慰，工作也就愈加起勁。更令他欣喜的，因放射治療而脫落的頭髮，慢慢再長出。他以爲是擦中醫藥膏奏效的徵兆；但也有朋友暗中擔心，會不會因鈷六十治療半途而廢，癌細胞重新活躍之故？

中元節的前一日，江兆申前往臨沂街探病。這天，寒玉堂出奇的安靜，伏在案上的心畬，曲肱而枕，不知睏倦或病體不適。默立良久之後，心畬問道是誰，兆申自報姓名，心畬說：

「先去外面把門關上。」又說：

「我右首抽屜裡有一張手卷，坐在榻榻米上好好看看。」

四尺多長的山水卷，樹木、屋宇和人物，描寫得十分精細。坡石、山巒，似不經意地以淡墨橫掃，卻筆筆交代得恰到好處。淡雅的色彩，顯得潤澤而凝實。江兆申幾乎把全卷默記在心，心畬卻要他看得更仔細一些。最後心畬問：

「你看這張畫染了幾遍？」

兆申以爲三遍，心畬正色告訴他：

「一共十遍，你的畫只匆匆的染了一兩遍，顏色都浮在紙面上，所以山澤枯槁，毫無生氣！」

不意，心畬卻在纏綿病榻的時候，爲他上了重要的一課。心畬知道兆申對古詩頗有基礎，就把自錄《唐五律佳句選》，交他帶回校對。

農曆七月廿四日是心畬六十八歲生日，前些日子，照例由蕭一葦發拜壽帖子，心畬雖在病中，似乎也揀出了一些先前作的聯、畫小品，準備作爲還禮之用。看到病中忙碌，蕭一葦心中難過，心畬反安慰他，表示自己這點病，並不嚴重。

使蕭一葦更覺不安的，是廿四日之前，他自己也病倒了，無法登門主持壽禮。

更糟的是，那日颱風來襲，當萬公潛冒著狂風驟雨到達寒玉堂，與往年生日賀客盈百的盛況，完全不同。家人之外，李猷、方震五加上他；僅有三位外客，淒清之感不言而喻。

外叫一桌酒席，諸人圍坐榻榻米上，吃起壽酒。外面狂風怒號，雨打在玻璃窗上，一陣陣沙沙作響。偶爾夾雜幾聲籠中淒厲的猿啼；眞可謂食不知味。

心畬病情，這時由耳下腫瘤蔓延到鼻部和腮部，言語失聲，吞嚥食物困難，只能稍微喝些流質食物。席間心畬伸出三個指頭，大家會意，指在座僅三位嘉賓。

中秋那天，蕭一葦病已稍癒，由妻子扶往寒玉堂向心畬賀節，心畬面色灰白，言語依舊不清，墨雲告訴一葦：「你老師前些時，聽說你病了，他還說沒法幫助你咧！」

一葦聽了，熱淚奪眶欲出。

言語越來越困難的心畬，到了秋天這個多愁多感的季節，仍不禁寫詞抒懷：

霜滿碧江頭，無限清秋，片時難遣幾多愁。苦憶聖湖明月色，水殿龍舟。　容易棄金甌，板蕩神州，不堪重上酒家樓。破碎山河觀不盡，浩浩東流。——浪淘沙（秋懷，註一）

水殿龍舟的「聖湖」，指的應是頤和園的昆明湖；心畬對故鄉、故國的思念，眞是永無止息。

心畬生日前，受託爲他校對《靈光集》的李猷，前往探病。心畬含淚告訴他：「病中無俚，望能多來談談，以解疾苦。」

從此，李猷每隔數日，必來寒玉堂走動。陪他解悶，幫他校對文稿。

秋節過後，詩詞手寫本均已告成，心畬怕家人蓋印蓋不適當，示意李猷爲他自署寒玉堂詩集、詞集名下用印。李猷爲鈐〈溥儒〉、〈舊王孫〉二印，又在詞集册尾鈐〈溥儒〉、〈松巢客〉、〈晚雲如髻〉，及〈乾坤一腐儒〉四印。

病中，乃至近年，寒玉堂訪客漸稀，原因很多；畫室移至仁愛路、幾次出國旅行，以及唯恐心畬病中需要靜養，都是主要原因。

談到心畬病中的孤寂，萬公潛說：

「後來病情日益沉重，痛苦得不能安枕，但他猶強自鎭定，竭力不發出呻吟之聲。在那段痛苦的時間，我看他有著矛盾的心理，一面希望朋友常去看他，藉以調劑病中那種冷清憂鬱的氣氛；一面又不願朋友看到他的痛苦神情。」

萬公潛指出，朋友們的心情，何嘗不同樣矛盾；一方面覺得見面機會不多，應該常看望他，一面又感見面無言可以安慰他，反而怕去見他。

墨雲則抱怨，心畬停止作畫後，降低了收入。受不住嘮叨的心畬，只好說出在李猷和方震五處，各有些平日賣字賣畫的存款，於是寫條遣人往取。

李猷很快的把心畬存在他處的積蓄結算清楚，送到寒玉堂。方震五卻不似以往需款時送給他百元的大鈔，而是兩疊十元紙幣；心畬心知這位好友可能有困難之處。又聽說存在方震五處的私蓄，非但用罄，且已透支；以後也就未再提起。而爲毓岐讀書用的壹萬元本息，也不了了之。

大約生日前後，心畬見中醫無效，只好同意家人朋友建議，再改就西醫；但既不能重作放射性治療，也只好以補針，血漿和AF2的藥劑，減輕病苦，維持生命。其後兩腮洞穿，無法入睡，只好爲他定製一張靠椅和斜桌，日夜依坐，倦極時便伏在斜桌上睡覺。

這期間，寒玉堂氣氛頗爲詭異；孝華和墨雲，互相留意對方的動靜，可能是爲了心畬那些數量龐大的藝術作品。十月廿九日，萬公潛收到心畬一張便條；可能手腕運作不再像往日那樣靈活，有些字簡直難以辨認：

「請章伯伯轉達萬先生，關於印詩事，須要再取回校對一次，以免萬一有錯字。聲帶不受浮腫壓迫，即能漸漸恢復音響。」

公潛從最後二句，知道心畬對自己病情，樂觀而充滿了求生欲。也知道，他對不久前出版的《華林雲葉》，印刷、裝訂滿意之餘，更惦記著詩集的印校問題。

然而，不知何故，萬公潛回憶中的付排詩集，始終未見問世。而是在心畬辭世一年後，由孝華就心畬手寫本，影版爲《寒玉堂詩集》，及附有《寒玉堂聯文》的《凝碧餘音詞》。二書一律精印、線裝，頗稱典雅。三十年後，又由故宮博物院出版《溥心畬先生詩文集》上下冊，及《溥心畬書畫文物圖錄》精裝巨冊。

十一月初，詠香和雋甫來省視。見到心畬孤獨地靠在椅上，枯槁的容顏，綻出一絲苦笑。非但口不能言，據說連飲料也無法吞嚥。記得農曆新年，詠香夫婦前來賀歲，心畬雖已抱恙，面猶敷粉，笑容可掬的親題他與墨雲的合照相贈，並誦除夕詩作給他們聽：

「心死惟餘忠孝在，夜深說與鬼神聽。」不意轉眼間，已病入膏肓，眞是風雲難測。

詠香見裡間無人，知道墨雲並不在家，婉轉勸慰心畬好好靜養；許多友人，對他近年新畫風，抱著期望；心畬輕輕地頷首。

詠香叮嚀心畬：首先，要注意健康和安全；他菸不離口和毫無節制的食慾之外，衣著也分不清寒暖；她眼中的心畬，太缺乏照顧。先前數年心畬每日去她家早餐和畫畫，有時騎單車前往。一次，爲了讓路給人，自己卻跌入小排水溝內，幸虧只是輕傷。

其次，她和劉河北都勸心畬信奉天主教，心畬知道詠香和雋甫都是虔誠的天主教徒，他爲他們書聯：「上帝臨汝，無貳爾心」。他聽說河北要進比利時修會，信中不但有贈詠香聯中同樣的祝福，並告訴她毓岐病時，詠香爲之祈禱，竟有奇效。

但據毓岐表示：「上帝臨汝，無貳爾心」，贈給基督徒雖很貼切，但語出詩經，並非聖經。毓岐說：「我發現《詩經》裡，共有卅九處講到上帝，次數不可謂少。」毓岐並抄錄刊在雜誌上，供人參考。

身為基督徒的毓岐，很客觀的分析心畬的宗教思想：

「我的義父溥心畬先生，一生崇奉孔子，且以儒者自居。偶爾談論起佛學來，似乎也知道得不少。可是對於基督教，則敬而遠之。」

對於心畬乾綱不振，以致生活孤苦潦倒。深知墨雲身世性情的詠香，幾次心直口快的出主意，鼓勵心畬振作；結果惹得煩惱上身。

默默相對中，心畬似乎也察覺到詠香的感觸，伏案寫〈古謠〉一首：

煢煢白兔，東走西顧；
衣不如新，人不如故。

文註：

一、《凝碧餘音詞》頁二八。

44・絕響

十一月十一日，江兆申又到達心畬面前，見他昏昏沉沉，他覺得這位舊王孫，眞的要離開他所處的亂世了。他未了的心願，是他畢生心血的著作，能不能受到正視，成爲中國文化的涓涓細流。他以書不成字的筆跡，問他校對《唐五律佳句選》的事。

心畬自幼喜愛唐詩，他繪畫唐人詩意的作品，無計其數；從他病中向王壯爲索刻的印章，是兩方杜甫五言詩句，就可看出他對唐詩的深愛。所以雖然病篤，心中仍在掛念。

大約十一月十五、六日，毓岐有事進入內室，孝華陪侍。心畬默唸有人送給他的咒語，估計三日可以唸完。毓岐回房時，見孝華面帶淚痕，手持一條，上書：

「二木箱書畫遺汝」，前面未寫受者，後者沒有名款；孝華哽咽表示，是心畬寫給他的。

次日，又有一條：

「我有愧；命兆明歸來完婚。」

「我有愧」，語意不明，衆人猜想可能是至今未爲孝華完婚，生育子嗣，恐怕愧對祖先的意思。十七日（星期日）上午九時，當蕭一葦和一位友人正匆忙前往臨沂街時，遇到詩人周棄子。

棄子曾對心畬某些日常生活表現，如出門不識回家路、購物不知付錢等，認爲是歷盡滄桑，飽經憂患後的一種「自苟」、「自晦」方式，推測可能是老莊哲學，與魏晉文人思想的一種糅和。棄子指心畬的裝癡作呆，乃「英雄欺人」的策略。

一葦等告訴棄子心畬病篤，已經進入彌留狀態，問他要不要同往探視？棄子說，他早已知道；但打定主意要「疾不問，死不弔」。二人聽了，有些憮然地離去。

棄子的想法是，一個人如果已經病得無望了，死了也許是更好的解脫。至於死不弔，棄子似乎也有他自己的一套想法，但並未透露。

周氏也談過：心畬出身貴冑，聲色犬馬乃至歌舞彈唱，樣樣道地，卻一切避談，以「經師」自居。有人想請教「理學」時，他又津津樂道的談起武俠電影了。玩世不恭的態度，令人啼笑皆非。

心畬一向被視爲文人畫家；對於中國文人畫，棄子有其較嚴格的標準：作者必須先把書讀得多，理解深，又有高超的繪畫功力才行。

棄子以此標準衡量心畬：

「依此定義，恐怕及格的代不數人，溥心畬當然是此中佼佼。不過時代演進，從今以後，再不會產生溥心畬這樣的『讀書人』。而作爲一個現代的『文人』，假如他能『畫』，也一定不同於溥心畬的那一種。」因此，心畬若死，他將爲心畬在畫史上的定位是：

「中國文人畫最後的一筆」。

安和夫婦收到限時信，知道心畬病篤，連夜北上。骨瘦如柴的心畬意識已不太清明，安和握著他的手叫他，心畬漸漸醒轉，示意要紙筆，顫抖著寫：

「千里省師病，古無今有之，他時病癒……」

寫到這裡，似已不支，擱筆沉沉睡去。安和想不到這是跟老師最後的一面。

當夜十一時半，病情轉劇，陸芳耕醫師帶著氧氣筒和急救設備應邀而至。

三日前，家人親友勸心畬住院醫治，勸得心煩時，曾手書「不去醫院」四字；唯此時已顧不得許多，立即送往中心診所急救。

十一月十八日（農曆十月三日）凌晨三時四十分左右，這位彷彿是生長在另一遙遠世代的舊王孫，悄然離開塵世。

「中國文人畫的最後一筆」，遂成絕響。

（全文完）

後記

民國五十二年十一月廿八日（農曆十月十三日），溥心畬葬於陽明山之南原（陽明山第一公墓）。

心畬臨終有三願：

其一是，託付有江西才子之稱的彭醇士撰寫墓表。闡明其家世、生平、人品、學術思想和造詣。醇士為首屆立法委員，來台後定居台中。詩書畫和古文造詣，均為心畬激賞稱讚。與陳含光、溥心畬聲氣相求，時相切磋。

醇士論心畬藝術：

「君則以六法與兄雪齋蜚聲南北。雪齋畫綿密細麗，於鷗波為近。君刻意馬夏，而高雅過之，尤為人士所稱。至於題詠之美，書法超絕，當代一人而已。」

論文章與考據：

「其稽往可徵，屬詞必雅，婉而成章，煥乎有文，如江都陳含光先生、滿洲溥君心畬無慚怍者；今俱往矣，豈不痛哉！」（註一）

其二，心畬遺所作書畫文稿兩木箱與孝華，是希望其思想和心血結晶，能流傳後世。孝華受命之後，即以封條嚴封木箱。喪事料理完畢，以其中數幅字、畫，酬謝主持析產之親友。因寒玉堂產權歸墨雲和孝華共有，故又以數件遺作交換墨雲的一半產權。

章宗堯已另娶，墨雲後來改嫁心畬的舊友唐君武。

心畬最後的願望是，姚兆明學成歸國，與孝華完婚，使宗祧得以綿延。民國五十四年，距心畬逝世一年半的五月十五日，兆明自義大利返國，六月初與孝華結婚。

同年十二月，孝華因病自空軍停役，兩人從事書畫創作及美術教職。

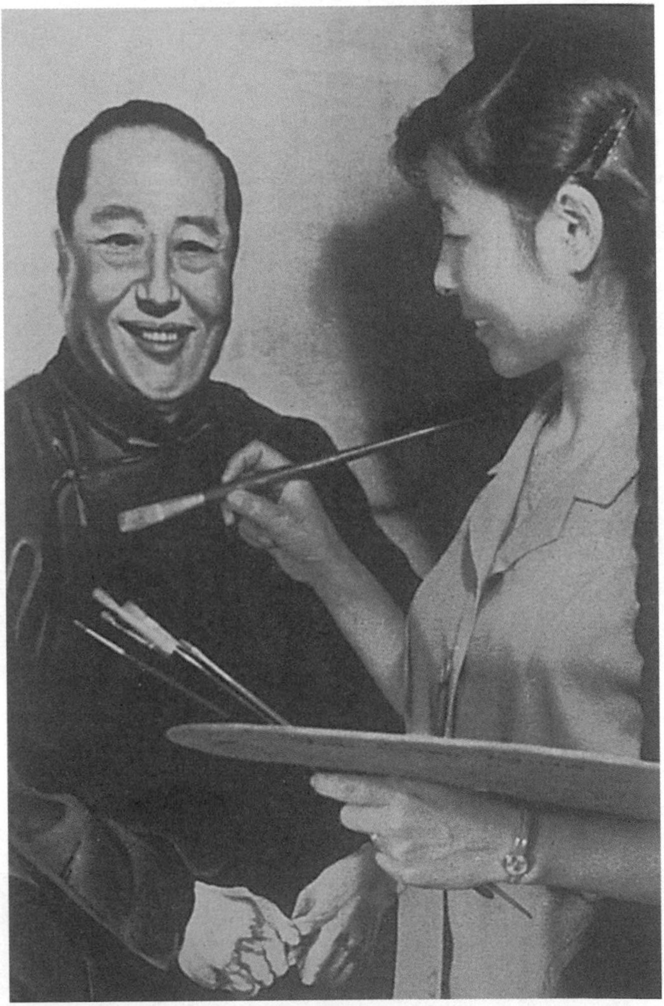

姚兆明繪心畬遺像（姚平提供）

兆明以在義大利積存的獎學金，在新北投溫泉路山上購置一平房。北投溫泉之鄉，是心畬晚年樂遊之地；廳內，供奉心畬靈位，每日供奉鮮花素果；窗前，可以眺望心畬長眠之地。

宅中又創辦明華藝苑，開班授徒，由孝華、兆明分別教授書、畫。

心畬畫中，較少作時裝仕女，但兆明畫冊中有一幅署他字款的，長辮垂肩的〈兆明閒居圖〉。

回國家居後的兆明，則以所習油畫技法，為心畬畫等身遺像。身著長袍，兩手交握襟前，慈和的笑容，頗能掌握心畬生前的神韻，當是兆明心目中永恆的恩師與慈父。

民國六十八年六月，孝華中風，長期住榮民總醫院療養。兆明教學之餘，每日風雨無阻，到醫院陪伴孝華。另一方面，她請門生幫忙購買水泥、磚塊。暗裡僱工在室內加築密室，收藏心畬書畫。對外絕口不談心畬遺作。有探詢者，也稱絕對沒有。

民國七十五年七月中旬，榮總護理長接到一位青年送來署名兆明的字條；略謂：因不慎跌傷足部，暫時無法來醫院，拜託護理長多照顧孝華。

七、八天後，藝苑學生前往上課，卻失去兆明之踪影。報警遍尋之下，終於在住宅後門土洞中發現她的屍體。她雖遇害，但心畬書畫並無所失，推測受害現場，可能在客廳內。時至今日，當日偵辦此案的警分局，已人事全非，惟案情仍陷膠著。

兆明遇害三年後，榮總請孝華出院，義弟毓岐把他接回家中療養和照顧，在距住所一牆之隔的醫院繼續診治。七十九年七月十五日，孝華病逝於醫院，得年六十六歲。婚後無所出。

兆明逝世後，移存在信託公司的兩箱心畬遺作，由親友所組成的八人小組清點後，公決分成三份，分別交國立故宮博物院、國立歷史博物館和兆明、孝華曾任教的中國文化大學託管。

民國四十七年冬天，心畬旅泰二個月後，轉往香港演講、舉行畫展。在曼谷活動的資料，除心畬數首詩詞，餘則一片空白。

民國八十六年七月五日，突然接到九十一歲老人陳昌蔚先生的電話，表示心畬遊曼谷時，他正擔任我駐泰使館文化參事。受命接待心畬，安排畫展事宜。

經過兩次電話長談，一次北上當面請益，適時補充了心畬在泰活動的第一手資料。惟僅隔二十多天的八月廿七日，昌蔚老人與我通過電話數小時後，卻因腸疾，遽然病逝於醫院。使我心中留下揮之不去的悵惘。

撰稿期間，曾抱病前往承德，發表有關心畬文學思想的論文，並向與會的清室後裔藝文前輩，請教滿清王室的禮俗和心畬的軼聞逸事。隨後轉往北京，參加恭王府座談會，發表心畬南遊及居台的生活與創作方面的論文。有機會向溥氏家族及他在北京的入室弟子，訪求心畬居住在北京時的生活和教學狀況。詢問其獨女韜華自杭州北返後的下落，走訪心畬亡母停靈的廣化寺……。希望這部傳記，能翔實地反映出這位舊王孫的生命軌跡。

《溥心畬傳》，自籌劃至完稿，爲時約八年期間，趙雲全程參與其中。從討論內容的結構，資料的取捨，以至提出修改的意見。《溥心畬傳》，像我其他作品一樣，是我們兩人的心血結晶。

文註：

一、《舊王孫溥心畬》頁一三三〈溥心畬先生墓表〉，彭醇士撰。

參考書目

一、爲便於在年譜各條，加註資料出處，茲開列主要參考書目，及其簡稱於後：

・王孫・逸士——溥心畬　雄獅圖書公司　簡稱《王孫》

・中國近代史（上）（中）（下）三冊　大中國圖書公司　簡稱《近代史（上）》、《近代史（中）》、《近代史（下）》

・中國近代名家書畫——溥心畬　天津人民美術出版社　錦繡出版社（台灣）　簡稱《名家》

・書法研究（研究報告、展覽專輯）彙編　台灣省立美術館　簡稱《書法》

・國泰美術館選集(九)　國泰美術館　簡稱《國泰》

・清鑑卷（下）　啓明書局　簡稱《清鑑（下）》

・寒玉堂畫集　中央書局　簡稱《畫集》

・渡海三家收藏特展　國立歷史博物館　簡稱《三家》

- 溥心畬先生書畫特展目錄　國立故宮博物院　簡稱《特展》
- 溥心畬先生書畫遺集〔上〕〔下〕卷　台灣商務印書館　簡稱《遺集〔上〕》、《遺集〔下〕》
- 溥心畬先生墨寶　眞善美出版社　簡稱《墨寶》
- 溥心畬先生詩文集　國立故宮博物院

上集：

西山集　簡稱《西山》

西山集（卷一）　簡稱《西山㈠》

南遊集　簡稱《南遊》

南遊集（卷二）　簡稱《南遊㈡》

凝碧餘音詞　簡稱《餘音詞》

凝碧餘音　簡稱《餘音》

寒玉堂文集（卷上）　簡稱《文集〔上〕》

寒玉堂文集（卷下）　簡稱《文集〔下〕》

下集：

寒玉堂聯文　簡稱《聯文》

華林雲葉（卷上）　簡稱《華林〔上〕》

華林雲葉（卷下）　簡稱《華林〔下〕》

溥心畬先生年譜　簡稱《附譜》

- 溥心畬書畫文物圖錄　國立故宮博物院　簡稱《圖錄》

・溥心畬書畫全集　環球出版社　簡稱：《乾隆山水》、《乾隆花鳥》、《乾隆人物》、《乾隆書法》
乾隆圖書公司發行　共四冊

・溥心畬書畫集（上下卷）　故宮博物院（北京）
紫禁城出版社（北京）　簡稱《北京故宮（上）》、《北京故宮（下）》

・溥心畬畫集　國立歷史博物館　簡稱《史博畫》

・溥心畬繪畫藝術之研究（研究報告、展覽專輯）彙編　簡稱《畫研究》

・舊王孫溥心畬　浪淘出版社　簡稱《舊王孫》

二、直接或間接訪問溥心畬親族、友人及學生，有錄音、信函或筆記可據者，統稱之爲「訪談」。

溥心畬年譜

體例述要：溥心畬作品，均以干支紀年，以農曆紀月、日。年譜中所引用的其他資料，能判明採農曆紀月日者，以「農曆」二字註明。無法判明或採陽曆者，均不另加註。

一八九六　光緒二二年　丙申　一歲

農曆七月二十五日，溥儒誕生於北京恭親王府。因與咸豐皇帝忌日同，故改生日爲七月二十四日。姓愛新覺羅，祖父奕訢，爲道光皇帝第六子，封恭親王。父載瀅，爲奕訢次子，過繼八叔奕詥爲嗣，襲貝勒。長兄溥偉，爲載瀅元配福晉赫舍里氏所生，過繼給已故長伯父載澂爲後，後襲恭親王爵位。

生母項氏，廣東南海人，屬廣東駐防旗。載瀅有六位側室，項氏居首，稱「大太太」。

出生第三日，光緒皇帝賜名爲「溥儒」。心畬是字（因心畬廣爲人知，爲方便計，本書多以溥心畬稱之）。按，清宗室姓氏之說，相當複雜。有些說法是，除實質上保有「愛新覺羅」之姓外，受漢人影響，簡化姓名，以輩份爲姓；如奕訢、奕譞，至溥字輩，便以溥爲姓，如溥偉、溥儒。自溥儒始，其後裔以「溥」字爲姓，如長子溥毓岦、次

子溥龢岑。五個月大時，光緒皇帝賜以一品頂戴，由祖父抱入朝中謝恩。（以上據《附譜》、《舊王孫》頁二八，萬大鋐文）

一八九七　光緒十三年　二歲

一八九八　光緒二四年　戊戌　三歲

農曆四月初十日，祖父奕訢病逝，享年六十七歲，賜謚「忠」字。「世襲罔替」的恭親王爵位，由過繼載瀓的溥偉承襲。奕訢喪事之後，溥心畬由父兄攜往頤和園排雲殿謝恩，光緒皇帝賜以金帛，面諭：「汝名儒；汝爲君子儒，無爲小人儒！」（上據奕訢年表、《舊王孫》頁二八，萬大鋐文）

農曆八月六日，光緒皇帝與新黨發動政變失敗，慈禧太后復行垂簾聽政，囚帝於瀛臺。（據《清鑑（下）》頁八三八）

一八九九　光緒二五年　己亥　四歲

始讀三字經、百家姓、千字文等啓蒙書，並學習書法。

弟溥佑生；依法，國殤或守父母喪期間妊娠所生子女，違禮，不得報宗人府，享受皇族封賜。遂將溥佑過繼給饒余敏親王爲後。（據《附譜》）

一九〇〇　光緒二六年　庚子　五歲

農曆七月二十日，因義和團起事，致八國聯軍進攻北京，慈禧太后與光緒皇帝逃往西安。爲與聯軍議和，乃以數位大臣及皇族爲代罪羔羊。戴瀅亦在懲處之列；判交宗人府圈禁。（據《附譜》、《清鑑（下）》頁八六八）

一九〇一　光緒二七年　辛丑　六歲

進府中私塾讀書，塾師爲宛平縣名士陳應榮，從論語、孟子讀起。以十六七歲前讀完十三經爲目標。

一九〇二　光緒二八年　壬寅　七歲

始學詩，由五言、律詩學起。古風、三百篇之外，最喜歡讀唐詩、仿唐詩。（據心畬自傳；附於〈溥心畬先生哀思錄〉卷首、《舊王孫》頁二八，萬大鋐文、頁一二六，心畬自述）

一九〇三　光緒二九年　癸卯　八歲

農曆十月初十日，慈禧壽誕日，溥心畬隨家人至頤和園祝嘏，慈禧將心畬抱置膝上，命其作聯。其時心畬學作七言絕句，心畬隨口吟五言聯祝壽，慈禧喜稱爲「本朝神童」，賞文房四寶。（據《舊王孫》頁六四，薛慧山文）

一九〇四　光緒三〇年　甲辰　九歲

學作律詩及古詩。（據《附譜》）

一九〇五　光緒三一年　乙巳　十歲

學作七言詩，習太極拳，並依宗室子弟文武合一教育規定，練習騎馬射箭，學習滿文。

農曆七月二十四日生日那天，叩見慈禧太后於頤和園之樂壽堂，賦〈萬壽山詩〉，慈禧喜賜金銀珠寶等四盤。（據《舊王孫》頁十四，張目寒文、《華林（上）》頁十六及《附譜》）

一九〇六　光緒三二年　丙午　十一歲

始作論文。

弟溥僡生；因溥佑未入宗譜，故以溥僡爲行三，人稱「三爺」，其後溥佑歸宗時，人稱「大三爺」以資區別。（據《附譜》、心畬自傳及「訪談」）

一九〇七　光緒三三年　丁未　十二歲

學書已由篆隸、北碑、右軍楷行草，進而練懸腕大字，並雙鉤家藏晉唐宋元名蹟，鍛鍊腕力和提筆法。（據心畬自傳）

一九〇八　光緒三四年　戊申　十三歲

傳說入宮甄選皇帝未中選；按此說不確。心畬後告其弟子，他係庶出，不具候選資格。（「訪談」）

讀書於恭王府後萃錦園中，偶觀袁枚《子不語》書，師責賦詩，好則不罰，賦罷師喜而不罰。

作〈燭之武退秦師論〉、〈題隨園子不語詩〉，送爲宗室子弟所設「文風社」評改，獲獎頗豐。（據自傳）

農曆十月十八至二十一日間，光緒皇帝駕崩，享年三十九歲。醇親王載灃之子溥儀入承大統，年僅三歲，爲「宣統」皇帝。

農曆十月二十二日，慈禧太后亦崩。（據《清鑑（下）》頁九二八）

一九〇九　宣統元年　己酉　十四歲

父載瀅病逝，由母項氏撫育溥儒、傅僡兄弟二人。

由歐陽鏡溪、龍子恕二位名士教導溥偉和心畬，督導頗嚴。（《附譜》）

一九一〇　宣統二年　庚戌　十五歲

爲練騎射，徵求良馬。適哈密王來朝，部屬驃騎某，欲獻西陲良馬給恭王府。心畬在戟門外試騎，一時控制不住，爲安全計，驃騎約定明年再獻。（據自傳、《文集（上）》頁八二）

正式學習書法，由顏柳入手，兼及篆隸石鼓文等。

農曆九月十五日，入貴胄法政學堂。（據《舊王孫》頁一二二，奇石文）按：《舊王孫溥心畬》卷首，附〈心畬學歷自述〉手稿。其中誤宣統二年爲「三年」，誤宣統三年（辛亥）爲宣統「四年」，在此予以訂正。

一九一一　宣統三年　辛亥　十六歲

春，得哈密國驃騎所獻寶馬，心畬已能駕馭自如。辛亥革命後，清室遜位，心畬乃將馬歸還驃騎。（《文集（上）》頁八二）

由於革命勢力高漲，清廷召袁世凱組閣，對抗革命黨，導致袁氏專權。溥偉與載濤、載澤、鐵良等朝中親貴，組「宗社黨」，以陝甘總督多羅特升允爲外應，並勾結德、日等國勢力，對抗袁世凱和革命黨。

秋，袁世凱爲威嚇宗社黨首要，派兵夜圍恭王府戟門，在護衛擁簇下，溥偉奉嫡母逃往山東青島，借重德國勢力，繼續復興清室活動。項夫人偕心畬、溥僡逃往北京城北清河縣二旗村，投故吏家避難。

農曆十一月，宣統遜位詔下，貴胄法政學堂先後併入清河大學、北京市內法政大學，心畬自述入法政大學就讀。（據《清鑑（下）》頁一〇〇〇、《溥儀自傳》、《舊王孫》頁一二二，奇石文、溥偉傳略）

項夫人親授心畬春秋三傳，督促習字。暇時並教二子習農事。（據所撰《慈訓纂證》、《舊王孫》頁一二六、心畬自述）

一九一二　民國元年　壬子　十七歲

一月，中華民國建立。續住二旗村，由母親授經。

離二旗村避居馬鞍山戒壇寺奕訢與載瀅經營居住過的「牡丹院」。

識前來朝山的天目山能和上人，並與寺中濬海禪師同遊，爲禪師寫經及千字文。

戒壇寺中多千年奇松，心畬一面觀察描寫，一面從家藏古畫揣摩臨寫。（上據《華林（上）》、《北京故宮》圖三一五）

一九一三　民國二年　癸丑　十八歲

本年起詩詠漸多，古風學漢魏六朝，近體則師唐人。

與前來朝山的湖南潙山密印寺住持海印上人交遊唱酬，建立深厚友誼。其書法也受到海印影響。

北京法政大學畢業，赴青島，省嫡母於匯泉山，並於禮賢書院習德文。（上綜據心畬學歷自述、《華林》、《西山》、《西山(一)》等作）

一九一四　民國三年　甲寅　十九歲

依心畬學歷自述：「因德國亨利親王之介紹（亨利親王爲德皇威廉第二之弟，時爲海軍大臣）遊歷德國，考入柏林大學，時余年十九歲，爲甲寅年。……」

心畬鏳否留德並得雙博士學位，至今仍爲懸案。本年譜且以不同字體，分別他自言「留德」期間，卻在馬鞍山的唱酬和活動，作爲研究之參考。

一九一五　民國四年　乙卯　二十歲

畫〈舟上捕魚圖〉扇，給高振霄編修。（《名家》文字部頁一）

賦〈塞下曲〉，署年「乙卯」。（《西山》頁一）

一九一六　民國五年　丙辰　二十一歲

元旦，作白描〈大士像〉軸。（《名家》畫頁一）

一九一七　民國六年　丁巳　二十二歲

五月十三日前兩江總督兼攝江蘇巡撫張勳擁遜帝溥儀復辟。旋於五月二十日，被迫退位。（《溥儀自傳》）

自述已自德國畢業回到青島，五月奉嫡母命完婚，六月二十四日回到北京馬鞍山戒壇寺，攜新婦拜見生母項氏。

妻子羅淑嘉（清媛），年二十一歲，爲遜清陝甘總督多羅特升允之女。（據《文集（下）》頁二四）

一九一八　民國七年　戊午　二十三歲

陳寶琛太傅遊戒壇寺，並贈詩。

與弟溥僡加入北京遺老詩人所組成的「漫社」。（上二條據《畫研究》頁六五）

長女韜華生。

一九一九　民國八年　己未　二十四歲

農曆八月赴青島省嫡母，轉赴德國入柏林研究所。（據學歷自述及自述筆錄）

一九二〇　民國九年　庚申　二十五歲

九月，海印上人訪戒壇寺，時年六十七歲。心畬贈五律一首，與海印和詩，同載《西山集》卷一中。重九，與海印上人同登西山，賦〈懷湘中遺民〉五律。《西山集》卷一，另收秋日與海印唱和詩多首。（據《西山(一)》頁七至九）

一九二一　民國十年　辛酉　二十六歲

二月，海印歸沅江，心畬賦詩送之。（《西山㈠》頁十）

作〈望江南〉詞，下署「辛酉秋日戒臺寺作」。（《餘音》頁一）

一九二二　民國十一年　壬戌　二十七歲

學歷自述與自述筆錄謂，在柏林研究院研究三年半，獲博士學位。

值嫡母赫舍里氏六十壽，返青島祝壽後，復歸隱馬鞍山。

一九二三　民國十二年　癸亥　二十八歲

夏，至北京訪溥儀師傅陳寶琛。按，第一屆國民大會代表陳頤，在〈懷溥心畬大師〉文中憶述，民國十二年夏，於北京陳寶琛府邸邂逅心畬。陳寶琛鄭重介紹，指心畬獲德國科學博士學位，剛回國不久。（《台灣新聞報》，六二・一二・一〇）

夏，陳頤偕友人前往馬鞍山戒壇寺造訪心畬。

〈山中歲月〉、〈戒壇寺靜坐〉、〈寄海印上人〉、〈石景山東望〉等詩，可能作於本年。（《西山㈠》頁二〇～二一）

一九二四　民國十三年　甲子　二十九歲

承襲恭親王位的溥偉，將恭親王府、萃錦園售與輔仁大學作爲校舍預定地。溥心畬以年租八百元租回居住，直到民國二十七（一說廿八）年遷居頤和園爲止。（《大成》期二五〇頁十四，林熙文）

農曆二月二日，長姑母榮壽公主七十歲生日，心畬舉家遷居萃錦園，爲姑母祝壽。祝壽之外，實則心畬有意在北京求發展。（《附譜》、《恭親王奕訢大傳》所附年表）

農曆五月二十四日，長子毓岦（後更名溥孝華）生於北京。（《附譜》、溥孝華訃文）

秋，賦〈甲子秋寄伯兄（按，溥偉）〉。（《西山》頁二）

秋，心畬業師龍學泰（子恕）之子龍季輝，訪心畬於戒壇寺。季輝記憶中，心畬留德前，曾函稟學泰；惜此信遺

於故鄉。按，此際心畬可能因山中事情未了，往來於萃錦園和戒壇寺之間。（《台灣新聞報》五五、五、七，龍季輝文）

〈擬古〉詩多首，推測係近年之作，其最後一首，有「沒世無傳聞，千年慨寥廓，言懷遺世情，俯仰心綿邈」，及〈白髮〉詩中的「玉屑丹砂未易逢，霜華上鬢漸蒙茸，彫零杜老杯中酒，憔悴潘郎鏡裡容」，傷年華老大，恐沒世無聞的心境，流露於字裡行間。除為榮壽公主賀壽外，遷居城中，或與這種有意涉世的心境有關。（《西山㈠》頁三〇～三七）

秋，賦〈陶然亭〉七律，可能為重九登高之作。（《山西㈠》頁三八）

海印上人逝世於沅江。臨終屬碧湖詩社社友，前長沙訓導劉善澤（腴深）書告心畬。心畬自此與善澤結為友；但，始終未得一面。民國二十四年（乙亥）善澤卒，心畬為撰〈清長沙訓導君墓志銘〉（按，文中「己亥」，推測為「乙亥」之誤）。（《文集（下）》頁二二）

十一月五日，馮玉祥逼迫遜帝溥儀遷離皇宮。（《溥儀自傳》）

按，集中有此期作寄海印、懷海印及和海印詩多首，推測賦於海印生前，及噩耗傳至北京之前。（《西山㈠》頁二六～二九）

一九二五　民國十四年　乙丑　三十歲

二月二十三日，溥儀避入天津日本公使館。（《溥儀自傳》）

春，賦〈秋波媚（乙丑春日）〉詞。（《餘音詞》頁一）

五月廿七日，次子毓岑（子田）生。（《滿族文化》期二二頁二〇，尹躍奇文）

秋，賦〈乙丑九日〉。（《西山》頁四）

本年手輯前所作詩百餘首為《西山集》，印百冊，後散佚。二十八年後，弟子陳雋甫，在台灣書肆購得一本，心畬喜而重題——即《溥心畬先生詩文集》冊上所收《西山集㈠》」。

與滿族畫家組「松風畫社」。定期集會，切磋畫藝。成員筆名，均有一「松」字。如「松風」（溥佺）、「松巢」（溥儒）、「松鄰」（溥僩）、「松窗」（溥佺）、「松龕」（溥佐）……（「訪談」）

心畬自傳中稱：「畫則三十左右始習之，因舊藏名畫甚多，隨意臨摹，亦無師承。喜遊名山，興酣落筆，可得其意。書畫一理，因可以觸類而通者也。蓋有師之畫易，無師之畫難；無師必自悟而後得，由悟而得，往往工妙，唯始學時難耳。」（《溥心畬先生哀思錄》卷首）

按，綜據心畬題畫款識，早在隱居戒壇寺之初，即開始畫松，一面寫生，一面取名蹟加以印證、臨摹。所謂三十左右始畫，為成名後之謙詞。

一九二六　民國十五年　丙寅　三十一歲

春，在北京春華樓邀宴張大千、張善子、張目寒兄弟，締交後，時與張大千對畫、互題，京中人漸有「南張北溥」之目。（《舊王孫》頁十五，張目寒文）

萃錦園西院，有近三百年的海棠數株。花開時，心畬與溥僡兄弟具名，邀名人騷客夜飲賦詩，為一時盛事。心畬也時以園中雜卉瓜果，爲寫生的對象。（啓功論文、《聯合報》副刊——日期不詳，董橋文）

民國十四年後，遜帝溥儀避居天津日本租界，心畬岳家亦遷居析津。

一九二七　民國十六年　丁卯　三十二歲

農曆三月，心畬應日本大倉商行邀請，偕溥僡赴日本講述經學。遊日本名勝，賦詩〈丁卯三月講經日本與諸公宴芝山紅葉館〉及〈澄霞館觀妓舞〉等多首。（《西山》頁四～五）

心畬來台後，於〈心畬學歷自述〉中寫：「余三十三歲（按，爲三十二之誤）爲丁卯年，應日本之聘，爲日本東京帝國大學教授，回國後，爲國立藝專教授。」按，東京帝大教授資歷確否，待考。心畬自民國二十三年任教國立北平藝專。（心畬學歷自述手稿附《舊王孫》冊首）

將家傳易元吉〈聚猿圖〉售與日人，藏於大阪市立美術館。（《畫研究》頁十八）

冬夜，作〈夜看楓艷圖〉。（《名家》圖二七）

一九二八　民國十七年　戊辰　三十三歲

一九二九　民國十八年　己巳　三十四歲

本年前後，遊濟南，登歷山訪舜祠、觀黃河。出發前致函陳寶琛太傅；信無年款，李鴻藻裔孫李宗侗於文中註：「這函大約是民國十八年左右的，弢庵是陳寶琛，字伯潛，老年方以此自號。」（《傳記文學》卷四期二頁三四，李宗侗文）

此際經常和長沙劉善澤通訊、詩詞唱和，詞集中有〈醉花陰（秋夜懷湘中劉腴深遺民）〉、〈御街行（寄劉腴深湘中）〉。（《音詞》頁三、八）

一九三〇　民國十九年　庚午　三十五歲

暮春，在北平中山公園水榭舉行首次個展，功力深厚的南宋風格山水畫，轟動當時藝術界。（《附譜》、《舊王孫》頁四五，王壯爲文、《大成》期一二三頁十八，臺靜農文）

一九三一　民國二十年　辛未　三十六歲

六月，心畬題羅清媛山水畫扇稱「滿紙有聲，似文沈蹊徑」。（《北京故宮》圖三五八）

農曆七月廿三日，心畬岳父多羅特升允病逝於天津，享年七十四歲。溥儀謚他「文忠」，心畬撰〈皇清誥授光祿大夫太子太保大學士前陝西總督多羅特文忠公神道碑銘〉、〈外舅多羅特文忠公誄〉。（《文集（上）》頁三三、《文集下》頁四三）

九一八事變爆發，溥儀被日人挾持到旅順，繼往長春。

所著《上方山志》十卷出版。（《附譜》）

一九三二　民國二十一年　壬申　三十七歲

三月九日，滿洲國在長春成立，以清遜帝溥儀爲執政，國號「大同」。

心畬作〈臣篇〉以告廟，明志。文中分析溥儀處境：「故建國之神，右社稷而左宗廟；三代令王、其揆一也。未有九廟不主，宗社不續，祭非其鬼，奉非其朔，而可以爲君者也。」論及自己態度，則曰：「我祖忠王，股肱王室，臨難受命……竊維屏藩之道，必重尊王，草莽之臣，始曰擇主。豈敢背先帝先王，而從其所不當從者哉。」按，〈臣篇〉寫作的時間，由於資料所限，難作定論。一般推測：(1)可能作於民國二十年九一八事變之後。(2)民國二十一年春，溥儀就任滿洲國執政。(3)民國二十四年春，溥儀登基爲滿洲帝國皇帝。但《北京故宮（下）》頁一三八所刊心畬行書〈臣篇〉手卷，款識：「此余壬午山居告廟文也，戊子十一月錄於西湖淨慈寺東。西山逸士溥儒記。」查，「壬午」爲民國三十一年，心畬隱居頤和園之萬壽山。「戊子」爲民國三十七年，重錄此文。據說，心畬到台後，亦重錄一遍，病篤時卻遍尋不到。《遺集（下）》頁四〇七，刊有雙勾影本，無年款，編者後記：「惜原件散佚，僅得影本刊印。」（《附譜》、《文集（上）》頁六一）

作〈與陳蒼虬御史書〉，分析日本扶植滿洲國，自己必將招致敗亡的命運，預言將來蘇聯出兵東北，溥儀君臣亦可能被俘北狩。高瞻遠矚，其後一一應驗。（《文集（下）》頁十三，手稿見《北京故宮》圖一〇七）

本年所遺畫蹟頗多。（見《名家》）

輯海印上人詩爲《碧湖集》。（《畫研究》頁六五〈溥心畬先生年表〉）

一九三三　民國二十二年　癸酉　三十八歲

重九，賦〈鷓鴣天（癸酉九日登高和周七韻）〉。（《音詞》頁四）

十月小雪，爲圓廣寺住持濬海禪師跋心畬舊日所書千字文；禪師爲心畬在戒壇寺時同遊的方外友。（《北京故宮》圖三一五）

以山水畫〈寒巖積雪〉圖，參加柏林中德美展。（《附譜》）

參加沈美梅的「半月聚餐會」，以民國二十年作〈李香君小像〉爲彩頭。（《名家》圖三）

一九三四　民國二十三年　甲戌　三十九歲

三月一日，在日人准許下，建都長春的「滿洲國」，改爲「滿洲帝國」，改元「康德」，溥儀登基爲「滿洲國皇帝」。在北京的皇族、舊臣紛紛往賀。溥僡也在祝賀代表之列，心畬作〈減字木蘭花（送弟出關）〉，後作〈遐方怨（懷弟未歸）〉和〈阮郎歸（寄弟遼東）〉詞，表現對溥僡的關懷和思念。溥僡在東北停留半年餘始歸北京。（《舊王孫》頁二，林熙文，《餘音詞》頁四、《餘音》頁七、《溥儀自傳》）

由華北政府委員長黃郛推介心畬至國立北平藝專任教授、安置溥僡在政分會任科員。（《舊王孫》頁二，林熙文）

在萃錦園題張大千〈三十自畫像〉、與張大千合作〈秋林高士圖〉，共試心畬特製之「紫檀汁」。（《名家》圖五）

一九三五　民國二十四年　乙亥　四十歲

納李淑貞爲側室。按李淑貞是項氏以一百銀元買的丫嬛，又名雀屏、翠屏、倚紅，後心畬爲取名「墨雲」，本文多以「李墨雲」稱之。（《附譜》、「訪談」）

七月廿四日，慶四十壽，在萃錦園設宴、演戲，冠蓋雲集。（《中國書畫》期十五頁九，漱明文）

秋，溥偉之女芝，自大連星浦來京省視，心畬賦〈乙亥送猶女芝歸星浦〉及〈寄伯兄星浦〉五律各一首，歎局勢混亂，路途艱危，家人遠隔。（《西山》頁八、《舊王孫》頁二，林熙文）

暮秋，賦〈念奴嬌（乙亥暮秋陶然亭題壁）〉，嘆三十年來風雲變化，外敵入侵，國無寧日。（《西山》頁九）

本年詞作頗多。（《餘音》頁九～十二、《餘音詞》頁七～十）

一九三六　民國二十五年　丙子　四十一歲

春，滿洲國成立四週年，日本華北派遣軍司令以重金求心畬作畫爲賀禮，爲心畬堅拒。（《舊王孫》頁二八，萬大鋐〔公潛〕文）

爲母親項氏祝壽，在萃錦園大戲樓舉辦盛大堂會。（《附譜》）

秋，長兄溥偉卒於長春，享年五十六歲，溥僡前往料理喪事，心畬賦〈丙子秋有伯兄之喪兼送弟出關〉五古一

首。（《西山》頁九、《滿族文化》期二二頁九，馬廷玉文）

本年詩多寫西山景色，顯見往遊頻繁。（《西山》）

一九三七　民國二十六年　丁丑　四十二歲

暮春，陳蒼虬出關赴滿洲帝國，探視弟子皇后婉容。心畬作〈河滿子（丁丑暮春送蒼虬出關）〉後歸杭州，卒於民國三十八年。（《餘音詞》頁十二、「訪談」）

七月七日，蘆溝橋事變爆發，中華民國全面抗戰。北平淪陷。

農曆十一月二十六日，其母項氏逝世，於萃錦園辦理喪事後，移靈什剎海畔廣化寺，心畬守喪寺中。在母親棺上寫小字金剛經，此後每逢母親忌辰，即以臂血和硃砂寫經文、繪觀音像，為母親祈冥福。（《附譜》、〈啓功論文〉、及心畬各書畫集）

心畬義子溥毓岐，約於本年入溥家。按，毓岐原名陳寶枏，祖父陳恆啓，前為恭王府總管，父陳伍榮為心畬書僮。毓岐生數月喪母，三歲左右隨父入溥家玩耍，甚為心畬憐愛。心畬遷居頤和園後，留他在身邊撫育。此後隨心畬經南京、杭州、上海輾轉來台，未離左右。

心畬三弟溥佑，生母項氏逝世時，認祖歸宗，人稱「大三爺」，以與「三爺」溥僡有所區別。唯歸宗四年，即以四十歲英年早逝。子毓崟、女蘊華，均從心畬習畫。（「訪談」）

一九三八　民國二十七年　戊寅　四十三歲

為辦理母親喪事。將家傳陸機〈平復帖〉售予收藏家張伯駒，藏於北京燕京大學。（《傳記文學》卷四期二頁三四，李宗侗文）

一九三九　民國二十八年　己卯　四十四歲

因向輔仁大學租用萃錦園期限已滿，又為免受日人之騷擾，乃遷居頤和園，租用介壽堂。

按，心畬於〈學歷自述〉中言：「自蘆溝橋事變起，後即北平淪陷，余遂移居萬壽山居住，是年余四十四歲，即己卯年。日方屢請參加教育等事，遂稱疾不入城。」

自號「西山逸士」、「羲皇上人」，顏其室爲「寒玉堂」。作〈溥心畬先生自傳〉一篇，載於《溥心畬先生哀思錄》卷首，文無年款，推測或此際明志之作。

自是，詩詞繪畫中，多描寫頤和園及玉泉山等勝景。並收藏金石、埋首著述；先後著有《秦漢瓦當文字考》、《陶文釋義》、《吉金考文》、《漢碑集解》等。（《附譜》、《畫研究》中年表及心畬各類作品集）

一九四〇　民國二十九年　庚辰　四十五歲

一九四一　民國三十年　辛巳　四十六歲

次子毓岑年十六，患傷寒病卒。（《滿族文化》期二二頁二〇，尹躍奇文）

一九四二　民國三十一年　壬午　四十七歲

秋，作〈壬午秋懷雪齋從兄〉。（《西山》頁十三）

一九四三　民國三十二年　癸未　四十八歲

李墨雲漸掌家務，與榮寶齋等紙店來人接洽心畬的書畫訂單。（「訪談」）

早春，八歲的毓岐，因隨心畬作客友人處傳染到蟣虱。墨雲丟掉其棉衣，在冰雪未消的季節，每日僅著單衣，致患腿疾，此後終身不良於行。（「訪談」）

一九四四　民國三十三年　甲申　四十九歲

季春，《實報》主編管翼賢，爲心畬出版所作《凝碧餘音》詞集，共收詞九十三闋。管氏序指心畬詞「直入眉山之室，而奪屯田之席矣」。（《餘音》頁二四）

一九四五　民國三十四年　乙酉　五十歲

八月十五日，日本無條件投降，二次大戰結束，北平光復。

八月十六日，溥儀和胞弟溥傑及溥偉之子毓嶦等欲逃往日本，於瀋陽機場轉機時為蘇聯軍隊俘虜北去。（《溥儀自傳》）

心畬約於本年戒除煙霞癖。（《舊王孫》頁二，「訪談」）

命毓岐拜陳蒼虬為師。（「訪談」）

一九四六　民國三十五年　丙戌　五十一歲

張大千來頤和園，租住仰雲軒，與心畬合作繪畫多件。（《三家》、「訪談」）

國民政府蔣中正主席抵北平，邀宴社會賢達，特邀心畬為滿族代表。參與十一月在南京舉行的制憲國民大會。

（「訪談」、《滿族文化》期二二頁十三麓潨文）

長子溥孝華察覺李墨雲與人有不正常之交往，稟告心畬；心畬，訓斥孝華「要作申生，勿為重耳」，孝華憤而辭去在北平市的銀行工作至青島投軍。（「訪談」）

十月，心畬、齊白石相偕赴南京，參加由北平故都文物研究會主辦之齊白石、溥心畬及白石弟子繪畫聯展。住憲兵司令張鎭家中。晉謁蔣中正主席。（《古今談》期二五五，楊隆生文）

心畬《華林雲葉》卷上頁六六、卷下頁二一，分別記於丙戌秋，遊天目山，拜故友能和上人塔，識瓊花（或為聚八仙）。按，陽曆十月，約為農曆深秋，天目山之遊，可能在畫展期間。

十一月六日，在南京的聯合畫展閉幕。隨即聯袂赴上海，會見上海美術界人士及記者。（《古今談》期二五五，楊隆生文）。

十一月十五日，與另兩位邊疆民族代表參加在南京舉行的制憲國民大會。三位代表在會內會外強調滿族對中華文化的貢獻，辛亥革命成功後，清室禪位，方使國政得以推行；依中山先生的三民主義，極力要求漢滿蒙回藏各族地位之平等。此行，心畬與墨雲、毓岐同行，利用餘暇遊長江及南京諸名勝，賦詩頗多。

家住南京的安和年十五歲，在父親安懷音帶領下，到寓邸拜心畬為師。

十二月廿五日，中華民國首部憲法通過。

臘月。心畬攜眷返北平過年。（南遊各點，據《附譜》、《滿族文化》期二二頁十三，麓漴文、「訪談」）。

一九四七　民國三十六年　丁亥　五十二歲

元旦，頒佈中華民國憲法，訂十二月廿五日起實施。

元月十三日，心畬上書蔣中正主席，期消除畛域，為滿族爭取平等，反對文藝、戲劇對滿人歧視和醜化。元月廿七日，得蔣氏自南京回函。（上蔣主席書稿見《大成》期一頁二八，杜雲之文，回函見《滿族文化》期二二頁十三，麓漴文）

春，聯絡滿族耆宿。在北京東四九條唐君武宅共商成立「北平滿族文化協進會」，擬訂會章，申請報備。十二月三十日正式批准，選心畬為理事長、唐君武為秘書長。

農曆七月八日，元配羅清媛因二度中風，逝世於頤和園，七月十六日殯於昆明湖東之東北義園。心畬撰〈皇清一品夫人多羅特氏墓志銘〉。（「文集（下）」頁二四）

秋冬之際，心畬為爭取滿族行憲國代名額，與唐君武前往南京，結果取得與蒙回藏各族同等名額；代表十七名，候補代表十名。

心畬南下不久，墨雲前往南京會合，稍後長女韜華和義子毓岐，亦在某族人帶領下到南京相聚。此後，心畬終生未再北返。（《附譜》、《滿族文化》期二二頁十三麓漴文）

年底，選出第一屆國民大會代表及立監委，北平選出國大代表五名，心畬、唐君武均在當選之列。

一九四八　民國三十七年　戊子　五十三歲

正月，心畬為北平滿族人爭取救濟金三億元獲准。

農曆新年前後，在南京與長子孝華重逢。

三月，國民大會揭幕，下旬，選出正、副總統。

夏，攜眷遊浙江。按，心畬遊浙事，係浙江民政廳長國大代表阮毅成，因國大秘書長馮蘭友之授意而邀約。據「訪談」及心畬詩、遊記等，於國大閉會後，即開始南遊。唯據阮氏記憶，溥氏一行於三十七年秋冬之間始達杭州；應以「訪談」及溥氏著作為準。

夏，遊天目山，作〈遊天目山記〉、〈遊天目山〉詩。富春江、桐廬、柯山七星巖、金華逐次往遊，賦詩甚多，並作〈遊金華洞記〉。（《南遊》頁三～十、《文集（上）》頁八三、八五）

在杭州，先住友人家及蝶來飯店，後由阮毅成安排住浙贛鐵路局在西湖畔的「長橋招待所」。局長侯嘉榞特派鐵路局專員兼科長章宗堯陪遊浙江各地勝景。（「訪談」、《大成》期一〇九頁二三，阮毅成文）

農曆五月。長女韜華隻身北返，與未婚夫北京前門外劉六結婚。時當北平易幟之前。婚後移居廣西不數年，韜華即離開人世，心畬則終身未得女兒訊息。（「訪談」）

秋。任教國立杭州藝專，教授北宗山水，不及一年因杭州易幟而停教。（報名及日期不詳，王榮武文）

旅行至吳興時，傳出墨雲、宗堯在旅館中同處一室之事。（「訪談」）

一九四九　民國三十八年　五十四歲

四月，共軍入杭，心畬移居昭慶寺旁寶石山下民宅。（「訪談」）

夏秋之交心畬攜眷與章宗堯等人乘巴士前往上海。

十月一日，中華人民共和國成立於北京。在此稍前毛澤東遣人邀心畬北返參加政協，並有意發佈為部長。心畬以上海尚有未了之事為由拖衍。（「訪談」、《傳記文學》卷六二期二頁四〇，蘇亮節文〈溥儒上蔣介石書〉）

四月間，孝華隨軍由南京撤退時被俘，獲釋後，先到杭州省親，後至上海。秋，與友人由吳淞偷渡舟山，轉航台灣。（「訪談」）

農曆八月，心畬與宗堯等亦由吳淞偷渡舟山，東南長官公署陳誠獲報，遣機接運到台灣，暫住凱歌歸招待所（即後來之國民黨中央黨部）。（《訪談》、《附譜》）

時國民政府尚未遷台，心畬上書蔣中正總統，建請澄清吏弊，破格用賢，提振軍心。並致函憲兵司令張鎮，但因轉信者在港車禍喪生，二信並未轉達，現由國立歷史博物館收藏。（《傳記文學》卷六二期二頁四〇，蘇亮節文）

十月，應台灣師範學院聘為藝術系教授。按，即國立台灣師範大學美術系之前身（《附譜》）

農曆十月，在台北舉行來台後首次個展。（《附譜》）

十二月，國民政府遷台。

一九五〇　民國三十九年　庚寅　五十五歲

農曆年前，應邀往高雄舉行個展，遊台南，在彰化章宗堯友人家度農曆新年。（「訪談」）

春節後，遊關子嶺、阿里山，抵台中舉行個展。在南京拜師的安和，遷居台中。出生河北的劉河北，仰慕心畬已久，亦趁機拜師。心畬相約待台北寓所遷定後，二位女弟子同往寒玉堂受教。（「訪談」）

三月，於三十八年一月宣告引退的蔣中正總統復行視事。

農曆四月，心畬因感念少年喪父，由母親扶育，親自授經，始得成材及遠禍，乃作《慈訓纂證》以彰顯母教，至此完成。（《慈訓纂證》序）

由台中返回台北後，遷居臨沂街六九巷十七弄八號日式宅院，一直住到五十二年逝世。（《附譜》）

參加全省美術展覽，並任國畫部審查委員。（《附譜》）

九月，張目寒推薦孫立人機要秘書蕭一葦到寒玉堂拜師。（《大成》期一二三頁二一，蕭一葦文）

秋、冬，安和與劉河北先後北上受業，住宿於寒玉堂。（「訪談」）

一九五一　民國四十年　辛卯　五十六歲

春，萬公潛（大鋐）來訪。按，萬公潛爲國府在重慶時資深情報人員，來台後任調查局研究委員會主任委員。藉故交結心畬，實則暗行監視。所藏心畬書畫頗多，民國七十八年，以心畬書畫六十九件，捐贈北京恭王府萃錦園。（北京《中華兒女》雙月刊一九九〇年期二頁五六、六〇，包立民及萬公潛文）

冬，歙縣江兆申，前來寒玉堂拜師。（《藝術家》號四三頁一四六，江兆申演講紀錄）

辭謝光復大陸設計委員，國策顧問等職，居家授徒，埋首著作。（《附譜》）

一九五二　民國四十一年　壬辰　五十七歲

來台後，與劉文騰、方震五、李猷等交往密切，他們收藏心畬作品頗多，民國七十年劉文騰過世，其後人遵囑將心畬作品捐贈國立故宮博物院，出版《溥心畬先生書畫特展目錄》，爲心畬作品被故宮收藏、研究之始。（「訪談」、特展目錄）

以述而不作方式，以經解經，先後著有《爾雅釋言證經》、《毛詩經義集證》、《四書經義集證》等。（《附譜》）

任中紡公司董事（民國四十一～四十二年）。（《附譜》）

一九五三　民國四十二年　癸巳　五十八歲

安和、劉河北二人從學兩年。農曆年前，安和爲照顧父病，河北省親過年；均請假回台中。此後安和因故未再返寒玉堂。（「訪談」）

春，應台中師範學校校長黃金鰲邀請，至校演講書畫。（「訪談」）

農曆四月，賦〈感遇詩〉十四首，詠民國三十七年以來七年間種種遭遇，有生命史詩的意味。（《圖錄》書法圖四、《南遊》頁二〇）

心畬以諍友立場，作《易訓篇》，經羅家倫轉呈蔣中正總統。藉闡明易理，諍諫除弊革新之道。（《文集〔上〕》頁六五）

前往花蓮舉行個展，遊太魯閣、安通潭、仙人洞等地。（《附譜》）

一九五四　民國四十三年　甲午　五十九歲

農曆正月，得秦漢銅印十一品，爲考釋。（《一九九三年滿族書畫大展》頁四二）

所著《寒玉堂畫論》，獲教育部第一屆美術獎。（《附譜》）

作〈旅銘並序〉，表明居貞蹈義，臨深履薄的行事原則，俾「持艮義於亂世，庶遠戾而全生」。（《文集〔上〕》頁七二，按，心畬南遊後所作賦，如〈蝸牛賦〉、〈水薑花賦〉，及其後的〈鵂鶹賦〉、〈海蚵巢石賦〉等，莫不寓有善藏，遠禍以全生的意味。各賦見《文集〔上〕》、《圖錄》）

四、五月之交，心畬第二次應黃金鰲之邀前往台中師範學校講課。講畢由方震五等人陪遊日月潭、草屯等地。（《附譜》、「訪談」）

農曆五月廿四日，長子孝華三十歲生日，心畬楷書〈誡子孝華卷〉、設色〈人馬圖〉爲生日禮物。（《圖錄》彩色版書法圖一、繪畫圖十四）

國安局長毛人鳳轉達蔣宋美齡女士欲拜師學畫之意，因心畬不願至官邸授課，夫人至臨沂街陋巷就教，安全問題不易維護，因而作罷。（「訪談」、《中國時報》八一、七、一三，「看問題」欄）

秋，劉河北赴羅馬國立藝術學院深造。

本年冬或次年春，姚兆明至寒玉堂拜師。

一九五五　民國四十四年　乙未　六十歲

農曆三月，與朱家驊、董作賓同往韓國講學，獲贈漢城大學法學榮譽博士學位。並遊南韓諸名勝，賦詩頗多。選錄韓國《箕雅》詩多篇。（《附譜》、《南遊》頁二六～二九、《華林〔上〕》頁七一～七七）

夏，飛抵東京，溥傑妻嵯峨浩攜兩個女兒前往羽田機場迎接。

按，二次大戰結束後，溥儀與胞弟溥傑一行，在瀋陽被俘，先後拘禁於西伯里亞和旅順。女眷攜兒童逃難途中為共軍所俘。獲釋後，因嵯峨浩為日籍，由中華民國政府遣返日本。其長女慧生，陪心畬遊東京一帶，為他翻譯。（《附譜》、嵯峨浩著《流浪的王妃》）

心畬在日本住處先後多所：先住目黑的旅社、橫濱嵯峨浩家、東京中國航運公司招待所。秋冬之際住金村旅社，次年春墨雲赴日，則租住中華民國大使館附近民居。（相關文章多篇）

在東京舉行畫展。明治大學三年級女生伊藤啓子拜心畬為師，執禮甚恭。（心畬家書；見《大成》期七四頁十八，薛慧山文）

邂逅在東京開畫展的張大千，前往開會的黃君璧、莊嚴，同遊日本名勝。（《我的朋友張大千》，王之一著）

心畬因居留日本護照到期，向駐日大使館申請延期未得結果。一面婉謝日本外交部給予長期居留證，一面上書蔣中正總統求助解決，獲准護照延期。（《大成》期七四頁十八。薛慧山轉載心畬家書）

溥毓岐腿疾嚴重，孝華送醫，自此離開溥家。由住院、就學而就業成家。

一九五六　民國四十五年　丙申　六十一歲

農曆元月下旬左右，李墨雲、萬公潛先後往東京，接心畬返台。按，綜據各種資料研判，心畬滯留日本原因，一、逃避家庭糾紛；二、喜歡日本氣候和自由生活；三、效法明末學者朱舜水，國變後避居東瀛，傳播中華文化。但，台北外交部傳聞日本外交當局積極籠絡心畬，自動給予長久居留權，以及中共有意藉嵯峨浩及其他人士，勸心畬回北京故鄉，故命萬公潛策劃，與墨雲同往接心畬返台灣。（「訪談」、萬公潛北京獻書畫時的報導和言論、《遺集〔上〕》頁六九，心畬作〈遊後樂園〉五律二首）

六月廿七日，與李墨雲、萬公潛同遊日本名勝後返抵台北，計在日居留一年零一個月。（詩載《南遊》頁二九～三三，賦與畫，散見於《圖錄》及書畫集）

溥孝華與姚兆明訂婚，雙雙調往花蓮工作。（「訪談」）

章宗堯遷出溥家，秘密結婚，將仁愛路兩層木樓，借心畬授課。所有心畬圖章，均由墨雲、宗堯控制。（「訪

談」、剪報及《舊王孫》中多篇文章）

年底與次年初，應徐復觀之邀，前往台中東海大學授課，共去三次，由弟子蕭一葦陪同前往。自旅日歸來後，星期日、二、四、六，除師大授課外，均在仁愛路畫室授課和創作。一、三、五前往友人方震五寓所和方氏所邀名伶、票友彈唱、寫字、繪畫。（「訪談」）

一九五七　民國四十六年　丁酉　六十二歲

春，第三次由蕭一葦陪同到東海大學講課。並前往溝子口故宮博物院欣賞古代名畫。（《附譜》、「訪談」）

三月十六日，揚州友人陳含光病逝，心畬撰祭文哀悼。（《附譜》、《文集（下）》頁四六）

秋，遊太平山、金瓜石。（《附譜》、《南遊》頁三六～三七）

約秋夏之交，溥孝華、姚兆明又從花蓮調回台北。孝華服役空戰指揮部，姚兆明復從心畬習畫，有意藉天主教關係前往國立羅馬藝術學院留學。（「訪談」）

一九五八　民國四十七年　戊戌　六十三歲

《寒玉堂論書畫》手稿影本由世界書局出版。（《附譜》）

農曆十月初前後，由李墨雲、萬公潛陪同到曼谷開畫展。在駐泰大使館文化參事陳昌蔚安排下，於東京銀行曼谷分行順利展出。（《附譜》、「訪談」）

由陳昌蔚介紹曼谷銀行總裁妻子姚文莉從心畬學畫。其後姚氏先後贈心畬黑猿、白猿各一對，飼養寒玉堂前，對心畬晚年畫猿影響極大。（「訪談」）

農曆十二月初前後，由曼谷轉赴香港。國曆十二月廿二日，在香港大學演講。國曆十二月廿七日，在李寶椿大廈舉行書畫展。（《舊王孫》頁二，林熙文、頁二〇、六〇，賈訥夫文、頁六四，薛慧山文、《中國書畫》期十五頁九，溆明文）

一九五九　民國四十八年　己亥　六十四歲

一月三日在香港新亞書院演講。（《中國書畫》期十五頁九，漱明文）

農曆年前，自港返台。

五月七日，在國立歷史博物館個展揭幕，爲期兩週，展出作品三百一十八件。係該館「國家畫廊」啓用之首展。（萬公潛在北京接受包立民專訪時敘述）

《四書經義集註》手稿，由國立中央圖書館以十萬元購藏。（《附譜》）

本年畫猿頗多，作品散見於《三家》、《圖錄》等冊。

秋，日本女弟子伊藤啓子造訪，每週前往師大藝術系旁聽心畬授課。（「訪談」、心畬致方震五手札）

秋，姚兆明赴義大利留學，就讀國立羅馬藝術學院。

一九六〇　民國四十九年　庚子　六十五歲

夏，由杜雲之、章宗堯、萬公潛、陳驚瞶等策劃，以仁愛路畫室及北投溫泉旅社爲背景，拍攝十六米厘教學、創作紀錄片〈溥儒博士書畫〉。按，本片長約四十分鐘左右，後獲五十年金馬影展特別藝術獎。（《舊王孫》頁八九，杜雲之文）

秋，遊高雄大貝湖（澄清湖）。（《附譜》、《南遊二》頁十八）

參加美國新聞處主辦之「當代中國國畫藝術展覽」。（《附譜》）

一九六一　民國五十年　辛丑　六十六歲

所著《十三經師承略解》，由台灣書店出版。（《附譜》）

遊湯泉山、金瓜石、月眉山靈泉寺、澎湖、七美等地，均有詩。（《附譜》）

農曆十月下旬赴港，與友人聚會，賞菊、食蟹，未久即歸。（《舊王孫》頁二）

一九六二　民國五十一年　壬寅　六十七歲

遊大屯山、清潭、青草湖武侯廟、大溪、五峰山。（《附譜》）

農曆九、十月之交第三次赴香港，舉行畫展，在新亞書院藝術系講學三個月。（《附譜》）

按，此次來港，停留時間較長，遊青山寺、大嶼山、望夫山、鳳凰嶺等地；所賦詩見《南遊二》頁四〇～四三。在藝術系講學方式，和在台灣師大授課方式一般，共為該系留下十幅書稿、四十四張畫稿，後由該系輯成《溥心畬書畫稿》出版。（見《溥心畬書畫稿》冊首，劉國松文）

一九六三　民國五十二年　癸卯　六十八歲

農曆年前自港返台，身體漸感不適，抱病整理各類作品。

農曆正月廿七日，《華林雲葉》手寫本完成，農曆二月八日作序，不久後由廣文書局版。（見《華林雲葉》序）

三月下旬，耳下生瘤，赴中心診所檢查；但心畬拒絕切片檢查，遂自行延中醫治療。（《畫餘隨筆》頁一〇〇，容天圻文）

春，至北投湯谷閒步，有詩。（《南遊二》頁四三）

五月廿九日，至榮民總醫院檢查，診斷為鼻癌，乃住院，照鈷六十。（《舊王孫》頁二八，萬大鋐文）

六月十二日左右，因不耐鈷六十照射療法，自榮總返寓，復延中醫治療。加緊為未落款書畫落款、手抄詩詞文稿。（《舊王孫》頁二八，萬大鋐文）

夏，遊野柳，有詞。（《音詞》頁二七）

農曆七月廿四日，六十八歲生日，適颱風來襲，賀客僅來三位，心畬時已不能言語，僅用流質食物。（《舊王孫》頁二八，萬大鋐文）

農曆十月三日（國曆十一月十八日）逝世於中心診所。農曆十月十五日（國曆十一月二十八日），葬於陽明山第一公墓（或稱陽明山南原）。（《附譜》）

特載：

以鍾馗自喻的溥心畬

傳說，唐明皇患了瘧疾，躺在床上發抖不已，一時使妃子、太監和太醫都慌了手腳。一日晝寢，夢有小鬼進入宮中，而且還要順手竊取貴妃的香囊和明皇心愛的玉笛。緊急之際，只見一位頭戴破官帽，身穿藍袍的大漢，伸手捉鬼，放進口中大嚼。唐明皇見大漢滿臉鬍子，相貌威猛，忙問姓名。大漢自稱叫「鍾馗」，以前進京考進士落榜，撞石階自盡，死後，皇帝見憐，以八品官賜葬。為了感謝皇恩，發願掃除天下妖孽。

唐明皇一覺醒來，瘧疾霍然而癒，知道是鍾馗的法力，立刻宣來宮廷畫家吳道玄，述說夢境，命他為鍾馗畫像。

吳道玄又名「吳道子」，有畫聖之稱，長安許多宮殿、寺廟壁畫，出自他的手筆，他所畫的鍾馗像，很快就成了畫鍾馗像的樣本。

從此以後，每到快過年的時候，翰林們就忙著進獻鍾馗像，供宮廷張掛辟邪，有時皇帝也把鍾馗像賞賜大臣，以求滿朝平安。

到了宋元以後，掛鍾馗的風俗不僅普及民間，而且改成端午；也許炎炎夏日，才是病媒蚊滋生，瘧疾容易流行的季節吧？

鍾馗的傳說，越來越廣；同時，對鍾馗性格、活動、故事的描繪，也變得多彩多姿。諸如：寒林鍾馗、鍾馗戲妖、鍾妖醉酒、鍾馗搬家、鍾馗嫁妹……題材層出不窮。

北方冬季，天寒地凍，松柏以外，多半木葉落盡，光禿的枝枒，漫山積雪，使人益發感到蕭瑟。孤獨的鍾馗，手執利劍徘徊溪側或靜默地傾聽密林深處的動靜，以防鬼魅的出現；感覺中，他是位盡職的守護神。

有些畫裡的鍾馗，帶著醺醺醉意，靠著山石或樹幹沉沉入睡。平日畏避或服侍他的妖魔鬼怪，也一無忌憚地頑皮起來。有的偷偷摘下他的靴帽，有模有樣地穿戴。連他上朝的牙笏和寶劍，也成了玩弄的對象。

千奇百怪的魍魎，既是鍾馗的美食，也是他得力的奴僕，尤其搬家和嫁妹，非得他們充場面不可。

一般而言，鍾馗過著獨身生活，但搬起家來，印、劍、破舊的傘蓋、一綑綑的書籍，加上他出巡的旗幡、代步的竹轎、酒罈……足夠一群鬼七手八腳、忙忙亂亂。

鍾馗嫁妹，也是畫家喜歡採用的題材。除了陰風颸颸，雲霧繚繞和鬼影幢幢，那種鳴鑼開道，一應執事俱全的景象，也很像人間嫁娶般的熱熱鬧鬧。南宋的龔開、盛清的華嵒、近代的張大千，都曾以嫁妹為畫題。

其中華嵒筆下的鍾馗嫁妹，場面比較豪華。

高大白騾上面，鍾馗也收起了往日的殺氣，喜氣洋洋地走在送親隊伍後面。騾前騾後，擁簇著執劍和負重的親隨。一匹長耳白騾拉著的禮車，帷幕深垂，流蘇、旗幟隨風飄擺。車後執戈的護衛，擔著嫁妝的鬼僕，看來都稱職的各司其事。只有車旁一鬼，高舉著鍾馗平日張著的一把破傘，和豪華的送嫁香車，不太搭調。

張大千的〈送妹圖〉，和華嵒所苦心經營出來的畫面大異其趣。

據高陽《梅丘生死摩耶夢》書中所記，〈送妹圖〉並非大千刻意畫的，乃是畫時筆誤，才將錯就錯，用了這個畫題。

民國六十二年，劇作家俞大綱把明人《焚香記》，改編為〈王魁負桂英〉。一向喜歡看戲的張大千頗為欣賞，想畫下舞台上幽抑婉轉的一幕，為俞大綱和主演的郭小莊留下永久的紀念。但，由於生病和搬家，直到兩年後才動筆。

然而這幅追憶兩年前劇中一幕的畫，卻被同是戲迷的家人笑說不像王魁和桂英，反倒像鍾馗嫁妹。時近農曆新年，大千靈機一動，心想何不將錯就錯，把畫題為〈歸妹圖〉，送給俞大綱作為新年禮物？於是題了一首詩：

新聲別纂焚香記，誤筆翻成歸妹圖，敢乞歲朝藍尾酒，待充午日赤靈符。

此外，又長題作畫動機和筆誤的經過，傳為藝壇佳話。而華喦在乾隆二年所畫的〈鍾馗賞竹圖〉，就少了嫁妹圖的鬼氣，表現得十分人性化和生活化：

玲瓏高聳的太湖石下，鍾馗拿著涼扇，背著雙手賞竹。身邊兩個幼童仰著頭指指點點。濃淡有緻的脩竹，顯得既清新又茂盛。如果不是那頂習見的烏紗帽和落腮鬍子，看來跟歷代畫中的高士隱者，在竹下漫步沒什麼不同，很難想到是除妖啖鬼的鍾馗。

清末海上畫家任伯年，好用硃筆畫鍾馗，大概是更有鎮宅辟邪的作用吧。他畫中自記，光緒六年五月五日，一天當中便畫了六幅硃筆鍾馗像。

一幅未寫年款的硃筆鍾馗，一面拔劍一面轉頭瞪眼，正所謂「鬚髮皆豎」，怒容滿面，蓄勢待發。伯年好友書畫家高邕題了一首七絕：

少小名精翰墨場，讀書無用且佯狂；我今欲借先生劍，地黑天昏一吐光。

許多有志之士，或落魄文人，見時局混亂，小人當道，常把滿腔鬱悶，藉畫鍾馗，或題鍾馗像，抒發不平之氣。

舊王孫溥心畬就是這樣的一位。

溥心畬常以落魄潦倒、滿懷孤憤的鍾馗自擬，藉畫鍾馗諷世，來澆心中的塊壘；生平所畫鍾馗難以計數，千變萬化。

在他〈鍾馗馴鬼冊十二頁〉中，也有一幅嫁妹圖，但比起華嵒的嫁妹圖，場面實在寒酸。圖中除鳴鑼開道的胖鬼外，其餘各鬼骨瘦如柴。破傘之下，鍾馗騎著一匹黑騾，並無其他親隨。一鬼推著兩輪車，陳舊的車帷下，露出身穿粉紅色嫁衣的新娘。二鬼擎幡，一鬼吹號；也都衣服破舊，完全是小戶人家草草打發女兒出嫁的樣子。

同一畫冊中，醉酒的鍾馗雖然也很邋遢，氣氛卻比其他畫家想像中的鍾馗多了份浪漫情調。

一座川流湍急的木板橋上，支起簡單的蓆棚。紗帽紅袍醉態可掬的鍾馗踞坐橋上，皂靴和誅妖劍散置一旁。面前跪著位裸露上身的長髮女妖，手捧酒壺，畢恭畢敬的為他斟酒，但他畢竟醉得可以，連承接的酒杯也掉落在橋板上。心畬自題五絕一首：

髯公終日醉，不復識妖姝，殷勤來獻酒，入眼盡模糊。

孤松，象徵孤獨、不畏冰雪的堅貞、萬古長青、蒼勁，形狀如蛟如龍……像畫鍾馗一樣，溥心畬時時畫以自擬。畫冊中有幅鍾馗閒坐孤松幹上，冷眼俯瞰，一干鬼魅在樹下酣舞。兩鬼跳著優雅的探戈舞步。另有兩鬼牽手對跳，一位手持陽傘的紅衣女鬼，把他們的胳臂當作鋼索，飛身上去表演特技。另有一鬼，好像樂極忘形般倒立行走。心畬題詩諷世：

樹間觀鬼戲，一片踏歌聲，好似秦宮鏡，黎郊無遁形。

畫鍾馗似乎難能掃除社會陰霾，因此，在馴鬼鍾馗外，也看到溥心畬筆下咬牙切齒，怒不可遏卻又無可奈何的鍾馗。款題：

芒芒六合盡黎邱，席卷雲揚水逆流，擊缺龍泉誅不滅，一杯村酒勸君休。

民國三十八年四月，中共解放軍渡江南下，南京、杭州、上海等地，相繼易幟。這時溥心畬與家眷旅遊杭州，借住在浙贛鐵路局長侯嘉榞位於西湖蘇堤附近的長橋別墅，並在杭州藝專教授國畫。中共入主杭州，侯局長棄職而去，溥心畬辭去教職，在西湖昭慶寺旁賃屋而居。共黨所發起一波波教化民眾的運動，對溥心畬最明顯的影響，是他所畫的鍾馗變得十分平民化；可稱為變了調的鍾馗。

首先是鍾馗捉鬼，不再騎騾乘轎或騰雲駕霧，而是在湖畔柳下，踩著腳踏車，窮追猛趕。不遠的前方一鬼，則放腿狂奔，那種情景，像極了早年騎鐵馬辦案的巡警。

為了響應勞工運動，他畫旗杆頂上，一鬼獨立，手持「勞工運動」旗幟一面，紗帽紅袍的鍾馗放下身段，騎單車從旗杆和矮木樁斜繫的鋼纜上，風馳電掣地直衝而下，變成了難得一見的特技演員。

還有一幅畫著，經過種種新時代考驗後，盡忠職守的除妖英雄鍾馗，手持竹帚，肩負鐮刀、鋤、耙之類農具，大步行過木橋，投入農村的生產行列。款題：

空山魑魅盡，歸去種桑麻。

民國五十二年端午，來台定居的溥心畬老病纏身，從榮民總醫院返家休養時，畫下他生平最後一幅鍾馗。袍服依舊，鬍鬚零亂，腰間沒有佩劍，身後卻揹著一隻小猴。

俗語說「狗咬呂洞賓，不識好人心」，畫裡鍾馗身後正有一隻金鈴犬，朝他狂吠緊追，落魄潦倒的鍾馗，只得落荒而逃。題詩中，寫盡了王孫末路的悲涼：

負得胡孫背似駘，幞頭著敝劍鋒摧；勸君但養金鈴犬，尚可當關守夜來。

喜歡畫鍾馗的畫家，如上述龔開、華嵒、任伯年等，有的受人之託或為民俗信仰而作，也有的意在發抒心中不平之氣。張大千於抗戰期間，曾遠到敦煌，臨摹歷代壁畫中的神祇鬼魅，想不到其鍾馗嫁妹圖卻因畫戲劇情節筆誤而成。溥心畬畫鍾馗，似兼有受託、對神話故事的信仰、發抒心中抑鬱乃至自娛、諷世等不同的因素。反映出對環境和遭遇的感受。

溥田畬平日表現玩世不恭的態度，彷彿是位完全不諳世事的沒落貴族。但，他不僅詩文書畫造詣深厚，單就千變萬化的鍾馗畫來看，精妙、深刻、含蓄、諷刺，對世情體驗的透徹，便足以引人共鳴。

難怪有人說他平時的表現，是魏晉名士般的「自晦」，是「英雄欺人」、「亂世避禍」之道。

在他繪畫被惡犬追得落荒而逃的鍾馗後五個月，即離開人世，這也算是「一畫成讖」吧！

附錄一：

金色的塔拉

席慕蓉

在金黃色的曠野之上
因著悲傷而唱起的這首歌
這裡實在找不到紙張
只能用我的衣襟
在沒有墨汁書寫的路途裡
只能以我的鮮血代筆

金葫蘆裡的奶酒啊
獻給父母品嚐罷
父母要是問起我

就說我在路上罷
十兩銀子的玉鐲啊
獻給愛妻佩戴罷
愛妻如果問起我
就說我在人間罷

愛妻如果問起我
就說我在人間罷……

我是前幾天在大興安嶺上第一次聽到這首歌。已經快到九月底了，滿山的落葉松都變成金黃。夜裡剛下過一場大雨，泥沙鋪成的產業道路吸足了水份而現出一種更為沉穩的土黃色，有深有淺，緩緩地在林間迴繞。樹林中低矮的灌木叢，葉已落盡，只剩下極細又極密的深黑色的枝椏，一大片一大片地鋪展在落葉松下，好像黑色的厚地毯。山路旁就是峽谷，再往深處看下去，是閃著光的激流河跟著我們曲曲折折地流淌著，那波光細碎如鱗，

在車行中，悲傷的歌聲又重複了一次：

愛妻如果問起我
就說我在人間罷……

這是一首古老的蒙古歌謠，有人說是寫在清朝，有人說更早。應該是軍人出發征戰，在路上遇到要返鄉的朋友，匆忙中託他帶上的禮物和家書罷。

「塔拉」是蒙文「草原」之意，也有人說可以譯為「無主之地」或者「曠野」。在曠野上成長起來的蒙古男子，常常被他人固定在幾個形容詞裡面，譬如「粗獷」，譬如「豪邁」。然而既是有血有肉的靈魂，怎麼會沒有任何可以言說的柔情與牽掛呢？

在大學讀書的時候，溥心畬老師來給我們上過一個學期的課。他並不教我們繪畫的技巧，卻先講五代官制，又要我們對對子，後來又要我們作詩填詞。我呈上的作業中就有一首試著要揣摩征戰中蒙古男兒的心思，雖然只是些笨拙的嘗試，溥老師卻注意到了。隔了幾天，他讓他的入室弟子，也是我的同班同學建同，抄了兩首蒙古將軍寫的關於戰爭的詩給我，那一張紙我留到今天。在山路上聽到「金色的塔拉」的時候，那些詩句雖然背不完全，卻也都成為這首歌的背景，在深秋的山路一一浮現。

在金黃色的大興安嶺之上，我聆聽著這一首歌，也想起了溥老師低頭看我的作業時那樣安靜的笑容。

當年班上的同學只知道我愛寫詩，所以老師來上課時他們就把我推出來，讓我一個人去交作業。而我其實是在溥老師的課堂上才開始學著平仄去做舊詩和填詞的，當然是很生硬和幼稚，可是不知道為什麼老師每次看了都會微笑。有一天，還對圍在桌前看他批改的同學們說了一句話，由於聲音比較小，我們都沒聽清楚，老師就一邊指著我再說一次，一邊用筆把那個字寫在紙上，老師說：

「像這位女同學就是一塊璞，要琢磨之後才可能成玉。」

同學當時都假裝妒忌地哄叫了起來。那張寫了「璞」字的宣紙，被老師身旁的一個香港僑生一把就搶跑了，老師微笑地看著我，那眼神似乎在問我為什麼不去追回來？而我只能傻傻地坐在桌前，動也不動，什麼話也沒說。

我們是老師最後一班的學生，上了一學期的課之後，老師身體不好就再也沒來了，沒多久就傳來逝世的消息。

年輕的我雖然心裡有些悲傷，可是很快也就過去了。反倒是年齡一年年增長之後，才開始明白，自己曾經錯過了多麼難得的學習的機緣。

今天的我，在蒙古高原上追逐著一切外在和內裡的觸動時，也偶爾會想到，如果能夠更早一點開始，不是更好？

在聆聽著「金色的塔拉」之時，激流河細碎的波光伴著我讓我想起從前，忽然有點明白了。

其實，我可能是從很早很年少的時候，就已經開始這種追尋了，只是自己當時不能察覺，而老師也並不想先說出來罷？

附錄二：

不有佳作，何申雅懷

劉河北

西方美學在藝術創作上一向有兩個論見互相對立：一是象形說（Formalism），一是表達說（Expressionism），前者以繪影繪聲幾可亂真為美，後者以挖掘心思以公諸世人為美；心思挖盡後便搜尋自己的焦慮和精神病患：為同病相憐者做代言人吧！反正這世界就是個精神病院。古代西方哲學所讚賞的「昇華」已不是二十一世紀的美德。二十一世紀的人生活在「現況」中，時事一日萬變，誰若想成功的操控人生（或國事）便必須會隨機應變。所以二十一世紀的美學是一個不求永恆的價值、不介意人性至善的藝術觀。北京青年畫家畫了一幅頭戴毛澤東帽的馬英九，便以高價賣出，美術作品的市場和其他市場一樣，以銷路為準則，賣得掉的就是好的。

在這樣的氛圍下，國立新竹生活美學館邀請我展出，起始我以為是開玩笑，所以沒有積極準備。當我的學生——前新竹縣教育局長鄭飄問我怎樣為畫展命名時，我說：也許叫它做「壽康畫展」吧？飲且食兮壽而康，無不足兮奚所望。二十一世紀的美術市場不屬於我，我也不屬於這個市場。若要我有所表現，大概就是二十一世紀的藝術世界認為不值得表現的：恆久、健康、知足常樂吧！

記得一九五〇年代我去台北從師的第一天，老師正顏對我說：你會畫一點兒，但到我這兒來不是為學畫畫。我不許你再拿畫筆，從此，一早起來我給你們（包括小師弟毓岐）講易經、史記。然後你幫師母洗衣服，做飯。下午練書法、做詩。晚飯後有客人來，我為他們畫抽籤畫。那時你得站在我後面，好好的看我怎樣用筆用墨。師母還解釋所謂「站在身後」：得學前清滿族婦女著鞋跟在腳中央的高跟鞋，挺立不搖，一站就是五個小時（為客人送茶水不計——「小子灑掃應對進退」），我當時既充滿興奮好奇，更有一份失落感。背離父母，中輟大學課業，抱著成名的野心所得竟是「不許你再碰畫筆」！

但既來之，則安之。我了解老師所傳授的是他整個的「人」。他對政治、人生、天倫的見解，他書法用筆的秘密，他詩詞直追李杜的訣竅，而注視他手的動作，竟在不知不覺中在我內心複製了他的技巧。記得我無法畫好松針（要知道他每一出門便是我偷偷作畫的好時刻，從師三年，其實我賣掉大批的畫作，助妹妹出國呢！）最後決心不再苦練，只輕鬆的凝視。幾次下來，他的動作成了我的動作，他的松針就成了我的松針。

這使我想到古代學徒練習射箭的故事。老師不許他攀弓，卻命他注視一片樹葉，起初這片千萬樹葉中的一片無由凝注。日久後這片葉子竟大如車輪，老師令下，便放箭命中這片葉子。

這是中國式的美學。藝術的確要表現，但它表現的是一個有位格的「人」。他與眾不同，不在於長相，不在於工巧，甚至不在乎學問，而在於他獨特的人品。素居台北的舊王孫，在我們眼中幾乎有點怪異。身上永遠是一件破舊甚至骯髒的長褂或短衣。臉上總掛著天真的笑容。我一早出去買饅頭，老師已經在畫室盤腿端坐沉思，早飯後我們時而請求他卜卦。他曾經叫我們藏起一件東西來，十分鐘後他告訴我們：「這是一件圓的、硬的，從樹木裡出來的東西，顏色嗎？是白的。」我們笑不可抑，因為那的確是一顆樟腦丸啊！這是老師對易經的看法。這本書才真正為千變萬化的「現況」提供指標，告訴我們目前處於甚麼狀況，要以甚麼態度去應付，而易經所指示的決不是勝敵，販銷的策略，而是容忍、謙讓。比如「群龍無首」的意義是當群龍混戰時，你千萬不要出來做領袖。

一次我詠曇花道：「滿盈何可久，斂退貴知時」，老師說：「你的易經沒有白念」！

就這位布衣素食，生活在古人的理想境界中的舊王孫，他手中揮舞出來的筆劃，是如此的充滿生命。他說國畫的基礎是書法。但他的書法，如此豪邁、清俊、倔強，豈是今日書法老師們有肉無骨的表現！他著色的方法更顯出王室貴冑悠閒自得的雅趣。往往一上色就是十層！然後把絹泡在水盆中，把浮淺的色彩儘行洗淨，留下的全由纖維吸收。所以成品畫圖幾乎有三度空間之感。這一批全是小幅作品，命名為「自藏畫」。目前由兩大博物館收藏的溥氏遺作沒有一幅屬於自藏畫類。它們究竟在哪裡？總有大白之日。此次我的展出，凡工筆花鳥我都用老師的技巧。

當然，並無奴役性的抄襲，我出師之後，老師絕口不評論我的作品——「一切都好」。它好在哪裡？在乎我承襲了古人的精神，更自由的運用了學自西方的構圖、設色等秘訣。它們是我的作品，我是溥心畬的愛徒，但也收攬了西方的傳統。

時日如流，我覺得最慶幸的活過了中國南張北溥的盛世，也活過了西方立體主義，達達（Dadaism）、普普（Pop art）時代。我明白了在千變萬化中有一條永恆的金線穿過多少互相譏諷、互相批評、互相坑害，為爭奪市場謊言欺眾的行逕。最後這根金線仍舊和至善、至美、至真連接在一起。

老師去世時口中唸著：「上帝臨汝，勿貳爾心」（大師兄孝華告知的）。大師兄和妻子姚兆明都是虔誠的天主教徒，老師對我在宗教上的選擇也非常的首肯，若沒有敬天畏天的老師怎能有信天奉天的弟子？在羅馬留學時我心儀文藝復興時期的真福安覺理各。他所謂「藝術只應用於宗教」我也奉為座右銘。當我把這心意撰文在羅馬觀察報上時，力挺宗教藝術地方化的剛恆毅樞機告訴鳴遠服務團的小姐們：「你們要聽她！她是一位大藝術家！」

老師、剛樞機和鳴遠服務團的小姐們都已去世。在人海中浮而不沉的我今天在國立新竹生活美學館展出，能告訴世界上的人真理、美與善是永遠康健，永遠微笑著的。飲且食兮壽而康，無不足兮奚所望。所學者唯一，美的傳統不絕。剛樞機所認為的「大藝術家」，其意義絕非大書評家、大拍賣會的寵兒，但他一定是快樂的。

九歌文庫 1270

溥心畬傳（增訂新版）

作者　王家誠
創辦人　蔡文甫
發行人　蔡澤玉
出版發行　九歌出版社有限公司
臺北市105八德路3段12巷57弄40號
電話／02-25776564・傳真／02-25789205
郵政劃撥／0112295-1
九歌文學網　www.chiuko.com.tw
印刷　晨捷印製股份有限公司
法律顧問　龍躍天律師・蕭雄淋律師・董安丹律師
初版　2017年 11月
定價　450元

書號　F1270
ISBN　978-986-450-152-6
（缺頁、破損或裝訂錯誤，請寄回本公司更換）

國家圖書館出版品預行編目資料

溥心畬傳 / 王家誠. -- 增訂新版.--
臺北市：九歌, 2017.11
496面 ；14.8×21公分. --（九歌文庫；1270）

1.溥心畬 2.臺灣傳記

ISBN 978-986-450-152-6（平裝）

783.3886　　106017721